昆山高新区（玉山镇）村志系列丛书

五联村志

村民家庭记载

WULIAN CUNZHI CUNMIN JIATING JIZAI

昆山高新区（玉山镇）村志系列丛书编纂委员会 编

图书在版编目（CIP）数据

五联村志. 村民家庭记载 / 马建华主编；昆山高新区（玉山镇）村志系列丛书编纂委员会编. — 苏州：苏州大学出版社，2022.12
（昆山高新区（玉山镇）村志系列丛书）
ISBN 978-7-5672-4163-3

Ⅰ. ①五… Ⅱ. ①马… ②昆… Ⅲ. ①村史-昆山 Ⅳ. ①K295.35

中国版本图书馆CIP数据核字（2022）第240862号

五联村志　村民家庭记载

编　　者	昆山高新区（玉山镇）村志系列丛书编纂委员会
主　　编	马建华
责任编辑	杨宇笛
助理编辑	汝硕硕
装帧设计	刘　俊
出版发行	苏州大学出版社
地　　址	苏州市十梓街1号
邮　　编	215006
电　　话	0512-67481020
网　　址	http：//www.sudapress.com
邮　　箱	sdcbs@suda.edu.cn
印　　刷	苏州市深广印刷有限公司
开　　本	787 mm×1 092 mm　1/16　插页16　印张41.25(共两册)　字数713千
版　　次	2022年12月第1版 2022年12月第1次印刷
书　　号	ISBN 978-7-5672-4163-3
定　　价	120.00元(共两册)

版权所有　侵权必究

目　录

村民家庭记载

001／	一、五联村村民小组、户数、人数一览表	099／	五联村第十四组
002／	二、五联村村民家庭记载	107／	五联村第十五组
002／	五联村第一组	113／	五联村第十六组
012／	五联村第二组	119／	五联村第十七组
017／	五联村第三组	123／	五联村第十八组
024／	五联村第四组	131／	五联村第十九组
033／	五联村第五组	135／	五联村第二十组
040／	五联村第六组	146／	五联村第二十一组
047／	五联村第七组	154／	五联村第二十二组
055／	五联村第八组	161／	五联村第二十三组
061／	五联村第九组	165／	五联村第二十四组
070／	五联村第十组	170／	五联村第二十五组
076／	五联村第十一组	175／	五联村第二十六组
083／	五联村第十二组	181／	五联村第二十七组
092／	五联村第十三组	189／	五联村第二十八组
		194／	五联村第二十九组

198／ 五联村第三十组　　　　239／ 五联村第三十四组
210／ 五联村第三十一组　　　247／ 五联村第三十五组
220／ 五联村第三十二组　　　257／ 五联村第三十六组
230／ 五联村第三十三组

村民家庭记载

五联村位于昆山高新区（玉山镇）北部，是在2001年8月由五联、丁泾、莫家3村合并组建的建制村。该村共有钱家宅基、康宅、盛家村等20个自然村，现绝大多数已经动迁到杜桥景园、锦隆佳园等小区。现有36个村民小组，原五联村所辖的15个村民小组，列为第1组至第15组；丁泾村所辖的14个村民小组列为第16组至第29组；莫家村所辖的7个村民小组列为第30组至第36组。

《五联村志·村民家庭记载》共列表579份，记载五联村所辖36个村民小组579户居民的家庭成员信息、家庭大事，截止时间为2019年12月31日。既有历史印记，又有现状实录；并且为已故家庭人员保留基本信息。"村民家庭记载"为五联村全体居民保存了历史记忆，上可告慰先人，下可启发子孙。

根据村民提交的579份登记信息，本"村民家庭记载"共记录了3 018人的信息，其中男性1 465人，女性1 553人。"村民家庭记载"中的数据，为实际居住人数，所以与户籍登记有偏差。

一、五联村村民小组、户数、人数一览表

五联村村民小组、户数、人数一览表

组别	户数/户	人数/人	男/人	女/人	组别	户数/户	人数/人	男/人	女/人
1组	21	114	59	55	5组	16	69	34	35
2组	12	65	32	33	6组	14	73	34	39
3组	17	80	39	41	7组	16	96	47	49
4组	23	100	48	52	8组	15	72	32	40

续表

组别	户数/户	人数/人	男/人	女/人	组别	户数/户	人数/人	男/人	女/人
9组	22	109	53	56	23组	8	49	24	25
10组	15	72	32	40	24组	14	66	33	33
11组	20	85	45	40	25组	11	66	32	34
12组	21	113	51	62	26组	12	71	38	33
13组	14	83	41	42	27组	16	85	41	44
14组	16	81	43	38	28组	10	61	30	31
15组	13	79	38	41	29组	9	41	18	23
16组	14	71	32	39	30组	24	132	67	65
17组	11	48	29	19	31组	22	112	53	59
18组	17	97	49	48	32组	21	112	51	61
19组	10	47	21	26	33组	15	99	45	54
20组	23	120	54	66	34组	18	91	44	47
21组	16	87	49	38	35组	21	114	57	57
22组	16	81	36	45	36组	16	77	34	43

二、五联村村民家庭记载

五联村第一组

	姓名	与户主关系	出生年月	性别	已故家属	
					称呼	姓名
现有家庭人员	严惠明	户主	1955年8月	男	父亲	宋炳泉
	薛妹和	妻子	1954年4月	女	母亲	严小妹
	严文忠	儿子	1978年9月	男		
	陈 静	儿媳	1978年3月	女		
	严志祥	孙子	2002年2月	男		
家庭大事	1994年建楼房； 2005年搬迁至锦隆佳园。					

	姓名	与户主关系	出生年月	性别	已故家属	
					称呼	姓名
现有家庭人员	严惠兴	户主	1965年2月	男	父亲	宋炳泉
	陈林珍	妻子	1964年5月	女	母亲	严小妹
	宋赘荣	儿子	1987年11月	男		
	范秋香	儿媳	1987年8月	女		
	宋逸君	孙子	2011年3月	男		
	范秋亭	孙女	2014年3月	女		
家庭大事	1983年建楼房； 2007年搬迁至锦隆佳园； 2015年购买汽车1辆。					

	姓名	与户主关系	出生年月	性别	已故家属	
					称呼	姓名
现有家庭人员	陈建龙	户主	1962年11月	男		
	胡菊英	妻子	1962年2月	女		
	严文强	儿子	1986年4月	男		
	董彩侠	儿媳	1985年9月	女		
	严婕妤	孙女	2011年11月	女		
	严承瑀	孙子	2014年11月	男		
	陈正喜	父亲	1936年5月	男		
	严梅珍	母亲	1941年4月	女		
家庭大事	1983年翻建平房； 1996年翻建楼房； 2006年拆迁，分配商品房3套； 2010年购买汽车1辆； 2015年购买商品房1套； 2016年置换汽车1辆。					

五联村志·村民家庭记载

现有家庭人员	姓名	与户主关系	出生年月	性别	已故家属 称呼	已故家属 姓名
	陈雪峰	户主	1966年10月	男		
	莫叶芳	妻子	1967年2月	女		
	陈露	女儿	1990年7月	女		
	胡敏峰	女婿	1990年10月	男		
	胡芮仪	孙女	2016年7月	女		

家庭大事	1986年翻建平房； 2005年拆迁，分配商品房2套； 2009年陈露考入扬州大学； 2013年购买汽车1辆。

现有家庭人员	姓名	与户主关系	出生年月	性别	已故家属 称呼	已故家属 姓名
	陈雪龙	户主	1952年4月	男	祖父	陈风祥
	周雪珍	妻子	1954年11月	女	祖母	周云娣
	陈丽娟	女儿	1979年12月	女	父亲	陈进良
	孙先圣	女婿	1978年4月	男	母亲	陈梅保
	陈颖	孙女	2002年6月	女		

家庭大事	2008年购买商品房1套； 2017年购买汽车1辆。

现有家庭人员	姓名	与户主关系	出生年月	性别	已故家属 称呼	已故家属 姓名
	陈小兴	户主	1968年9月	男	父亲	陈进良
	陈培琴	妻子	1968年11月	女	母亲	陈梅保
	陈伟	儿子	1991年8月	男		

家庭大事	1990年建楼房； 2002年购买摩托车1辆； 2016年动迁至锦隆佳园。

004

现有家庭人员	姓名	与户主关系	出生年月	性别	已故家属	
					称呼	姓名
	陈桂珍	户主	1954年8月	女	父亲	陈有生
	李彩龙	丈夫	1954年11月	男	母亲	陈凤金
	陈丽芳	女儿	1978年12月	女		
	宋永华	女婿	1980年1月	男		
	宋陈怡	孙女	2003年1月	女		
家庭大事	1988年翻建楼房； 2008年购买汽车1辆； 2009年搬迁至锦隆佳园。					

现有家庭人员	姓名	与户主关系	出生年月	性别	已故家属	
					称呼	姓名
	孙慧炯	户主	1963年3月	男	父亲	孙兆乾
	王桂芬	妻子	1964年9月	女	母亲	陈招妹
	孙迎凤	女儿	1986年5月	女		
家庭大事	1986年建楼房； 2004年搬迁至锦隆佳园。					

现有家庭人员	姓名	与户主关系	出生年月	性别	已故家属	
					称呼	姓名
	孙惠祖	户主	1965年12月	男	父亲	孙兆乾
	朱菊芳	妻子	1967年10月	女	母亲	陈招妹
	陈丽珠	女儿	1990年8月	女		
家庭大事	1988年建楼房； 1998年购买汽车1辆； 2009年购买汽车1辆； 2009年于山水萧林购买商品房1套； 2013年搬迁至锦隆佳园； 2013年购买汽车1辆。					

	姓名	与户主关系	出生年月	性别	已故家属	
					称呼	姓名
现有家庭人员	陈少华	户主	1968年12月	男		
	李英	妻子	1973年3月	女		
	陈昕宇	儿子	1994年4月	男		
家庭大事	1986年建楼房； 2001年购买汽车1辆； 2003年购买商品房1套； 2005年搬迁至锦隆佳园。					

	姓名	与户主关系	出生年月	性别	已故家属	
					称呼	姓名
现有家庭人员	陈林元	户主	1967年2月	男	父亲	陈桃生
	缪文花	妻子	1969年1月	女		
	陈超	儿子	1989年6月	男		
	顾维欢	儿媳	1989年10月	女		
	陈思翰	孙子	2013年3月	男		
	倪小妹	母亲	1942年2月	女		
家庭大事	1984年建楼房； 2007年搬迁至锦隆佳园； 2009年陈超参军入伍，2011年退伍； 2012年购买汽车1辆。					

	姓名	与户主关系	出生年月	性别	已故家属	
					称呼	姓名
现有家庭人员	王宝林	户主	1948年4月	男	岳父	王云波
	王惠琴	妻子	1949年3月	女	岳母	王月娥
	王雪明	儿子	1966年6月	男		
	乔 萍	儿媳	1967年5月	女		
	王 琦	孙女	1991年5月	女		
	王雪刚	儿子	1968年4月	男		
	姚 芳	儿媳	1968年2月	女		
	王 添	孙子	1995年5月	男		
家庭大事	1970年翻建平房； 1984年翻建楼房； 1990年王雪明在力量团结河边建楼房； 1995年王雪明购买汽车1辆； 2003年王雪刚在新乐村建别墅1套； 2004年搬迁至锦隆佳园； 2009年王琦考入南京医科大学。					

	姓名	与户主关系	出生年月	性别	已故家属	
					称呼	姓名
现有家庭人员	陈 坚	户主	1964年9月	男		
	蒋妹芬	妻子	1964年10月	女		
	陈 静	女儿	1988年1月	女		
	陈 强	女婿	1988年2月	男		
	陈纪荣	孙子	2014年5月	男		
	陈纪清	孙子	2016年10月	男		
	包炳荣	父亲	1935年11月	男		
	陈美英	母亲	1936年10月	女		
家庭大事	2006年陈静考入苏州科技学院； 2013年购买汽车1辆； 2015年购买山水萧林商品房1套。					

五联村志·村民家庭记载

	姓名	与户主关系	出生年月	性别	已故家属	
					称呼	姓名
现有家庭人员	陈振元	户主	1954年7月	男		
	陈雪妹	妻子	1955年2月	女		
	陈　峰	儿子	1978年11月	男		
	董智春	儿媳	1979年10月	女		
	陈雨玄	孙子	2009年3月	男		
家庭大事	1977年建平房3间； 1996年陈峰考入北京理工大学； 2002年购买商品房1套； 2003年购买汽车1辆。					

	姓名	与户主关系	出生年月	性别	已故家属	
					称呼	姓名
现有家庭人员	陈有明	户主	1962年4月	男	父亲	陈选琴
	王凤珍	妻子	1962年9月	女		
	陈　燕	女儿	1985年4月	女		
	陈晋宇	孙子	2007年6月	男		
	陈凤珍	母亲	1936年9月	女		
家庭大事	2005年搬迁至锦隆佳园； 2007年购买汽车1辆； 2013年购买汽车1辆； 2019年置换汽车1辆。					

008

	姓名	与户主关系	出生年月	性别	已故家属	
					称呼	姓名
现有家庭人员	陈有林	户主	1942年12月	男	父亲	陈惠卿
	张丽珍	妻子	1943年12月	女	母亲	钱梅宝
	陈 俊	儿子	1965年1月	男		
	徐梅珍	儿媳	1965年10月	女		
	陈 洁	孙女	1987年9月	女		
	何金金	孙女婿	1987年5月	男		
	陈立人	曾孙子	2012年12月	男		
	陈立一	曾孙子	2016年3月	男		
家庭大事	1965年建平房； 1982年建楼房； 2002年拆迁，在杜桥建别墅。					

	姓名	与户主关系	出生年月	性别	已故家属	
					称呼	姓名
现有家庭人员	陆汉东	户主	1949年1月	男	岳父	陈伯良
	陈学英	妻子	1951年4月	女	岳母	赵金娥
	陈林芳	女儿	1973年3月	女		
	吴鸿业	女婿	1974年1月	男		
	吴辰禹	孙子	1999年4月	男		
	陈林萍	女儿	1975年4月	女		
	顾辰芸	孙女	2000年1月	女		
家庭大事	1983年建楼房； 2005年搬迁至锦隆佳园。					

五联村志·村民家庭记载

现有家庭人员	姓名	与户主关系	出生年月	性别	已故家属	
					称呼	姓名
	张惠华	户主	1965年1月	男		
	张六妹	妻子	1965年4月	女		
	张　丽	女儿	1988年11月	女		
	张笑宇	女婿	1988年12月	男		
	张智玥	孙女	2015年9月	女		
家庭大事	1988年建楼房； 2001年购买商品房1套； 2014年购买汽车1辆。					

现有家庭人员	姓名	与户主关系	出生年月	性别	已故家属	
					称呼	姓名
	陈　刚	户主	1970年3月	男	祖父	陈品良
	戴林珍	妻子	1970年9月	女	祖母	陈金妹
	陈嘉梁	儿子	1993年3月	男		
	陈歆奕	孙子	2018年7月	男		
	陈祖贤	父亲	1946年9月	男		
	陆凤珍	母亲	1949年1月	女		
家庭大事	1987年建楼房； 1999年购买商品房1套； 2004年搬迁至锦隆佳园； 2007年购买汽车1辆； 2012年陈嘉梁参军入伍。					

	姓名	与户主关系	出生年月	性别	已故家属	
					称呼	姓名
现有家庭人员	陈秋华	户主	1966年7月	男	父亲	陈邦贤
	陈天宇	儿子	1988年12月	男	母亲	钱丽芬
	陈诒文	女儿	2009年9月	女		
	陈一凡	孙女	2012年3月	女		
家庭大事	1986年将平房翻建成楼房； 2005年搬迁至锦隆佳园。					

	姓名	与户主关系	出生年月	性别	已故家属	
					称呼	姓名
现有家庭人员	包金龙	户主	1959年6月	男	祖父	包金生
	包文杰	儿子	1987年4月	男	祖母	包大妹
	李秋露	儿媳	1990年2月	女	父亲	包雪荣
	包子豪	孙子	2007年9月	男	母亲	包凤宝
	包金坤	弟弟	1964年11月	男		
	李 云	弟媳	1963年6月	女		
家庭大事	2001年建楼房； 2017年购买汽车1辆。					

五联村第二组

	姓名	与户主关系	出生年月	性别	已故家属	
					称呼	姓名
现有家庭人员	顾水盆	户主	1945年4月	男	父亲	顾根宏
	张惠珍	妻子	1951年9月	女		
	顾 伟	女儿	1970年11月	女		
	林学明	女婿	1970年12月	男		
	顾陵鹰	孙女	1994年11月	女		
家庭大事	1982年翻建楼房； 1992年购买商品房1套； 2011年购买汽车1辆。					

	姓名	与户主关系	出生年月	性别	已故家属	
					称呼	姓名
现有家庭人员	朱耀良	户主	1955年3月	男	祖父	朱为纯
	张惠英	妻子	1958年11月	女	祖母	吴小妹
	朱秋敏	女儿	1981年8月	女		
	张天鹏	女婿	1981年5月	男		
	张钰萍	孙女	2009年9月	女		
	张朱辰	孙子	2014年12月	男		
	朱仲康	父亲	1929年7月	男		
	蔡惠芬	母亲	1933年5月	女		
家庭大事	1991年翻建楼房。					

	姓名	与户主关系	出生年月	性别	已故家属	
					称呼	姓名
现有家庭人员	朱耀明	户主	1950年10月	男	祖父	朱为纯
	朱蓓颖	女儿	1977年1月	女	祖母	吴四宝
	孙文林	女婿	1972年10月	男	父亲	朱伯安
	朱明钰	孙子	2004年1月	男	妻子	钱菊花
	朱彦萍	女儿	1978年12月	女		
	李秀英	母亲	1927年11月	女		
家庭大事	1978年建平房； 1981年购买商品房1套。					

	姓名	与户主关系	出生年月	性别	已故家属	
					称呼	姓名
现有家庭人员	顾建明	户主	1955年5月	男	祖父	顾重林
	顾凤珍	妻子	1956年3月	女	祖母	顾老太
	顾华兴	儿子	1979年5月	男	父亲	顾纪良
	金艳	儿媳	1981年1月	女		
	顾家仁	孙子	2007年5月	男		
	金轩羽	孙女	2016年4月	女		
	平凤英	母亲	1937年8月	女		
家庭大事	2003年在杜桥景园建别墅1套； 2008年购买汽车1辆。					

五联村志·村民家庭记载

现有家庭人员	姓名	与户主关系	出生年月	性别	已故家属	
					称呼	姓名
	顾二官	户主	1943年8月	男	祖父	顾重林
	吴小妹	妻子	1949年1月	女	祖母	顾老太
	顾雪芳	女儿	1971年6月	女	父亲	顾根泉
	夏国庆	女婿	1972年4月	男	母亲	沈金金
	顾茵芝	孙女	1995年3月	女		

家庭大事	2003年在杜桥景园建别墅1套； 2017年购买汽车1辆。

现有家庭人员	姓名	与户主关系	出生年月	性别	已故家属	
					称呼	姓名
	包培明	户主	1964年4月	男	父亲	张阿其
	盛妹芳	妻子	1964年6月	女	母亲	包荷珍
	包丽燕	女儿	1987年2月	女		
	包明宇	孙子	2013年12月	男		

家庭大事	1991年建楼房； 1997年购买商品房1套； 2000年购买汽车1辆。

现有家庭人员	姓名	与户主关系	出生年月	性别	已故家属	
					称呼	姓名
	顾梅花	户主	1956年12月	女	父亲	顾福生
	钱吉林	丈夫	1954年8月	男		
	顾雪琴	女儿	1976年12月	女		
	俞惠华	女婿	1976年5月	男		
	顾月琴	女儿	1979年1月	女		
	顾瑜	孙女	1997年12月	女		

家庭大事	2003年在杜桥景园建别墅1套。

	姓名	与户主关系	出生年月	性别	已故家属	
					称呼	姓名
现有家庭人员	包丽华	户主	1969年9月	男	祖父	包记福
	包 磊	儿子	1997年4月	男	祖母	包服妹
	包倩倩	女儿	1992年3月	女	父亲	包金龙
	包明伟	儿子	2017年4月	男	母亲	周巧英
家庭大事	1986年建楼房； 2018年搬迁至锦隆佳园。					

	姓名	与户主关系	出生年月	性别	已故家属	
					称呼	姓名
现有家庭人员	包阿四	户主	1956年6月	男	父亲	包记福
	卫水英	妻子	1963年4月	女	母亲	包服妹
	包 洁	儿子	1982年3月	男		
	高俊华	儿媳	1982年6月	女		
	高梓洋	孙子	2006年7月	男		
家庭大事	2003年在杜桥小区建楼房； 2008年购买汽车1辆。					

	姓名	与户主关系	出生年月	性别	已故家属	
					称呼	姓名
现有家庭人员	张惠忠	户主	1962年5月	男	祖父	张海泉
	周金妹	妻子	1964年5月	女	祖母	包小妹
	张 燕	女儿	1986年12月	女	母亲	蔡金娥
	蔡成叶	女婿	1985年4月	男		
	蔡嘉怡	孙女	2012年1月	女		
	张小男	父亲	1931年9月	男		
家庭大事	1982年翻建楼房； 2009年搬迁至锦隆佳园； 2011年购买汽车1辆。					

现有家庭人员	姓名	与户主关系	出生年月	性别	已故家属	
					称呼	姓名
	张惠明	户主	1952年4月	男	祖父	张海泉
	周水娥	妻子	1951年1月	女	祖母	包小妹
	张利平	儿子	1973年12月	男	母亲	蔡金娥
	张 蕾	孙女	1995年4月	女		
家庭大事	1988年平房翻建为楼房； 2016年搬迁至锦隆佳园； 2018年购买汽车1辆。					

现有家庭人员	姓名	与户主关系	出生年月	性别	已故家属	
					称呼	姓名
	朱维贤	户主	1960年6月	男		
	陈凤英	妻子	1961年8月	女		
	朱 伟	儿子	1984年1月	男		
	李淑红	儿媳	1979年3月	女		
	朱逸宸	孙子	2009年3月	男		
家庭大事	2007年购买汽车1辆。					

五联村第三组

	姓名	与户主关系	出生年月	性别	已故家属	
					称呼	姓名
现有家庭人员	包雪良	户主	1964年11月	男	祖父	包瑞生
	钱惠珍	妻子	1966年10月	女	祖母	包三妹
	包 静	女儿	1988年11月	女	父亲	管惠明
	王懿斯	女婿	1986年10月	男		
	王梓睿	孙子	2011年12月	男		
家庭大事	1986年翻建楼房； 2011年搬迁至锦隆佳园； 2012年购买汽车1辆； 2014年购买汽车1辆。					

	姓名	与户主关系	出生年月	性别	已故家属	
					称呼	姓名
现有家庭人员	包雪华	户主	1966年11月	男	祖父	包瑞生
	沈玉英	妻子	1968年7月	女	祖母	包三妹
	包群翰	儿子	1990年2月	男	父亲	管惠明
家庭大事	1989年购买商品房1套； 2007年购买汽车1辆； 2008年包群翰考入江南大学北美学院。					

	姓名	与户主关系	出生年月	性别	已故家属	
					称呼	姓名
现有家庭人员	杜少武	户主	1966年7月	男	父亲	杜春宝
	杜 娟	女儿	1989年7月	女	母亲	周巧巧
	顾 杰	女婿	1989年7月	男	妻子	钱文雅
	顾桂毓	孙子	2015年7月	男		
家庭大事	2015年购买汽车1辆。					

	姓名	与户主关系	出生年月	性别	已故家属	
					称呼	姓名
现有家庭人员	项水明	户主	1953年1月	男	父亲	项阿其
	王雪英	妻子	1952年1月	女		
	项 东	儿子	1974年12月	男		
	赵剑霞	儿媳	1978年9月	女		
	项 天	孙子	2003年4月	男		
	项 娟	女儿	1974年1月	女		
	项小杜	母亲	1926年1月	女		
家庭大事	1985年翻建楼房； 1992年项东参军入伍，在部队中加入中国共产党，荣立个人三等功； 1998年购买商品房1套。					

	姓名	与户主关系	出生年月	性别	已故家属	
					称呼	姓名
现有家庭人员	项水忠	户主	1956 年 2 月	男	父亲	项阿其
	张琴芳	妻子	1971 年 11 月	女		
	项 星	儿子	1989 年 7 月	男		
	项 燕	女儿	1981 年 9 月	女		
家庭大事	1986 年翻建别墅； 1988 年购买商品房 1 套； 1995 年创办昆山市玉峰电除尘设备厂； 2000 年购买汽车 1 辆； 2008 年项星考入美国阿肯色中央大学。					

	姓名	与户主关系	出生年月	性别	已故家属	
					称呼	姓名
现有家庭人员	包大弟	户主	1940 年 10 月	男	父亲	包佰弟
家庭大事						

	姓名	与户主关系	出生年月	性别	已故家属	
					称呼	姓名
现有家庭人员	包小弟	户主	1945 年 1 月	男	父亲	包佰弟
	项水珍	妻子	1949 年 1 月	女		
	包勤益	儿子	1972 年 11 月	男		
	朱文燕	儿媳	1971 年 2 月	女		
	包婧怡	孙女	1995 年 9 月	女		
家庭大事	1985 年翻建楼房； 2000 年购买商品房 1 套； 2014 年包勤益加入中国共产党； 2016 年购买商品房 1 套。					

	姓名	与户主关系	出生年月	性别	已故家属	
					称呼	姓名
现有家庭人员	包勤芳	户主	1970年7月	女		
	邢高明	丈夫	1973年6月	男		
	邢家俊	儿子	1996年9月	男		
家庭大事	2004年购买商品房1套； 2009年购买汽车1辆。					

	姓名	与户主关系	出生年月	性别	已故家属	
					称呼	姓名
现有家庭人员	周小文	户主	1949年7月	男		
	苏红巧	妻子	1953年1月	女		
	周冬华	女儿	1975年12月	女		
	华之杨	女婿	1970年9月	男		
	周华庆	孙子	1997年10月	男		
家庭大事	1983年翻建楼房； 2006年搬迁至锦隆佳园。					

	姓名	与户主关系	出生年月	性别	已故家属	
					称呼	姓名
现有家庭人员	黄术丽	户主	1953年6月	女	丈夫	周学兵
	周普	儿子	1989年9月	男		
	王蓉蓉	儿媳	1990年7月	女		
	周星辰	孙子	2012年4月	男		
家庭大事	2012年搬迁至锦隆佳园。					

	姓名	与户主关系	出生年月	性别	已故家属	
					称呼	姓名
现有家庭人员	项建忠	户主	1958年10月	男	父亲	项阿金
	邵凤英	妻子	1962年10月	女		
	项 斌	儿子	1983年9月	男		
	孙迎凤	儿媳	1986年5月	女		
	项梓言	孙女	2009年9月	女		
	项梓钰	孙女	2015年1月	女		
	梁小妹	母亲	1937年9月	女		
家庭大事	1991年建楼房； 2005年搬迁至锦隆佳园。					

	姓名	与户主关系	出生年月	性别	已故家属	
					称呼	姓名
现有家庭人员	项伯泉	户主	1961年9月	男	父亲	项阿金
	张雪珍	妻子	1963年7月	女		
	项烨敏	女儿	1986年11月	女		
	张宗秦	女婿	1986年10月	男		
	张添翼	孙子	2012年12月	男		
家庭大事	1989年翻建楼房； 1993年购买商品房1套； 2002年购买汽车1辆。					

现有家庭人员	姓名	与户主关系	出生年月	性别	已故家属	
					称呼	姓名
	张黎飞	户主	1965年3月	男	曾祖父	张海泉
	钱彩英	妻子	1965年2月	女	祖父	张锦文
	张一成	儿子	1988年10月	男	父亲	张国忠
	张延庭	孙子	2013年9月	男		
	谢延亦	孙女	2017年10月	女		
	王凤娥	母亲	1945年10月	女		
家庭大事	2007年购买汽车1辆。					

现有家庭人员	姓名	与户主关系	出生年月	性别	已故家属	
					称呼	姓名
	张学明	户主	1963年1月	男	祖父	张锦文
	顾惠芬	妻子	1963年1月	女	父亲	张国华
	张 敏	女儿	1986年1月	女		
	张 庆	儿子	1991年9月	男		
	丁敏婷	儿媳	1990年9月	女		
	张婉涵	孙女	2011年1月	女		
	管福英	母亲	1939年3月	女		
家庭大事						

	姓名	与户主关系	出生年月	性别	已故家属	
					称呼	姓名
现有家庭人员	包惠良	户主	1950年8月	男	祖父	包凤其
	顾杏花	妻子	1951年12月	女	父亲	包伯云
	包丽锋	儿子	1976年1月	男	母亲	包小妹
	张 玉	儿媳	1976年8月	女		
	包启新	孙子	1998年7月	男		
家庭大事	1992年翻建楼房； 1999年购商品房1套； 2009年购买汽车1辆； 2015年包启新考入东南大学成贤学院。					

	姓名	与户主关系	出生年月	性别	已故家属	
					称呼	姓名
现有家庭人员	包惠英	户主	1962年10月	男	祖父	包凤其
	翁雪芬	妻子	1962年9月	女	父亲	包伯云
	包钧均	儿子	1987年2月	男	母亲	包小妹
	夏 燕	儿媳	1989年1月	女		
	包蓓儿	孙女	2013年1月	女		
家庭大事	1986年建楼房； 1992年购买商品房1套； 2014年购买汽车1辆。					

	姓名	与户主关系	出生年月	性别	已故家属	
					称呼	姓名
现有家庭人员	周梅花	户主	1954年5月	女	丈夫	包惠兴
	包苗苗	女儿	1992年4月	女		
	朱义春	女婿	1986年1月	男		
家庭大事	2012年搬迁至锦隆佳园。					

五联村第四组

	姓名	与户主关系	出生年月	性别	已故家属	
					称呼	姓名
现有家庭人员	顾俊明	户主	1968年6月	男	祖父	顾阿文
	王莉萍	妻子	1968年10月	女	祖母	顾婉妹
	顾天翼	儿子	1994年7月	男	父亲	顾雪生
	顾俊华	弟弟	1992年2月	男	母亲	王玲美
家庭大事	1970年建砖瓦房4间； 1992年顾俊华考入华中工学院； 2012年顾天翼考入南京大学，2017年获美国伊利诺伊大学厄巴纳-香槟分校金融学硕士学位。					

	姓名	与户主关系	出生年月	性别	已故家属	
					称呼	姓名
现有家庭人员	顾雪明	户主	1954年1月	男	父亲	顾阿文
	张建珍	妻子	1950年8月	女	母亲	顾婉妹
	顾 彬	女儿	1982年11月	女		
家庭大事	1974年顾雪明参军入伍； 1979年顾雪明加入中国共产党； 1981年顾雪明退伍； 2000年购买商品房1套； 2012年购买汽车1辆。					

	姓名	与户主关系	出生年月	性别	已故家属	
					称呼	姓名
现有家庭人员	马仁芳	户主	1963年8月	女	公公	项小男
	项炳根	丈夫	1961年1月	男		
	项 梁	儿子	1987年3月	男		
	周方红	儿媳	1987年4月	女		
	项子瑞	孙子	2014年1月	男		
家庭大事	1997年翻建楼房； 2012年搬迁至锦隆佳园； 2016年购买汽车1辆。					

	姓名	与户主关系	出生年月	性别	已故家属	
					称呼	姓名
现有家庭人员	项炳泉	户主	1966年2月	男	父亲	项小男
	徐凤娥	妻子	1965年5月	女		
	项 峰	儿子	1988年12月	男		
家庭大事	2008年购买商品房1套； 2016年购买汽车1辆。					

	姓名	与户主关系	出生年月	性别	已故家属	
					称呼	姓名
现有家庭人员	顾静珍	户主	1962年7月	女	父亲	顾声田
家庭大事	2000年购买商品房1套。					

现有家庭人员	姓名	与户主关系	出生年月	性别	已故家属	
					称呼	姓名
	顾良成	户主	1970年12月	男	祖父	顾声田
	薛小萍	妻子	1973年1月	女	父亲	顾忠义
	顾嘉敏	女儿	1994年11月	女	母亲	顾水英
家庭大事	2004年购买汽车1辆； 2008年购买汽车1辆； 2010年购买商品房1套； 2013年购买商品房1套。					

现有家庭人员	姓名	与户主关系	出生年月	性别	已故家属	
					称呼	姓名
	顾忠德	户主	1948年12月	男	父亲	顾声田
	顾凤英	妻子	1948年2月	女		
	顾丽军	儿子	1970年7月	男		
	严艳萍	儿媳	1969年8月	女		
	顾 晔	孙子	1993年3月	男		
	陈艳婷	孙媳	1994年2月	女		
	顾诗玥	曾孙女	2019年7月	女		
	顾惠珍	母亲	1927年3月	女		
家庭大事	1982年建楼房； 1989年购买商品房1套； 2009年购买汽车1辆； 2011年顾晔考入徐州工程学院。					

现有家庭人员	姓名	与户主关系	出生年月	性别	已故家属	
					称呼	姓名
	顾雪根	户主	1953年5月	男		
家庭大事	2012年搬迁至锦隆佳园。					

	姓名	与户主关系	出生年月	性别	已故家属	
					称呼	姓名
现有家庭人员	顾雪忠	户主	1971年8月	男		
	张启梅	妻子	1988年2月	女		
	顾晗艳	女儿	1994年4月	女		
	顾郁斌	儿子	2011年7月	男		
	郁文蔚	父亲	1942年7月	男		
	顾凤锦	母亲	1947年3月	女		
家庭大事	1988年将平房翻建为楼房； 1998年购买商品房； 2005年搬迁至锦隆佳园。					

	姓名	与户主关系	出生年月	性别	已故家属	
					称呼	姓名
现有家庭人员	郁文贤	户主	1949年7月	男	祖父	顾惠文
	顾凤娥	妻子	1954年5月	女	祖母	顾元妹
	顾郁华	儿子	1973年10月	男	父亲	顾国良
	李金芳	儿媳	1977年11月	女	母亲	顾男妹
	顾李楠	孙子	2002年1月	男		
	顾丽华	女儿	1976年1月	女		
	唐竟仪	外孙女	1998年11月	女		
家庭大事	1983年翻建楼房； 1996年购买商品房1套； 2006年购买汽车1辆。					

五联村志·村民家庭记载

	姓名	与户主关系	出生年月	性别	已故家属	
					称呼	姓名
现有家庭人员	顾金根	户主	1945年11月	男		
	李凤珍	妻子	1948年5月	女		
	顾 宏	儿子	1971年1月	男		
	季羽芳	儿媳	1970年11月	女		
	顾吚唯	孙女	1993年9月	女		
	顾 青	女儿	1969年3月	女		
	茅泽一	孙子	2000年6月	男		
家庭大事	2004年搬迁至锦隆佳园； 2005年购大渔小区别墅1套。					

	姓名	与户主关系	出生年月	性别	已故家属	
					称呼	姓名
现有家庭人员	陆胜昌	户主	1951年1月	男	祖父	顾炳文
	顾梅珍	妻子	1952年11月	女	祖母	顾梅宝
	顾志华	儿子	1973年11月	男	父亲	顾阿培
	戴道花	儿媳	1976年1月	女		
	顾 超	孙子	1997年3月	男		
家庭大事	1987年翻建楼房； 2000年购买商品房1套； 2003年搬迁至锦隆佳园。					

	姓名	与户主关系	出生年月	性别	已故家属	
					称呼	姓名
现有家庭人员	顾龙兴	户主	1963年8月	男	祖父	顾炳文
	顾凤娟	妻子	1964年6月	女	祖母	顾梅宝
	顾 莉	女儿	1986年10月	女	父亲	顾阿培
	李志守	女婿	1984年12月	男		
	李俊逸	孙子	2011年12月	男		
	顾珞逸	孙女	2016年2月	女		
家庭大事	1990年翻建楼房； 2005年顾莉考入扬州大学； 2006年购买商品房1套； 2008年顾莉加入中国共产党； 2009年购买汽车1辆。					

	姓名	与户主关系	出生年月	性别	已故家属	
					称呼	姓名
现有家庭人员	顾文华	户主	1966年9月	男	祖父	顾国善
	唐妹花	妻子	1966年1月	女	祖母	顾水妹
	顾 杰	儿子	1989年5月	男		
	朱双双	儿媳	1988年9月	女		
	顾巽壹	孙子	2012年11月	男		
	顾喜观	父亲	1945年10月	男		
	管婉珍	母亲	1944年11月	女		
	顾喜明	叔叔	1953年4月	男		
家庭大事	1997年购买商品房1套； 2010年购买汽车1辆。					

现有家庭人员	姓名	与户主关系	出生年月	性别	已故家属	
					称呼	姓名
	顾文忠	户主	1970年6月	男	祖父	顾国善
	顾丽琴	妻子	1972年11月	女	祖母	顾水妹
	顾　承	儿子	1995年11月	男		
家庭大事	1997年购买商品房1套； 2014年顾承参军入伍，2016年退伍后到苏州大学完成本科学业。					

现有家庭人员	姓名	与户主关系	出生年月	性别	已故家属	
					称呼	姓名
	张泉生	户主	1935年12月	男	妻子	邵惠英
	邵程红	孙女	1988年11月	女	儿子	邵露华
家庭大事	1996年购买商品房1套； 2003年搬迁至锦隆佳园。					

现有家庭人员	姓名	与户主关系	出生年月	性别	已故家属	
					称呼	姓名
	邵益华	户主	1969年10月	男	母亲	邵惠英
	杨晓能	妻子	1971年1月	女		
	邵　杨	儿子	1995年6月	男		
家庭大事	1996年凭借化肥厂工龄购买福利房1套； 2000年购买汽车1辆； 2009年购买汽车1辆； 2015年购买商品房1套； 2016年购买汽车1辆。					

	姓名	与户主关系	出生年月	性别	已故家属	
					称呼	姓名
现有家庭人员	周飞	户主	1966年8月	男	父亲	周学文
	沈妹娟	妻子	1965年10月	女		
	周雪妹	女儿	1991年12月	女		
	周华	儿子	1994年6月	男		
	潘洪兰	母亲	1936年12月	女		
家庭大事	2015年购买商品房1套。					

	姓名	与户主关系	出生年月	性别	已故家属	
					称呼	姓名
现有家庭人员	周峰	户主	1968年12月	男	父亲	周学文
	甘燕群	妻子	1973年10月	女		
	周芹	女儿	1998年3月	女		
家庭大事	1995年新建平房3间。					

	姓名	与户主关系	出生年月	性别	已故家属	
					称呼	姓名
现有家庭人员	顾首明	户主	1954年2月	男	祖父	顾介元
	杨彩芬	妻子	1957年9月	女	祖母	吴妹妹
	顾文荣	儿子	1981年3月	男	父亲	顾建行
	邵春花	儿媳	1982年3月	女	母亲	龚巧弟
	顾雨欣	孙女	2009年2月	女		
家庭大事	1986年翻建楼房； 1997年购买商品房1套； 2013年购买汽车1辆。					

五联村志·村民家庭记载

现有家庭人员	姓名	与户主关系	出生年月	性别	已故家属	
					称呼	姓名
	顾首良	户主	1957年3月	男	祖父	顾介元
	顾引娟	妻子	1961年8月	女	祖母	吴妹妹
	顾黎明	儿子	1982年9月	男	父亲	顾建行
	王亚琴	儿媳	1987年9月	女	母亲	龚巧弟
	顾雨萱	孙女	2009年3月	女		
家庭大事	1992年建楼房； 2003年搬迁至锦隆佳园。					

现有家庭人员	姓名	与户主关系	出生年月	性别	已故家属	
					称呼	姓名
	顾首林	户主	1962年7月	男	祖父	顾介元
	叶玲妹	妻子	1966年1月	女	祖母	吴妹妹
	顾艳婷	女儿	1988年10月	女	父亲	顾建行
徐　坤	女婿	1987年8月	男	母亲	龚巧弟	
	徐蓓涵	孙女	2014年10月	女		
家庭大事	2000年购买汽车1辆； 2007年搬迁至锦隆佳园。					

现有家庭人员	姓名	与户主关系	出生年月	性别	已故家属	
					称呼	姓名
	魏菊芬	户主	1947年5月	女	丈夫	顾雪生
家庭大事						

032

五联村第五组

	姓名	与户主关系	出生年月	性别	已故家属	
					称呼	姓名
现有家庭人员	张企唐	户主	1942年3月	男	父亲	张佰荣
	顾梅英	妻子	1942年9月	女	母亲	张碗暖
	张 彪	儿子	1963年10月	男		
	胡桂英	儿媳	1964年10月	女		
	张 寅	孙女	1986年5月	女		
家庭大事	1982年建4间大瓦房； 1989年翻建楼房； 2005年张寅考入华东师范大学； 2006年搬迁至锦隆佳园； 2016年张寅考取研究生。					

	姓名	与户主关系	出生年月	性别	已故家属	
					称呼	姓名
现有家庭人员	张玉芳	户主	1975年7月	女	父亲	张寿塘
	吴传宏	丈夫	1974年4月	男		
	张文栋	儿子	1997年8月	男		
	胡凤珍	母亲	1952年4月	女		
家庭大事	2016年购买商品房1套。					

	姓名	与户主关系	出生年月	性别	已故家属	
					称呼	姓名
现有家庭人员	张建华	户主	1954年7月	男	父亲	张文达
	何光荣	妻子	1964年1月	女	母亲	陈桃妹
	张欢星	儿子	2007年5月	男	伯父	张文俊
家庭大事	1985年购买商品房1套； 2006年购买汽车1辆。					

现有家庭人员	姓名	与户主关系	出生年月	性别	已故家属	
					称呼	姓名
	张明华	户主	1968年12月	男	父亲	张文达
	赵信香	妻子	1969年12月	女	母亲	陈桃妹
	张哲星	儿子	1995年7月	男	伯父	张文俊

家庭大事	1993年购买商品房1套； 2017年购买汽车1辆； 2017年张哲星考入南京师范大学泰州学院。

现有家庭人员	姓名	与户主关系	出生年月	性别	已故家属	
					称呼	姓名
	张一星	户主	1978年11月	男		
	朱　静	妻子	1980年8月	女		
	张丽郴	女儿	2002年11月	女		
	张睿洋	儿子	2008年6月	男		
	顾桂珍	母亲	1954年8月	女		

家庭大事	2008年购买汽车1辆。

	姓名	与户主关系	出生年月	性别	已故家属	
					称呼	姓名
现有家庭人员	张永明	户主	1962年10月	男	祖父	张菊如
	陈彩珍	妻子	1963年11月	女	祖母	李二宝
	张 烨	女儿	1985年9月	女		
	李永华	女婿	1981年6月	男		
	李思逸	孙女	2014年1月	女		
	张苧予	孙女	2017年9月	女		
	张小弟	父亲	1941年4月	男		
	周凤珍	母亲	1942年3月	女		
家庭大事	1988年建楼房； 1997年购买商品房1套； 2005年购买汽车1辆。					

	姓名	与户主关系	出生年月	性别	已故家属	
					称呼	姓名
现有家庭人员	张巧泉	户主	1950年6月	男	父亲	张菊如
	陶金凤	妻子	1953年12月	女	母亲	李二宝
	张利峰	儿子	1976年6月	男		
	孙娟娟	儿媳	1977年1月	女		
	张怡筠	孙女	2000年4月	女		
	张利民	儿子	1978年4月	男		
	李梅春	儿媳	1983年1月	女		
	张锦哲	孙子	2013年4月	男		
家庭大事	1986年翻建楼房。					

	姓名	与户主关系	出生年月	性别	已故家属	
					称呼	姓名
现有家庭人员	张康华	户主	1968年11月	男	父亲	张瑞丰
	朱金珍	妻子	1968年12月	女	母亲	张小妹
	张 萍	女儿	1991年11月	女		
	张梓豪	孙子	2013年10月	男		
家庭大事	1984年翻建平房3间； 2007年搬迁至锦隆佳园。					

	姓名	与户主关系	出生年月	性别	已故家属	
					称呼	姓名
现有家庭人员	顾俊达	户主	1947年9月	男	父亲	顾关荣
	吴星宝	妻子	1949年12月	女	母亲	王银宝
	顾 洁	女儿	1969年10月	女		
	汪泽荣	女婿	1968年8月	男		
	顾良易	孙子	1991年12月	男		
	李苗苗	孙媳	1992年12月	女		
家庭大事	1983年翻建楼房。					

	姓名	与户主关系	出生年月	性别	已故家属	
					称呼	姓名
现有家庭人员	顾进明	户主	1966年10月	男		
	夏雪芬	妻子	1967年1月	女		
	顾晨超	儿子	1989年7月	男		
	徐 云	儿媳	1991年11月	女		
	顾时豪	孙子	2015年9月	男		
	顾关林	父亲	1946年5月	男		
	楼凤妹	母亲	1945年9月	女		
家庭大事	1982年翻建楼房； 1994年购买商品房1套； 2007年购买汽车1辆； 2008年顾晨超考入连云港淮海工学院。					

	姓名	与户主关系	出生年月	性别	已故家属	
					称呼	姓名
现有家庭人员	顾妙英	户主	1950年1月	女	父亲	顾瑞甫
	王明其	丈夫	1948年1月	男	母亲	陆梅郎
	顾 彬	儿子	1975年8月	男		
	张泽琼	儿媳	1975年8月	女		
	顾家劲	孙子	1998年10月	男		
家庭大事						

现有家庭人员	姓名	与户主关系	出生年月	性别	已故家属	
					称呼	姓名
	张友兴	户主	1953年8月	男	曾祖父	张海泉
	沈亚芳	妻子	1954年1月	女	祖父	张阿水
	张丽琴	女儿	1978年12月	女	祖母	张二宝
	沈田中	女婿	1977年12月	男	父亲	张伯安
	张文静	孙女	2002年1月	女	母亲	高水妹
家庭大事	1998年购买商品房1套。					

现有家庭人员	姓名	与户主关系	出生年月	性别	已故家属	
					称呼	姓名
	胡炳兴	户主	1949年12月	男	父亲	胡洪如
	钱林妹	妻子	1952年2月	女		
	胡建清	儿子	1974年6月	男		
	张月香	儿媳	1976年11月	女		
	胡家玮	孙子	1997年10月	男		
家庭大事	1987年建楼房； 2007年搬迁至锦隆佳园。					

现有家庭人员	姓名	与户主关系	出生年月	性别	已故家属	
					称呼	姓名
	周琴芳	户主	1963年7月	女		
家庭大事						

现有家庭人员	姓名	与户主关系	出生年月	性别	已故家属	
					称呼	姓名
	张伟明	户主	1954年12月	男	父亲	张仲和
	周美芬	妻子	1957年10月	女		
	张一琴	女儿	1981年3月	女		
家庭大事	1987年建楼房； 2007年搬迁至锦隆佳园。					

现有家庭人员	姓名	与户主关系	出生年月	性别	已故家属	
					称呼	姓名
	张伟生	户主	1968年1月	男	父亲	张仲和
	周庆华	妻子	1973年6月	女		
	张泽耀	儿子	2002年1月	男		
家庭大事	1998年购买商品房1套； 2017年购买汽车1辆。					

五联村第六组

	姓名	与户主关系	出生年月	性别	已故家属	
					称呼	姓名
现有家庭人员	方红英	户主	1966年4月	女	父亲	方志元
	苏觉明	丈夫	1961年5月	男		
	方 淼	儿子	1987年4月	男		
	冯 芳	儿媳	1988年11月	女		
	方月珍	母亲	1933年6月	女		
家庭大事	2003年拆迁,分配锦隆佳园商品房2套; 2013年购买汽车1辆; 2015年购买汽车1辆。					

	姓名	与户主关系	出生年月	性别	已故家属	
					称呼	姓名
现有家庭人员	朱红兵	户主	1967年12月	男	祖父	朱春明
	陆玲萍	妻子	1965年9月	女	父亲	朱满义
	朱晓鸣	女儿	1991年4月	女	母亲	邵友连
家庭大事	1997年购买商品房1套; 2017年购买汽车1辆。					

	姓名	与户主关系	出生年月	性别	已故家属	
					称呼	姓名
现有家庭人员	朱红旗	户主	1970年1月	男	祖父	朱春明
	张红妹	妻子	1965年10月	女	父亲	朱满义
	朱玉莹	女儿	1999年2月	女	母亲	邵友连
家庭大事	1983年建平房3间; 2003年拆迁,分配锦隆佳园商品房2套。					

现有家庭人员	姓名	与户主关系	出生年月	性别	已故家属	
					称呼	姓名
	张必武	户主	1960年1月	男	父亲	张士龙
	张丽丽	女儿	1983年10月	女		
	张霆恩	孙子	2013年9月	男		
	李桂芬	母亲	1941年7月	女		

家庭大事	1996年购买商品房1套； 1998年翻建楼房； 2010年购买汽车1辆。

现有家庭人员	姓名	与户主关系	出生年月	性别	已故家属	
					称呼	姓名
	李希成	户主	1943年12月	男	父亲	李鹏云
	王美林	妻子	1941年10月	女	母亲	李文英
	李月芳	女儿	1968年1月	女		
	杨科昌	女婿	1970年12月	男		
	李星耀	孙子	1990年6月	男		
	汝静飞	孙媳	1989年4月	女		
	李汝熙	曾孙女	2014年6月	女		
	李汝紫	曾孙女	2018年6月	女		

家庭大事	1972年翻建3间平房； 1986年翻建楼房； 1998年购买商品房1套； 2008年李星耀考入宿迁学院。

	姓名	与户主关系	出生年月	性别	已故家属	
					称呼	姓名
现有家庭人员	薛建龙	户主	1972年3月	男	祖父	薛惠生
	钱志芳	妻子	1971年4月	女	祖母	李月桂
	薛仁杰	儿子	1996年7月	男	父亲	薛伯林
	盛宝宝	母亲	1950年9月	女		
家庭大事	1989年翻建楼房； 2012年购买汽车1辆。					

	姓名	与户主关系	出生年月	性别	已故家属	
					称呼	姓名
现有家庭人员	薛惠良	户主	1939年12月	男	父亲	薛士安
	胡凤英	妻子	1940年10月	女	母亲	邵妙英
	薛虎林	儿子	1962年7月	男		
	周惠琴	儿媳	1963年5月	女		
	薛敏霞	孙女	1985年3月	女		
	薛红霞	孙女	1990年5月	女		
	单 矗	曾孙女	2009年12月	女		
	单 理	曾孙子	2016年9月	男		
	薛忆晨	曾孙女	2016年11月	女		
家庭大事	1988年建楼房。					

	姓名	与户主关系	出生年月	性别	已故家属	
					称呼	姓名
现有家庭人员	张国庆	户主	1966年4月	男	曾祖父	张茂林
	朱巧明	妻子	1963年12月	女	祖父	张宝根
	张 鹏	儿子	1993年6月	男	父亲	张惠荣
	李叶青	儿媳	1992年6月	女		
	张钧杰	孙子	2018年7月	男		
	王凤英	母亲	1945年6月	女		
家庭大事	1989年翻建楼房； 2000年购买商品房1套； 2010年购买汽车1辆； 2012年张鹏考入苏州科技大学； 2013年购买汽车1辆。					

	姓名	与户主关系	出生年月	性别	已故家属	
					称呼	姓名
现有家庭人员	朱文忠	户主	1956年9月	男	父亲	朱春章
	朱雅娟	女儿	1981年9月	女	母亲	朱月英
	王银平	女婿	1981年9月	男	妻子	徐妹芬
	朱 涵	孙女	2005年8月	女		
家庭大事	1986年建楼房1套； 2003年拆迁，分配锦隆佳园商品房3套； 2019年购买汽车2辆。					

现有家庭人员	姓名	与户主关系	出生年月	性别	已故家属	
					称呼	姓名
	陆金凤	户主	1971年1月	女	祖父	陆和尚
	王森林	丈夫	1968年6月	男	祖母	陆招娣
	陆志超	儿子	1991年9月	男	母亲	夏巧英
	陆桂生	父亲	1946年9月	男		

家庭大事	1989年建楼房； 2011年购买商品房1套。

现有家庭人员	姓名	与户主关系	出生年月	性别	已故家属	
					称呼	姓名
	李建忠	户主	1952年1月	男	曾祖父	李仁庆
	李 彬	儿子	1985年11月	男	祖父	李朋亮
	李 晶	儿媳	1986年8月	女	父亲	胡玉如
	李昱澈	孙子	2013年4月	男	妻子	王雪珍
	李希珍	母亲	1935年9月	女		

家庭大事	1992年翻建楼房； 2004年李彬考入南京信息工程大学； 2010年购买商品房1套。

	姓名	与户主关系	出生年月	性别	已故家属	
					称呼	姓名
现有家庭人员	李建华	户主	1965年1月	男	曾祖父	李仁庆
	项峥	妻子	1969年2月	女	祖父	李朋亮
	李虹	女儿	1989年12月	女	父亲	胡玉如
	丁荣	女婿	1988年4月	男		
	李梓萌	孙女	2016年7月	女		
	丁梓萱	孙女	2013年9月	女		
家庭大事	1987年建楼房； 2012年购买汽车1辆。					

	姓名	与户主关系	出生年月	性别	已故家属	
					称呼	姓名
现有家庭人员	朱满惠	户主	1946年9月	男	父亲	朱春明
	沈慧	妻子	1946年10月	女	母亲	袁氏
	朱豪	儿子	1974年7月	男		
	朱林	儿子	1976年9月	男		
	万丽萍	儿媳	1972年4月	女		
	朱思凡	孙女	1999年12月	女		
家庭大事	1984年翻建平房； 2014年购买商品房1套。					

	姓名	与户主关系	出生年月	性别	已故家属	
					称呼	姓名
现有家庭人员	胡引娣	户主	1947年12月	女	父亲	胡友记
	翟洪宝	丈夫	1944年12月	男	母亲	方鲜花
	胡明桃	儿子	1968年4月	男		
	朱玉芬	儿媳	1968年3月	女		
	胡晶剑	孙子	1991年2月	男		
	胡 歌	曾孙子	2019年5月	男		
家庭大事	1983年建楼房； 2012年胡晶剑考入南京大学； 2014年购买商品房1套； 2014年购买汽车1辆。					

五联村第七组

	姓名	与户主关系	出生年月	性别	已故家属	
					称呼	姓名
现有家庭人员	钱水明	户主	1946 年 9 月	男	父亲	钱伯生
	张惠珍	妻子	1945 年 3 月	女	母亲	钱永兰
	钱永青	儿子	1967 年 9 月	男		
	顾静英	儿媳	1968 年 9 月	女		
	钱 栋	孙子	1990 年 12 月	男		
	姚金雅	孙媳	1987 年 9 月	女		
	钱熠辰	曾孙子	2014 年 7 月	男		
	钱庚喜	曾孙子	2019 年 10 月	男		
家庭大事	1983 年翻建平房； 1989 年购买商品房 1 套； 2013 年购买汽车 1 辆。					

	姓名	与户主关系	出生年月	性别	已故家属	
					称呼	姓名
现有家庭人员	钱永昌	户主	1969 年 11 月	男	祖父	钱伯生
	钱三妹	妻子	1971 年 5 月	女	祖母	钱永兰
	钱巩轶	儿子	1994 年 4 月	男		
	叶之缘	儿媳	1993 年 1 月	女		
家庭大事	1990 年建楼房； 2018 年购买商品房 1 套。					

	姓名	与户主关系	出生年月	性别	已故家属	
					称呼	姓名
现有家庭人员	钱建华	户主	1966年4月	男		
	钱 淼	女儿	1990年2月	女		
	王曙光	女婿	1986年5月	男		
	王希恺	孙子	2012年2月	男		
	钱梓茹	孙女	2018年1月	女		
家庭大事	1996年建楼房； 2002年，分配锦隆佳园商品房3套； 2013年购买汽车2辆。					

	姓名	与户主关系	出生年月	性别	已故家属	
					称呼	姓名
现有家庭人员	钱永弟	户主	1954年8月	男	祖父	钱文彬
	顾凤花	妻子	1952年10月	女	祖母	钱小妹
	钱 华	儿子	1978年11月	男	母亲	钱金娥
	王春英	儿媳	1979年3月	女		
	钱彦妮	孙女	2002年11月	女		
	钱有仁	父亲	1931年2月	男		
家庭大事	1988年翻建楼房； 2009年购买汽车1辆。					

048

	姓名	与户主关系	出生年月	性别	已故家属	
					称呼	姓名
现有家庭人员	钱杏弟	户主	1957年3月	男	祖父	钱文彬
	陈永金	妻子	1958年2月	女	祖母	钱小妹
	钱 英	女儿	1981年12月	女	母亲	钱金娥
	钱思琪	孙女	2011年3月	女		
	吴思远	孙子	2008年2月	男		
家庭大事	1980年建平房； 2002年搬迁至胜利小区。					

	姓名	与户主关系	出生年月	性别	已故家属	
					称呼	姓名
现有家庭人员	钱小林	户主	1970年1月	男	祖父	钱文彬
	胡明珍	妻子	1970年4月	女	祖母	钱小妹
	钱 洁	女儿	1994年8月	女	母亲	钱金娥
家庭大事	1993年在团结河西岸建楼房； 2005年拆迁，分配胜利小区商品房3套； 2012年购买汽车1辆。					

	姓名	与户主关系	出生年月	性别	已故家属	
					称呼	姓名
现有家庭人员	钱忠强	户主	1966年5月	男	父亲	钱学文
	朱兰凤	妻子	1968年4月	女		
	钱 勤	女儿	1988年11月	女		
	董梓潼	孙女	2017年1月	女		
	钱 婷	女儿	1994年11月	女		
	陆婉珍	母亲	1937年4月	女		
家庭大事	1994年建平房3间； 2016年购买汽车1辆。					

	姓名	与户主关系	出生年月	性别	已故家属	
					称呼	姓名
现有家庭人员	王永芳	户主	1951年11月	男	父亲	陈得英
	李春梅	妻子	1950年1月	女	母亲	王秀英
	王志刚	儿子	1974年11月	男		
	谢秋芳	儿媳	1973年12月	女		
	王小燕	女儿	1977年7月	女		
	王伟杰	孙子	1997年8月	男		
家庭大事	1983年翻建平房； 1990年建楼房； 2005年购买汽车1辆。					

	姓名	与户主关系	出生年月	性别	已故家属	
					称呼	姓名
现有家庭人员	钱耀兴	户主	1963年8月	男	祖父	钱士生
	邵妹朵	妻子	1965年10月	女	父亲	钱介东
	钱 伟	儿子	1985年8月	男	母亲	钱阿桂
	李 静	儿媳	1988年5月	女		
	钱奕瑄	孙女	2015年9月	女		
家庭大事	1987年建楼房1套； 2015年购买汽车1辆。					

	姓名	与户主关系	出生年月	性别	已故家属	
					称呼	姓名
现有家庭人员	钱耀祖	户主	1957年9月	男	祖父	钱士生
	王周辉	妻子	1965年9月	女	父亲	钱介东
	钱平华	儿子	1987年4月	男	母亲	钱阿桂
	陆萍萍	儿媳	1988年1月	女		
	钱屿嘉	孙子	2010年7月	男		
	陆屿宸	孙子	2016年12月	男		
家庭大事						

现有家庭人员	姓名	与户主关系	出生年月	性别	已故家属	
					称呼	姓名
	陈 平	户主	1963年7月	男	父亲	陈奎汝
	李婉珍	妻子	1964年1月	女		
	陈 庆	儿子	1987年1月	男		
	陆 婷	儿媳	1988年2月	女		
	陆星羽	孙女	2013年12月	女		
	陆星辰	孙子	2017年8月	男		
	陈 明	弟弟	1965年1月	男		
	奚 琰	弟媳	1966年12月	女		
	陈彦博	侄子	1996年11月	男		
	钱义贞	母亲	1941年2月	女		
家庭大事	1983年陈明考入解放军南京通信工程学院； 1999年购买商品房1套； 2002年购买汽车1辆。					

现有家庭人员	姓名	与户主关系	出生年月	性别	已故家属	
					称呼	姓名
	钱 福	户主	1963年11月	男		
	李金花	妻子	1963年10月	女		
	钱 蓉	女儿	1986年10月	女		
	宋 靖	女婿	1984年5月	男		
	钱梓扬	孙子	2010年9月	男		
	宋梓悠	孙子	2012年7月	男		
	钱仲良	父亲	1940年6月	男		
	陈巧英	母亲	1944年3月	女		
家庭大事	1972年改建平房。					

	姓名	与户主关系	出生年月	性别	已故家属	
					称呼	姓名
现有家庭人员	陈 坚	户主	1972 年 1 月	男	祖父	陈如松
	周海波	妻子	1986 年 9 月	女	父亲	陈浩如
	陈 芸	女儿	1996 年 11 月	女		
	陈颖欣	女儿	2009 年 6 月	女		
	钱大妹	母亲	1950 年 8 月	女		
家庭大事	2010 年购买汽车 1 辆。					

	姓名	与户主关系	出生年月	性别	已故家属	
					称呼	姓名
现有家庭人员	陈 强	户主	1974 年 12 月	男	祖父	陈如松
	徐丽芳	妻子	1974 年 11 月	女	父亲	陈浩如
	陈冰晖	儿子	1997 年 1 月	男		
家庭大事	2009 年购买商品房 1 套。					

	姓名	与户主关系	出生年月	性别	已故家属	
					称呼	姓名
现有家庭人员	钱耀明	户主	1962 年 6 月	男	父亲	钱阿小
	李金珍	妻子	1962 年 11 月	女		
	钱 峰	儿子	1985 年 6 月	男		
	徐广梅	儿媳	1985 年 11 月	女		
	钱芯宇	孙女	2008 年 1 月	女		
	钱芯辰	孙女	2011 年 12 月	女		
	赵菊妹	母亲	1935 年 9 月	女		
家庭大事	1980 年翻建平房； 1991 年翻建楼房。					

	姓名	与户主关系	出生年月	性别	已故家属	
					称呼	姓名
现有家庭人员	钱玉珍	户主	1954年4月	女	曾祖父	钱彩章
	薛凤其	丈夫	1954年10月	男	祖父	钱文华
	钱　刚	儿子	1978年10月	男	父亲	钱有义
	钱奕舟	孙子	2003年5月	男	母亲	李凤妹
家庭大事	1981年翻建平房； 1991年翻建楼房； 2001年购买商品房1套； 2009年购买汽车1辆； 2009年置换汽车1辆。					

	姓名	与户主关系	出生年月	性别	已故家属	
					称呼	姓名
现有家庭人员	薛建龙	户主	1964年12月	男		
	陈彩珠	妻子	1963年5月	女		
	薛晨香	儿子	1987年11月	男		
	周杏弟	父亲	1939年7月	男		
	薛秀林	母亲	1944年1月	女		
家庭大事	1982年翻建平房； 2007年购买商品房1套； 2015年购买汽车1辆。					

五联村第八组

	姓名	与户主关系	出生年月	性别	已故家属	
					称呼	姓名
现有家庭人员	李文华	户主	1957 年 8 月	男	祖父	李鹏飞
	邹雪娟	妻子	1955 年 4 月	女	祖母	李雪宝
	李 佳	儿子	1989 年 1 月	男	父亲	吴彬
	刘 蕾	儿媳	1989 年 12 月	女	母亲	李引珍
	李诗琪	孙女	2014 年 3 月	女		
	李 静	女儿	1984 年 7 月	女		
家庭大事	1992 年翻建楼房； 2013 年购买汽车 1 辆。					

	姓名	与户主关系	出生年月	性别	已故家属	
					称呼	姓名
现有家庭人员	唐小寅	户主	1962 年 11 月	男	父亲	唐元一
	张金珍	妻子	1964 年 3 月	女		
	唐 静	女儿	1985 年 9 月	女		
	黄金凤	母亲	1941 年 6 月	女		
家庭大事	1989 年翻建楼房； 2015 年购买汽车 1 辆。					

	姓名	与户主关系	出生年月	性别	已故家属	
					称呼	姓名
现有家庭人员	唐小隆	户主	1964年12月	男	父亲	唐元一
	韦龙珍	妻子	1970年2月	女		
	唐燕婷	女儿	1991年2月	女		
	王怡	女婿	1987年1月	男		
	王楷睿	孙子	2015年7月	男		
家庭大事	1987年购买商品房1套。						

	姓名	与户主关系	出生年月	性别	已故家属	
					称呼	姓名
现有家庭人员	陈志明	户主	1963年8月	男	祖父	陈如意
	李雪芳	妻子	1969年4月	女	祖母	束小妹
	陈艳	女儿	1986年8月	女	父亲	陈为才
	曹佰凯	孙子	2013年2月	男		
	张雪珍	母亲	1940年8月	女		
家庭大事	1989年建楼房； 2016年购买汽车1辆。						

	姓名	与户主关系	出生年月	性别	已故家属	
					称呼	姓名
现有家庭人员	郁明	户主	1979年5月	男	曾祖父	郁士泉
	陈美娟	妻子	1981年10月	女	曾祖母	郁老太
	郁佳雯	女儿	2004年11月	女	祖母	郁小妹
	孙凤仙	母亲	1956年9月	女	父亲	郁建华
家庭大事	1989年翻建楼房。						

	姓名	与户主关系	出生年月	性别	已故家属	
					称呼	姓名
现有家庭人员	陈惠宝	户主	1950 年 12 月	男	母亲	束小妹
	束素云	妻子	1953 年 4 月	女		
	陈志军	儿子	1978 年 11 月	男		
	沈利萍	儿媳	1979 年 4 月	女		
	陈燕帆	孙女	2005 年 5 月	女		
	陈奕帆	孙女	2004 年 3 月	女		
家庭大事	1990 年翻建楼房； 2002 年购买汽车 1 辆。					

	姓名	与户主关系	出生年月	性别	已故家属	
					称呼	姓名
现有家庭人员	戴元伦	户主	1959 年 11 月	男	祖父	束正林
	沈建英	妻子	1957 年 5 月	女	母亲	束妹英
	戴 红	儿子	1983 年 3 月	男		
	戴容罗	孙女	2007 年 3 月	女		
	戴侠明	父亲	1930 年 3 月	男		
家庭大事	1986 年购买汽车 1 辆； 1989 年购买商品房 1 套； 2005 年购买商品房 1 套； 2008 年购买汽车 1 辆。					

现有家庭人员	姓名	与户主关系	出生年月	性别	已故家属	
					称呼	姓名
	范福生	户主	1946年3月	男	曾祖母	郁老太
	郁妹花	妻子	1949年10月	女	岳父	郁士泉
	范玉峰	儿子	1972年5月	男	岳母	郁小妹
	苏 珍	儿媳	1971年2月	女		
	范舒妤	孙女	1998年7月	女		
家庭大事	1976年建平房3间； 1987年建楼房； 1993年购买商品房1套。					

现有家庭人员	姓名	与户主关系	出生年月	性别	已故家属	
					称呼	姓名
	包惠元	户主	1947年10月	男	岳父	李补生
	李金珍	妻子	1949年4月	女		
家庭大事	1987年翻建楼房； 2000年购买商品房1套。					

现有家庭人员	姓名	与户主关系	出生年月	性别	已故家属	
					称呼	姓名
	李建青	户主	1968年5月	男	祖父	李补生
	顾雪娟	妻子	1968年11月	女		
	李心怡	女儿	1991年11月	女		
	戴 威	女婿	1992年2月	男		
	戴则安	孙子	2019年8月	男		
家庭大事	1985年建楼房1套； 2012年购买商品房1套； 2016年购买汽车1辆。					

	姓名	与户主关系	出生年月	性别	已故家属	
					称呼	姓名
现有家庭人员	李建刚	户主	1970年6月	男	祖父	李补生
	钱琴芳	妻子	1970年7月	女		
	包思宇	儿子	1993年3月	男		
	石 薇	儿媳	1992年12月	女		
	包沁妤	孙女	2018年5月	女		
家庭大事	2013年翻建别墅1套； 2015年购买汽车1辆。					

	姓名	与户主关系	出生年月	性别	已故家属	
					称呼	姓名
现有家庭人员	李玉成	户主	1950年3月	男	父亲	李鹏图
	陈雪琴	妻子	1955年8月	女	母亲	李亚珍
	李 明	儿子	1978年1月	男		
	金丽萍	儿媳	1982年3月	女		
	李玥延	孙子	2005年8月	男		
家庭大事	1984年购买五联村苏州插队知青魏永才的房子； 1996年承包五联电除尘设备配件厂； 1999年转资办私营企业； 2002年建别墅1套； 2004年购买土地17.95亩建新厂房，地址为望山南路58号（昆山玉成环保机械有限公司）。					

现有家庭人员	姓名	与户主关系	出生年月	性别	已故家属	
					称呼	姓名
	管菊明	户主	1948年3月	男		
	唐菊萍	妻子	1951年6月	女		
	管苗	儿子	1974年9月	男		
	钱芳	儿媳	1974年6月	女		
	唐家辉	孙子	1997年4月	男		
家庭大事	1988年购买五联村农房；2018年搬迁至锦隆佳园。					

现有家庭人员	姓名	与户主关系	出生年月	性别	已故家属	
					称呼	姓名
	李小玉	户主	1956年7月	男		
	唐玉英	妻子	1964年6月	女		
	李黎	女儿	1982年6月	女		
	张文浩	孙子	2017年9月	男		
家庭大事	2010年购买商品房1套；2014年购买商品房1套。					

现有家庭人员	姓名	与户主关系	出生年月	性别	已故家属	
					称呼	姓名
	李光晟	户主	1947年12月	男	祖父	薛厚龙
	薛雪贞	妻子	1948年6月	女	祖母	薛金巧
	李剑峰	儿子	1969年8月	男	岳父	薛瑞元
	唐月芳	儿媳	1968年12月	女	岳母	李阿娥
	李欣芸	孙女	1992年9月	女		
	薛凤华	女儿	1971年4月	女		
家庭大事	1987年购买商品房1套；2005年购买汽车1辆。					

五联村第九组

	姓名	与户主关系	出生年月	性别	已故家属	
					称呼	姓名
现有家庭人员	管正介	户主	1938 年 11 月	男	父亲	管湘林
	王玉英	妻子	1942 年 9 月	女	母亲	王桂芬
	管志华	儿子	1970 年 10 月	男		
	贾玉琴	儿媳	1970 年 10 月	女		
	管平元	孙子	2001 年 1 月	男		
家庭大事	1990 年翻建平房 4 间; 1997 年购买商品房 1 套; 2015 年购买汽车 1 辆。					

	姓名	与户主关系	出生年月	性别	已故家属	
					称呼	姓名
现有家庭人员	李培清	户主	1964 年 11 月	男	祖父	李进德
	李 平	儿子	1987 年 9 月	男	祖母	苏小妹
	季春燕	儿媳	1988 年 3 月	女	父亲	李和生
	李浩宇	孙子	2010 年 1 月	男	妻子	张惠珍
	吴玉英	母亲	1942 年 4 月	女		
家庭大事	2007 年购买商品房 1 套; 2010 年购买汽车 1 辆; 2019 年李平专升本,专业为"土木工程"。					

五联村志·村民家庭记载

现有家庭人员	姓名	与户主关系	出生年月	性别	已故家属	
					称呼	姓名
	汪长来	户主	1952年9月	男		
	傅朝珍	妻子	1952年10月	女		
	汪春生	儿子	1982年1月	男		
	苏龙婷	儿媳	1983年12月	女		
	汪墨涵	孙子	2007年7月	男		
	江晨希	孙女	2017年10月	女		
家庭大事	1994年由安徽省庐江县福元乡永丰村迁入五联村； 2003年搬迁至锦隆佳园； 2012年购买商品房1套； 2014年购买汽车1辆。					

现有家庭人员	姓名	与户主关系	出生年月	性别	已故家属	
					称呼	姓名
	张林生	户主	1947年10月	男	父亲	张阿巧
	唐志英	妻子	1950年4月	女	母亲	张大妹
	张庆华	儿子	1977年1月	男		
	武金娟	儿媳	1978年4月	女		
	张路遥	孙女	2002年6月	女		
家庭大事	1980年翻建楼房； 2003年购买商品房1套。					

	姓名	与户主关系	出生年月	性别	已故家属	
					称呼	姓名
现有家庭人员	李金龙	户主	1944年6月	男	父亲	李志超
	胡桃珍	妻子	1951年3月	女	母亲	李桂英
	李 峰	儿子	1975年11月	男		
	王美芸	儿媳	1975年3月	女		
	李佳慧	孙女	1995年11月	女		
家庭大事	1988年翻建楼房； 2008年购买汽车1辆。					

	姓名	与户主关系	出生年月	性别	已故家属	
					称呼	姓名
现有家庭人员	李建明	户主	1957年12月	男	祖父	李厚福
	程永仙	妻子	1963年1月	女	父亲	李志芳
	李 程	儿子	1988年5月	男	母亲	李小妹
	袁 鸣	儿媳	1988年3月	女		
	李佳阅	孙女	2011年6月	女		
	李佳妮	孙女	2015年3月	女		
家庭大事	1973年翻建平房5间； 1983年异地翻建平房3间； 1995年翻建楼房。					

五联村志·村民家庭记载

现有家庭人员	姓名	与户主关系	出生年月	性别	已故家属	
					称呼	姓名
	李建良	户主	1963年4月	男	祖父	李厚福
	薛清芳	妻子	1961年11月	女	父亲	李志芳
	李 霞	女儿	1986年12月	女	母亲	李小妹
	李欣彤	孙女	2014年7月	女		

家庭大事	1973年翻建平房5间； 1983年翻建平房4间； 1992年翻建楼房； 2002年购买商品房1套； 2016年购买汽车1辆。

现有家庭人员	姓名	与户主关系	出生年月	性别	已故家属	
					称呼	姓名
	李惠良	户主	1945年7月	男	父亲	李纪福
	刘芬妹	妻子	1951年7月	女	母亲	李三宝
	李雪峰	儿子	1971年3月	男		
	盛惠珍	儿媳	1968年7月	女		
	李 延	孙子	1998年6月	男		

家庭大事	1987年翻建楼房； 1990年购买商品房1套； 2019年购买汽车1辆。

现有家庭人员	姓名	与户主关系	出生年月	性别	已故家属	
					称呼	姓名
	管阿二	户主	1940年1月	男	父亲	管湘林
	管 华	儿子	1971年9月	男	母亲	王桂芬
	炬庆兰	儿媳	1976年8月	女	妻子	陶阿招
	管紫婷	孙女	1997年9月	女		

家庭大事	1982年翻建平房4间； 2016年购买商品房1套。

064

	姓名	与户主关系	出生年月	性别	已故家属	
					称呼	姓名
现有家庭人员	管金龙	户主	1962年8月	男	祖父	管湘林
	陈玉兰	妻子	1963年6月	女	祖母	王桂芬
	管程	女儿	1985年6月	女	母亲	陶阿招
	管怀月	孙女	2010年5月	女		
家庭大事	1992年翻建楼房； 2001年购买商品房1套； 2009年购买汽车1辆。					

	姓名	与户主关系	出生年月	性别	已故家属	
					称呼	姓名
现有家庭人员	管清	户主	1965年7月	男	祖父	管湘林
	赵继琴	妻子	1964年8月	女	祖母	王桂芬
	管超	儿子	1990年3月	男	母亲	陶阿招
	管尉翔	孙子	2013年2月	男		
家庭大事	2005年购买商品房1套。					

	姓名	与户主关系	出生年月	性别	已故家属	
					称呼	姓名
现有家庭人员	李建明	户主	1954年11月	男	父亲	李三良
	唐妹珍	妻子	1961年11月	女	母亲	李瑞珍
	李华峰	儿子	1983年11月	男		
	冯伟伟	儿媳	1985年3月	女		
	李涵洋	孙子	2000年7月	男		
	李涵宸	孙女	2014年1月	女		
家庭大事	1972年翻建平房4间； 2015年购买汽车1辆。					

现有家庭人员	姓名	与户主关系	出生年月	性别	已故家属	
					称呼	姓名
	李建平	户主	1962年9月	男	父亲	李三良
	童汉琴	妻子	1962年4月	女	母亲	李瑞珍
	李华忠	儿子	1993年2月	男		
家庭大事	1998年购买商品房1套； 2003年购买汽车1辆。					

现有家庭人员	姓名	与户主关系	出生年月	性别	已故家属	
					称呼	姓名
	李惠珍	户主	1947年12月	女	丈夫	李克昌
	李 星	儿子	1971年1月	男		
	顾培菊	儿媳	1972年5月	女		
	李奕平	孙子	1994年10月	男		
	褚静怡	孙媳	1995年1月	女		
家庭大事	1985年翻建楼房； 2014年购买商品房1套； 2017年搬迁至锦隆佳园； 2019年购买汽车1辆。					

	姓名	与户主关系	出生年月	性别	已故家属	
					称呼	姓名
现有家庭人员	吴月珍	户主	1943 年 11 月	女	祖父	陶有文
	陶建华	儿子	1963 年 9 月	男	祖母	盛小妹
	杨红霞	儿媳	1964 年 7 月	女	丈夫	陶培元
	陶 琪	孙子	1986 年 11 月	男		
	陈艳萍	孙媳	1986 年 7 月	女		
	陶治羽	曾孙子	2012 年 8 月	男		
	陶治怡	曾孙女	2017 年 5 月	女		
家庭大事	1978 年翻建楼房； 1993 年购买商品房 1 套； 2004 年购买汽车 1 辆。					

	姓名	与户主关系	出生年月	性别	已故家属	
					称呼	姓名
现有家庭人员	陶建峰	户主	1973 年 6 月	男	祖父	陶有文
	李红芬	妻子	1973 年 1 月	女	祖母	盛小妹
	陶一凡	儿子	1995 年 11 月	男	父亲	陶培康
	翁月芳	母亲	1949 年 6 月	女		
家庭大事	2000 年购买商品房 1 套； 2013 年购买汽车 1 辆。					

	姓名	与户主关系	出生年月	性别	已故家属	
					称呼	姓名
现有家庭人员	王五小	户主	1937年11月	男	岳父	唐兆祥
	王水珍	女儿	1965年7月	女	岳母	王良女
	金雪芳	女婿	1963年1月	男	妻子	唐阿巧
	王金强	孙子	1985年12月	男		
	王鑫宇	曾孙子	2009年9月	男		
家庭大事	1989年翻建楼房。					

	姓名	与户主关系	出生年月	性别	已故家属	
					称呼	姓名
现有家庭人员	李永兴	户主	1939年11月	男	父亲	李汉民
	吴秀英	妻子	1938年2月	女	母亲	李巧宝
	李培华	女儿	1962年11月	女		
	朱学明	女婿	1961年1月	男		
	李琴华	女儿	1964年6月	女		
家庭大事	1983年翻建楼房； 2010年购买汽车1辆； 2017年搬迁至锦隆佳园。					

	姓名	与户主关系	出生年月	性别	已故家属	
					称呼	姓名
现有家庭人员	陶培良	户主	1932年3月	男	儿子	陶雪林
	陶云宝	妻子	1936年11月	女		
	潘玉英	儿媳	1962年2月	女		
	陶亚明	孙子	1982年12月	男		
	陶胤辰	曾孙子	2005年8月	男		
	陶玥辰	曾孙女	2014年8月	女		
家庭大事						

	姓名	与户主关系	出生年月	性别	已故家属	
					称呼	姓名
现有家庭人员	李介平	户主	1951年7月	男	父亲	李纪安
	马雪英	妻子	1953年12月	女		
	李敏华	女儿	1976年10月	女		
	陈 健	女婿	1971年2月	男		
	李晓垒	孙子	2001年5月	男		
	李敏娟	女儿	1979年6月	女		
	李五妹	母亲	1931年4月	女		
家庭大事	1982年李介平加入中国共产党； 1986年翻建楼房； 1991年购买商品房1套； 2006年购买汽车1辆。					

	姓名	与户主关系	出生年月	性别	已故家属	
					称呼	姓名
现有家庭人员	李介良	户主	1963年2月	男	父亲	李纪安
	沈黎敏	妻子	1962年10月	女		
	李轶斌	儿子	1986年11月	男		
	李洛依	孙女	2018年6月	女		
家庭大事						

	姓名	与户主关系	出生年月	性别	已故家属	
					称呼	姓名
现有家庭人员	李介明	户主	1953年11月	男	父亲	李纪安
	钱惠琴	妻子	1955年3月	女		
	李 巍	儿子	1981年5月	男		
	李亦陆	孙女	2009年3月	女		
家庭大事	2000年建别墅1套； 2017年搬迁至锦隆佳园。					

五联村第十组

	姓名	与户主关系	出生年月	性别	已故家属	
					称呼	姓名
现有家庭人员	李彩明	户主	1947年11月	男	祖母	李金妹
	胡金英	妻子	1947年11月	女	父亲	李国良
	李莉	女儿	1971年12月	女	母亲	李雪英
	李娟	女儿	1973年8月	女		
家庭大事	1985年翻建楼房； 1996年购买商品房1套； 2019年搬迁至万欣园。					

	姓名	与户主关系	出生年月	性别	已故家属	
					称呼	姓名
现有家庭人员	管金弟	户主	1953年12月	男	祖父	管祖根
	张秀珍	妻子	1954年4月	女	祖母	管小娥
	管连琴	女儿	1979年6月	女	父亲	管惠男
	陈继忠	女婿	1975年11月	男	母亲	管阿梅
	管晨雅	孙女	2000年11月	女		
家庭大事	1989年翻建楼房。					

	姓名	与户主关系	出生年月	性别	已故家属	
					称呼	姓名
现有家庭人员	管金明	户主	1957年1月	男	祖父	管祖根
	王周菊	妻子	1964年3月	女	祖母	管小娥
	管秋萍	女儿	1987年9月	女	父亲	管惠男
	高乐福	女婿	1986年8月	男	母亲	管阿梅
	高艺雯	孙女	2010年2月	女		
	管艺彤	孙女	2017年9月	女		
家庭大事	1983年翻建平房； 2019年搬迁至锦隆佳园。					

	姓名	与户主关系	出生年月	性别	已故家属	
					称呼	姓名
现有家庭人员	胡惠芬	户主	1957年8月	女	公公	赵立喜
	范志刚	儿子	1981年1月	男	婆婆	王菊英
	赵兰菊	儿媳	1979年8月	女	丈夫	范正华
	范毅辰	孙子	2004年10月	男		
家庭大事	1991年翻建楼房； 2013年购买商品房1套； 2019年搬迁至万欣园。					

	姓名	与户主关系	出生年月	性别	已故家属	
					称呼	姓名
现有家庭人员	赵红斌	户主	1966年12月	男	父亲	赵立喜
	孙润英	妻子	1968年7月	女	母亲	王菊英
	赵青	女儿	1989年10月	女		
家庭大事	1995年翻建楼房； 2015年购买商品房1套。					

	姓名	与户主关系	出生年月	性别	已故家属	
					称呼	姓名
现有家庭人员	管其龙	户主	1956年7月	男	父亲	管惠如
	贺桂珠	妻子	1956年1月	女	母亲	管阿婉
	管世清	儿子	1983年6月	男		
	余　婧	儿媳	1983年5月	女		
家庭大事	1989年翻建楼房； 2008年购买商品房1套； 2018年搬迁至锦隆佳园。					

	姓名	与户主关系	出生年月	性别	已故家属	
					称呼	姓名
现有家庭人员	管阿其	户主	1947年1月	男	父亲	管惠如
	叶春芳	妻子	1948年2月	女	母亲	管阿婉
	管雪琴	女儿	1970年1月	女		
	於全林	女婿	1968年7月	男		
	於雅婷	孙女	2000年11月	女		
	管叶敏	女儿	1972年5月	女		
	曹正强	女婿	1968年11月	男		
	管梦秋	孙女	1995年7月	女		
家庭大事	2013年管梦秋考入南京大学； 2017年管梦秋保送研究生； 2019年於雅婷考入山东大学。					

	姓名	与户主关系	出生年月	性别	已故家属	
					称呼	姓名
现有家庭人员	管小毛	户主	1946年2月	男	父亲	管洪生
	王桂芬	妻子	1948年9月	女		
	管世昌	儿子	1973年11月	男		
	项春兰	儿媳	1973年3月	女		
	管雨薇	孙女	1997年4月	女		
家庭大事	1989年建楼房； 2009年购买汽车1辆； 2015年管雨薇考入北京师范大学。					

	姓名	与户主关系	出生年月	性别	已故家属	
					称呼	姓名
现有家庭人员	王瑞珍	户主	1952年3月	女	祖父	李瑞庆
	李　青	儿子	1971年7月	男	婆婆	李菊英
	袁雨珍	儿媳	1973年9月	女	丈夫	李祖兴
	李天辰	孙子	1994年1月	男		
	徐诗怡	孙媳	1994年3月	女		
	李佳一	曾孙女	2017年3月	女		
	李国华	儿子	1973年7月	男		
	鲍慧芳	儿媳	1978年4月	女		
	鲍杰宇	孙女	2003年3月	女		
	李天宇	孙女	2012年1月	女		
家庭大事	1988年建楼房； 2004年购买别墅1套； 2006年购买汽车1辆； 2016年购买汽车1辆。					

	姓名	与户主关系	出生年月	性别	已故家属	
					称呼	姓名
现有家庭人员	李介良	户主	1928年11月	男	父亲	李瑞庆
	李彩全	儿子	1962年7月	男	妻子	李菊英
	莫旦英	儿媳	1964年9月	女		
	李冬	孙子	1986年10月	男		
	黄静静	孙媳	1985年9月	女		
	李荣桢	曾孙子	2008年10月	男		
	李凯炀	曾孙子	2012年10月	男		
家庭大事	1994年建楼房； 2001年购买商品房1套。					

	姓名	与户主关系	出生年月	性别	已故家属	
					称呼	姓名
现有家庭人员	管建忠	户主	1963年2月	男	祖父	管洪文
	王丽萍	妻子	1963年2月	女	祖母	管朱氏
	管晴芝	女儿	1986年12月	女	父亲	管福基
					母亲	管雪珍
家庭大事	1985年翻建楼房； 2006购买商品房1套； 2009年购买汽车1辆。					

	姓名	与户主关系	出生年月	性别	已故家属	
					称呼	姓名
现有家庭人员	管建华	户主	1969年9月	男	祖父	管洪文
	陈红香	妻子	1971年1月	女	祖母	管朱氏
	管明胜	儿子	1993年11月	男	父亲	管福基
					母亲	管雪珍
家庭大事	1991年翻建楼房。					

	姓名	与户主关系	出生年月	性别	已故家属	
					称呼	姓名
现有家庭人员	王文娟	户主	1941 年 9 月	女		
	朱莲元	丈夫	1935 年 11 月	男		
	朱荣昌	儿子	1966 年 7 月	男		
	朱小琴	女儿	1969 年 11 月	女		
家庭大事	2017 年搬迁至锦隆佳园。						

	姓名	与户主关系	出生年月	性别	已故家属	
					称呼	姓名
现有家庭人员	王永元	户主	1955 年 6 月	男	父亲	王阿根
	朱莉珍	妻子	1953 年 8 月	女	母亲	王爱娣
	王 华	儿子	1979 年 10 月	男		
家庭大事	1989 年翻建楼房； 2004 年购买商品房 1 套； 2019 年搬迁至万欣园。					

	姓名	与户主关系	出生年月	性别	已故家属	
					称呼	姓名
现有家庭人员	王永良	户主	1964 年 1 月	男	父亲	王阿根
	胡建珍	妻子	1964 年 11 月	女	母亲	王爱娣
	王 强	儿子	1991 年 6 月	男		
家庭大事	2014 年购买商品房 1 套； 2019 年搬迁至万欣园。					

五联村第十一组

现有家庭人员	姓名	与户主关系	出生年月	性别	已故家属	
					称呼	姓名
	陈寇明	户主	1955年3月	男	父亲	陈兆基
	王水珍	妻子	1959年1月	女		
	陈月琴	女儿	1983年7月	女		

家庭大事	1987年翻建房； 2002年搬迁至杜桥景园； 2008年陈月琴毕业于南京林业大学，取得研究生学历。

现有家庭人员	姓名	与户主关系	出生年月	性别	已故家属	
					称呼	姓名
	刘小龙	户主	1964年9月	男	岳父	王雪金
	王小月	妻子	1964年12月	女	岳母	沈美英
	王明君	儿子	1989年3月	男		

家庭大事	1978年移地翻建平房4间； 2002年搬迁至杜桥景园； 2014年购买汽车1辆。

现有家庭人员	姓名	与户主关系	出生年月	性别	已故家属	
					称呼	姓名
	李凤林	户主	1961年8月	男	父亲	李阿小
	陈小芬	妻子	1964年11月	女	母亲	李巧英

家庭大事	

	姓名	与户主关系	出生年月	性别	已故家属	
					称呼	姓名
现有家庭人员	赵月兰	户主	1942年10月	女	父亲	赵云生
	赵雪明	丈夫	1938年11月	男		
	赵忠良	儿子	1964年3月	男		
家庭大事	2002年搬迁至杜桥景园。					

	姓名	与户主关系	出生年月	性别	已故家属	
					称呼	姓名
现有家庭人员	夏云龙	户主	1977年12月	男	祖父	夏素英
	曹叶	妻子	1977年12月	女	祖母	夏秋凤
	曹夏涛	儿子	2001年10月	男	父亲	夏守明
	胡桂英	母亲	1953年1月	女		
	夏琴芳	姐姐	1974年11月	女		
家庭大事	1999年翻建楼房； 2008年购买商品房1套； 2011年购买汽车1辆。					

	姓名	与户主关系	出生年月	性别	已故家属	
					称呼	姓名
现有家庭人员	沈龙	户主	1962年5月	男	父亲	沈吾小
	沈彩玲	妻子	1962年7月	女	母亲	李阿四
	沈惠	儿子	1986年7月	男		
	朱丽娟	儿媳	1985年7月	女		
	沈筠怿	孙女	2016年3月	女		
	朱筠怿	孙女	2018年4月	女		
家庭大事	2002年拆迁，安排宅基未建，购买商品房1套。					

	姓名	与户主关系	出生年月	性别	已故家属	
					称呼	姓名
现有家庭人员	孙荷青	户主	1966年2月	女	公公	陆祖良
	陆春磊	儿子	1988年2月	男	婆婆	陆三妹
					丈夫	陆建青
家庭大事	1999年建楼房； 2002年搬迁至杜桥景园。					

	姓名	与户主关系	出生年月	性别	已故家属	
					称呼	姓名
现有家庭人员	陶 青	户主	1964年1月	男	父亲	陶福生
	陶燕萍	女儿	1989年12月	女	母亲	陶菊英
	谢兵鹏	女婿	1983年11月	男		
	谢丽瑾	孙女	2011年1月	女		
家庭大事						

	姓名	与户主关系	出生年月	性别	已故家属	
					称呼	姓名
现有家庭人员	陶 健	户主	1967年12月	男	父亲	陶福生
	赵 健	妻子	1971年12月	女	母亲	陶菊英
	陶艳云	女儿	1992年12月	女		
	王文昊	女婿	1991年9月	男		
	王泺宸	孙子	2016年7月	男		
家庭大事	2008年建楼房； 2014年购买汽车1辆。					

	姓名	与户主关系	出生年月	性别	已故家属	
					称呼	姓名
现有家庭人员	陈元林	户主	1953年8月	男	祖母	陈招妹
	刘小宝	妻子	1957年10月	女	父亲	陈家栋
	陈华青	儿子	1987年5月	男	母亲	陈琴妹
	张 满	儿媳	1986年6月	女		
	陈一彬	孙子	2010年11月	男		
家庭大事	2003年翻建楼房； 2013年购买汽车1辆。						

	姓名	与户主关系	出生年月	性别	已故家属	
					称呼	姓名
现有家庭人员	王 新	户主	1969年12月	男	祖父	王仁宝
	何建英	妻子	1969年1月	女	祖母	王妹妹
	王洛斌	儿子	1994年2月	男	父亲	王阿林
	陈秀珍	母亲	1948年7月	女		
家庭大事	2002年拆迁，在杜桥景园建别墅1套； 2015年购买汽车1辆。						

	姓名	与户主关系	出生年月	性别	已故家属	
					称呼	姓名
现有家庭人员	卞弟弟	户主	1965年9月	男	父亲	卞生才
	沈桃英	妻子	1965年7月	女	母亲	王小妹
	卞叶平	儿子	1992年7月	男		
	周丽琴	儿媳	1991年4月	女		
	卞子周	孙子	2018年7月	男		
家庭大事	2000年拆迁，在杜桥景园建别墅1套； 2017年购买汽车1辆。						

	姓名	与户主关系	出生年月	性别	已故家属	
					称呼	姓名
现有家庭人员	闵小弟	户主	1963年5月	男	父亲	闵小余
	李虎扣	妻子	1962年11月	女	母亲	闵巧林
	闵丽琴	女儿	1985年11月	女		
	闵婷婷	女儿	1989年3月	女		
家庭大事	1983年建楼房； 2008年闵丽琴考入大学。					

	姓名	与户主关系	出生年月	性别	已故家属	
					称呼	姓名
现有家庭人员	陈小白	户主	1940年1月	男	祖父	陈梅亭
	陈小妹	妻子	1942年12月	女	父亲	陈兆基
	陈 其	儿子	1966年1月	男		
	陈 霞	儿媳	1966年11月	女		
	陈华新	孙子	1989年1月	男		
	陈瑞涵	曾孙子	2012年8月	男		
家庭大事	2002年搬迁至杜桥景园。					

	姓名	与户主关系	出生年月	性别	已故家属	
					称呼	姓名
现有家庭人员	陈 婉	户主	1969年5月	女	曾祖父	陈梅亭
	杨苏文	丈夫	1967年6月	男	祖父	陈兆基
	陈华峰	儿子	1990年4月	男	祖母	余引弟
家庭大事						

	姓名	与户主关系	出生年月	性别	已故家属	
					称呼	姓名
现有家庭人员	王水林	户主	1949年10月	男	母亲	王爱娣
	孙阿银	妻子	1952年4月	女		
	王耀华	儿子	1972年9月	男		
	杨倩芳	儿媳	1972年9月	女		
	王之芸	孙女	1997年7月	女		
	王之芝	孙女	2006年12月	女		
	王俊友	父亲	1929年7月	男		
家庭大事	1985年建楼房； 2001搬迁至杜桥景园，购买商品房1套。					

	姓名	与户主关系	出生年月	性别	已故家属	
					称呼	姓名
现有家庭人员	李龙扣	户主	1953年1月	男	父亲	李六根
	张惠琴	妻子	1957年5月	女	母亲	林芬女
	李娟	女儿	1979年1月	女		
	吴明刚	女婿	1976年1月	男		
	李欣羽	孙子	2001年5月	男		
家庭大事	1989年建楼房； 2002年搬迁至杜桥景园。					

	姓名	与户主关系	出生年月	性别	已故家属	
					称呼	姓名
现有家庭人员	沈阿大	户主	1953年10月	男	父亲	沈阿四
	沈小强	儿子	1975年10月	男	母亲	沈桂珍
	沈小华	儿子	1977年4月	男	妻子	刘文凤
	潘秀芬	儿媳	1976年3月	女		
	沈泉宏	孙子	2000年9月	男		
家庭大事	1995年翻建楼房； 2002年搬迁至杜桥景园。					

	姓名	与户主关系	出生年月	性别	已故家属	
					称呼	姓名
现有家庭人员	陆建国	户主	1965年10月	男	祖母	陆李氏
	陈祥妹	妻子	1964年4月	女	母亲	陆小妹
	陆婷婷	女儿	1988年8月	女		
	潘永辉	女婿	1982年3月	男		
	李和林	父亲	1942年12月	男		
家庭大事	2002年拆迁，在杜桥景园建别墅1套。					

	姓名	与户主关系	出生年月	性别	已故家属	
					称呼	姓名
现有家庭人员	陆建华	户主	1967年7月	男	祖母	陆李氏
	龚金凤	妻子	1965年7月	女	母亲	陆小妹
	陆萍萍	女儿	1990年12月	女		
家庭大事	2002年拆迁，在杜桥景园建别墅1套。					

五联村第十二组

	姓名	与户主关系	出生年月	性别	已故家属	
					称呼	姓名
现有家庭人员	朱洪兴	户主	1951年12月	男	父亲	朱毓铭
	朱玉芳	妻子	1956年8月	女	母亲	周云兰
	朱建平	儿子	1977年12月	男		
	支金芳	儿媳	1978年5月	女		
	朱星丞	孙子	2001年6月	男		
	朱星豪	孙子	2011年8月	男		
家庭大事						

	姓名	与户主关系	出生年月	性别	已故家属	
					称呼	姓名
现有家庭人员	朱钰勋	户主	1963年7月	男	父亲	朱毓铭
	朱雪娟	妻子	1967年3月	女	母亲	周云兰
	朱建婧	女儿	1987年11月	女		
	赵海明	女婿	1985年1月	男		
	赵函可	孙女	2012年7月	女		
	朱函锐	孙子	2016年4月	男		
家庭大事	1950年建新房； 1985年翻建新房； 1992年购买商品房1套； 2006年朱建婧考入南京邮电大学； 2010年购买汽车1辆。					

现有家庭人员	姓名	与户主关系	出生年月	性别	已故家属	
					称呼	姓名
	朱彩明	户主	1966年11月	男	父亲	朱小弟
	陆梅花	妻子	1966年2月	女	母亲	龚小妹
	朱松涛	儿子	1989年11月	男		
	钱静阳	儿媳	1991年3月	女		
	朱奕瑾	孙子	2014年8月	男		
家庭大事	2006年购买商品房1套；2014年购买汽车1辆。					

现有家庭人员	姓名	与户主关系	出生年月	性别	已故家属	
					称呼	姓名
	邵丽平	户主	1971年4月	男	祖父	邵小金
	龚秀花	妻子	1972年4月	女	祖母	陆金妹
	邵洁	女儿	1995年5月	女	父亲	邵惠明
	全文俊	女婿	1994年10月	男		
	李雪珍	母亲	1943年4月	女		
家庭大事	2013年邵洁参军入伍，2015年退伍。					

现有家庭人员	姓名	与户主关系	出生年月	性别	已故家属	
					称呼	姓名
	邵丽祥	户主	1974年3月	男	祖父	邵小金
	高萍	妻子	1983年9月	女	祖母	陆金妹
	邵钰轩	女儿	1997年12月	女	父亲	邵惠明
	邵一阳	女儿	2015年8月	女		
家庭大事	2008年成立昆山业烽包装制品有限公司。					

	姓名	与户主关系	出生年月	性别	已故家属	
					称呼	姓名
现有家庭人员	王金龙	户主	1945年11月	男	妻子	朱维琴
	朱文明	儿子	1968年10月	男		
	薛建芳	儿媳	1969年3月	女		
	朱 茜	孙女	1992年5月	女		
	钱 洋	孙女婿	1987年9月	男		
家庭大事	1984年建楼房； 2009年搬迁至锦隆佳园。					

	姓名	与户主关系	出生年月	性别	已故家属	
					称呼	姓名
现有家庭人员	苏志芳	户主	1950年11月	男	祖父	苏振芳
	朱梅花	妻子	1951年1月	女	祖母	苏支氏
	苏建青	儿子	1970年6月	男	父亲	苏荣生
	黄建芳	儿媳	1972年1月	女	母亲	朱桂宝
	苏 鸣	孙子	1993年11月	男		
	陈丽莎	孙媳	1993年4月	女		
家庭大事	1958年建草房2间； 1993年建平房。					

	姓名	与户主关系	出生年月	性别	已故家属	
					称呼	姓名
现有家庭人员	苏立新	户主	1944年10月	男	祖父	苏振芳
	陈祥名	妻子	1953年12月	女	祖母	苏支氏
	苏振刚	儿子	1976年1月	男	父亲	苏荣生
	廖素丽	儿媳	1974年3月	女	母亲	朱桂宝
	苏颖慧	孙女	2000年7月	女		
	苏振芬	女儿	1978年2月	女		
	徐　军	女婿	1973年11月	男		
	徐博文	孙子	2006年4月	男		
家庭大事	1960年翻建平房。					

	姓名	与户主关系	出生年月	性别	已故家属	
					称呼	姓名
现有家庭人员	苏　峰	户主	1986年9月	男	曾祖父	苏荣生
	沈冬梅	妻子	1983年5月	女	父亲	苏觉宏
	苏晶晶	女儿	2016年8月	女		
	苏志良	祖父	1938年11月	男		
	朱素珍	祖母	1940年9月	女		
	陆雪萍	母亲	1959年11月	女		
家庭大事	1982年建瓦房4间； 2009年搬迁至锦隆佳园。					

	姓名	与户主关系	出生年月	性别	已故家属	
					称呼	姓名
现有家庭人员	苏金荣	户主	1954年8月	男	父亲	苏梅生
	邓素芹	妻子	1956年5月	女		
	苏 波	儿子	1977年1月	男		
	梁海芹	儿媳	1978年11月	女		
	苏倍淇	女儿	1989年4月	女		
	苏偌捷	孙女	2014年7月	女		
家庭大事	1951年苏梅生支援大西北，后下放，1988年病逝； 1975年苏金荣从河南洛阳回昆山五联大队，因无房无宅基，2005年村委会为其安排锦隆佳园经济房1套； 2006年购买汽车1辆、商品房1套。					

	姓名	与户主关系	出生年月	性别	已故家属	
					称呼	姓名
现有家庭人员	陶小男	户主	1951年7月	男	祖父	陶有仁
	倪佩华	妻子	1957年11月	女	父亲	陶培东
	陶春明	儿子	1979年2月	男	母亲	沈二宝
	赵雪峰	儿媳	1979年9月	女		
	陶春红	女儿	1980年12月	女		
家庭大事	1988年翻建楼房； 2012年购买汽车1辆。					

	姓名	与户主关系	出生年月	性别	已故家属	
					称呼	姓名
现有家庭人员	陶阿三	户主	1954 年 6 月	男	祖父	陶有仁
	吴凤英	妻子	1962 年 8 月	女	父亲	陶培东
	陶雪妹	女儿	1984 年 1 月	女	母亲	沈二宝
	徐 军	女婿	1983 年 5 月	男		
	徐梓翰	孙子	2008 年 4 月	男		
	陶梓琪	孙女	2015 年 3 月	女		
家庭大事	1989 年翻建楼房； 2015 年购买汽车 1 辆。					

	姓名	与户主关系	出生年月	性别	已故家属	
					称呼	姓名
现有家庭人员	朱双喜	户主	1952 年 8 月	男	父亲	朱增宏
	项月珍	妻子	1955 年 8 月	女	母亲	周宝娣
	朱巧妹	女儿	1979 年 8 月	女		
	谢昌定	女婿	1969 年 1 月	男		
	朱佳玲	孙女	2012 年 5 月	女		
家庭大事	1960 年朱增宏从泰县撑船来昆山，落户五联大队，搭建草房 2 间； 1973 年翻建平房 3 间； 2010 年搬迁至锦隆佳园。					

	姓名	与户主关系	出生年月	性别	已故家属	
					称呼	姓名
现有家庭人员	朱四喜	户主	1960 年 8 月	男	父亲	朱增宏
	邓素霞	妻子	1962 年 7 月	女	母亲	周宝娣
	朱蓉蓉	女儿	1983 年 12 月	女		
家庭大事	1960 年朱增宏从泰县撑船来昆山，落户五联大队，搭建草房 2 间； 1973 年翻建平房 3 间； 1989 年购买商品房 1 套、门面房 1 套； 2000 年朱蓉蓉考入上海财经大学； 2004 年翻建商品房及门面房； 2010 年购买汽车 1 辆。					

	姓名	与户主关系	出生年月	性别	已故家属	
					称呼	姓名
现有家庭人员	朱彩兴	户主	1955 年 8 月	男	父亲	朱小弟
	张婉英	妻子	1966 年 6 月	女	母亲	朱小妹
	朱 燕	女儿	1986 年 11 月	女		
	朱俞嘉	孙女	2009 年 8 月	女		
家庭大事	1996 年改建楼房； 2016 年购买汽车 1 辆。					

	姓名	与户主关系	出生年月	性别	已故家属	
					称呼	姓名
现有家庭人员	朱金龙	户主	1965 年 8 月	男	父亲	朱导生
	张学芬	妻子	1966 年 4 月	女		
	朱玉亭	儿子	1988 年 7 月	男		
	周梅珍	母亲	1938 年 9 月	女		
家庭大事						

五联村志·村民家庭记载

	姓名	与户主关系	出生年月	性别	已故家属	
					称呼	姓名
现有家庭人员	朱建华	户主	1965年11月	男	父亲	王永根
	钱妹妹	妻子	1964年9月	女		
	朱　清	儿子	1988年10月	男		
	高敏洁	儿媳	1988年5月	女		
	朱玉珍	母亲	1946年8月	女		
家庭大事	1990年翻建楼房； 2007年朱清考入江苏技术师范学院； 2017年购买汽车1辆。					

	姓名	与户主关系	出生年月	性别	已故家属	
					称呼	姓名
现有家庭人员	张巧英	户主	1943年12月	女	父亲	张保祖
	张水明	丈夫	1941年12月	男	母亲	张五妹
	张凤英	女儿	1963年10月	女		
	张建明	儿子	1972年9月	男		
	张维娟	儿媳	1974年9月	女		
	张祁峰	孙子	1985年5月	男		
	张　静	孙女	1995年10月	女		
家庭大事	2010年购买汽车1辆。					

	姓名	与户主关系	出生年月	性别	已故家属	
					称呼	姓名
现有家庭人员	张文云	户主	1957年2月	男	祖父	张茂林
	吴玉兰	妻子	1957年11月	女	祖母	张葛氏
	张 梅	女儿	1982年10月	女	父亲	张宝根
	张熙喆	孙子	2013年5月	男		
	张引娣	母亲	1930年2月	女		
家庭大事	2002年建新房。					

	姓名	与户主关系	出生年月	性别	已故家属	
					称呼	姓名
现有家庭人员	张文忠	户主	1963年8月	男	祖父	张茂林
	戴菊珍	妻子	1965年10月	女	祖母	张葛氏
	张秋凯	儿子	1987年10月	男	父亲	张宝根
	邹晨怡	儿媳	1988年12月	女		
	张子祺	孙女	2013年7月	女		
	邹子瑞	孙子	2016年12月	男		
家庭大事						

	姓名	与户主关系	出生年月	性别	已故家属	
					称呼	姓名
现有家庭人员	张文斌	户主	1964年11月	男	祖父	张茂林
	张菊芬	妻子	1965年5月	女	祖母	张葛氏
	张云霞	女儿	1987年11月	女	父亲	张宝根
	李玉青	女婿	1987年10月	男		
	张欣怡	孙女	2016年4月	女		
	李晨宇	孙子	2018年3月	男		
家庭大事						

五联村第十三组

现有家庭人员	姓名	与户主关系	出生年月	性别	已故家属 称呼	已故家属 姓名
	周仁兴	户主	1973年7月	男	外婆	张安宝
	张全珍	母亲	1953年9月	女	父亲	顾进生

家庭大事	1983年建楼房； 2011年购买别墅1套； 2019年搬迁至锦隆佳园。

现有家庭人员	姓名	与户主关系	出生年月	性别	已故家属 称呼	已故家属 姓名
	高文林	户主	1965年5月	男	祖父	高阿根
	张金花	妻子	1966年2月	女	祖母	高老太
	高云峰	儿子	1988年1月	男		
	季　萍	儿媳	1987年9月	女		
	高钇萱	孙女	2015年2月	女		
	高毛生	父亲	1937年2月	男		
	顾雪英	母亲	1940年11月	女		

家庭大事	2003年翻建楼房； 2006年购买汽车1辆、商品房1套。

	姓名	与户主关系	出生年月	性别	已故家属	
					称呼	姓名
现有家庭人员	高文创	户主	1970年6月	男	祖父	高阿根
	陆桂英	妻子	1973年9月	女	祖母	高老太
	高玉峰	儿子	1994年2月	男		
	陆欣瑜	儿媳	1992年11月	女		
家庭大事	1986年翻建楼房； 2000年购买商品房1套； 2005年购买汽车1辆。					

	姓名	与户主关系	出生年月	性别	已故家属	
					称呼	姓名
现有家庭人员	周二孝	户主	1956年5月	男	岳父	吴祖良
	吴培珍	妻子	1959年6月	女	岳母	吴阿妹
	周 华	儿子	1985年1月	男		
	王 敏	儿媳	1987年7月	女		
	周昊哲	孙子	2012年5月	男		
家庭大事	1990年翻建平房； 2010年购买汽车1辆。					

现有家庭人员	姓名	与户主关系	出生年月	性别	已故家属	
					称呼	姓名
	周永良	户主	1957年3月	男	父亲	周福生
	张雨花	妻子	1959年2月	女	母亲	周杏宝
	周建新	儿子	1981年12月	男		
	马丽群	儿媳	1985年8月	女		
	周素娴	孙女	2014年1月	女		
	周鑫羽	孙女	2018年3月	女		
家庭大事	1985年建楼房； 2004年搬迁至锦隆佳园； 2005年购买别墅1套； 2011年购买汽车1辆。					

现有家庭人员	姓名	与户主关系	出生年月	性别	已故家属	
					称呼	姓名
	周凤明	户主	1964年2月	男		
	钱建英	妻子	1964年12月	女		
	周 静	女儿	1987年10月	女		
	王翊萌	孙女	2014年3月	女		
	周品芝	父亲	1933年2月	男		
	周碗玉	母亲	1941年2月	女		
家庭大事	1986年建楼房； 2007年搬迁至锦隆佳园； 2011年购买汽车1辆。					

	姓名	与户主关系	出生年月	性别	已故家属	
					称呼	姓名
现有家庭人员	胡建良	户主	1957年3月	男	父亲	胡林生
	唐雪英	妻子	1957年11月	女	母亲	胡巧英
	胡雪芳	女儿	1982年12月	女		
	朱雪飞	女婿	1980年1月	男		
	朱孝文	孙子	2004年11月	男		
	朱孝武	孙子	2011年11月	男		
	胡建明	哥哥	1954年1月	男		
家庭大事	1988年建楼房； 2005年搬迁至锦隆佳园； 2015年购买汽车1辆。					

	姓名	与户主关系	出生年月	性别	已故家属	
					称呼	姓名
现有家庭人员	周凤兴	户主	1947年3月	男		
	唐惠金	妻子	1947年3月	女		
	周 林	儿子	1968年2月	男		
	朱小芳	儿媳	1969年8月	女		
	周玉婷	孙女	1990年12月	女		
	周书琪	曾孙子	2019年6月	男		
家庭大事	1987年建楼房； 2007年搬迁至锦隆佳园。					

	姓名	与户主关系	出生年月	性别	已故家属	
					称呼	姓名
现有家庭人员	吴福明	户主	1953年12月	男	父亲	吴祖良
	顾天珍	妻子	1970年2月	女	母亲	吴阿妹
	吴一平	儿子	1980年6月	男		
	吴　涛	儿子	2000年3月	男		
	吴　江	儿子	2000年3月	男		
家庭大事	2002年购买别墅1套。					

	姓名	与户主关系	出生年月	性别	已故家属	
					称呼	姓名
现有家庭人员	吴培明	户主	1956年10月	男	父亲	吴祖良
	周菊英	妻子	1958年6月	女	母亲	吴阿妹
	吴玉娟	女儿	1980年1月	女		
	仲　惠	女婿	1980年1月	男		
	仲星翰	孙子	2007年11月	男		
	吴仲恒	孙子	2016年12月	男		
家庭大事	1987年建楼房； 2005年搬迁至锦隆佳园。					

	姓名	与户主关系	出生年月	性别	已故家属	
					称呼	姓名
现有家庭人员	过群创	户主	1962年9月	男	父亲	过洪年
	孙翠琴	妻子	1963年10月	女		
	周　彬	儿子	1985年7月	男		
	朱雪琴	儿媳	1985年12月	女		
	周承耀	孙子	2009年12月	男		
	周承欢	孙女	2016年4月	女		
	周妹子	母亲	1937年8月	女		
家庭大事	1988年建楼房； 2005年购买别墅1套； 2009年购买汽车1辆。					

	姓名	与户主关系	出生年月	性别	已故家属	
					称呼	姓名
现有家庭人员	周永林	户主	1964年11月	男	祖父	周仰华
	唐月芳	妻子	1965年7月	女	母亲	朱梅兰
	周忆帆	女儿	2003年9月	女		
	周雪生	父亲	1942年7月	男		
家庭大事	1983年从西支家庄搬到东风河新村； 1990年翻建新房； 2007年搬迁至锦隆佳园； 2018年购买汽车1辆。					

	姓名	与户主关系	出生年月	性别	已故家属	
					称呼	姓名
现有家庭人员	胡相英	户主	1943年9月	男	父亲	高爱生
	胡玉清	女儿	1975年12月	女		
	程开军	女婿	1973年9月	男		
	胡紫薇	孙女	1994年6月	女		
家庭大事	1991年建楼房； 2007年搬迁至锦隆佳园。					

	姓名	与户主关系	出生年月	性别	已故家属	
					称呼	姓名
现有家庭人员	吴志良	户主	1938年12月	男		
	包桃妹	妻子	1938年11月	女		
	吴颖独	儿子	1962年2月	男		
	邹惠芳	儿媳	1975年3月	女		
	吴菲	孙女	2001年7月	女		
	翟小风	前儿媳	1962年3月	女		
	吴静	孙女	1985年10月	女		
	方航	孙女婿	1984年10月	男		
	吴思源	曾孙子	2010年6月	男		
	方诗睿	曾孙女	2017年9月	女		
	吴燕	孙女	1989年3月	女		
	张荣兴	孙女婿	1985年12月	男		
	张贻涵	曾孙女	2014年4月	女		
	张贻然	曾孙女	2019年10月	女		
家庭大事	1986年翻建楼房； 1994年购买商品房1套； 2007年购买汽车1辆； 2007年吴静考入南京工业大学。					

五联村第十四组

	姓名	与户主关系	出生年月	性别	已故家属	
					称呼	姓名
现有家庭人员	李 杰	户主	1971年4月	男	父亲	李进生
	李 宁	哥哥	1955年10月	男		
	李文涛	侄子	1990年8月	男		
	钱巧英	母亲	1935年9月	女		
家庭大事	1998年购买汽车1辆； 2004年购买商品房1套。					

	姓名	与户主关系	出生年月	性别	已故家属	
					称呼	姓名
现有家庭人员	薛惠民	户主	1955年2月	男	祖父	薛厚龙
	邵菊芬	妻子	1951年6月	女	祖母	薛金巧
	薛丽琴	女儿	1978年3月	女	父亲	薛瑞元
	姚大鹏	女婿	1979年1月	男	母亲	李阿娥
	薛宇哲	孙子	2005年10月	男		
家庭大事	1987年翻建楼房。					

	姓名	与户主关系	出生年月	性别	已故家属	
					称呼	姓名
现有家庭人员	薛凤明	户主	1949年8月	男	父亲	薛进福
	张惠芬	妻子	1950年4月	女	母亲	薛大妹
	薛敏华	儿子	1971年4月	男		
	平小琴	儿媳	1971年3月	女		
	薛敏娟	女儿	1973年11月	女		
	薛烨飞	孙子	1994年11月	男		
家庭大事	1968年翻建平房5间； 1987年薛凤明任五联村经济合作社社长； 1988年翻建楼房； 1996年薛凤明任城北排水站站长。					

	姓名	与户主关系	出生年月	性别	已故家属	
					称呼	姓名
现有家庭人员	管学明	户主	1945年8月	男		
	沈金媛	妻子	1949年7月	女		
	李 强	儿子	1971年1月	男		
	顾月芬	儿媳	1971年9月	女		
	李家毅	孙子	1994年10月	男		
家庭大事	1985年翻建楼房； 1971—1997年沈金媛任五联村妇女主任，1972年2月加入中国共产党，1990年3月被评为昆山市双学双比先进个人； 1965—2001年管学明任五联村乡村医生； 2012年被评为昆山高新区（玉山镇）"最美家庭"。					

	姓名	与户主关系	出生年月	性别	已故家属	
					称呼	姓名
现有家庭人员	李小弟	户主	1940 年 5 月	男		
	王素珍	妻子	1942 年 6 月	女		
	李金龙	儿子	1966 年 7 月	男		
	叶 卉	儿媳	1974 年 10 月	女		
	李嘉烨	孙子	2003 年 8 月	男		
家庭大事	1983 年翻建平房 3 间； 1992 年翻建楼房； 2001 年搬迁至杜桥景园。					

	姓名	与户主关系	出生年月	性别	已故家属	
					称呼	姓名
现有家庭人员	薛裕兴	户主	1954 年 4 月	男	父亲	薛耀明
	贾玉珍	妻子	1954 年 4 月	女	母亲	陈桃妹
	薛芬雅	女儿	1978 年 9 月	女		
	陆菊强	女婿	1976 年 6 月	男		
	薛嘉雯	孙女	2000 年 10 月	女		
家庭大事	1976 年翻建平房 3 间； 1986 年翻建楼房； 2006 年购买汽车 1 辆、商品房 1 套。					

现有家庭人员	姓名	与户主关系	出生年月	性别	已故家属	
					称呼	姓名
	薛凤娣	户主	1940年11月	女	丈夫	李佰生
	李秀珍	女儿	1958年1月	女		
	李 益	孙子	1981年10月	男		
	季亚萍	孙媳	1981年4月	女		
	李季聪	曾孙子	2006年3月	男		
	李季瑶	曾孙女	2013年10月	女		
家庭大事	1989年建平房； 2015年购买汽车1辆。					

现有家庭人员	姓名	与户主关系	出生年月	性别	已故家属	
					称呼	姓名
	张惠全	户主	1962年2月	男	父亲	张敬业
	周云茜	妻子	1971年8月	女	母亲	范勤媛
	张 磊	儿子	1984年6月	男		
	张斌珏	儿媳	1985年4月	女		
	张乐瑶	孙女	2014年11月	女		
	张豫琪	女儿	1998年6月	女		
家庭大事	1989年翻建楼房； 2005年购买汽车1辆； 2015年购买汽车1辆。					

现有家庭人员	姓名	与户主关系	出生年月	性别	已故家属	
					称呼	姓名
	顾虎明	户主	1952年7月	男	父亲	钱大弟
	顾成蓉	妻子	1951年12月	女	母亲	钱香妹
	顾丽峰	儿子	1976年1月	男		
	李小纳	儿媳	1975年4月	女		
	顾 博	孙子	2004年6月	男		
家庭大事	1987年翻建楼房； 2014年购买汽车1辆。					

现有家庭人员	姓名	与户主关系	出生年月	性别	已故家属	
					称呼	姓名
	顾水明	户主	1957年1月	男	父亲	钱大弟
					母亲	钱香妹
家庭大事						

现有家庭人员	姓名	与户主关系	出生年月	性别	已故家属	
					称呼	姓名
	张惠忠	户主	1963年10月	男	母亲	许小雪
	李秀英	妻子	1962年6月	女		
	张 静	女儿	1987年3月	女		
	王文亮	女婿	1985年9月	男		
	张水明	父亲	1941年7月	男		
家庭大事	2004年购买汽车1辆、商品房1套； 2008年购买商品房1套； 2009年购买汽车1辆。					

五联村志·村民家庭记载

现有家庭人员	姓名	与户主关系	出生年月	性别	已故家属	
					称呼	姓名
	张惠国	户主	1965年10月	男	母亲	许小雪
	赵巧娥	妻子	1964年6月	女		
	张 敏	儿子	1988年12月	男		
	王丽玲	儿媳	1988年9月	女		
	张辰皓	孙子	2012年3月	男		
	张辰艺	孙子	2015年10月	男		
家庭大事	2008年购买商品房1套； 2012年购买汽车1辆。					

现有家庭人员	姓名	与户主关系	出生年月	性别	已故家属	
					称呼	姓名
	张志坚	户主	1971年4月	男	祖父	张敬文
	王涵英	妻子	1968年3月	女	祖母	赵金妹
	张玲玲	女儿	1995年11月	女	父亲	张惠兴
	邹妹英	母亲	1944年1月	女		
家庭大事	1951年张惠兴参加抗美援朝战争，1954年退伍； 1989年翻建楼房； 2016年购买汽车1辆。					

	姓名	与户主关系	出生年月	性别	已故家属	
					称呼	姓名
现有家庭人员	张惠元	户主	1956年2月	男		
	刘来香	妻子	1959年10月	女		
	张翌	儿子	1983年12月	男		
	顾樱婷	儿媳	1986年5月	女		
	张赫城	孙子	2012年8月	男		
家庭大事	2006年顾樱婷考入江苏大学； 2010年张翌毕业于江苏大学，取得研究生学历。					

	姓名	与户主关系	出生年月	性别	已故家属	
					称呼	姓名
现有家庭人员	薛裕龙	户主	1956年8月	男		
	张菊英	妻子	1960年3月	女		
	薛怡敏	儿子	1983年9月	男		
	黄寅	儿媳	1986年3月	女		
	薛清然	孙女	2010年2月	女		
	薛黄允	孙子	2013年4月	男		
家庭大事	2002年创立昆山永安非织造无纺科技有限公司； 2002年薛怡敏考入东南大学。					

	姓名	与户主关系	出生年月	性别	已故家属	
					称呼	姓名
现有家庭人员	钱仁喜	户主	1947年3月	男		
	张惠玉	妻子	1946年4月	女		
	钱燕华	女儿	1970年11月	女		
	顾志坚	女婿	1969年3月	男		
	顾燕洁	女儿	1972年10月	女		
	顾瀚池	孙子	1995年11月	男		
	周钱超	孙子	1998年1月	男		
家庭大事	1977年张惠玉到城北乡政府计生办工作； 1978年购买商品房1套。					

五联村第十五组

	姓名	与户主关系	出生年月	性别	已故家属	
					称呼	姓名
现有家庭人员	王宝华	户主	1963年8月	男	父亲	王泉生
	夏雪英	妻子	1964年3月	女	母亲	王引娣
	王 寅	女儿	1986年10月	女		
	王静怡	孙女	2007年5月	女		
家庭大事	1994年翻建别墅。					

	姓名	与户主关系	出生年月	性别	已故家属	
					称呼	姓名
现有家庭人员	管建良	户主	1964年3月	男	祖父	管洪文
	陆彩珍	妻子	1964年7月	女	祖母	管朱氏
	管晓冬	儿子	1987年1月	男	父亲	管根基
	陈 洁	儿媳	1986年6月	女	母亲	唐阿招
	管恩羽	孙子	2014年8月	男		
	陈恩诺	孙女	2017年1月	女		
家庭大事	1986年翻建楼房； 2007年购买商品房1套； 2012年购买汽车1辆。					

	姓名	与户主关系	出生年月	性别	已故家属	
					称呼	姓名
现有家庭人员	王耀祖	户主	1950年11月	男	祖父	王云祥
	王惠宝	妻子	1954年12月	女	祖母	王瑞娣
	王 芳	女儿	1976年2月	女	父亲	王宪仁
	刘锦弟	女婿	1972年6月	男	母亲	王小妹
	王留愔	孙女	1997年2月	女		
家庭大事	1967年翻建平房； 1986年翻建楼房。					

	姓名	与户主关系	出生年月	性别	已故家属	
					称呼	姓名
现有家庭人员	王勇明	户主	1957年7月	男	祖父	王佰卿
	王周惠	妻子	1963年5月	女	祖母	王云宝
	王敏春	儿子	1984年3月	男	父亲	王福生
	束学铭	儿媳	1982年7月	女	母亲	王琴男
	王昕玥	孙女	2008年1月	女		
	王昕宸	孙子	2016年3月	男		
家庭大事	1992年翻建楼房； 2018年购买商品房1套； 2019年12月搬迁至万欣园。					

	姓名	与户主关系	出生年月	性别	已故家属	
					称呼	姓名
现有家庭人员	王凤兴	户主	1965 年 6 月	男	祖父	王亚远
	孙慧玉	妻子	1965 年 11 月	女	祖母	王项氏
	王 磊	儿子	1988 年 4 月	男	祖母	王莫氏
	陈 燕	儿媳	1989 年 10 月	女	父亲	王桂生
	王辰轩	孙子	2012 年 9 月	男	母亲	王云男
	陈乐寇	孙子	2017 年 9 月	男		
家庭大事	1996 年翻建楼房； 2016 年购买商品房 1 套。					

	姓名	与户主关系	出生年月	性别	已故家属	
					称呼	姓名
现有家庭人员	王耀明	户主	1966 年 12 月	男	祖父	王佰根
	侯桂花	妻子	1967 年 8 月	女	祖母	王招男
	王嘉虹	女儿	1991 年 12 月	女	父亲	王金男
	曹 鑫	女婿	1990 年 4 月	男	母亲	王阿桃
家庭大事	2000 年翻建楼房。					

	姓名	与户主关系	出生年月	性别	已故家属	
					称呼	姓名
现有家庭人员	王志龙	户主	1950 年 1 月	男	父亲	王启贤
	管菊珍	妻子	1957 年 11 月	女	母亲	王阿招
	王丽琴	女儿	1978 年 9 月	女		
	顾雪平	女婿	1978 年 10 月	男		
	顾王浩	孙子	2001 年 8 月	男		
家庭大事	1988 年翻建新房； 2009 年购买商品房 1 套； 2012 年购买汽车 1 辆。					

现有家庭人员	姓名	与户主关系	出生年月	性别	已故家属	
					称呼	姓名
	王丽刚	户主	1964年10月	男	祖父	王介梅
	沈荣珍	妻子	1962年9月	女	父亲	王忠林
	王　洁	女儿	1987年6月	女	母亲	张小妹
	朱庆东	女婿	1987年9月	男		
	王梓琪	孙女	2012年3月	女		
家庭大事	1969年翻建平间3间； 1992年翻建楼房； 2015年王洁考入徐州工业职业技术学院。					

现有家庭人员	姓名	与户主关系	出生年月	性别	已故家属	
					称呼	姓名
	王文华	户主	1966年10月	男	祖父	王介梅
	郁雪芳	妻子	1968年9月	女	父亲	王忠林
	王鑫峰	儿子	1991年3月	男	母亲	张小妹
	张月倩	儿媳	1990年11月	女		
	王贝一	孙女	2014年9月	女		
	张晟一	孙子	2016年6月	男		
家庭大事	1989年翻建楼房。					

	姓名	与户主关系	出生年月	性别	已故家属	
					称呼	姓名
现有家庭人员	王宝明	户主	1945年8月	男	父亲	王泉生
	李彩英	妻子	1945年9月	女	母亲	王引娣
	王静芳	女儿	1965年9月	女		
	朱维良	女婿	1963年10月	男		
	王　君	孙女	1986年5月	女		
	龚　敏	孙女婿	1985年6月	男		
	龚雨馨	曾孙女	2009年11月	女		
	王　珏	孙女	1990年6月	女		
	王　顺	孙女婿	1986年10月	男		
	王　荀	曾孙女	2015年12月	女		
家庭大事	1985年翻建楼房； 2000年购买商品房1套。					

	姓名	与户主关系	出生年月	性别	已故家属	
					称呼	姓名
现有家庭人员	王明仁	户主	1957年12月	男	祖父	王仕林
	顾凤珍	妻子	1954年8月	女	父亲	王佰生
	王凌敏	女儿	1979年5月	女	母亲	王凤珍
	吴　洁	女婿	1977年4月	男		
	吴锦睿	孙子	2005年11月	男		
	王馨媛	孙女	2016年1月	女		
家庭大事	1971年翻建瓦房3间； 1988年翻建楼房； 1998年王凌敏考入华北工业学校。					

	姓名	与户主关系	出生年月	性别	已故家属	
					称呼	姓名
现有家庭人员	王金毛	户主	1950年11月	男	父亲	王佰根
	胡雪英	妻子	1950年9月	女	母亲	王招男
	王燕娟	女儿	1974年4月	女		
	沈志新	女婿	1973年4月	男		
	王文怡	孙女	1996年12月	女		
	王忱翰	孙子	2007年3月	男		
	王志娟	女儿	1975年10月	女		
	俞逐日	孙子	1999年4月	男		
家庭大事	1983年翻建平房； 1993年翻建楼房； 2003年购买商品房1套。					

	姓名	与户主关系	出生年月	性别	已故家属	
					称呼	姓名
现有家庭人员	张兴生	户主	1948年12月	男	岳父	王安生
	王雪珍	妻子	1948年12月	女	岳母	王阿和
	王建康	儿子	1970年12月	男		
	陈 芳	儿媳	1972年4月	女		
	王嘉伟	孙子	1993年5月	男		
	洪雁云	孙媳	1993年5月	女		
	王禹泽	曾孙子	2017年1月	男		
	王禹沐	曾孙女	2018年8月	女		
家庭大事	1989年翻建楼房； 2016年购买商品房1套。					

五联村第十六组

	姓名	与户主关系	出生年月	性别	已故家属	
					称呼	姓名
现有家庭人员	徐德云	户主	1947年5月	男	父亲	徐阿松
	顾荷英	妻子	1947年6月	女	母亲	彭爱妹
	徐建华	儿子	1968年12月	男		
	赵佳芳	儿媳	1967年1月	女		
	徐文超	孙子	1992年12月	男		
	俞 佳	孙媳	1993年4月	女		
家庭大事	1990年购买商品房1套； 2000年购买汽车1辆。					

	姓名	与户主关系	出生年月	性别	已故家属	
					称呼	姓名
现有家庭人员	徐德凤	户主	1947年5月	男	父亲	徐阿松
	戴桂英	妻子	1947年6月	女	母亲	彭爱妹
	徐建国	儿子	1971年8月	男		
	戴月琴	儿媳	1970年12月	女		
	徐芳芳	孙女	1994年10月	女		
	徐惠明	儿子	1972年10月	男		
家庭大事	1992年购买商铺1套； 2010年搬迁至锦隆佳园； 2018年购买汽车1辆。					

	姓名	与户主关系	出生年月	性别	已故家属	
					称呼	姓名
现有家庭人员	徐阿根	户主	1956年12月	男	父亲	徐阿松
	陈尚梅	妻子	1965年8月	女	母亲	彭爱妹
	徐 红	女儿	1988年2月	女		
	金金亚	女婿	1990年4月	男		
	徐志新	孙子	2013年5月	男		
家庭大事	2010年拆迁，分配锦隆佳园商品房2套。					

	姓名	与户主关系	出生年月	性别	已故家属	
					称呼	姓名
现有家庭人员	王弟男	户主	1950年11月	男	祖父	王云龙
	王妹珍	妻子	1954年9月	女	父亲	王有亭
	王雪龙	儿子	1976年10月	男	母亲	宣杏金
	陈 香	儿媳	1979年10月	女		
	王俊杰	孙子	2000年2月	男		
家庭大事	2010年拆迁，分配锦隆佳园商品房2套。					

	姓名	与户主关系	出生年月	性别	已故家属	
					称呼	姓名
现有家庭人员	王阿三	户主	1953年5月	男	父亲	王有亭
	邵菊珍	妻子	1952年11月	女	母亲	宣杏金
	王 青	儿子	1977年1月	男		
	娄延那	儿媳	1981年6月	女		
	王佳丽	孙女	2002年6月	女		
	王佳欣	孙女	2013年4月	女		
家庭大事	1988年翻建楼房； 2013年购买汽车1辆。					

	姓名	与户主关系	出生年月	性别	已故家属	
					称呼	姓名
现有家庭人员	王阿龙	户主	1951年12月	男	祖父	王云龙
	张秀珍	妻子	1948年12月	女	父亲	王福亭
	王 芳	女儿	1973年9月	女		
	宣依富	女婿	1968年12月	男		
	王阳烂	孙女	1996年2月	女		
	宣姝君	孙女	2004年8月	女		
家庭大事	1986年荣获"文明家庭""光荣人家"称号。 1992年购买汽车1辆； 2007年购买别墅1套； 2010年拆迁，分配锦隆佳园商品房3套。					

	姓名	与户主关系	出生年月	性别	已故家属	
					称呼	姓名
现有家庭人员	陆洪友	户主	1968年12月	男	父亲	陆阿二
	夏粉英	妻子	1966年1月	女	母亲	陆巧女
	陆 芳	女儿	1992年3月	女		
	陆 获	儿子	1994年11月	男		
家庭大事	1970年翻建平房； 1978年翻修楼房。					

	姓名	与户主关系	出生年月	性别	已故家属	
					称呼	姓名
现有家庭人员	陆梅芳	户主	1981年9月	女	祖父	陆阿二
	裴学群	丈夫	1974年9月	男	祖母	陆巧女
	裴 培	女儿	2004年4月	女	父亲	陆洪根
	陆奕涛	儿子	2012年2月	男		
	平桂珍	母亲	1958年6月	女		
家庭大事	2001年购买商品房1套； 2008年购买汽车1辆； 2010年拆迁，分配锦隆佳园商品房2套。					

	姓名	与户主关系	出生年月	性别	已故家属	
					称呼	姓名
现有家庭人员	姚友根	户主	1969年8月	男	父亲	姚德瑞
	姚 军	儿子	1993年1月	男		
	姚培芳	妹妹	1970年11月	女		
	戴桂林	母亲	1949年12月	女		
家庭大事	2010年拆迁，分配锦隆佳园商品房2套。					

	姓名	与户主关系	出生年月	性别	已故家属	
					称呼	姓名
现有家庭人员	姚纪明	户主	1972年6月	男	父亲	姚德良
	张 欣	妻子	1975年9月	女		
	姚 琳	女儿	1996年11月	女		
	姚佩晨	女儿	2010年4月	女		
	纪巧英	母亲	1939年2月	女		
家庭大事	2018年购买汽车1辆； 2019年姚琳考入南京邮电大学。					

	姓名	与户主关系	出生年月	性别	已故家属	
					称呼	姓名
现有家庭人员	项健康	户主	1963年2月	男	母亲	陈妹弟
	金亚芬	妻子	1966年1月	女		
	项 青	儿子	1986年10月	男		
	章晨霞	儿媳	1986年11月	女		
	项颂祺	孙子	2011年12月	男		
	项阿元	父亲	1936年8月	男		
家庭大事	2008年购买商品房1套。					

	姓名	与户主关系	出生年月	性别	已故家属	
					称呼	姓名
现有家庭人员	顾毛生	户主	1953年4月	男	父亲	顾佰林
	顾小萍	女儿	1975年8月	女	母亲	顾月妹
	顾 燕	女儿	1978年11月	女		
家庭大事	2011年拆迁，分配锦隆佳园商品房2套。					

	姓名	与户主关系	出生年月	性别	已故家属	
					称呼	姓名
现有家庭人员	俞坤宝	户主	1963年9月	男	父亲	俞永桂
	俞 炳	儿子	1986年4月	男		
	俞 果	孙女	2013年7月	女		
	姚大妹	母亲	1941年9月	女		
	俞小芬	妹妹	1968年2月	女		
	刘晓国	妹婿	1965年3月	男		
家庭大事	2005年俞炳考入三江学院； 2010年拆迁，分配锦隆佳园商品房2套。					

	姓名	与户主关系	出生年月	性别	已故家属	
					称呼	姓名
现有家庭人员	王建芬	户主	1970年12月	女	父亲	王金宝
	邹玉明	丈夫	1971年8月	男		
	王薇	女儿	1991年9月	女		
	薛雪英	母亲	1945年5月	女		
家庭大事	2010年拆迁，分配锦隆佳园商品房2套。					

五联村第十七组

	姓名	与户主关系	出生年月	性别	已故家属	
					称呼	姓名
现有家庭人员	李龙华	户主	1960 年 6 月	男	父亲	李章刚
	肖丹桂	妻子	1969 年 12 月	女		
	李凤琪	儿子	1988 年 4 月	男		
	孙丹丹	儿媳	1991 年 5 月	女		
	李淋汐	孙女	2014 年 7 月	女		
	李淋泽	孙子	2018 年 12 月	男		
	胡小妹	母亲	1939 年 5 月	女		
家庭大事	2004 年拆迁，在杜桥翻建别墅。					

	姓名	与户主关系	出生年月	性别	已故家属	
					称呼	姓名
现有家庭人员	倪秀友	户主	1966 年 11 月	男	岳父	李章刚
	李龙芬	妻子	1978 年 1 月	女		
	倪 萍	女儿	1998 年 12 月	女		
家庭大事	2003 年拆迁，在杜桥翻建别墅。					

	姓名	与户主关系	出生年月	性别	已故家属	
					称呼	姓名
现有家庭人员	胡立成	户主	1947 年 10 月	男	父亲	胡玉德
	刘巧珍	妻子	1952 年 10 月	女		
	胡桂芬	女儿	1973 年 5 月	女		
	胡秀芬	女儿	1975 年 9 月	女		
	殷承忠	女婿	1975 年 10 月	男		
	胡佳盈	孙女	1998 年 9 月	女		
家庭大事	2005 年购买商品房 1 套； 2017 年胡佳盈考入长春财经学院。					

	姓名	与户主关系	出生年月	性别	已故家属	
					称呼	姓名
现有家庭人员	胡大锦	户主	1934年12月	男	父亲	胡玉德
	胡桂芬	女儿	1971年5月	女	妻子	顾兰珍
	陈正良	女婿	1968年2月	男		
	胡泽权	孙子	1992年12月	男		
家庭大事	2004年动迁至杜桥，建楼房； 2012年胡泽权考入江苏师范大学科文学院； 2014年购买汽车1辆。					

	姓名	与户主关系	出生年月	性别	已故家属	
					称呼	姓名
现有家庭人员	胡德荣	户主	1949年8月	男	祖父	胡玉德
	唐秀珍	妻子	1957年9月	女	父亲	胡大泉
	胡 坤	儿子	1977年7月	男		
	赵 燕	儿媳	1979年4月	女		
	赵胡洁	孙子	2002年11月	男		
	胡赵俊	孙子	2006年11月	男		
	郑银花	母亲	1929年1月	女		
家庭大事	2003年购买汽车1辆； 2004年拆迁，建楼房。					

	姓名	与户主关系	出生年月	性别	已故家属	
					称呼	姓名
现有家庭人员	胡德华	户主	1953年12月	男	父亲	胡大泉
	胡 彪	儿子	1981年11月	男	妻子	厉冬梅
家庭大事						

	姓名	与户主关系	出生年月	性别	已故家属	
					称呼	姓名
现有家庭人员	浦永发	户主	1962年4月	男	祖父	浦正昌
	姚兰英	妻子	1960年4月	女	祖母	徐小妹
	浦 强	儿子	1983年9月	男	父亲	浦金益
	浦鑫宇	孙子	2009年2月	男	母亲	王金妹
	浦皓宇	孙子	2014年1月	男		
家庭大事	2005年购买商品房1套。					

	姓名	与户主关系	出生年月	性别	已故家属	
					称呼	姓名
现有家庭人员	刘志明	户主	1962年11月	男	父亲	刘云成
	吴凤云	妻子	1962年4月	女	母亲	陆路义
	刘小燕	女儿	1985年10月	女	大姐	刘小妹
	董 刚	女婿	1983年7月	男	二姐	刘春芬
家庭大事	2004年拆迁，在杜桥建别墅。					

	姓名	与户主关系	出生年月	性别	已故家属	
					称呼	姓名
现有家庭人员	刘德林	户主	1948年10月	男		
	刘志强	儿子	1973年11月	男		
	黄开琴	儿媳	1975年3月	女		
	刘文兵	孙子	1996年12月	男		
家庭大事	2015年刘文兵考入南京师范大学泰州学院。					

现有家庭人员	姓名	与户主关系	出生年月	性别	已故家属	
					称呼	姓名
	姚荣根	户主	1963年8月	男	父亲	姚大宝
家庭大事						

现有家庭人员	姓名	与户主关系	出生年月	性别	已故家属	
					称呼	姓名
	袁德玉	户主	1961年10月	男	父亲	袁宝富
	李龙芬	妻子	1963年7月	女	母亲	陈桂英
	袁　欣	儿子	1985年12月	男		
	袁梦梵	孙子	2008年8月	男		
	袁梦彬	孙子	2013年12月	男		
家庭大事	2004年拆迁，翻建别墅。					

五联村第十八组

	姓名	与户主关系	出生年月	性别	已故家属	
					称呼	姓名
现有家庭人员	李俊昌	户主	1937年8月	男		
	陈惠娟	妻子	1944年7月	女		
	李名扬	儿子	1968年8月	男		
	陆九妹	儿媳	1969年4月	女		
	李晓双	孙女	1991年4月	女		
家庭大事	1988年翻建楼房； 2001年购买汽车2辆。					

	姓名	与户主关系	出生年月	性别	已故家属	
					称呼	姓名
现有家庭人员	张阿巧	户主	1949年8月	女	公公	李德基
	王兆平	丈夫	1954年7月	男	婆婆	李阿金
	王伟峰	儿子	1990年3月	男		
	李青	儿子	1974年2月	男		
	姚秀珍	儿媳	1978年2月	女		
	李聪颖	孙女	2001年9月	女		
家庭大事	1998年翻建楼房； 2008年购买商品房1套。					

	姓名	与户主关系	出生年月	性别	已故家属	
					称呼	姓名
现有家庭人员	李克勤	户主	1957年4月	男	祖父	李仲清
	李　玉	儿子	1982年1月	男	祖母	毛金大
	庄燕燕	儿媳	1981年11月	女	母亲	盛凤英
	李铭哲	孙子	2009年1月	男		
	李晓明	父亲	1931年3月	男		

家庭大事	1975年购买自行车1辆； 1978年购买缝纫机1台； 1979年购买电风扇1台； 1980年翻建楼房； 1987年翻建楼房； 2005年购买商品房1套； 2006年购买汽车1辆。

	姓名	与户主关系	出生年月	性别	已故家属	
					称呼	姓名
现有家庭人员	李德仁	户主	1938年7月	男	父亲	李钟奇
					母亲	孙丽芳

家庭大事	2011年拆迁，分配锦隆佳园商品房2套。

	姓名	与户主关系	出生年月	性别	已故家属	
					称呼	姓名
现有家庭人员	陆阿巧	户主	1946年6月	男	父亲	陆大才
	陆桂珍	妻子	1950年7月	女	母亲	姚文香
	陆勤芬	女儿	1970年1月	女		
	朱振华	女婿	1967年12月	男		
	陆勤英	女儿	1975年1月	女		
	陆偲佳	孙女	1995年10月	女		
	陆爽爽	孙子	2002年1月	男		
家庭大事	2000年购买商品房； 2015年拆迁，分配锦隆佳园商品房2套。					

	姓名	与户主关系	出生年月	性别	已故家属	
					称呼	姓名
现有家庭人员	陆阿根	户主	1962年9月	男	父亲	陆大才
	俞凤英	妻子	1966年2月	女	母亲	姚文香
	陆 杰	儿子	1986年12月	男		
	徐 玲	儿媳	1987年7月	女		
	陆语萱	孙女	2010年10月	女		
家庭大事	1980年翻建平房4间； 1999年购买商品房1套； 2008年购买汽车1辆。					

	姓名	与户主关系	出生年月	性别	已故家属	
					称呼	姓名
现有家庭人员	李　勇	户主	1944年12月	男	父亲	李仲康
	钱梅花	妻子	1946年1月	女		
	李　峰	儿子	1970年2月	男		
	陶莲琴	儿媳	1970年9月	女		
	李嘉骏	孙子	1994年3月	男		
	单　伟	孙媳	1989年4月	女		
	李十安	曾孙子	2015年10月	男		
家庭大事	1988年建楼房； 1996年购买商品房1套； 2012年购买汽车1辆。					

	姓名	与户主关系	出生年月	性别	已故家属	
					称呼	姓名
现有家庭人员	李　洪	户主	1952年1月	男	父亲	李仲康
	李　高	儿子	1975年11月	男	妻子	陆引珍
	张建琴	儿媳	1977年8月	女		
	李佳程	孙子	1998年10月	男		
	李　燕	女儿	1974年10月	女		
	陈德润	女婿	1973年11月	男		
	陈小杰	孙子	1997年9月	男		
家庭大事	1988年建楼房； 1996年购买商品房1套； 2017年购买汽车1辆。					

	姓名	与户主关系	出生年月	性别	已故家属	
					称呼	姓名
现有家庭人员	李 砚	户主	1952年10月	男	父亲	李 贞
	马菊珍	妻子	1954年10月	女	母亲	朱安群
	李凤娟	女儿	1979年12月	女		
	范惠良	女婿	1979年4月	男		
	李欣怡	孙女	2001年5月	女		
家庭大事	1998年建楼房； 2005年购买商品房1套； 2015年购买汽车1辆。					

	姓名	与户主关系	出生年月	性别	已故家属	
					称呼	姓名
现有家庭人员	李祥明	户主	1963年5月	男	父亲	李 贞
	杨美娟	妻子	1963年2月	女	母亲	朱安群
	李凤亚	女儿	1986年9月	女		
	淡张杰	女婿	1986年10月	男		
	李佳琪	孙女	2015年1月	女		
家庭大事	1990年建平房； 2010年搬迁至锦隆佳园。					

现有家庭人员	姓名	与户主关系	出生年月	性别	已故家属	
					称呼	姓名
	李继明	户主	1965年10月	男	祖父	李 行
	徐金英	妻子	1965年7月	女	父亲	李 鲸
	李 伟	儿子	1988年11月	男	母亲	朱阿宝
	杨 璟	儿媳	1988年4月	女		
	李芯妍	孙女	2018年7月	女		
家庭大事	1988年建楼房； 2009年购买商品房1套； 2015年购买汽车1辆。					

现有家庭人员	姓名	与户主关系	出生年月	性别	已故家属	
					称呼	姓名
	李继康	户主	1962年2月	男	祖父	李 行
	陈桂美	妻子	1962年8月	女	父亲	李 鲸
	李 芳	女儿	1985年12月	女	母亲	朱阿宝
	沈春明	女婿	1983年2月	男		
	李联灵	孙女	2010年3月	女		
家庭大事	1990年建楼房； 2001年购买汽车1辆； 2006年购买商品房1套； 2010年购买汽车1辆； 2013年购买汽车1辆。					

	姓名	与户主关系	出生年月	性别	已故家属	
					称呼	姓名
现有家庭人员	李静珍	户主	1965年9月	女	父亲	李 林
	俞小坤	丈夫	1962年6月	男		
	李 莉	女儿	1987年1月	女		
	王晨泛	女婿	1986年7月	男		
	王云泽	孙子	2012年11月	男		
	张素珍	母亲	1936年4月	女		
家庭大事	1986年翻建楼房； 2015年购买汽车1辆； 2018年拆迁，分配锦隆佳园商品房3套。					

	姓名	与户主关系	出生年月	性别	已故家属	
					称呼	姓名
现有家庭人员	李敏凤	户主	1939年2月	女	父亲	李 行
	周广仁	丈夫	1939年11月	男		
	周朝辉	儿子	1968年12月	男		
	郭雪梅	儿媳	1970年1月	女		
	周人杰	孙子	1992年2月	男		
	唐 莉	孙媳	1991年6月	女		
	周 宾	儿子	1970年12月	男		
	魏群辉	儿媳	1972年12月	女		
	周俊杰	孙子	1993年5月	男		
	张春凤	孙媳	1992年3月	女		
	周 洋	曾孙子	2016年1月	男		
	周 涛	儿子	1973年6月	男		
	汤玉兰	儿媳	1972年3月	女		
	周子杰	孙子	1999年1月	男		
家庭大事	1994年购买商品房1套； 2003年搬迁至杜桥景园。					

	姓名	与户主关系	出生年月	性别	已故家属	
					称呼	姓名
现有家庭人员	李克明	户主	1943年4月	男	祖父	李程文
	陈秀芬	妻子	1944年3月	女	父亲	李　忠
	李　渊	儿子	1965年8月	男		
	李燕婷	孙女	1994年5月	女		
家庭大事	1985年建楼房； 2009年购买汽车1辆。					

	姓名	与户主关系	出生年月	性别	已故家属	
					称呼	姓名
现有家庭人员	袁德金	户主	1954年6月	男	岳父	姚文贵
	姚友芳	妻子	1954年8月	女	岳母	王来子
	袁佳佳	女儿	1980年11月	女		
家庭大事	1970年袁德金参军入伍，1988年转业回昆山。					

	姓名	与户主关系	出生年月	性别	已故家属	
					称呼	姓名
现有家庭人员	李敏琴	户主	1945年9月	女	父亲	李　鹏
	王尧良	丈夫	1941年3月	男	母亲	王杏宝
	王国华	儿子	1971年7月	男		
	王　梅	儿媳	1977年1月	女		
	王梓函	孙女	2008年9月	女		
	李雪花	女儿	1970年1月	女		
	李　琨	孙子	2002年6月	男		
家庭大事	2007年拆迁，分配锦隆佳园商品房2套。					

五联村第十九组

	姓名	与户主关系	出生年月	性别	已故家属	
					称呼	姓名
现有家庭人员	平泉林	户主	1948年10月	男	父亲	平金生
	李杏花	妻子	1949年3月	女		
	平运峰	儿子	1976年11月	男		
	蔡雄英	儿媳	1974年5月	女		
	平鑫涛	孙子	1998年12月	男		
家庭大事	1984年建楼房。					

	姓名	与户主关系	出生年月	性别	已故家属	
					称呼	姓名
现有家庭人员	王卫东	户主	1968年1月	男		
	王梅花	妻子	1968年6月	女		
	王 浩	儿子	1990年10月	男		
	陶文芳	儿媳	1992年1月	女		
	王彦棋	孙子	2017年2月	男		
	王和尚	父亲	1932年12月	男		
	戴月琴	母亲	1939年8月	女		
家庭大事	2007年购买商品房1套； 2009年购买汽车1辆； 2009年王浩考入长春理工大学。					

	姓名	与户主关系	出生年月	性别	已故家属	
					称呼	姓名
现有家庭人员	马建华	户主	1973年12月	男	祖父	马士林
	顾丽娟	妻子	1971年1月	女	祖母	马桂男
	马 丹	女儿	1997年4月	女	父亲	马永良
	顾金珍	母亲	1951年11月	女		
家庭大事	1996年购买商品房1套； 2014年购买汽车1辆； 2016年马丹考入徐州幼儿师范高等专科学校。					

	姓名	与户主关系	出生年月	性别	已故家属	
					称呼	姓名
现有家庭人员	马小弟	户主	1956年11月	男	父亲	马士良
	张藕花	妻子	1957年1月	女	母亲	马金芬
	马亚萍	女儿	1980年10月	女		
	金永伟	女婿	1979年10月	男		
	金怡婷	孙女	2003年4月	女		
	金宇阳	孙子	2017年4月	男		
家庭大事	1987年翻建楼房； 2008年搬迁至锦隆佳园。					

	姓名	与户主关系	出生年月	性别	已故家属	
					称呼	姓名
现有家庭人员	马金龙	户主	1949年3月	男	父亲	马士良
	马亚芳	女儿	1973年11月	女	母亲	马金芬
	张桃林	女婿	1972年4月	男	妻子	张丽芳
	马音喆	孙女	1996年1月	女		
家庭大事	1969年翻建平房； 1987年翻建楼房； 2007年购买商品房1套。					

	姓名	与户主关系	出生年月	性别	已故家属	
					称呼	姓名
现有家庭人员	张阿明	户主	1952年8月	男	父亲	张小弟
	陈友珍	妻子	1952年4月	女		
	张建国	儿子	1976年8月	男		
	倪翠红	儿媳	1976年12月	女		
	张倩	孙女	2000年9月	女		
家庭大事	2003年搬迁至杜桥景园； 2013年购买汽车1辆。					

	姓名	与户主关系	出生年月	性别	已故家属	
					称呼	姓名
现有家庭人员	陈爱珍	户主	1949年11月	女	公公	张小弟
	张静芳	女儿	1973年1月	女	丈夫	张仁林
	吴敖根	女婿	1969年9月	男		
	张玉萍	孙女	1996年5月	女		
家庭大事						

	姓名	与户主关系	出生年月	性别	已故家属	
					称呼	姓名
现有家庭人员	张金男	户主	1953年12月	男	父亲	张祖良
	周永芬	妻子	1953年12月	女		
	张利华	儿子	1978年10月	男		
	俞方英	儿媳	1979年12月	女		
	张瑜峰	孙子	2002年1月	男		
家庭大事	2008年拆迁，分配锦隆佳园商品房3套； 2016年购买汽车1辆。					

现有家庭人员	姓名	与户主关系	出生年月	性别	已故家属	
					称呼	姓名
	马文忠	户主	1971年2月	男	父亲	马介进
	姚淑兰	妻子	1969年6月	女		
	马潇雅	女儿	1994年4月	女		
	宋依依	孙女	2019年5月	女		
	李巧珍	母亲	1946年8月	女		
家庭大事	2003年搬迁至杜桥景园； 2006年购买商品房1套。					

现有家庭人员	姓名	与户主关系	出生年月	性别	已故家属	
					称呼	姓名
	姚晶慧	户主	1996年5月	男	祖父	姚观权
	王爱华	祖母	1936年6月	女		
家庭大事	2010年搬迁至锦隆佳园。					

五联村第二十组

	姓名	与户主关系	出生年月	性别	已故家属	
					称呼	姓名
现有家庭人员	陈荣林	户主	1952年8月	男	父亲	陈惠章
	龚玲珍	妻子	1956年8月	女	母亲	陈琴囡
	陈燕	女儿	1978年10月	女		
	朱卫刚	女婿	1976年12月	男		
	陈颖超	孙女	1999年4月	女		
家庭大事	1989年自建楼房； 2010年搬迁至锦隆佳园； 2013年购买汽车1辆。					

	姓名	与户主关系	出生年月	性别	已故家属	
					称呼	姓名
现有家庭人员	陈荣明	户主	1949年9月	男	父亲	陈惠章
	陈文琴	妻子	1953年2月	女	母亲	陈琴囡
	陈春华	女儿	1970年7月	女		
	李建青	女婿	1969年4月	男		
	陈璐燕	孙女	1991年11月	女		
家庭大事	1986年自建楼房； 2010年搬迁至锦隆佳园； 2010年购买汽车1辆。					

现有家庭人员	姓名	与户主关系	出生年月	性别	已故家属	
					称呼	姓名
	朱菊明	户主	1964年9月	男	祖父	朱文彬
	李春梅	妻子	1967年5月	女	父亲	朱建文
	朱　颖	女儿	1988年9月	女		
	沈丹琪	女婿	1988年1月	男		
	沈煜晨	孙子	2014年2月	男		
	朱启程	孙子	2016年1月	男		
	朱小珠	母亲	1939年4月	女		
家庭大事	1972年翻建平房5间； 1982年新建平房4间； 1984年朱菊明考入中央广播电视大学； 1987年购买商品房1套； 1992年置换商品房1套； 1999年开办昆山市宝虹织带厂； 2002年购买商品房1套； 2006年购买商务车1辆； 2014年购买汽车1辆； 2016年新建厂房。					

现有家庭人员	姓名	与户主关系	出生年月	性别	已故家属	
					称呼	姓名
	朱菊良	户主	1967年9月	男	祖父	朱文彬
	朱会玉	妻子	1974年5月	女	父亲	朱建文
	朱佳琪	女儿	1991年6月	女		
	王铭赟	女婿	1989年1月	男		
	王梓芯	孙女	2016年5月	女		
	朱佳奕	女儿	2010年2月	女		
家庭大事	1972年建平房； 2004年购买商品房1套； 2013年购买汽车1辆。					

	姓名	与户主关系	出生年月	性别	已故家属	
					称呼	姓名
现有家庭人员	朱雪泉	户主	1953 年 2 月	男	祖父	朱阿贵
	钱梅兰	妻子	1953 年 1 月	女		
	朱小刚	儿子	1974 年 2 月	男		
	高建芳	儿媳	1974 年 1 月	女		
	朱家恒	孙子	1997 年 11 月	男		
	朱琪文	孙女	2005 年 3 月	女		
	朱小卫	儿子	1976 年 12 月	男		
	庄惠华	儿媳	1981 年 4 月	女		
	朱俊睿	孙女	2009 年 5 月	女		
家庭大事	1985 年自建楼房； 1991 年自办昆山琨仕莱涂料有限公司； 1994 年自建楼房； 1995 年自建楼房； 2003 年自建厂房； 2003 年购买汽车 1 辆； 2005 年购买汽车 2 辆； 2009 年购买汽车 1 辆。					

	姓名	与户主关系	出生年月	性别	已故家属	
					称呼	姓名
现有家庭人员	朱宝元	户主	1955 年 7 月	男	祖父	朱阿贵
	陶阿芬	妻子	1955 年 5 月	女		
	朱志刚	儿子	1979 年 6 月	男		
	杜娟花	儿媳	1980 年 7 月	女		
	朱紫桂	孙子	2002 年 10 月	男		
家庭大事	1986 年建楼房； 1994 年购买商品房 1 套； 2005 年购买汽车 1 辆。					

	姓名	与户主关系	出生年月	性别	已故家属	
					称呼	姓名
现有家庭人员	朱其华	户主	1928年10月	男	祖父	朱世根
	朱大妹	妻子	1935年11月	女	岳父	朱阿贵
	朱宝明	儿子	1962年9月	男		
	朱亚琼	孙女	1987年4月	女		
家庭大事	2010年购买商品房1套； 2013年购买汽车1辆。					

	姓名	与户主关系	出生年月	性别	已故家属	
					称呼	姓名
现有家庭人员	郁林生	户主	1955年1月	男		
	李喜珍	妻子	1954年1月	女		
	郁志强	儿子	1976年6月	男		
	丁巧凤	儿媳	1979年6月	女		
	郁有吉	孙女	2009年7月	女		
	郁福全	父亲	1931年11月	男		
	范巧英	母亲	1937年11月	女		
家庭大事	1984年建楼房； 2002年购买商品房1套； 2008年购买汽车1辆。					

	姓名	与户主关系	出生年月	性别	已故家属	
					称呼	姓名
现有家庭人员	郁小弟	户主	1968年8月	男		
	罗凤英	妻子	1968年1月	女		
	郁　晨	儿子	1991年5月	男		
	李　娅	儿媳	1991年4月	女		
家庭大事	1990年翻建新房； 2005年购买商品房1套； 2010年郁晨考入哈尔滨工程大学； 2014年搬迁至锦隆佳园。					

	姓名	与户主关系	出生年月	性别	已故家属	
					称呼	姓名
现有家庭人员	朱福兴	户主	1963年10月	男	祖父	朱祖根
	闵小妹	妻子	1964年1月	女	祖母	朱杏娣
	朱静芝	女儿	1989年2月	女	父亲	朱绍明
	田志超	女婿	1989年2月	男	母亲	胡桂英
	田殊墨	孙子	2016年5月	男		
家庭大事	1983年建平房； 1993年购买商品房1套； 2016年购买汽车1辆。					

	姓名	与户主关系	出生年月	性别	已故家属	
					称呼	姓名
现有家庭人员	朱福明	户主	1965年9月	男	祖父	朱祖根
	俞玉芬	妻子	1965年8月	女	祖母	朱杏娣
	朱 莉	女儿	1988年11月	女	父亲	朱绍明
	曹艳敏	女婿	1989年5月	男	母亲	胡桂英
	曹妹菡	孙女	2012年10月	女		
	朱妹蕙	孙女	2016年2月	女		
家庭大事	1989年建楼房； 2006年购买商品房1套； 2016年购买汽车1辆。					

	姓名	与户主关系	出生年月	性别	已故家属	
					称呼	姓名
现有家庭人员	金伯兴	户主	1963年4月	男	母亲	平桂英
	金 毅	儿子	1985年3月	男	妻子	朱菊英
	杨丽琴	儿媳	1992年10月	女		
	金俊杰	孙子	2017年7月	男		
	金绍华	父亲	1929年4月	男		
家庭大事	1972年建平房； 1992年购买商品房1套； 2007年购买汽车1辆。					

	姓名	与户主关系	出生年月	性别	已故家属	
					称呼	姓名
现有家庭人员	金伯明	户主	1965年6月	男	母亲	平桂英
	朱月芳	妻子	1969年11月	女		
	金舒玥	女儿	1991年11月	女		
家庭大事	1972年建平房； 1989年购买商品房1套； 2013年购买汽车1辆。					

	姓名	与户主关系	出生年月	性别	已故家属	
					称呼	姓名
现有家庭人员	朱凤鸣	户主	1954年7月	男	父亲	朱文达
	朱银华	儿子	1978年1月	男	妻子	曹妹珍
	刘蕊	儿媳	1983年9月	女		
	朱悦闻	孙女	2008年8月	女		
	陈梅玲	母亲	1931年1月	女		
家庭大事	1984年建楼房； 1991年购买商品房1套； 2014年购买汽车1辆。					

	姓名	与户主关系	出生年月	性别	已故家属	
					称呼	姓名
现有家庭人员	朱凤生	户主	1962年12月	男	父亲	朱文达
	嵇凤珍	妻子	1961年9月	女		
	朱琳	女儿	1986年3月	女		
家庭大事	1987年建楼房； 1988年购买商品房1套； 2006年购买汽车1辆。					

	姓名	与户主关系	出生年月	性别	已故家属	
					称呼	姓名
现有家庭人员	朱凤良	户主	1968年9月	男	父亲	朱文达
	陈银妹	妻子	1968年10月	女		
	朱丽萍	女儿	1992年1月	女		
家庭大事	1984年建楼房； 1993年购买商品房1套； 2015年购买汽车1辆。					

	姓名	与户主关系	出生年月	性别	已故家属	
					称呼	姓名
现有家庭人员	朱建明	户主	1963年2月	男	祖父	朱杏生
	王金珍	妻子	1964年9月	女	祖母	钱金宝
	朱 静	女儿	1986年11月	女	父亲	朱汉文
	朱欣冉	孙女	2016年4月	女	母亲	陈惠珍
家庭大事	2012年搬迁至锦隆佳园； 2016年购买汽车1辆。					

	姓名	与户主关系	出生年月	性别	已故家属	
					称呼	姓名
现有家庭人员	朱阿巧	户主	1946年8月	男	父亲	朱根泉
	高梅花	妻子	1948年10月	女	母亲	胡小妹
	朱建清	儿子	1969年12月	男		
	潘雪琴	儿媳	1968年6月	女		
	朱健	孙子	1993年1月	男		
	朱建萍	女儿	1971年1月	女		
	朱亚萍	女儿	1976年1月	女		
家庭大事	1972年朱阿巧担任丁泾大队团书记，1974年加入中国共产党，1977年担任丁泾大队会计，1983年担任丁泾村村主任； 1986年建楼房； 2008年购买汽车1辆； 2012年朱健考入盐城师范学院； 2015年购买商品房1套。					

	姓名	与户主关系	出生年月	性别	已故家属	
					称呼	姓名
现有家庭人员	沈正华	户主	1970年10月	男	岳父	郁瑞如
	郁静芳	妻子	1970年11月	女		
	郁胜杰	儿子	1992年11月	男		
	钱逸	儿媳	1993年9月	女		
	郁瑾沐	孙女	2019年7月	女		
	周月娟	岳母	1949年9月	女		
家庭大事	1986年建楼房； 2000年购买商品房1套； 2015年购买汽车1辆。					

五联村志·村民家庭记载

现有家庭人员	姓名	与户主关系	出生年月	性别	已故家属	
					称呼	姓名
	郁老虎	户主	1953年10月	男	父亲	郁达俊
	李月娥	妻子	1953年4月	女	母亲	余爱宝
	郁利斌	儿子	1984年12月	男		
	邓心琪	儿媳	1988年10月	女		
	郁文博	孙子	2012年2月	男		
	郁文芯	孙女	2019年3月	女		
	郁利娟	女儿	1979年12月	女		

家庭大事	1988年建楼房; 2010年购买汽车1辆; 2012年购买商品房1套。

现有家庭人员	姓名	与户主关系	出生年月	性别	已故家属	
					称呼	姓名
	郁金良	户主	1963年8月	男		

家庭大事	

现有家庭人员	姓名	与户主关系	出生年月	性别	已故家属	
					称呼	姓名
	冯金龙	户主	1952年5月	男	父亲	冯仁昌
	李惠琴	妻子	1953年11月	女	母亲	胡巧英
	冯小萍	女儿	1973年1月	女		
	崔阿生	女婿	1974年2月	男		
	崔成杰	孙子	1997年2月	男		

家庭大事	1986年建楼房; 2010年购买商品房1套。

	姓名	与户主关系	出生年月	性别	已故家属	
					称呼	姓名
现有家庭人员	朱振球	户主	1942年5月	男		
	陈阿七	妻子	1942年8月	女		
	朱叙珍	女儿	1962年4月	女		
	胡德富	女婿	1961年3月	男		
	朱琳珺	孙女	1985年9月	女		
	郝江飞	孙女婿	1985年6月	男		
	郝 恬	曾孙女	2013年12月	女		
	朱曼宁	曾孙女	2016年3月	女		
家庭大事	1974年翻新平房； 1990年翻建楼房； 2000年购买商品房1套； 2001年搬迁至锦隆佳园； 2008年泾河商品房。					

五联村第二十一组

	姓名	与户主关系	出生年月	性别	已故家属	
					称呼	姓名
现有家庭人员	郁瑞章	户主	1944年4月	男		
	陶兰珍	妻子	1939年1月	女		
	郁菊珍	女儿	1970年7月	女		
	陆全宝	女婿	1971年6月	男		
	郁航元	孙子	1996年8月	男		
家庭大事	1989年翻建楼房； 2007年购买汽车1辆。					

	姓名	与户主关系	出生年月	性别	已故家属	
					称呼	姓名
现有家庭人员	朱泉生	户主	1950年5月	男	父亲	朱仁泉
	陈凤英	妻子	1951年3月	女	母亲	朱小妹
	朱永华	儿子	1972年5月	男		
	董海颜	儿媳	1973年5月	女		
	朱敏成	孙子	1997年12月	男		
	朱思雨	孙女	2012年11月	女		
家庭大事	1987年建楼房； 2007年购买商品房1套； 2015年购买汽车1辆。					

	姓名	与户主关系	出生年月	性别	已故家属	
					称呼	姓名
现有家庭人员	陈雪良	户主	1964年1月	男	父亲	陈小弟
	俞凤娟	妻子	1963年4月	女		
	郁　悦	儿子	1986年10月	男		
	方　艳	儿媳	1986年5月	女		
	郁方钧	孙子	2015年6月	男		
	陈　瑜	女儿	1987年8月	女		
	朱　强	女婿	1987年7月	男		
	朱欣诚	孙子	2010年6月	男		
	陈绮梦	女儿	2009年1月	女		
	祁月妹	母亲	1934年4月	女		
家庭大事	1990年翻建楼房； 2004年购买商品房1套； 2016年购买汽车1辆。					

	姓名	与户主关系	出生年月	性别	已故家属	
					称呼	姓名
现有家庭人员	赵金凤	户主	1962年4月	女		
	陈雪明	丈夫	1957年2月	男		
	陈　晨	女儿	1985年7月	女		
	李　锋	女婿	1986年11月	男		
	李陈才	孙子	2012年8月	男		
	李陈玄翊	孙子	2017年6月	男		
	陈　花	女儿	1983年1月	女		
家庭大事	2019年拆迁，分配锦隆佳园商品房2套。					

现有家庭人员	姓名	与户主关系	出生年月	性别	已故家属	
					称呼	姓名
	张肖龙	户主	1953年1月	男	父亲	张培元
	陆梅珍	妻子	1953年8月	女	母亲	顾爱妹
	张志坚	儿子	1973年10月	男		
	徐 燕	儿媳	1975年12月	女		
	张晨睿	孙子	1998年3月	男		
家庭大事	1982年翻建平房； 1987年购买商品房1套； 2008年购买汽车1辆。					

现有家庭人员	姓名	与户主关系	出生年月	性别	已故家属	
					称呼	姓名
	张琪龙	户主	1963年10月	男	父亲	张培元
	陈金凤	妻子	1962年1月	女	母亲	顾爱妹
	张志琴	女儿	1986年7月	女		
	张欣玥	儿子	2004年3月	男		
家庭大事	1980年新建楼房； 2011年拆迁，分配锦隆佳园商品房3套。					

	姓名	与户主关系	出生年月	性别	已故家属	
					称呼	姓名
现有家庭人员	张雪龙	户主	1962年4月	男	母亲	郁秀英
	范琴玲	妻子	1962年9月	女		
	张 慧	女儿	1986年12月	女		
	李志明	女婿	1986年4月	男		
	李欣芮	孙女	2013年7月	女		
	张道林	父亲	1938年5月	男		
家庭大事	1982年建平房； 2007年购买汽车1辆； 2018年购买商品房1套。					

	姓名	与户主关系	出生年月	性别	已故家属	
					称呼	姓名
现有家庭人员	张云龙	户主	1965年2月	男	母亲	郁秀英
	钱凤珍	妻子	1964年7月	女		
	张 斌	儿子	1989年4月	男		
	王吉吉	儿媳	1988年12月	女		
	张景轶	孙子	2012年12月	男		
	王之谦	孙子	2016年2月	男		
家庭大事	1982年建平房； 2000年购买商品房1套； 2008年购买汽车1辆。					

	姓名	与户主关系	出生年月	性别	已故家属	
					称呼	姓名
现有家庭人员	郁仲良	户主	1938年11月	男	父亲	郁达球
	郁凤泉	儿子	1961年11月	男	母亲	唐梅珍
	马祥妹	儿媳	1963年4月	女	妻子	朱雪英
	郁晓寒	孙女	1985年1月	女		
	郁子琳	曾孙女	2008年10月	女		
	郁凤华	儿子	1971年12月	男		
家庭大事	1983年翻建楼房； 1988年郁凤泉加入中国共产党； 2003年郁晓寒考入三江学院； 2006年购买汽车1辆。					

	姓名	与户主关系	出生年月	性别	已故家属	
					称呼	姓名
现有家庭人员	郁仲明	户主	1945年1月	男	父亲	郁达球
	张桂英	妻子	1946年2月	女	母亲	唐梅珍
	郁雪芬	女儿	1972年12月	女		
	许卫忠	女婿	1969年10月	男		
	郁言廷	孙子	1993年12月	男		
家庭大事	1982年建平房； 2010年拆迁，分配锦隆佳园商品房2套； 2010年购买汽车1辆； 2011年郁言廷考入扬州大学。					

	姓名	与户主关系	出生年月	性别	已故家属	
					称呼	姓名
现有家庭人员	郁伯安	户主	1948年12月	男	父亲	郁达球
	郁雪中	儿子	1972年8月	男	母亲	唐梅珍
	侯根芳	儿媳	1975年2月	女	妻子	王金月
	郁镇武	孙子	1997年9月	男		
	郁雪烦	儿子	1975年4月	男		
家庭大事	1985年翻建楼房； 1999年购买商品房1套； 2018年购买汽车1辆。					

	姓名	与户主关系	出生年月	性别	已故家属	
					称呼	姓名
现有家庭人员	朱永清	户主	1966年11月	男		
	朱丽花	妻子	1965年7月	女		
	朱月红	女儿	1989年10月	女		
	吴 东	女婿	1990年5月	男		
	吴孟烁	孙子	2015年6月	男		
	朱先伟	孙子	2017年8月	男		
	朱康明	父亲	1941年1月	男		
	梅妹英	母亲	1946年12月	女		
家庭大事	1982年建平房； 2014年购买汽车1辆； 2018年购买商品房1套。					

现有家庭人员	姓名	与户主关系	出生年月	性别	已故家属	
					称呼	姓名
	朱永生	户主	1969年1月	男		
	莫金珍	妻子	1969年12月	女		
	朱健丞	儿子	1992年1月	男		
家庭大事	1982年建平房； 2017年购买汽车1辆； 2018年购买商品房1套。					

现有家庭人员	姓名	与户主关系	出生年月	性别	已故家属	
					称呼	姓名
	朱永春	户主	1968年1月	男	父亲	朱祖明
	马玉珍	妻子	1966年2月	女		
	朱美娟	女儿	1991年10月	女		
	朱引娣	母亲	1935年9月	女		
家庭大事	2001年搬迁至杜桥景园。					

现有家庭人员	姓名	与户主关系	出生年月	性别	已故家属	
					称呼	姓名
	朱耀明	户主	1950年3月	男	父亲	朱惠刚
	朱扣妹	妻子	1951年11月	女		
	朱建国	儿子	1972年5月	男		
	朱佳辉	孙子	2003年9月	男		
	朱建霞	女儿	1977年3月	女		
	朱桂英	母亲	1926年7月	女		
家庭大事	1975年建平房； 2012年购买商品房1套。					

152

	姓名	与户主关系	出生年月	性别	已故家属	
					称呼	姓名
现有家庭人员	陈福林	户主	1939年5月	男	祖父	陈金和
					祖母	陈老太
					父亲	陈锦章
家庭大事						

五联村第二十二组

	姓名	与户主关系	出生年月	性别	已故家属	
					称呼	姓名
现有家庭人员	徐佰元	户主	1950年1月	男	祖父	徐仲梅
	李婉英	妻子	1952年9月	女	祖母	徐老太
	徐菊芳	女儿	1972年1月	女	父亲	徐爱生
	邹文刚	女婿	1973年5月	男	母亲	徐招娣
	徐向东	孙子	1996年3月	男		
	徐永元	弟弟	1957年5月	男		
家庭大事	2008年搬迁至锦隆佳园。					

	姓名	与户主关系	出生年月	性别	已故家属	
					称呼	姓名
现有家庭人员	徐炳元	户主	1944年2月	男	父亲	徐阿宝
	朱阿珍	妻子	1952年9月	女	母亲	顾二妹
	徐学琴	女儿	1972年5月	女	哥哥	徐第官
	李坤华	女婿	1970年5月	男		
	徐晨皓	孙子	1994年9月	男		
	徐惠琴	女儿	1974年7月	女		
家庭大事	2013年搬迁至锦隆佳园,购买汽车1辆。					

现有家庭人员	姓名	与户主关系	出生年月	性别	已故家属	
					称呼	姓名
	徐 灵	户主	1967年12月	男	曾祖父	徐介清
	陆 萍	妻子	1966年10月	女	曾祖母	陆小妹
	徐 钧	女儿	1991年1月	女	祖父	徐金初
	徐白娥	母亲	1948年9月	女	祖母	金阿小
					父亲	徐光明

家庭大事	1985年建楼房； 2003年拆迁，在五联路北建别墅； 2017年购买汽车1辆。

现有家庭人员	姓名	与户主关系	出生年月	性别	已故家属	
					称呼	姓名
	盛小男	户主	1936年4月	男	祖父	盛启樟
	陆引娣	妻子	1936年12月	女	父亲	盛少梅
	盛雪芬	女儿	1957年8月	女		
	邵盛娴	孙女	1981年1月	女		
	盛 豪	孙子	1987年1月	男		
	盛淳杰	曾孙子	2014年7月	男		

家庭大事	2008年搬迁至锦隆佳园。

现有家庭人员	姓名	与户主关系	出生年月	性别	已故家属	
					称呼	姓名
	孙阿明	户主	1963年9月	男	父亲	孙福根
	盛菊芬	妻子	1963年2月	女	母亲	朱白妹
	孙 洁	女儿	1987年4月	女		
	石文勇	女婿	1986年7月	男		
	石昱晨	孙子	2012年8月	男		
	孙昱融	孙女	2014年10月	女		
家庭大事	1988年建楼房； 1994年购买商品房1套； 2000年建别墅1套； 2001年参与创办建筑公司； 2019年购买别墅1套。					

现有家庭人员	姓名	与户主关系	出生年月	性别	已故家属	
					称呼	姓名
	朱春明	户主	1970年11月	男	祖父	朱祖言
	袁宏妹	妻子	1971年8月	女	祖母	朱小郎
	朱家振	儿子	1995年3月	男	父亲	朱阿金
	徐小妹	母亲	1945年1月	女		
家庭大事	2008年搬迁至锦隆佳园。					

现有家庭人员	姓名	与户主关系	出生年月	性别	已故家属	
					称呼	姓名
	钱梅花	户主	1946年11月	女	丈夫	朱小弟
	朱惠平	儿子	1979年5月	男		
	丁饱青	儿媳	1983年4月	女		
	朱 玥	孙女	2003年8月	女		
家庭大事	2008年搬迁至锦隆佳园。					

	姓名	与户主关系	出生年月	性别	已故家属	
					称呼	姓名
现有家庭人员	郁雪龙	户主	1966年4月	男		
	王建英	妻子	1966年12月	女		
	郁佳伟	儿子	1990年1月	男		
	陈 欢	儿媳	1990年5月	女		
	郁晞晞	孙女	2014年5月	女		
家庭大事	1990年建楼房； 2013年拆迁，在五联路北建别墅1套，购买商品房1套，购买汽车1辆； 2018年购买商品房1套。					

	姓名	与户主关系	出生年月	性别	已故家属	
					称呼	姓名
现有家庭人员	郁建华	户主	1950年12月	男	妻子	钱慧英
	郁志刚	儿子	1976年6月	男		
	杨增凤	儿媳	1973年6月	女		
	郁 蕾	孙女	2002年2月	女		
	郁 聪	孙子	2011年5月	男		
家庭大事	1970年郁建华参军入伍，1975年退伍； 1978年郁建华加入中国共产党； 1990年翻建楼房； 2013年购买汽车1辆； 2015年购买商品房1套。					

五联村志·村民家庭记载

	姓名	与户主关系	出生年月	性别	已故家属	
					称呼	姓名
现有家庭人员	朱福民	户主	1956年8月	男	祖父	朱培生
	朱金凤	妻子	1957年6月	女	祖母	凌小妹
	朱鸣宏	儿子	1981年6月	男	父亲	朱克勤
	刘　云	儿媳	1982年7月	女		
	朱文斌	孙子	2004年10月	男		
	朱文韬	孙子	2015年2月	男		
	金秀英	母亲	1934年5月	女		
家庭大事	2007年购买汽车1辆； 2008年拆迁，分配锦隆佳园商品房2套。					

	姓名	与户主关系	出生年月	性别	已故家属	
					称呼	姓名
现有家庭人员	朱福荣	户主	1962年6月	男		
	龚小芬	妻子	1966年1月	女		
	朱　伟	儿子	1987年5月	男		
	朱　燕	儿媳	1987年5月	女		
	朱雪萌	孙女	2014年7月	女		
家庭大事	1991年购买商品房1套； 2006年朱伟考入苏州大学； 2017年购买商品房1套。					

	姓名	与户主关系	出生年月	性别	已故家属	
					称呼	姓名
现有家庭人员	李友明	户主	1958年7月	男	父亲	李文慰
	王阿妹	妻子	1965年5月	女		
	李 丰	儿子	1986年12月	男		
	吴楚楚	儿媳	1988年10月	女		
	李 好	孙女	2015年2月	女		
	凌宝妹	母亲	1929年11月	女		
家庭大事	2008年拆迁，分配锦隆佳园商品房2套；2010年购买汽车1辆。					

	姓名	与户主关系	出生年月	性别	已故家属	
					称呼	姓名
现有家庭人员	李如民	户主	1950年7月	男	父亲	李文桃
	朱建英	妻子	1956年9月	女	母亲	吴杏娣
	李 育	女儿	1976年5月	女		
	李 彬	儿子	1978年7月	男		
	李 欣	孙女	2002年9月	女		
	李 弦	孙女	2002年9月	女		
家庭大事	2008年搬迁至锦隆佳园。					

现有家庭人员	姓名	与户主关系	出生年月	性别	已故家属	
					称呼	姓名
	李友兴	户主	1954年11月	男	父亲	李文慰
	凌叙珍	妻子	1959年1月	女		
	李玲玲	女儿	1981年6月	女		
	陈忠根	女婿	1979年2月	男		
	李 妍	孙女	2012年6月	女		
家庭大事	2008年搬迁至锦隆佳园。					

现有家庭人员	姓名	与户主关系	出生年月	性别	已故家属	
					称呼	姓名
	董秀珍	户主	1951年7月	女	公公	朱祖刘
	朱惠明	儿子	1972年10月	男	婆婆	朱爱娣
	朱雅雯	孙女	1995年10月	女	丈夫	朱风兴
家庭大事	2008年搬迁至锦隆佳园。					

现有家庭人员	姓名	与户主关系	出生年月	性别	已故家属	
					称呼	姓名
	朱惠华	户主	1974年12月	男	祖父	朱祖刘
	覃金盘	妻子	1966年4月	女	祖母	朱爱娣
	朱雅红	女儿	2001年5月	女	父亲	朱风兴
家庭大事	1985年翻建楼房； 2013年搬迁至锦隆佳园。					

五联村第二十三组

<table>
<tr><td rowspan="7">现有家庭人员</td><td colspan="2">姓名</td><td>与户主关系</td><td>出生年月</td><td>性别</td><td colspan="2">已故家属</td></tr>
<tr><td colspan="2"></td><td></td><td></td><td></td><td>称呼</td><td>姓名</td></tr>
<tr><td colspan="2">李健民</td><td>户主</td><td>1941年12月</td><td>男</td><td>岳父</td><td>朱叙福</td></tr>
<tr><td colspan="2">朱爱妹</td><td>妻子</td><td>1945年4月</td><td>女</td><td>岳母</td><td>陆素英</td></tr>
<tr><td colspan="2">朱建清</td><td>儿子</td><td>1966年1月</td><td>男</td><td></td><td></td></tr>
<tr><td colspan="2">张雪花</td><td>儿媳</td><td>1965年5月</td><td>女</td><td></td><td></td></tr>
<tr><td colspan="2">朱晨蓉</td><td>孙女</td><td>1989年6月</td><td>女</td><td></td><td></td></tr>
<tr><td>顾曦</td><td></td><td>孙女婿</td><td>1988年6月</td><td>男</td><td></td><td></td></tr>
<tr><td>家庭大事</td><td colspan="7">1979年翻建平房3间；
1987年购买商品房1套；
1999年购买汽车1辆；
2007年朱晨蓉考入南京农业大学。</td></tr>
</table>

<table>
<tr><td rowspan="7">现有家庭人员</td><td>姓名</td><td>与户主关系</td><td>出生年月</td><td>性别</td><td colspan="2">已故家属</td></tr>
<tr><td></td><td></td><td></td><td></td><td>称呼</td><td>姓名</td></tr>
<tr><td>朱福林</td><td>户主</td><td>1934年12月</td><td>男</td><td>祖父</td><td>朱松鹤</td></tr>
<tr><td>朱凤珍</td><td>女儿</td><td>1954年3月</td><td>女</td><td>父亲</td><td>朱旭良</td></tr>
<tr><td>陆永明</td><td>女婿</td><td>1954年11月</td><td>男</td><td>妻子</td><td>凌美兰</td></tr>
<tr><td>朱青</td><td>孙子</td><td>1978年9月</td><td>男</td><td></td><td></td></tr>
<tr><td>王丽芬</td><td>孙媳</td><td>1978年3月</td><td>女</td><td></td><td></td></tr>
<tr><td>朱峻毅</td><td>曾孙子</td><td>2003年4月</td><td>男</td><td></td><td></td></tr>
<tr><td>家庭大事</td><td colspan="6">2003年拆迁，在五联路北翻建别墅1套。</td></tr>
</table>

村民家庭记载

	姓名	与户主关系	出生年月	性别	已故家属	
					称呼	姓名
现有家庭人员	朱文忠	户主	1968年10月	男	祖父	朱旭明
	俞康娟	妻子	1972年1月	女	父亲	朱金林
	朱旦萍	女儿	1993年1月	女		
	钱月珍	母亲	1948年3月	女		
家庭大事	1986年朱文忠参军入伍，1993年退伍； 2003年在五联路北建别墅1套。					

	姓名	与户主关系	出生年月	性别	已故家属	
					称呼	姓名
现有家庭人员	朱启云	户主	1946年6月	男	父亲	朱福根
	张水英	妻子	1950年4月	女	母亲	陆妹芝
	朱雪明	儿子	1972年2月	男		
	刘明桃	儿媳	1972年12月	女		
	朱清清	孙女	1995年11月	女		
	朱小英	女儿	1976年6月	女		
	沈育冬	女婿	1975年5月	男		
	沈光峰	孙子	1999年4月	男		
家庭大事	2008年搬迁至锦隆佳园； 2019年购买汽车1辆。					

	姓名	与户主关系	出生年月	性别	已故家属	
					称呼	姓名
现有家庭人员	朱雪龙	户主	1964年4月	男	祖父	朱福根
	项建英	妻子	1964年11月	女	父亲	朱启进
	朱文明	儿子	1989年6月	男		
	陈胜男	儿媳	1989年3月	女		
	朱雅婷	孙女	2011年11月	女		
	朱爱林	母亲	1937年4月	女		
家庭大事	2003年拆迁，在五联路北翻建别墅1套。					

	姓名	与户主关系	出生年月	性别	已故家属	
					称呼	姓名
现有家庭人员	朱忠明	户主	1948年9月	男	父亲	朱仁福
	张引珍	妻子	1949年11月	女		
	朱小平	儿子	1971年2月	男		
	朱月娟	儿媳	1970年12月	女		
	朱晨艳	孙女	1994年1月	女		
	顾昱骏	孙女婿	1992年8月	男		
家庭大事	2003年拆迁，在五联路北翻建别墅1套。					

	姓名	与户主关系	出生年月	性别	已故家属	
					称呼	姓名
现有家庭人员	朱金龙	户主	1952年1月	男	父亲	朱仁福
	吴妹子	妻子	1949年6月	女		
	朱建国	儿子	1973年8月	男		
	张密英	儿媳	1973年1月	女		
	朱介明	孙子	1996年10月	男		
	朱建峰	儿子	1976年11月	男		
	孙 维	儿媳	1978年5月	女		
	孙良千	孙子	2000年1月	男		
家庭大事	2005年搬迁至锦隆佳园。					

	姓名	与户主关系	出生年月	性别	已故家属	
					称呼	姓名
现有家庭人员	朱云龙	户主	1964年2月	男	父亲	朱仁福
	王雪花	妻子	1966年2月	女		
	朱 虹	女儿	1987年8月	女		
	盛月华	女婿	1987年6月	男		
	盛馨颖	孙女	2005年9月	女		
家庭大事	2005年搬迁至锦隆佳园。					

五联村第二十四组

	姓名	与户主关系	出生年月	性别	已故家属	
					称呼	姓名
现有家庭人员	陈永明	户主	1965年11月	男	父亲	陈智康
	陈雪英	妻子	1966年6月	女		
	陈　欢	女儿	1988年1月	女		
	张小妹	母亲	1932年12月	女		
家庭大事	1978年翻建平房； 1989年购买商品房1套； 2001年购买汽车1辆。					

	姓名	与户主关系	出生年月	性别	已故家属	
					称呼	姓名
现有家庭人员	陈弟明	户主	1954年8月	男	父亲	陈智康
	何菊英	妻子	1955年10月	女		
	陈国强	儿子	1978年1月	男		
	郑　情	儿媳	1978年12月	女		
	陈宇焘	孙子	2004年4月	男		
家庭大事	2002年郑情户口从锦溪红霞村迁入海峰园小区； 2003年购买商品房1套； 2009年搬迁至锦隆佳园。					

现有家庭人员	姓名	与户主关系	出生年月	性别	已故家属	
					称呼	姓名
	顾风明	户主	1947年11月	男	祖父	顾文庆
	龚金花	妻子	1949年10月	女	父亲	顾惠生
	顾志强	儿子	1977年8月	男	母亲	顾泉妹
	付丙香	儿媳	1978年5月	女		
	顾奕妍	孙女	2001年10月	女		
家庭大事	2008年搬迁至广福村。						

现有家庭人员	姓名	与户主关系	出生年月	性别	已故家属	
					称呼	姓名
	顾福明	户主	1950年6月	男	祖父	顾文庆
	薛梅英	妻子	1953年12月	女	祖母	郁小度
	顾建珍	女儿	1978年3月	女	母亲	顾泉妹
	范卫刚	女婿	1975年11月	男	父亲	顾卫生
	范顾易博	孙子	1999年4月	男		
家庭大事	1992年建楼房。						

现有家庭人员	姓名	与户主关系	出生年月	性别	已故家属	
					称呼	姓名
	陈永元	户主	1953年2月	男	母亲	高桂金
	马金凤	妻子	1953年11月	女		
	陈宾华	女儿	1977年12月	女		
	顾考峰	女婿	1974年10月	男		
	陈佳涛	孙子	1999年11月	男		
	陈康明	父亲	1932年12月	男		
家庭大事							

	姓名	与户主关系	出生年月	性别	已故家属	
					称呼	姓名
现有家庭人员	陈永林	户主	1964年8月	男	母亲	高桂金
	薛丰红	妻子	1965年10月	女		
	陈雪	女儿	2000年2月	女		
家庭大事	2008年购买别墅1套。					

	姓名	与户主关系	出生年月	性别	已故家属	
					称呼	姓名
现有家庭人员	陈永卫	户主	1968年11月	男	母亲	高桂金
	吴惠英	妻子	1968年1月	女		
	陈立	儿子	1991年5月	男		
	邹伟婕	儿媳	1991年2月	女		
家庭大事						

	姓名	与户主关系	出生年月	性别	已故家属	
					称呼	姓名
现有家庭人员	唐友明	户主	1952年12月	男	父亲	唐友智
	陈金芬	妻子	1950年6月	女	母亲	袁妹妹
	唐雪峰	儿子	1974年11月	男		
	徐金玉	儿媳	1976年5月	女		
	唐小郦	孙女	2001年4月	女		
家庭大事	1997年购买商品房1套； 1998年唐雪峰考入日本神奈川大学； 2008年购买汽车1辆； 2008年搬迁至锦隆佳园。					

	姓名	与户主关系	出生年月	性别	已故家属	
					称呼	姓名
现有家庭人员	钱雪英	户主	1954年8月	女	前夫	唐有兴
	朱兴男	丈夫	1947年11月	男	儿子	唐建国
	姜祝清	儿媳	1981年11月	女		
	唐 烨	孙女	2006年2月	女		
	唐 果	孙女	2015年8月	女		
家庭大事	1988年建楼房； 2008年购买汽车1辆、商品房1套； 2010年搬迁至锦隆佳园。					

	姓名	与户主关系	出生年月	性别	已故家属	
					称呼	姓名
现有家庭人员	唐小弟	户主	1961年8月	男	父亲	唐友智
	俞雪娟	妻子	1965年12月	女	母亲	袁妹妹
	张 珉	儿子	1985年5月	男		
家庭大事	2003年购买商品房1套。					

	姓名	与户主关系	出生年月	性别	已故家属	
					称呼	姓名
现有家庭人员	唐永华	户主	1946年1月	男		
	李梅珍	妻子	1945年12月	女		
	唐月青	儿子	1970年5月	男		
	李 倩	儿媳	1969年11月	女		
	唐丽君	孙女	1993年4月	女		
	王镇帮	孙女婿	1987年6月	男		
家庭大事	1983年建楼房； 2006年购买商品房1套； 2012年购买汽车1辆。					

	姓名	与户主关系	出生年月	性别	已故家属	
					称呼	姓名
现有家庭人员	沈维军	户主	1970年1月	男		
	李红星	妻子	1971年10月	女		
	沈天彦	儿子	1994年4月	男		
	杜潢然	父亲	1943年10月	男		
	沈贞英	母亲	1945年9月	女		
家庭大事	1984年翻建新房； 2008年拆迁，分配锦隆佳园商品房2套。					

	姓名	与户主关系	出生年月	性别	已故家属	
					称呼	姓名
现有家庭人员	沈维民	户主	1971年10月	男		
	印雪花	妻子	1974年4月	女		
	沈天豪	儿子	1996年6月	男		
家庭大事	1984年建楼房； 2000年购买货车1辆； 2008年拆迁，分配锦隆佳园商品房2套。					

	姓名	与户主关系	出生年月	性别	已故家属	
					称呼	姓名
现有家庭人员	陈培康	户主	1967年2月	男		
	徐建芬	妻子	1966年10月	女		
	陈 亮	儿子	1989年10月	男		
	许丽金	儿媳	1989年4月	女		
	陈宇轩	孙子	2012年9月	男		
	张介塘	父亲	1944年8月	男		
	陈小妹	母亲	1948年1月	女		
家庭大事	2008年拆迁，分配锦隆佳园商品房2套； 2009年购买汽车1辆。					

五联村第二十五组

	姓名	与户主关系	出生年月	性别	已故家属	
					称呼	姓名
现有家庭人员	陈培中	户主	1963年10月	男	祖父	陈惠庆
	项水英	妻子	1963年5月	女		
	陈超	儿子	1986年7月	男		
	倪秀秀	儿媳	1988年5月	女		
	陈天乐	孙子	2010年5月	男		
	陈欣媛	孙女	2017年6月	女		
	陈伯良	父亲	1937年10月	男		
	陈月琴	母亲	1937年3月	女		
家庭大事	1987年建楼房； 2007年拆迁，分配锦隆佳园商品房3套。					

	姓名	与户主关系	出生年月	性别	已故家属	
					称呼	姓名
现有家庭人员	陈建中	户主	1965年11月	男	祖父	陈惠庆
	夏雪珍	妻子	1965年11月	女		
	陈越	儿子	1988年6月	男		
	杨秋亚	儿媳	1990年5月	女		
	陈颂涵	孙女	2012年2月	女		
	陈颂淇	孙子	2019年5月	男		
家庭大事	2000年购买汽车1辆； 2007年拆迁，分配锦隆佳园商品房3套； 2008年购买商品房1套； 2010年购买汽车1辆； 2012年购买商品房1套。					

	姓名	与户主关系	出生年月	性别	已故家属	
					称呼	姓名
现有家庭人员	陆小弟	户主	1944年11月	男	父亲	陆文元
	陆惠林	儿子	1969年4月	男	妻子	陈凤珍
	陈丽	儿媳	1979年6月	女		
	陆圣伊	孙女	2008年12月	女		
家庭大事	1982年翻建平房3间； 2009年购买汽车1辆； 2017年购买汽车1辆。					

	姓名	与户主关系	出生年月	性别	已故家属	
					称呼	姓名
现有家庭人员	陆大男	户主	1951年8月	男	父亲	陆文元
	沈正华	妻子	1950年2月	女		
	陆惠琴	女儿	1976年10月	女		
	王家清	女婿	1971年4月	男		
	陆安邦	孙女	1998年2月	女		
	陆惠芬	女儿	1975年10月	女		
	吴思煜	孙子	1997年2月	男		
家庭大事	1977年建平房4间； 2009年搬迁至锦隆佳园。					

	姓名	与户主关系	出生年月	性别	已故家属	
					称呼	姓名
现有家庭人员	张抗元	户主	1960年12月	男	祖父	顾玉山
	顾叙珍	妻子	1963年7月	女	岳父	顾瑞明
	顾娟华	女儿	2000年11月	女		
	顾爱娣	母亲	1943年4月	女		
家庭大事	2007年搬迁至锦隆佳园； 2012年购买汽车1辆。					

	姓名	与户主关系	出生年月	性别	已故家属	
					称呼	姓名
现有家庭人员	顾水生	户主	1958年4月	男	父亲	顾祖福
	顾秋华	儿子	1984年7月	男		
	王　绘	儿媳	1984年5月	女		
	顾晨轩	孙子	2013年6月	男		
	顾桂珍	母亲	1939年8月	女		
家庭大事	2013年购买商品房1套。					

	姓名	与户主关系	出生年月	性别	已故家属	
					称呼	姓名
现有家庭人员	陈宝华	户主	1973年10月	男	父亲	陈凤兴
	赵　红	妻子	1976年2月	女	母亲	唐妹新
	陈　浩	儿子	1997年4月	男		
家庭大事	2008年搬迁至锦隆佳园； 2010年购买汽车1辆； 2014年购买商品房1套。					

姓名	与户主关系	出生年月	性别	已故家属	
				称呼	姓名
陈学明	户主	1949年5月	男	岳父	陈云龙
陈秀英	妻子	1951年7月	女	岳母	龚香宝
陈群芳	女儿	1972年10月	女		
陈群伟	儿子	1974年1月	男		
王 芳	儿媳	1973年5月	女		
陈泽宇	孙子	2001年4月	男		
陈玉琴	姐姐	1946年10月	女		
陈菊英	妻妹	1956年9月	女		

现有家庭人员

家庭大事：
1960年陈云龙在丁泾大队任会计；
1965年陈玉琴考入天津轻工业学院；
1994年陈群芳考入天津轻工业学院；
1995年陈群伟考入天津科技大学。

姓名	与户主关系	出生年月	性别	已故家属	
				称呼	姓名
陈学才	户主	1937年12月	男		
杜婉英	妻子	1939年9月	女		
陈敏凤	女儿	1957年5月	女		
朱建明	女婿	1963年9月	男		
陈燕琴	孙女	1987年3月	女		
马骏明	孙女婿	1986年1月	男		
陈乐欣	曾孙女	2012年5月	女		
马佳欣	曾孙女	2018年4月	女		
陈雅琴	孙女	1981年2月	女		
丘晓宇	孙女婿	1978年3月	男		
丘陈欣	曾孙女	2003年12月	女		

现有家庭人员

家庭大事：
1987年建楼房；
2006年陈燕琴考入徐州师范大学；
2008年拆迁；
2011年购买汽车1辆。

现有家庭人员	姓名	与户主关系	出生年月	性别	已故家属	
					称呼	姓名
	陈凤元	户主	1951年11月	男		
	顾菊芬	妻子	1953年8月	女		
	陈宝明	儿子	1979年11月	男		
	朱　敏	儿媳	1976年10月	女		
	陈朱熠	孙女	2007年10月	女		
	陈惠龙	父亲	1932年5月	男		
家庭大事	1980年建楼房； 2008年拆迁，分配锦隆佳园商品房3套。					

现有家庭人员	姓名	与户主关系	出生年月	性别	已故家属	
					称呼	姓名
	柯建华	户主	1976年12月	男	父亲	柯邦正
	柯沈鑫	儿子	2001年5月	男	母亲	陆小妹
	柯建安	弟弟	1980年3月	男		
	柯易辰	侄子	2012年11月	男		
家庭大事	2019年柯沈鑫考入南京财经大学。					

五联村第二十六组

	姓名	与户主关系	出生年月	性别	已故家属	
					称呼	姓名
现有家庭人员	唐文政	户主	1935年1月	男	祖父	唐炳生
	马大妹	妻子	1937年4月	女	父亲	唐福泉
	刘 远	女婿	1955年6月	男	女儿	唐建英
	唐刘春	孙子	1983年7月	男		
	花美娟	孙媳	1987年1月	女		
	唐庭钰	曾孙子	2019年3月	男		
	唐建红	女儿	1973年1月	女		
	富建荣	女婿	1971年5月	男		
	唐富强	孙子	1996年1月	男		
家庭大事						

	姓名	与户主关系	出生年月	性别	已故家属	
					称呼	姓名
现有家庭人员	唐建林	户主	1962年8月	男	曾祖父	唐炳生
	胡月妹	妻子	1963年10月	女	祖父	唐福泉
	唐明昊	儿子	1987年9月	男		
	孙敏娜	儿媳	1986年9月	女		
	唐堉迪	孙子	2014年10月	男		
	唐进元	父亲	1939年2月	男		
家庭大事						

现有家庭人员	姓名	与户主关系	出生年月	性别	已故家属	
					称呼	姓名
	唐建明	户主	1967年10月	男		
	陈建珍	妻子	1971年1月	女		
	唐振强	儿子	1993年7月	男		
	欣夏蕊	儿媳	1993年6月	女		
	唐欣佑	孙子	2019年6月	男		
家庭大事	2008年搬迁至锦隆佳园； 2014年唐振强参军入伍，2016年退伍； 2017年购买汽车1辆。					

现有家庭人员	姓名	与户主关系	出生年月	性别	已故家属	
					称呼	姓名
	张仁兴	户主	1947年3月	男	曾祖父	张永其
	钱玉英	妻子	1950年1月	女	父亲	张锦清
	张宏	儿子	1973年5月	男	母亲	吴金妹
	陶建芬	儿媳	1975年4月	女		
	张馨文	孙女	2001年4月	女		
家庭大事	1969年张仁兴参军入伍并加入中国共产党； 1985年张仁兴转业回城北乡，在党委任职； 1993年张仁兴任城北镇镇长。					

	姓名	与户主关系	出生年月	性别	已故家属	
					称呼	姓名
现有家庭人员	张仁明	户主	1952年8月	男	曾祖父	张永其
	郁金珍	妻子	1954年1月	女	父亲	张锦清
	张　坚	儿子	1976年4月	男	母亲	吴金妹
	马　莉	儿媳	1974年3月	女		
	张天宇	孙子	2004年10月	男		
家庭大事	1986年购买商品房1套； 1995年张坚考入江苏财经大学； 2004年购买汽车1辆。					

	姓名	与户主关系	出生年月	性别	已故家属	
					称呼	姓名
现有家庭人员	张金林	户主	1956年9月	男	祖父	张德贤
	曹小妹	妻子	1955年6月	女	父亲	张喜生
	张文清	儿子	1979年4月	男		
	卢　敏	儿媳	1979年8月	女		
	张　程	孙子	2005年9月	男		
家庭大事	1992年购买商品房1套； 2000年购买汽车1辆； 2003年建房。					

现有家庭人员	姓名	与户主关系	出生年月	性别	已故家属	
					称呼	姓名
	张乾林	户主	1952年12月	男	祖父	张德贤
	徐凤玉	妻子	1953年11月	女	父亲	张喜生
	张小青	儿子	1975年7月	男		
	徐永梅	儿媳	1978年1月	女		
	张馨怡	孙女	1999年7月	女		
	张永燕	女儿	1977年3月	女		
家庭大事	2003年拆迁，建别墅； 2017年张馨怡考入南京旅游职业学院； 2019年购买汽车1辆。					

现有家庭人员	姓名	与户主关系	出生年月	性别	已故家属	
					称呼	姓名
	张兴元	户主	1953年4月	男	父亲	张兆基
	龚明仙	妻子	1951年1月	女	母亲	严引娣
	张海平	儿子	1975年2月	男		
	金建峰	儿媳	1979年8月	女		
	张嘉仪	孙女	2001年2月	女		
	张水平	儿子	1976年12月	男		
家庭大事	2003年搬迁至杜桥小区。					

	姓名	与户主关系	出生年月	性别	已故家属	
					称呼	姓名
现有家庭人员	张阿水	户主	1937年7月	男		
	顾惠琴	妻子	1944年12月	女		
	张建中	儿子	1968年6月	男		
	周琍	儿媳	1970年11月	女		
	张晓瑜	孙女	1992年12月	女		
家庭大事						

	姓名	与户主关系	出生年月	性别	已故家属	
					称呼	姓名
现有家庭人员	张有龙	户主	1954年11月	男		
	李静华	妻子	1953年4月	女		
	张燕红	女儿	1977年11月	女		
	邹明刚	女婿	1976年8月	男		
	邹洁文	孙女	2001年8月	女		
	邹英杰	孙子	2005年6月	男		
	张燕芳	女儿	1979年9月	女		
	黄锋	女婿	1976年8月	男		
	张黄婕	孙女	2002年4月	女		
家庭大事	1993年购买商品房1套； 2000年购买汽车1辆； 2003年建楼房； 2016年购买汽车1辆。					

现有家庭人员	姓名	与户主关系	出生年月	性别	已故家属	
					称呼	姓名
	郁金男	户主	1956年10月	男	祖父	郁达介
	龚爱玲	妻子	1959年11月	女	祖母	俞招妹
	郁燕萍	女儿	1982年1月	女	父亲	郁瑞文
	董小华	女婿	1982年4月	男		
	郁亦涵	孙子	2004年12月	男		
家庭大事	2003年建楼房； 2003年郁燕萍考入南京审计学院； 2003年董小华考入南京审计学院； 2013年购买汽车1辆。					

现有家庭人员	姓名	与户主关系	出生年月	性别	已故家属	
					称呼	姓名
	李建平	户主	1954年11月	男	岳父	范汉文
	范凤英	妻子	1955年3月	女		
	范志刚	儿子	1976年10月	男		
	张明艳	儿媳	1980年12月	女		
	范逸辰	孙子	2004年6月	男		
家庭大事						

五联村第二十七组

	姓名	与户主关系	出生年月	性别	已故家属	
					称呼	姓名
现有家庭人员	李建华	户主	1970年12月	男	祖父	李甘清
	陆文琴	妻子	1973年12月	女	父亲	李祖岐
	李旭杰	儿子	1995年3月	男		
	王彩娥	母亲	1945年10月	女		
家庭大事	1989年建楼房； 1999年购买商品房1套； 2003年搬迁至杜桥景园； 2008年购买商品房1套； 2017年购买汽车1辆； 2019年购买商品房1套。					

	姓名	与户主关系	出生年月	性别	已故家属	
					称呼	姓名
现有家庭人员	李进杰	户主	1947年5月	男	父亲	李甘清
	李东	儿子	1978年9月	男	母亲	朱白妹
	李婷	儿媳	1977年4月	女		
	李耀威	孙子	2001年9月	男		
家庭大事	1996年购买平房3间； 2003年搬迁至杜桥别墅； 2016年搬迁至锦隆佳园。					

	姓名	与户主关系	出生年月	性别	已故家属	
					称呼	姓名
现有家庭人员	赵金龙	户主	1953年2月	男	祖母	张小妹
	李腊妹	妻子	1954年12月	女	父亲	赵立帮
	赵 斌	儿子	1978年12月	男	母亲	陆根兄
	张 丽	儿媳	1979年3月	女		
	赵可欢	孙女	2005年3月	女		
	张以乐	孙子	2010年10月	男		
家庭大事	1982年建平房3间； 1995年赵斌考入苏州教育学院； 2001年购买商品房1套； 2003年搬迁至杜桥，并建楼房； 2009年购买汽车1辆。					

	姓名	与户主关系	出生年月	性别	已故家属	
					称呼	姓名
现有家庭人员	赵银龙	户主	1955年2月	男	祖母	张小妹
	姜金芳	妻子	1959年1月	女	父亲	赵立帮
	赵丽娜	女儿	1982年10月	女	母亲	陆根兄
	尹 星	女婿	1980年9月	男		
	赵昱杰	孙子	2005年7月	男		
	尹昱凡	孙女	2012年3月	女		
家庭大事	1998年翻建楼房； 2007年购买商品房1套； 2017年购买商品房1套。					

	姓名	与户主关系	出生年月	性别	已故家属	
					称呼	姓名
现有家庭人员	李啟龙	户主	1940年1月	男	祖父	李品家
	李阿明	儿子	1963年7月	男	父亲	李林生
	胡凤娟	儿媳	1962年11月	女	妻子	陶英玉
	李 婷	孙女	1986年7月	女		
	宋 松	孙女婿	1986年5月	男		
	宋昕然	曾孙女	2013年2月	女		
	李隽然	曾孙子	2016年2月	男		
家庭大事	1988年建楼房； 2005年购买门面房1套； 2011年搬迁至锦隆佳园。					

	姓名	与户主关系	出生年月	性别	已故家属	
					称呼	姓名
现有家庭人员	李 刚	户主	1969年4月	男	祖父	李林生
	陈月芳	妻子	1973年6月	女	父亲	李啟峰
	李嘉淇	儿子	2002年12月	男		
	吴惠琴	母亲	1942年6月	女		
	李玉兰	妹妹	1970年8月	女		
家庭大事	1988年建楼房； 1989年购买商品房1套； 2019年购买商品房1套。					

	姓名	与户主关系	出生年月	性别	已故家属	
					称呼	姓名
现有家庭人员	李启蛟	户主	1945年8月	男	祖父	李品家
	姚友珍	妻子	1946年8月	女	父亲	李林生
	李 坚	儿子	1975年8月	男		
	李玉英	女儿	1971年3月	女		
家庭大事	1988年建楼房。					

	姓名	与户主关系	出生年月	性别	已故家属	
					称呼	姓名
现有家庭人员	李 军	户主	1977年3月	男	祖父	李 衡
	夏永芬	妻子	1977年3月	女		
	李逸非	儿子	2002年7月	男		
	李祖康	父亲	1954年10月	男		
	朱扣娣	母亲	1954年6月	女		
家庭大事	1974年翻建平房； 1981年新建楼房； 1989年购买商品房1套； 2005年购买汽车1辆。					

	姓名	与户主关系	出生年月	性别	已故家属	
					称呼	姓名
现有家庭人员	李永康	户主	1952年4月	男	祖父	李云山
	朱玉珍	妻子	1952年3月	女	父亲	李 衡
	李 春	儿子	1977年9月	男		
	陈 娟	儿媳	1981年11月	女		
	李艺凡	孙女	2001年6月	女		
	陈一果	孙子	2013年6月	男		
家庭大事	1988年翻建楼房； 1993购买商品房1套； 2008年购买汽车1辆。					

	姓名	与户主关系	出生年月	性别	已故家属	
					称呼	姓名
现有家庭人员	李 明	户主	1957年8月	男	祖父	李品山
	李 平	儿子	1982年1月	男	父亲	李 良
	徐 艳	儿媳	1982年1月	女	妻子	朱水琴
	李晨赫	孙子	2008年8月	男		
	李香珍	母亲	1931年10月	女		
家庭大事	2002年拆迁，获得拆迁补偿款； 2002年购买别墅1套； 2005年购买汽车1辆。					

	姓名	与户主关系	出生年月	性别	已故家属	
					称呼	姓名
现有家庭人员	杨金元	户主	1946年6月	男	父亲	杨小弟
	李秀华	妻子	1949年5月	女		
	杨蓉霞	女儿	1971年11月	女		
	赵国庆	女婿	1969年2月	男		
	杨恂骅	孙子	1992年7月	男		
	唐三妹	母亲	1929年1月	女		
家庭大事	1997年购买商品房1套； 1999年购买商品房1套； 2002年购买商品房1套； 2004年购买门面房1套； 2012年购买汽车1辆； 2015年购买商品房1套。					

	姓名	与户主关系	出生年月	性别	已故家属	
					称呼	姓名
现有家庭人员	袁德明	户主	1944年8月	男	岳父	朱杏生
	朱婉珍	妻子	1950年3月	女	岳母	朱大妹
	袁军	儿子	1977年9月	男		
	袁雪萍	女儿	1969年12月	女		
	袁雪娟	女儿	1972年10月	女		
家庭大事	2004年建楼房； 2005年购买汽车1辆。					

	姓名	与户主关系	出生年月	性别	已故家属	
					称呼	姓名
现有家庭人员	徐根荣	户主	1945年5月	男	祖父	徐凤炮
	许小凤	妻子	1951年9月	女	父亲	徐天宝
	张月萍	女儿	1979年10月	女		
	冉龙军	女婿	1976年1月	男		
	冉雯欣	孙女	2001年5月	女		
	冉雯强	孙子	2008年2月	男		
	张月芹	女儿	1974年3月	女		
	张月香	女儿	1976年11月	女		
家庭大事	1992年购买商品房1套； 2004年拆迁，建别墅1套。					

	姓名	与户主关系	出生年月	性别	已故家属	
					称呼	姓名
现有家庭人员	陆巧弟	户主	1966年12月	男	父亲	陆阿三
	张玉芳	妻子	1965年12月	女		
	陆振威	儿子	1988年8月	男		
	朱小妹	母亲	1935年5月	女		
家庭大事	1989年购买商品房1套。					

	姓名	与户主关系	出生年月	性别	已故家属	
					称呼	姓名
现有家庭人员	陈水泉	户主	1955年12月	男		
	赵金凤	妻子	1955年8月	女		
	陈道峰	儿子	1984年12月	男		
	孙丽芳	儿媳	1983年5月	女		
	陈紫涵	孙女	2008年1月	女		
	陈依彤	孙女	2013年11月	女		
家庭大事	2007年购买商品房1套； 2014年拆迁，分配商品房3套； 2019年购买汽车1辆。					

	姓名	与户主关系	出生年月	性别	已故家属	
					称呼	姓名
现有家庭人员	李健康	户主	1968年12月	男	父亲	李衡
	陈玲英	妻子	1971年11月	女		
	李雯静	女儿	1992年8月	女		
	倪素珍	母亲	1924年12月	女		
家庭大事	1990年购买商品房1套； 1999年购买商品房1套； 2004年购买汽车1辆； 2010年拆迁，分配商品房2套； 2014年置换汽车1辆。					

五联村第二十八组

	姓名	与户主关系	出生年月	性别	已故家属	
					称呼	姓名
现有家庭人员	王学如	户主	1935年3月	男	父亲	赵阿福
	赵巧林	儿子	1956年8月	男	母亲	马千金
	陈秀珍	儿媳	1960年4月	女	妻子	王妹英
	赵峰	孙子	1982年6月	男	次媳	张桂英
	赵巧明	儿子	1967年7月	男		
	赵强	孙子	1993年8月	男		
	赵巧东	儿子	1972年2月	男		
家庭大事	1976年赵巧林参军入伍，1981年退伍。 2003年拆迁，在杜桥小区建别墅1套。					

	姓名	与户主关系	出生年月	性别	已故家属	
					称呼	姓名
现有家庭人员	朱和平	户主	1961年4月	女		
	朱荷妹	妻子	1962年8月	女		
	朱娅琪	女儿	1986年12月	女		
家庭大事	1979年朱和平参军入伍，1984年退伍； 1985年建楼房； 1998年购买商品房1套； 2003年拆迁，异地建别墅1套； 2005年朱娅琪考入苏州大学文正学院。					

现有家庭人员	姓名	与户主关系	出生年月	性别	已故家属	
					称呼	姓名
	朱大庆	户主	1945年12月	男		
	朱荷英	妻子	1951年8月	女		
	朱永中	儿子	1968年12月	男		
	吴 芳	儿媳	1975年2月	女		
	朱永刚	儿子	1973年6月	男		
	杨 玲	儿媳	1978年12月	女		
	朱文鑫	孙子	1991年11月	男		
	朱雅静	孙女	2001年7月	女		
	胡文浩	孙子	2011年10月	男		
家庭大事	2004年拆迁，建别墅1套； 2010年朱文鑫考入徐州医学院； 2019年朱雅静考入宿迁学院。					

现有家庭人员	姓名	与户主关系	出生年月	性别	已故家属	
					称呼	姓名
	朱惠弟	户主	1956年8月	男		
	朱永金	儿子	1982年9月	男		
	林叶萍	儿媳	1988年9月	女		
	朱云泽	孙子	2009年7月	男		
家庭大事	1992年购买商品房1套； 2004年拆迁，在杜桥建别墅1套； 2007年购买汽车1辆。					

	姓名	与户主关系	出生年月	性别	已故家属	
					称呼	姓名
现有家庭人员	翟永兴	户主	1974年2月	男	父亲	翟阿毛
	杨长英	妻子	1973年4月	女		
	翟淑雯	女儿	1997年5月	女		
	翟淑婷	女儿	2012年8月	女		
	王义珍	母亲	1944年5月	女		
家庭大事	2003年拆迁，建别墅1套。					

	姓名	与户主关系	出生年月	性别	已故家属	
					称呼	姓名
现有家庭人员	翟巧洪	户主	1956年10月	男	父亲	翟祖明
	周凤珍	妻子	1962年11月	女	母亲	朱芬子
	翟平	儿子	1985年6月	男		
	夏铮	儿媳	1990年1月	女		
	翟小安	孙女	2000年5月	女		
家庭大事	2004年拆迁，建别墅1套。					

	姓名	与户主关系	出生年月	性别	已故家属	
					称呼	姓名
现有家庭人员	杨翠英	户主	1968年12月	女	丈夫	翟永其
	翟鑫洋	儿子	1994年10月	男		
家庭大事	2003年拆迁，建别墅1套； 2014年翟鑫洋考入三江学院。					

	姓名	与户主关系	出生年月	性别	已故家属	
					称呼	姓名
现有家庭人员	赵金宝	户主	1958年2月	男	父亲	赵立庆
	陈美英	妻子	1957年8月	女		
	赵丽华	女儿	1982年11月	女		
	田选文	女婿	1980年10月	男		
	赵瑜莹	孙女	2012年11月	女		
	赵根宝	弟弟	1961年9月	男		
	周兰红	弟媳	1963年8月	女		
	赵　靓	侄子	1985年5月	男		
	周文娟	侄媳	1986年11月	女		
	赵俊翔	侄孙	2012年8月	男		
	赵兰英	母亲	1932年6月	女		
家庭大事	1978年赵金宝参军入伍，1982年退伍； 1983年购买汽车1辆； 1988年购买商品房1套。					

	姓名	与户主关系	出生年月	性别	已故家属	
					称呼	姓名
现有家庭人员	姚阿荣	户主	1953年10月	男		
	陈桂英	妻子	1955年8月	女		
	姚平香	女儿	1978年10月	女		
	方　荣	女婿	1971年7月	男		
	姚依杰	孙子	2003年2月	男		
家庭大事	2003年拆迁，建别墅1套。					

	姓名	与户主关系	出生年月	性别	已故家属	
					称呼	姓名
现有家庭人员	王兆祥	户主	1944年9月	男		
	夏正仙	妻子	1944年3月	女		
	王友明	儿子	1967年12月	男		
	徐桂英	儿媳	1969年6月	女		
	王 凡	孙子	1995年9月	男		
	王友红	儿子	1969年10月	男		
	吴金速	儿媳	1971年6月	女		
	王友婷	孙女	1993年11月	女		
	王友良	儿子	1972年4月	男		
	刘月兰	儿媳	1973年2月	女		
	王钦楠	孙女	1997年11月	女		
家庭大事						

五联村第二十九组

	姓名	与户主关系	出生年月	性别	已故家属 称呼	已故家属 姓名
现有家庭人员	王建国	户主	1968年12月	男		
	朱雪娟	妻子	1969年2月	女		
	朱晓松	儿子	1991年2月	男		
	张菊珍	岳母	1945年11月	女		
家庭大事	2005年搬迁至锦隆佳园。					

	姓名	与户主关系	出生年月	性别	已故家属 称呼	已故家属 姓名
现有家庭人员	朱佰金	户主	1949年1月	男		
	李婉芬	妻子	1949年12月	女		
	朱雪忠	儿子	1970年2月	男		
	洪 英	儿媳	1969年9月	女		
	朱莹叶	孙女	1993年5月	女		
家庭大事	1980年翻建平房3间； 1990年翻建楼房； 1997年购买商品房1套； 2011年在新乐村购买住宅楼1套； 2014年购买汽车1辆。					

	姓名	与户主关系	出生年月	性别	已故家属 称呼	已故家属 姓名
现有家庭人员	殷惠珍	户主	1950年12月	女	丈夫	朱佰银
	朱燕芳	女儿	1976年4月	女		
	王妹予	孙女	2003年2月	女		
	朱燕红	女儿	1978年9月	女		
家庭大事	2008年拆迁，分配锦隆佳园商品房2套。					

	姓名	与户主关系	出生年月	性别	已故家属	
					称呼	姓名
现有家庭人员	朱金龙	户主	1961 年 8 月	男	父亲	朱木林
	朱凤兰	妻子	1962 年 3 月	女	母亲	刘 英
	朱 晨	女儿	1990 年 5 月	女		
家庭大事	1990 年翻建楼房； 1995 年购买商品房及门面房各 1 套。					

	姓名	与户主关系	出生年月	性别	已故家属	
					称呼	姓名
现有家庭人员	朱益明	户主	1969 年 5 月	男		
	何凤彩	妻子	1968 年 4 月	女		
	朱子萍	女儿	1991 年 7 月	女		
	朱雪生	父亲	1947 年 11 月	男		
家庭大事	2004 年建别墅 1 套； 2007 年朱子萍考入扬州大学； 2016 年购买汽车 1 辆。					

	姓名	与户主关系	出生年月	性别	已故家属	
					称呼	姓名
现有家庭人员	郁惠生	户主	1948年3月	男		
	李招娣	妻子	1948年6月	女		
	郁　青	儿子	1971年11月	男		
	朱琴芳	儿媳	1972年6月	女		
	郁　阳	孙女	1996年3月	女		
家庭大事	1987年翻建平房3间； 1992年翻建楼房； 2002年拆迁，翻建别墅； 2002年购买汽车1辆； 2011年购买商品房1套； 2014年郁阳考入南京师范大学。					

	姓名	与户主关系	出生年月	性别	已故家属	
					称呼	姓名
现有家庭人员	朱启勤	户主	1941年2月	男		
	郁妹兰	妻子	1949年3月	女		
	郁　明	儿子	1969年4月	男		
	钮旺英	儿媳	1969年5月	女		
	郁之恒	孙子	1992年7月	男		
家庭大事	1979年建平房； 1986年翻建楼房； 2005年购买商品房1套、汽车1辆； 2010年搬迁至锦隆佳园； 2011年郁之恒考入南京晓庄学院。					

	姓名	与户主关系	出生年月	性别	已故家属	
					称呼	姓名
现有家庭人员	钱根元	户主	1950年10月	男	岳父	朱弟男
	朱素珍	妻子	1954年11月	女		
	朱玉芳	女儿	1975年10月	女		
	马建华	女婿	1976年4月	男		
	马文韬	孙子	2000年10月	男		
	朱华明	儿子	1980年2月	男		
家庭大事	1982年翻建楼房； 2006年购买汽车1辆； 2009年搬迁至锦隆佳园。					

	姓名	与户主关系	出生年月	性别	已故家属	
					称呼	姓名
现有家庭人员	朱建中	户主	1963年3月	男		
	凌叙芬	妻子	1966年2月	女		
	朱雪平	儿子	1987年4月	男		
	蔡雅娟	儿媳	1986年12月	女		
	朱以萌	孙女	2012年9月	女		
家庭大事	1995年建楼房； 2005年搬迁至锦隆佳园； 2005年蔡雅娟考入长春师范学院； 2006朱雪平考入江苏大学。					

五联村第三十组

	姓名	与户主关系	出生年月	性别	已故家属	
					称呼	姓名
现有家庭人员	钱月珍	户主	1968年2月	女	父亲	钱永良
	张 仁	丈夫	1966年2月	男	母亲	钱妹娣
	钱秋敏	儿子	1988年10月	男		
	张艳君	儿媳	1989年11月	女		
家庭大事	2008年购买别墅1套； 2011年张艳君考入南京医科大学； 2012年钱秋敏考入南京医科大学； 2017年购买汽车1辆。					

	姓名	与户主关系	出生年月	性别	已故家属	
					称呼	姓名
现有家庭人员	钱月琪	户主	1970年1月	男	父亲	钱永良
	李秀华	妻子	1972年12月	女	母亲	钱妹娣
	钱 鹏	儿子	1994年7月	男		
家庭大事	2007年搬迁至锦隆佳园； 2008年购买大渔新村别墅1套； 2014年购买汽车1辆。					

	姓名	与户主关系	出生年月	性别	已故家属	
					称呼	姓名
现有家庭人员	钱金龙	户主	1947年2月	男	祖父	钱巧生
	陆雪英	妻子	1947年3月	女	父亲	钱阿和
	钱武军	儿子	1969年6月	男	母亲	钱招娣
	朱向妹	儿媳	1969年11月	女		
	钱雅雯	孙女	1992年12月	女		
家庭大事	1970年钱金龙在部队服役期间，受过连队嘉奖1次； 1981年翻建平房； 1985年购买商品房1套； 2000年购买汽车1辆、商品房1套； 2016年购买汽车1辆。					

	姓名	与户主关系	出生年月	性别	已故家属	
					称呼	姓名
现有家庭人员	钱建华	户主	1963年2月	男	曾祖父	钱巧生
	苏根妹	妻子	1965年11月	女	祖父	钱阿和
	钱秋萍	女儿	1986年10月	女	祖母	钱招娣
	柯伟	女婿	1980年1月	男	父亲	钱金男
					母亲	陆梅花
家庭大事	1993年购买商品房1套； 2008年购买汽车1辆。					

姓名	与户主关系	出生年月	性别	已故家属	
				称呼	姓名
钱建强	户主	1969年1月	男	父亲	钱金男
钱艳萍	女儿	1991年1月	女	母亲	陆梅花
蒋　伟	女婿	1989年8月	男	妻子	黄粉女
蒋易可	孙子	2015年4月	男		
蒋易乐	孙女	2015年4月	女		

现有家庭人员

家庭大事：1989年购买商品房1套；
2001年购买汽车1辆。

姓名	与户主关系	出生年月	性别	已故家属	
				称呼	姓名
邹巧英	户主	1952年2月	女	父亲	邹小根
张桂生	丈夫	1947年7月	男	母亲	钱杏娣
邹建明	儿子	1969年8月	男		
陈雪英	儿媳	1972年8月	女		
邹荣华	孙子	1993年2月	男		
周　甜	孙媳	1991年12月	女		
邹可欣	曾孙女	2014年12月	女		

现有家庭人员

家庭大事：1980年翻建新房；
1996年购买商品房1套；
2002年在力量村团结河边建别墅1套。

	姓名	与户主关系	出生年月	性别	已故家属	
					称呼	姓名
现有家庭人员	邹菊明	户主	1964年12月	男	祖父	邹小根
	顾惠芳	妻子	1964年3月	女	父亲	邹阿巧
	邹 彬	儿子	1988年1月	男	母亲	钱秀英
	金 飞	儿媳	1989年10月	女		
	邹亦安	孙子	2012年6月	男		
家庭大事	2005年搬迁至锦隆佳园； 2016年购买汽车1辆。					

	姓名	与户主关系	出生年月	性别	已故家属	
					称呼	姓名
现有家庭人员	钱桃妹	户主	1950年4月	女	父亲	钱杏生
	曹炳泉	丈夫	1949年11月	男	母亲	钱阿桂
	钱雪珍	女儿	1969年4月	女		
	梁小弟	女婿	1970年2月	男		
	钱旭峰	孙子	1993年2月	男		
	钱雪明	儿子	1971年1月	男		
	项 英	儿媳	1982年2月	女		
	钱慧妮	孙女	1994年12月	女		
家庭大事	1983年翻建楼房； 1993年购买商品房2套； 2006年购买汽车1辆； 2016年购买汽车1辆； 2017年钱慧妮考入南京晓庄学院。					

现有家庭人员	姓名	与户主关系	出生年月	性别	已故家属	
					称呼	姓名
	钱凤明	户主	1966年9月	男	祖父	钱杏生
	李金芬	妻子	1966年4月	女	祖母	钱阿桂
	钱洁清	女儿	1988年5月	女	父亲	钱爱生
家庭大事	1988年购买商品房1套; 2012年购买汽车1辆; 2016年购买别墅1套。					

现有家庭人员	姓名	与户主关系	出生年月	性别	已故家属	
					称呼	姓名
	钱跃进	户主	1958年6月	男	父亲	钱阿水
	朱叙凤	妻子	1964年2月	女		
	钱志红	女儿	1985年2月	女		
	郑舟	女婿	1984年9月	男		
家庭大事	2005年拆迁,分配锦隆佳园商品房2套; 2015年购买商品房1套; 2017年购买汽车1辆。					

现有家庭人员	姓名	与户主关系	出生年月	性别	已故家属	
					称呼	姓名
	高桃生	户主	1969年8月	男	父亲	高根元
	高洁	女儿	2005年9月	女	母亲	钱妹英
家庭大事	2006年搬迁至锦隆佳园。					

	姓名	与户主关系	出生年月	性别	已故家属	
					称呼	姓名
现有家庭人员	曹志坤	户主	1971年11月	男	祖父	曹阿金
	姚雪娟	妻子	1973年2月	女	祖母	曹阿招
	曹 刚	儿子	1996年2月	男	父亲	曹兴男
	吴白妹	母亲	1950年2月	女		
家庭大事	1998年购买别墅1套； 2002年购买汽车1辆； 2005年购买汽车1辆； 2015年曹刚考入英国伯明翰大学。					

	姓名	与户主关系	出生年月	性别	已故家属	
					称呼	姓名
现有家庭人员	曹静华	户主	1973年5月	男	祖父	曹裕元
	朱亚平	妻子	1974年11月	女		
	曹诗佳	女儿	1997年2月	女		
	曹佰泉	父亲	1945年1月	男		
	张凤英	母亲	1944年8月	女		
家庭大事	2015年曹诗佳考入徐州工程学院。					

	姓名	与户主关系	出生年月	性别	已故家属	
					称呼	姓名
现有家庭人员	钱国华	户主	1944年2月	男	父亲	钱荣生
	朱阿雪	妻子	1942年1月	女	母亲	钱门朱氏
	钱建林	儿子	1962年1月	男		
	李 萍	儿媳	1963年8月	女		
	钱 英	孙女	1988年3月	女		
	钱建良	儿子	1964年4月	男		
	王勤芬	儿媳	1966年6月	女		
	钱 程	孙子	1990年2月	男		
家庭大事	1983年钱建林考入苏州大学； 1985年钱建良考入徐州师范学院； 2005年搬迁至锦隆佳园。					

	姓名	与户主关系	出生年月	性别	已故家属	
					称呼	姓名
现有家庭人员	钱水明	户主	1961年9月	男	父亲	钱培根
	赵银妹	妻子	1963年7月	女	母亲	钱华氏
	钱丽琴	女儿	1989年1月	女		
	吴尧舜	女婿	1986年11月	男		
	吴懿辰	孙子	2012年4月	男		
	钱霖辰	孙女	2017年10月	女		
家庭大事	1998年购买商品房1套； 2005年拆迁，分配锦隆佳园商品房2套。					

	姓名	与户主关系	出生年月	性别	已故家属	
					称呼	姓名
现有家庭人员	钱水妹	户主	1939年6月	女	父亲	钱阿惠
	俞洪才	丈夫	1941年3月	男		
	钱 彪	儿子	1961年9月	男		
	钱 斌	儿子	1964年4月	男		
	马惠芬	儿媳	1964年7月	女		
	钱一峰	孙子	1985年9月	男		
	钱 吉	孙子	1987年1月	男		
	曹 怡	孙媳	1991年9月	女		
	钱姝涵	曾孙女	2016年5月	女		
家庭大事	2005年钱一峰考入苏州科技学院； 2011年购买汽车1辆。					

	姓名	与户主关系	出生年月	性别	已故家属	
					称呼	姓名
现有家庭人员	钱惠明	户主	1956年2月	男	父亲	钱碗贞
	姚桂华	妻子	1955年10月	女		
	钱荣毅	儿子	1979年12月	男		
	汪学荣	儿媳	1981年3月	女		
	钱嘉瑶	孙女	2006年1月	女		
	钱昱帆	孙子	2017年4月	男		
	钱小妹	母亲	1934年7月	女		
家庭大事	1979年老宅翻建七路头平房3间及辅房2间； 2003年拆迁，分配锦隆佳园商品房2套； 2005年购买商品房1套； 2006年购买汽车1辆； 2019年购买汽车1辆。					

五联村志·村民家庭记载

现有家庭人员	姓名	与户主关系	出生年月	性别	已故家属	
					称呼	姓名
	支月芳	户主	1963年12月	男	父亲	支阿祖
	姚玉芳	妻子	1962年10月	女	母亲	顾洪娣
	支翔	儿子	1988年1月	男		
	支月明	哥哥	1961年5月	男		
	张彩珍	嫂子	1962年6月	女		
家庭大事	2006年搬迁至锦隆佳园； 2018年购买汽车1辆。					

现有家庭人员	姓名	与户主关系	出生年月	性别	已故家属	
					称呼	姓名
	唐惠良	户主	1949年6月	男	父亲	唐阿木
	周月珍	妻子	1951年9月	女		
	唐雪华	儿子	1976年12月	男		
	祁惠琴	儿媳	1978年12月	女		
	唐恒	孙子	2001年7月	男		
家庭大事	1977年翻建平房3间； 1987年翻建楼房； 1999年购买商品房1套； 2017年购买汽车1辆。					

现有家庭人员	姓名	与户主关系	出生年月	性别	已故家属	
					称呼	姓名
	钱祖德	户主	1954年9月	男	父亲	钱介栋
	钱秀珍	妻子	1957年4月	女		
	钱金华	儿子	1980年11月	男		
	倪翠娟	儿媳	1979年8月	女		
	钱宇诚	孙子	2003年10月	男		
	钱宇轩	孙子	2009年9月	男		
	钱惠英	母亲	1928年7月	女		
	钱祖康	哥哥	1947年1月	男		
家庭大事	1986年翻建楼房； 2000年购买商品房1套； 2015年购买汽车1辆。					

现有家庭人员	姓名	与户主关系	出生年月	性别	已故家属	
					称呼	姓名
	钱纪明	户主	1948年8月	男	母亲	钱二宝
	张招娣	妻子	1949年5月	女		
	钱华平	儿子	1972年7月	男		
	范勤	儿媳	1974年3月	女		
	钱娇妮	孙女	1995年6月	女		
家庭大事	1984年翻建平房4间； 1989年翻建楼房； 1999年购买商品房1套； 2018年购买汽车1辆。					

	姓名	与户主关系	出生年月	性别	已故家属	
					称呼	姓名
现有家庭人员	钱道林	户主	1945年11月	男	父亲	陈阿梅
	钱建中	儿子	1968年8月	男	母亲	钱莫氏
	陈双妹	儿媳	1969年5月	女	妻子	钱莫氏
	钱驰辉	孙子	1993年1月	男		
	钱建国	儿子	1970年11月	男		
	徐乃梅	儿媳	1968年7月	女		
	钱　帆	孙子	1996年6月	男		
	钱建刚	儿子	1975年11月	男		
家庭大事	2016年购买汽车1辆； 2017年购买商品房1套； 2019年购买商品房1套。					

	姓名	与户主关系	出生年月	性别	已故家属	
					称呼	姓名
现有家庭人员	束克权	户主	1955年8月	男	父亲	束志龙
	孙正翠	妻子	1955年10月	女		
	孙学婷	女儿	1980年11月	女		
	束学铭	女儿	1982年7月	女		
	束学稳	儿子	1985年9月	男		
	葛彩琴	儿媳	1985年11月	女		
	束静怡	孙女	2009年12月	女		
	葛静雅	孙女	2014年9月	女		
家庭大事	1986年束克权到昆山陆杨种田，1987年转到莫家村从事种田养殖； 1993—1997年为大农户； 1999—2004年租鱼塘发展养殖； 2011年购买汽车1辆； 2016年购买汽车1辆； 2019年置换汽车1辆。					

	姓名	与户主关系	出生年月	性别	已故家属	
					称呼	姓名
现有家庭人员	曹伯华	户主	1962年2月	男	父亲	曹裕元
	杨锦洲	妻子	1972年4月	女	母亲	曹金凤
	曹洋	儿子	2003年2月	男		
	曹燕	女儿	1984年10月	女		
家庭大事	1981年建平房4间； 1990年建别墅1套； 1998年购买别墅1套； 2002年购买汽车1辆； 2012年购买汽车1辆、商业用房3层。					

五联村第三十一组

	姓名	与户主关系	出生年月	性别	已故家属	
					称呼	姓名
现有家庭人员	徐凤兴	户主	1952年8月	男	父亲	徐爱福
	徐菊珍	妻子	1953年5月	女		
	徐晨华	女儿	1990年11月	女		
	徐唯希	孙女	2007年9月	女		
	唐齐阳	孙子	2010年2月	男		
	徐引娣	母亲	1935年9月	女		
家庭大事	1974年徐凤兴参军入伍，1980年退伍； 1986年徐凤兴调入城北石灰厂担任厂长； 1994年购买商品房1套； 2014年购买汽车1辆； 2018年购买别墅1套。					

	姓名	与户主关系	出生年月	性别	已故家属	
					称呼	姓名
现有家庭人员	徐凤生	户主	1967年11月	男	父亲	徐爱福
	刘巧宏	妻子	1968年3月	女		
	徐晨骅	儿子	1990年1月	男		
家庭大事	2005年拆迁，分配锦隆佳园商品房1套； 2009年购买汽车1辆。					

	姓名	与户主关系	出生年月	性别	已故家属	
					称呼	姓名
现有家庭人员	徐妹芳	户主	1968年9月	女	祖母	徐小妹
	朱建华	丈夫	1968年12月	男	母亲	徐妹妹
	徐 晨	儿子	1991年10月	男		
	王 园	儿媳	1992年5月	女		
	周炳泉	父亲	1947年6月	男		
家庭大事	1993年建楼房； 2013年搬迁至锦隆佳园。					

	姓名	与户主关系	出生年月	性别	已故家属	
					称呼	姓名
现有家庭人员	徐雪娟	户主	1944年1月	女	父亲	徐炳生
	徐俊良	丈夫	1940年7月	男		
	徐建国	儿子	1969年7月	男		
	潘志华	儿媳	1972年2月	女		
	徐 晨	孙女	1992年7月	女		
	徐水妹	母亲	1920年7月	女		
家庭大事	1983年建平房4间； 2013年拆迁，分配锦隆佳园商品房2套。					

	姓名	与户主关系	出生年月	性别	已故家属	
					称呼	姓名
现有家庭人员	徐立宏	户主	1962年1月	男	祖父	徐炳生
	项秀芬	妻子	1962年10月	女		
	徐　玲	女儿	1985年9月	女		
	鱼圣泽	孙子	2010年9月	男		
	徐晗熙	孙女	2015年1月	女		

家庭大事	1998年翻建楼房； 2013年拆迁，分配锦隆佳园商品房3套； 2014年购买汽车1辆； 2017年购买商品房1套。

	姓名	与户主关系	出生年月	性别	已故家属	
					称呼	姓名
现有家庭人员	徐金福	户主	1948年12月	男	祖父	徐度弟
	凌金娥	妻子	1949年3月	女	父亲	徐阿祥
	徐月亮	儿子	1973年11月	男		
	陈良婷	儿媳	1972年8月	女		
	徐思雯	孙女	1996年8月	女		
	徐月叶	女儿	1971年9月	女		

家庭大事	1988年徐月叶考入江苏省苏州卫生学校； 1989年建楼房； 2013年搬迁至锦隆佳园。

	姓名	与户主关系	出生年月	性别	已故家属	
					称呼	姓名
现有家庭人员	徐荣福	户主	1952年10月	男	祖父	徐度弟
	冯金妹	妻子	1954年1月	女	父亲	徐阿祥
	徐登峰	儿子	1977年8月	男		
	孙小玲	儿媳	1977年5月	女		
	徐立源	孙女	2007年5月	女		
家庭大事	2008年购买汽车1辆； 2013年搬迁至锦隆佳园。					

	姓名	与户主关系	出生年月	性别	已故家属	
					称呼	姓名
现有家庭人员	徐逸明	户主	1942年8月	女	妻子	顾雪英
	徐建福	儿子	1962年7月	男		
	陆惠琴	儿媳	1961年6月	女		
	徐 军	孙子	1984年5月	男		
	李 琴	孙媳	1988年3月	女		
	徐紫萱	曾孙女	2009年7月	女		
家庭大事	1970年翻建平房5间； 1975年建楼房； 2013年搬迁至锦隆佳园。					

现有家庭人员	姓名	与户主关系	出生年月	性别	已故家属 称呼	已故家属 姓名
	钱小林	户主	1948年10月	男	岳父	徐阿荒
	徐凤英	妻子	1950年11月	女	岳母	徐阿引
	徐文秀	女儿	1968年12月	女		
	陈菊泉	女婿	1967年10月	男		
	徐闻蔚	孙女	1991年9月	女		
	徐轧嘉	曾孙子	2015年4月	男		

家庭大事	1982年将平房翻建为楼房； 1997年购买商品房1套； 2019年购买别墅1套。

现有家庭人员	姓名	与户主关系	出生年月	性别	已故家属 称呼	已故家属 姓名
	徐银龙	户主	1954年8月	男	父亲	徐阿苟
	项小青	妻子	1951年12月	女	母亲	徐门钱氏
	徐 芳	女儿	1979年1月	女		
	钱运球	女婿	1978年6月	男		
	徐志晨	孙子	2002年5月	男		

家庭大事	1990年建楼房； 2013年搬迁至锦隆佳园。

	姓名	与户主关系	出生年月	性别	已故家属	
					称呼	姓名
现有家庭人员	徐白桃	户主	1964年11月	男	父亲	徐阿苟
	王金英	妻子	1965年10月	女		
	徐黎敏	女儿	1993年7月	女		
	李建平	女婿	1992年9月	男		
	李 晨	孙子	2019年2月	男		
	项白妹	母亲	1931年11月	女		
家庭大事	2013年搬迁至锦隆佳园； 2014年徐黎敏考入苏州工业园区职业技术学院； 2016年购买汽车1辆。					

	姓名	与户主关系	出生年月	性别	已故家属	
					称呼	姓名
现有家庭人员	徐火根	户主	1962年4月	男	祖父	徐阿木
	周林珍	妻子	1963年11月	女	祖母	徐张氏
	徐 青	儿子	1985年8月	男		
	韩其巧	儿媳	1985年5月	女		
	徐梓轩	孙子	2010年7月	男		
	徐涛玥	孙女	2018年6月	女		
	徐阿毛	父亲	1939年2月	男		
	邵桂珍	母亲	1940年9月	女		
家庭大事	1984年建平房3间； 2005年拆迁，分配锦隆佳园商品房2套； 2013年购买汽车1辆。					

五联村志·村民家庭记载

现有家庭人员	姓名	与户主关系	出生年月	性别	已故家属	
					称呼	姓名
	徐林生	户主	1942年7月	男	父亲	徐阿木
	徐阿花	妻子	1946年5月	女	母亲	徐张氏
	徐文彬	儿子	1973年1月	男		
	高银芳	儿媳	1975年4月	女		
	徐 晗	孙子	1997年1月	男		
家庭大事						

现有家庭人员	姓名	与户主关系	出生年月	性别	已故家属	
					称呼	姓名
	徐爱玲	户主	1937年10月	女	丈夫	徐爱生
	徐建中	儿子	1961年9月	男		
	龚雪英	儿媳	1962年2月	女		
	徐 杰	孙女	1985年5月	女		
	程起航	孙女婿	1979年5月	男		
	程天妮	曾孙女	2008年6月	女		
家庭大事	1994年建楼房； 2004年徐杰考入常州工学院； 2013年搬迁至锦隆佳园。					

现有家庭人员	姓名	与户主关系	出生年月	性别	已故家属	
					称呼	姓名
	徐水英	户主	1957年10月	女	父亲	徐爱生
家庭大事	2000年购买商品房1套。					

216

	姓名	与户主关系	出生年月	性别	已故家属	
					称呼	姓名
现有家庭人员	徐金龙	户主	1963年2月	男	祖父	徐阿土
	赵桂英	妻子	1962年6月	女	父亲	徐福林
	徐 红	女儿	1987年12月	女	母亲	徐爱宝
	张 弩	女婿	1982年8月	男		
	张汉文	孙子	2015年5月	男		
	徐金生	弟弟	1965年8月	男		
	徐金东	弟弟	1969年9月	男		
家庭大事	2018年购买汽车1辆； 2019年搬迁至锦隆佳园。					

	姓名	与户主关系	出生年月	性别	已故家属	
					称呼	姓名
现有家庭人员	莫建华	户主	1965年8月	男	祖父	莫进良
	周凤花	妻子	1963年7月	女	父亲	莫旦勤
	莫 育	儿子	1988年6月	男	母亲	胡小娥
家庭大事	1985年建楼房； 2016年购买汽车1辆。					

现有家庭人员	姓名	与户主关系	出生年月	性别	已故家属	
					称呼	姓名
	徐阿二	户主	1956年5月	男	父亲	徐惠良
	邵小女	妻子	1956年3月	女	母亲	徐阿香
	徐亚明	儿子	1981年2月	男		
	张红玲	儿媳	1983年4月	女		
	徐思晨	孙子	2006年1月	男		
	徐妹珍	妹妹	1962年3月	女		
	徐雪林	弟弟	1970年2月	男		
	郭小霞	弟媳	1975年3月	女		
	徐怡豪	侄子	1997年12月	男		
家庭大事	1977年翻建平房5间； 1991年翻建楼房； 2003年购买商品房1套。					

现有家庭人员	姓名	与户主关系	出生年月	性别	已故家属	
					称呼	姓名
	顾建珍	户主	1964年1月	女	父亲	顾阿小
	徐志宏	丈夫	1963年12月	男		
	顾 萍	女儿	1986年11月	女		
	赵洪阳	女婿	1992年12月	男		
家庭大事	2000年购买门面房1套； 2005年拆迁，分配锦隆佳园商品房3套； 2014年购买别墅1套； 2018年购买汽车1辆。					

现有家庭人员	姓名	与户主关系	出生年月	性别	已故家属	
					称呼	姓名
	徐永康	户主	1950年1月	男	父亲	徐阿金
	李小妹	妻子	1950年6月	女		
	徐丽芬	女儿	1972年4月	女		
	徐奕佳	孙子	1995年3月	男		
家庭大事	2017年徐奕佳考取清华大学研究生。					

现有家庭人员	姓名	与户主关系	出生年月	性别	已故家属	
					称呼	姓名
	葛海根	户主	1977年1月	男	父亲	葛福林
	葛巧芬	姐姐	1966年11月	女	母亲	拥凤兰
	费素琴	外甥女	1988年6月	女		
家庭大事						

现有家庭人员	姓名	与户主关系	出生年月	性别	已故家属	
					称呼	姓名
	裴建明	户主	1966年6月	男		
	葛巧兰	妻子	1973年8月	女		
	裴婷婷	女儿	1993年12月	女		
家庭大事						

五联村第三十二组

	姓名	与户主关系	出生年月	性别	已故家属	
					称呼	姓名
现有家庭人员	陆志鹏	户主	1949年4月	男	父亲	陆鸿宾
	钱秧妹	妻子	1955年6月	女		
	陆萍华	儿子	1975年1月	男		
	汤惠清	儿媳	1973年10月	女		
	陆家宁	孙子	2000年11月	男		
家庭大事	1985年建楼房； 2005年搬迁至锦隆佳园。					

	姓名	与户主关系	出生年月	性别	已故家属	
					称呼	姓名
现有家庭人员	陆国强	户主	1955年5月	男	父亲	陆阿文
	胡芬英	妻子	1956年1月	女	母亲	陆小妹
	夏 霞	儿媳	1981年5月	女	儿子	陆 斌
家庭大事	1984年建楼房； 1997年陆斌考入南京师范大学； 2010年购买商品房1套； 2013年楼房出售。					

	姓名	与户主关系	出生年月	性别	已故家属	
					称呼	姓名
现有家庭人员	陆国良	户主	1963年4月	男	父亲	陆阿文
	柴亚萍	妻子	1963年2月	女	母亲	陆小妹
	陆怡杉	女儿	1989年8月	女		
	浦晓洁	女婿	1989年1月	男		
	浦馨文	孙女	2015年11月	女		
家庭大事	1980年陆国良考入扬州大学； 2008年陆怡杉考入南京中医药大学。					

	姓名	与户主关系	出生年月	性别	已故家属	
					称呼	姓名
现有家庭人员	陆国华	户主	1966年6月	男	父亲	陆阿文
	郁 英	妻子	1967年5月	女	母亲	陆小妹
	陆芝秀	女儿	1991年2月	女		
	陆姝羽	孙女	2017年1月	女		
家庭大事	2005年购买别墅1套； 2013年购买商品房1套。					

现有家庭人员	姓名	与户主关系	出生年月	性别	已故家属	
					称呼	姓名
	沈志刚	户主	1953年10月	男	祖父	沈国栋
	蒋彩英	妻子	1958年7月	女	父亲	沈阿金
	沈建林	儿子	1978年8月	男		
	顾月琴	儿媳	1979年4月	女		
	沈昊言	孙子	2011年11月	男		
家庭大事	2005年搬迁至锦隆佳园； 2016年购买商品房1套； 2018年购买轿车1辆。					

现有家庭人员	姓名	与户主关系	出生年月	性别	已故家属	
					称呼	姓名
	沈志明	户主	1957年12月	男	祖父	沈国栋
	顾金凤	妻子	1961年2月	女	父亲	沈阿金
	沈建青	儿子	1981年11月	男		
	候书婕	儿媳	1982年1月	女		
	沈志轩	孙子	2007年2月	男		
	沈志毫	孙子	2016年4月	男		
家庭大事	2009年购买汽车1辆； 2013年购买楼房1套。					

现有家庭人员	姓名	与户主关系	出生年月	性别	已故家属	
					称呼	姓名
	蒋根男	户主	1953年2月	男	父亲	蒋阿金
	蒋水林	弟弟	1965年6月	男		
家庭大事	2005年搬迁至锦隆佳园。					

	姓名	与户主关系	出生年月	性别	已故家属	
					称呼	姓名
现有家庭人员	蒋水根	户主	1956年6月	男	父亲	蒋阿金
	钱婉玲	妻子	1960年3月	女		
	蒋武彪	儿子	1982年4月	男		
	刘夏霞	儿媳	1980年11月	女		
	蒋雨馨	孙女	2008年8月	女		
	蒋雨彤	孙女	2015年10月	女		
家庭大事	2002年购买商品房1套； 2005年搬迁至锦隆佳园； 2008年购买商品房1套。					

	姓名	与户主关系	出生年月	性别	已故家属	
					称呼	姓名
现有家庭人员	陆士伦	户主	1945年12月	男	父亲	陆根宝
	陆秋菊	女儿	1980年11月	女	妻子	蒋玉玲
	沈恩苹	女婿	1978年6月	男		
	陆秋萍	女儿	1980年11月	女		
	黄主恒	女婿	1977年2月	男		
	沈佳臻	孙女	2006年2月	女		
家庭大事	1996年陆士伦在教师住宅处分配到住房1套。					

五联村志·村民家庭记载

	姓名	与户主关系	出生年月	性别	已故家属	
					称呼	姓名
现有家庭人员	陆国琴	户主	1958年10月	女	父亲	陆士贤
	陆 莺	女儿	1981年7月	女	丈夫	陆宏亮
	柴志刚	女婿	1979年10月	男		
	柴家琳	孙女	2002年12月	女		
	陆胤帆	孙子	2008年10月	男		
	陆 婷	女儿	1988年11月	女		
	吕先钊	女婿	1988年11月	男		
家庭大事	1984年建楼房； 2001年购买商品房1套； 2005年搬迁至锦隆佳园； 2007年购买汽车1辆； 2018年购买汽车1辆； 2019年购买别墅1套。					

	姓名	与户主关系	出生年月	性别	已故家属	
					称呼	姓名
现有家庭人员	陆菊明	户主	1963年8月	男	父亲	陆士模
	朱玉珍	妻子	1962年10月	女		
	陆 静	女儿	1986年3月	女		
	陆奕程	儿子	1990年7月	男		
家庭大事	1986年建楼房； 2005年搬迁至锦隆佳园； 2014年陆奕程考入江苏大学； 2019年购买汽车1辆。					

	姓名	与户主关系	出生年月	性别	已故家属	
					称呼	姓名
现有家庭人员	陆菊良	户主	1970年5月	男	父亲	陆士范
	田万红	妻子	1972年12月	女	母亲	陆云宝
	陆 倩	女儿	1997年7月	女		
家庭大事	2015年陆倩考入南京信息工程大学滨江学院； 2016年购买汽车1辆； 2019年陆倩考入上海理工大学。					

	姓名	与户主关系	出生年月	性别	已故家属	
					称呼	姓名
现有家庭人员	陆建国	户主	1973年10月	男	父亲	陆士清
	顾正云	妻子	1976年12月	女		
	陆明月	女儿	2002年2月	女		
	朱金娥	母亲	1948年1月	女		
	陆三妹	妹妹	1976年11月	女		
	缪丛言	妹夫	1970年4月	男		
	陆心雨	侄女	1997年3月	女		
家庭大事	1995年建平房3间； 2005年搬迁至锦隆佳园。					

	姓名	与户主关系	出生年月	性别	已故家属	
					称呼	姓名
现有家庭人员	项水生	户主	1956年9月	男	祖父	项弟官
	陆惠芬	妻子	1958年7月	女	父亲	项阿祖
	项小琴	女儿	1981年7月	女		
	龚利清	女婿	1979年1月	男		
	项亦辰	孙女	2009年7月	女		
	胡小妹	母亲	1932年8月	女		
	项水华	弟弟	1968年1月	男		
家庭大事	1988年翻建楼房； 2005年搬迁至锦隆佳园； 2007年项小琴任五联村村委会妇女主任。					

	姓名	与户主关系	出生年月	性别	已故家属	
					称呼	姓名
现有家庭人员	陆鹤德	户主	1957年5月	男	父亲	陆士良
	钱凤珍	妻子	1956年11月	女	母亲	陆金凤
	陆斌华	儿子	1981年8月	男		
	杨欢	儿媳	1985年2月	女		
	陆斌浩	儿子	1987年3月	男		
	陆茗	孙女	2008年11月	女		
家庭大事	2000年陆斌华参军入伍，2002年退伍； 2005年搬迁至锦隆佳园。					

	姓名	与户主关系	出生年月	性别	已故家属	
					称呼	姓名
现有家庭人员	钱明官	户主	1947 年 3 月	男	祖父	陆召祥
	陆秀珍	妻子	1954 年 4 月	女	岳父	陆裕良
	陆丽英	女儿	1973 年 9 月	女	岳母	陆小巧
	陆心怡	孙女	1996 年 12 月	女		
	陆心悦	孙女	2005 年 12 月	女		
	陆丽琴	女儿	1977 年 2 月	女		
家庭大事	1979 年建平房 4 间； 1992 年翻建楼房。					

	姓名	与户主关系	出生年月	性别	已故家属	
					称呼	姓名
现有家庭人员	赵建珍	户主	1963 年 12 月	女	母亲	陆爱妹
	陆建明	丈夫	1962 年 6 月	男		
	陆小红	女儿	1986 年 6 月	女		
	汤雅妮	孙女	2012 年 10 月	女		
家庭大事	1988 年建楼房； 2005 年搬迁至锦隆佳园； 2008 年陆小红考入钟山职业技术学院。					

	姓名	与户主关系	出生年月	性别	已故家属	
					称呼	姓名
现有家庭人员	陆雪生	户主	1966年7月	男	父亲	陆耀庭
	凌建粉	妻子（离婚）	1966年12月	女		
	陆　平	儿子	1991年3月	男		
	黄　依	儿媳	1992年10月	女		
	陆一昱	孙子	2019年1月	男		
	龚凤娟	母亲	1936年4月	女		
家庭大事	1987年建楼房； 2005年搬迁至锦隆佳园； 2011年购买汽车1辆。					

	姓名	与户主关系	出生年月	性别	已故家属	
					称呼	姓名
现有家庭人员	陆阿其	户主	1941年10月	男	妻子	陆金妹
	陆雪良	儿子	1964年10月	男		
	梁玉珍	儿媳	1965年9月	女		
	陆　峰	孙子	1988年5月	男		
	韩　黎	孙媳	1988年5月	女		
	陆旺旺	曾孙女	2013年3月	女		
	陆瞎瞎	曾孙女	2019年10月	女		
家庭大事	2005年搬迁至锦隆佳园； 2007年房子出售； 2008年建别墅1套。					

	姓名	与户主关系	出生年月	性别	已故家属	
					称呼	姓名
现有家庭人员	钱裕康	户主	1945 年 9 月	男		
	陆瑞珍	妻子	1945 年 12 月	女		
	陆雪峰	儿子	1969 年 8 月	男		
	顾小花	儿媳	1968 年 1 月	女		
	陆雯雅	孙女	1992 年 11 月	女		
	朱伟清	孙女婿	1992 年 2 月	男		
	朱熠丞	曾孙子	2018 年 3 月	男		
	陆雪刚	儿子	1971 年 5 月	男		
	戴道兰	儿媳	1974 年 2 月	女		
	钱雯琳	孙女	1996 年 12 月	女		
家庭大事	1994 年建楼房； 1998 年购买商品房 1 套； 2005 年搬迁至锦隆佳园； 2010 年陆雯雅考入泰州学院； 2015 年钱雯琳考入南京理工大学。					

	姓名	与户主关系	出生年月	性别	已故家属	
					称呼	姓名
现有家庭人员	韩四子	户主	1944 年 12 月	男	父亲	韩国林
	高金凤	妻子	1947 年 5 月	女		
	韩三子	哥哥	1939 年 2 月	男		
家庭大事						

五联村第三十三组

	姓名	与户主关系	出生年月	性别	已故家属	
					称呼	姓名
现有家庭人员	沈安生	户主	1958年2月	男	祖父	沈国贞
	陶玉珍	妻子	1958年7月	女	祖母	沈瑞宝
	沈　吉	女儿	1984年7月	女	父亲	沈德安
	徐　刚	女婿	1983年9月	男		
	沈虞卿	孙女	2007年9月	女		
	徐泽林	孙子	2012年11月	男		
	沈美娟	母亲	1941年4月	女		
家庭大事	1993年建楼房； 2000年购买商品房1套； 2003年沈吉考入常州机电职业技术学院； 2005年搬迁至锦隆佳园； 2008年购买汽车1辆。					

	姓名	与户主关系	出生年月	性别	已故家属	
					称呼	姓名
现有家庭人员	沈月明	户主	1950年2月	男	祖父	沈国樑
	陆梅新	妻子	1949年6月	女	祖母	顾凤英
	沈　静	女儿	1970年7月	女	父亲	沈履仁
	陶雨龙	女婿	1968年3月	男	母亲	沈小妹
	沈佳文	孙子	1995年1月	男	叔叔	沈履羲
家庭大事	1990年建楼房； 2013年购买汽车1辆。					

	姓名	与户主关系	出生年月	性别	已故家属	
					称呼	姓名
现有家庭人员	沈雪荣	户主	1965 年 12 月	男	曾祖父	沈国樑
	张永琴	妻子	1966 年 2 月	女	祖父	沈履羲
	沈彦希	女儿	1989 年 5 月	女	父亲	沈剑中
	张剑秋	女婿	1988 年 9 月	男	母亲	吉义珠
	张轩诚	孙子	2017 年 2 月	男		
	沈育成	孙子	2019 年 1 月	男		
家庭大事	1986 年建楼房； 2003 年购买汽车 1 辆； 2007 年沈彦希考入苏州大学； 2008 年沈雪荣被评为昆山市劳动模范； 2009 年建别墅 1 套。					

	姓名	与户主关系	出生年月	性别	已故家属	
					称呼	姓名
现有家庭人员	钱建明	户主	1956 年 3 月	男	祖父	钱陆先
	陈仕芳	妻子	1963 年 3 月	女	父亲	钱祖良
	钱榴红	女儿	1981 年 11 月	女		
	陈　如	女婿	1980 年 12 月	男		
	钱陈佳	孙女	2004 年 7 月	女		
	陈雨婷	孙女	2012 年 7 月	女		
	钱友兰	母亲	1940 年 5 月	女		
家庭大事	2017 年购买汽车 1 辆。					

五联村志·村民家庭记载

现有家庭人员	姓名	与户主关系	出生年月	性别	已故家属 称呼	已故家属 姓名
	钱建林	户主	1967年9月	男	祖父	钱陆先
	范雪琴	妻子	1969年8月	女	父亲	钱祖良
	钱正芳	女儿	1990年11月	女		
	景延欣	女婿	1990年7月	男		
	景 然	孙子	2015年6月	男		
	钱景浩	孙子	2016年11月	男		
家庭大事	2007年购买汽车1辆； 2009年购买汽车1辆。					

现有家庭人员	姓名	与户主关系	出生年月	性别	已故家属 称呼	已故家属 姓名
	钱利强	户主	1969年10月	男	祖父	钱浩儒
	杨雪花	妻子	1970年3月	女	祖母	王松娥
	钱经伟	儿子	1993年12月	男	父亲	钱祖环
	周 萍	儿媳	1995年6月	女		
	张凤娥	母亲	1944年5月	女		
家庭大事	1984年建楼房； 1998年购买商品房1套； 2010年拆迁，分配锦隆佳园商品房2套。					

	姓名	与户主关系	出生年月	性别	已故家属	
					称呼	姓名
现有家庭人员	钱利民	户主	1975年12月	男	祖父	钱浩儒
	陈 维	妻子	1977年1月	女	祖母	王松娥
	钱陈梓桁	女儿	2001年10月	女	父亲	钱祖宽
	龚水珍	母亲	1950年9月	女	姐姐	钱莉英
家庭大事	1991年翻建楼房； 1994年钱利民考入上海大学； 1998年购买商品房1套； 2003年搬迁至锦隆佳园； 2007年购买汽车1辆。					

	姓名	与户主关系	出生年月	性别	已故家属	
					称呼	姓名
现有家庭人员	钱 平	户主	1965年12月	男	曾祖父	钱步清
	钱建芬	妻子	1966年12月	女	祖父	钱桃勺
	钱娅珺	女儿	1988年10月	女	祖母	李六妹
	赵 刚	女婿	1988年10月	男	父亲	钱惠良
	赵星锐	孙子	2013年1月	男		
	沈剑英	母亲	1943年11月	女		
家庭大事	1984年建平房4间； 1986年沈剑英担任莫家村经济合作社社长兼妇女主任，并加入中国共产党； 2005年搬迁至锦隆佳园； 2005年购买商品房1套。					

现有家庭人员	姓名	与户主关系	出生年月	性别	已故家属	
					称呼	姓名
	钱祖芬	户主	1948年11月	女	祖父	钱步清
	钱艳华	儿子	1974年8月	男	公公	钱桃勺
	顾诚贤	儿媳	1976年3月	女	婆婆	李六妹
	钱禹心	孙女	2001年10月	女	丈夫	钱雪林
	钱禹恒	孙子	2014年11月	男		
	钱艳蓉	女儿	1972年12月	女		

家庭大事	1965年钱雪林参军入伍； 1972年钱雪林转业到昆山化工厂任职； 2000年购买商品房1套； 2005年搬迁至锦隆佳园。

现有家庭人员	姓名	与户主关系	出生年月	性别	已故家属	
					称呼	姓名
	李建华	户主	1949年3月	男	父亲	李耀先
	钱秀英	妻子	1949年1月	女	母亲	李小妹
	李　寅	儿子	1974年10月	男		
	严志红	儿媳	1978年11月	女		
	李欣洋	孙女	2003年8月	女		

家庭大事	1984年建平房； 1991年翻建楼房； 2004年购买汽车1辆； 2015年购买汽车1辆。

	姓名	与户主关系	出生年月	性别	已故家属	
					称呼	姓名
现有家庭人员	陆忠义	户主	1942年12月	男	父亲	陆惠良
	陆雪宝	妻子	1940年1月	女		
	陆梅芳	女儿	1964年3月	女		
	钱永兴	女婿	1963年7月	男		
	陆 键	孙子	1990年8月	男		
	方利平	孙媳	1990年10月	女		
	陆梓文	曾孙子	2018年8月	男		
	陆 燕	孙女	1985年11月	女		
	关永贵	孙女婿	1986年1月	男		
	关丝齐	曾孙女	2012年7月	女		
家庭大事	1978年建平房； 1992年翻建楼房； 2004年搬迁至锦隆佳园； 2009年陆键考入淮阴工学院； 2014年购买汽车1辆。					

	姓名	与户主关系	出生年月	性别	已故家属	
					称呼	姓名
现有家庭人员	钱雪华	户主	1966年9月	男	父亲	钱启业
	钱丽萍	妻子	1965年9月	女		
	钱俊杰	儿子	1989年3月	男		
	郭 婷	儿媳	1990年7月	女		
	钱哆乐	孙女	2013年12月	女		
	郭家乐	孙女	2016年8月	女		
	陆白妹	母亲	1941年2月	女		
	钱雪昌	哥哥	1962年8月	男		
家庭大事	1981年建平房4间； 1988年翻建楼房； 2005年搬迁至锦隆佳园； 2017年购买商品房1套； 2018年购买汽车1辆。					

	姓名	与户主关系	出生年月	性别	已故家属	
					称呼	姓名
现有家庭人员	姚学文	户主	1968年1月	男	父亲	姚士清
	沈铭珍	妻子	1969年9月	女	母亲	李惠芬
	姚天晨	儿子	1993年1月	男		
	朱莉芳	儿媳	1993年3月	女		
	姚瑾瑜	孙女	2019年9月	女		
家庭大事	1989年购买商品房1套； 1996年置换商品房1套； 2013年姚天晨考入常熟理工学院； 2015年购买商品房1套。					

	姓名	与户主关系	出生年月	性别	已故家属	
					称呼	姓名
现有家庭人员	钱文广	户主	1963年3月	男	父亲	钱惠明
	郁 琴	妻子	1969年5月	女	母亲	马寅芳
	钱 磊	儿子	1989年12月	男		
	陆丽娟	儿媳	1990年3月	女		
	钱予萌	孙女	2012年8月	女		
	钱陆彬	孙子	2019年6月	男		
	钱文虹	弟弟	1974年9月	男		
	钱 宁	侄子	1999年11月	男		
家庭大事	1984年翻建平房4间； 1997年购买商品房1套； 2005年搬迁至锦隆佳园； 2010年购买汽车1辆； 2016年购买汽车1辆。					

	姓名	与户主关系	出生年月	性别	已故家属	
					称呼	姓名
现有家庭人员	谢根全	户主	1953年12月	男	父亲	谢会元
	钱婉英	妻子	1957年6月	女	母亲	郭小妹
	谢 雄	儿子	1981年9月	男		
	许凤兰	儿媳	1987年7月	女		
	谢兆怡	孙女	2008年2月	女		
家庭大事	1984年建楼房； 2004年搬迁至锦隆佳园。					

	姓名	与户主关系	出生年月	性别	已故家属	
					称呼	姓名
现有家庭人员	赵荣侠	户主	1949年3月	男	祖父	蒋宝元
	蒋雪琴	妻子	1954年12月	女	母亲	汤惠宝
	蒋剑峰	儿子	1976年11月	男	母亲	包凤玲
	盛雪芳	儿媳	1979年10月	女	姐姐	蒋梅英
	蒋蒙宇	孙女	2002年12月	女	姐夫	王小仁
	蒋昕宇	孙女	2013年12月	女	哥哥	蒋志坤
家庭大事	1984年建楼房； 2000年购买摩托车1辆； 2003年建别墅1套； 2011年购买汽车1辆。					

五联村第三十四组

	姓名	与户主关系	出生年月	性别	已故家属	
					称呼	姓名
现有家庭人员	陆惠明	户主	1956年6月	男	祖父	陆恒升
	张宝兰	妻子	1954年11月	女	祖母	陆徐氏
	陆芳芳	女儿	1980年11月	女	父亲	陆阿兴
	陆胡睿	孙子	2012年9月	男		
	胡陆芸	孙女	2006年3月	女		
	陆梅金	母亲	1935年2月	女		
家庭大事	1990年翻建楼房； 2005年搬迁至锦隆佳园； 2013年购买汽车1辆； 2017年胡陆芸在第十届国际青少年艺术节暨江苏省古筝独奏选拔赛获得古筝儿童C组银奖，同年在新加坡参加此次艺术节总决赛，获得古筝儿童C组金奖。					

	姓名	与户主关系	出生年月	性别	已故家属	
					称呼	姓名
现有家庭人员	陆惠元	户主	1959年10月	男	祖父	陆恒升
	龚裕芬	妻子	1963年6月	女	父亲	陆阿兴
	陆健伟	儿子	1984年11月	男		
	陆彦仁	孙子	2012年2月	男		
家庭大事	2002年购买商品房1套； 2005年搬迁至锦隆佳园； 2008年购买汽车1辆； 2012年购买门面房1间。					

现有家庭人员	姓名	与户主关系	出生年月	性别	已故家属	
					称呼	姓名
	陆士明	户主	1956年3月	男	祖父	陆恒明
	马小妹	妻子	1954年3月	女	父亲	陆承中
	陆春花	女儿	1976年8月	女	母亲	陆兰芬
	高财林	女婿	1973年5月	男		
	陆凌晨	孙女	1998年10月	女		
	陆春燕	女儿	1976年8月	女		
家庭大事	1998年建楼房； 2008购买汽车1辆； 2015年陆凌晨考入南京医科大学。					

现有家庭人员	姓名	与户主关系	出生年月	性别	已故家属	
					称呼	姓名
	陆士元	户主	1965年1月	男	祖父	陆恒明
	费妹妹	妻子	1965年6月	女	父亲	陆承中
	陆 伟	儿子	1989年3月	男	母亲	陆兰芬
	陆思晨	孙女	2009年7月	女		
家庭大事	2011年搬迁至锦隆佳园； 2013年购买商品房1套。					

现有家庭人员	姓名	与户主关系	出生年月	性别	已故家属	
					称呼	姓名
	陆伟东	户主	1990年12月	男	祖父	陆承中
	高 静	妻子	1990年11月	女	祖母	陆兰芬
	高芮优	女儿	2013年12月	女	父亲	陆士林
	姜根妹	母亲	1968年3月	女		
家庭大事	2010年搬迁至锦隆佳园； 2018年购买汽车1辆。					

	姓名	与户主关系	出生年月	性别	已故家属	
					称呼	姓名
现有家庭人员	陆振球	户主	1943年1月	男	祖父	陆振亭
	赵学珍	妻子	1946年1月	女	祖母	陆门赵氏
	陆雪平	儿子	1967年9月	男	父亲	陆恒如
	陈　芳	儿媳	1969年1月	女	母亲	周阿娥
	陆艳芸	孙女	1990年5月	女		
家庭大事	1978年建平房4间； 1988年购买商品房1套； 1993年翻建楼房； 2010年陆艳芸考入淮阴工学院； 2011年购买汽车1辆。					

	姓名	与户主关系	出生年月	性别	已故家属	
					称呼	姓名
现有家庭人员	陆雪华	户主	1975年6月	男	曾祖父	陆振亭
	张玉慧	妻子	1976年1月	女	祖父	陆恒如
	陆文斌	儿子	1998年7月	男	祖母	周阿娥
	陆振明	父亲	1948年5月	男	母亲	徐妹娣
	陆风珍	母亲	1952年6月	女		
家庭大事	1977年建平房4间； 1988年翻建楼房。					

现有家庭人员	姓名	与户主关系	出生年月	性别	已故家属	
					称呼	姓名
	陆振林	户主	1956年12月	男	父亲	陆恒如
	钱小英	妻子	1957年10月	女	母亲	周阿娥
	陆雪娟	女儿	1980年7月	女		
	王征	女婿	1971年2月	男		
	王蕾欣	孙女	2016年9月	女		
家庭大事	1994年翻建楼房； 2000年陆雪娟考入南京大学； 2003年购买商品房1套； 2005年搬迁至锦隆佳园； 2018年购买汽车1辆。					

现有家庭人员	姓名	与户主关系	出生年月	性别	已故家属	
					称呼	姓名
	钱宝兴	户主	1947年8月	男	父亲	钱阿龙
	钱亚明	儿子	1974年3月	男	母亲	范金娣
	姜桂英	儿媳	1971年12月	女	妻子	项菊宝
	钱泽松	孙子	2000年12月	男		
	钱亚青	儿子	1976年4月	男		
家庭大事	1971年钱宝兴参加抗美援老战争。					

现有家庭人员	姓名	与户主关系	出生年月	性别	已故家属	
					称呼	姓名
	钱建平	户主	1962年9月	男	父亲	钱阿龙
	钱利斌	儿子	1990年7月	男	母亲	范金娣
家庭大事	2010年搬迁至锦隆佳园； 2017年购买汽车1辆。					

	姓名	与户主关系	出生年月	性别	已故家属	
					称呼	姓名
现有家庭人员	徐建良	户主	1956年10月	男	祖父	徐祯祥
	王菊珍	妻子	1962年4月	女	父亲	徐森元
	徐 峰	儿子	1982年11月	男	母亲	邵娥珍
	潘丽如	儿媳	1982年5月	女		
	徐锦鑫	孙子	2006年11月	男		
家庭大事	1963年徐森元担任大队线路员； 1987年购买商品房1套； 2006年搬迁至锦隆佳园； 2010年购买汽车1辆。					

	姓名	与户主关系	出生年月	性别	已故家属	
					称呼	姓名
现有家庭人员	徐建明	户主	1955年10月	男	祖父	徐祯祥
	王雪英	妻子	1954年8月	女	父亲	徐怀瑜
	徐惠芬	女儿	1978年12月	女		
	周 涛	女婿	1978年1月	男		
	徐静娴	女儿	1981年12月	女		
家庭大事	1989年翻建楼房； 2011年拆迁，分配锦隆佳园商品房3套。					

	姓名	与户主关系	出生年月	性别	已故家属	
					称呼	姓名
现有家庭人员	徐坤元	户主	1957年8月	男	祖父	徐阿金
	徐小英	妻子	1956年12月	女	父亲	徐志能
	徐国平	儿子	1979年10月	男	母亲	徐爱妹
	王蓓蕾	儿媳	1980年5月	女		
	徐千茹	孙女	2004年8月	女		
家庭大事	1991年翻建楼房； 2002年购买汽车1辆； 2006年搬迁至锦隆佳园； 2015年购买别墅1套。					

	姓名	与户主关系	出生年月	性别	已故家属	
					称呼	姓名
现有家庭人员	徐月亮	户主	1964年3月	男	祖父	徐阿金
	陈金珍	妻子	1967年5月	女	继父	朱志宝
	徐 蕾	女儿	1989年7月	女	父亲	徐志文
	徐妹妹	孙女	2011年6月	女	母亲	徐银宝
家庭大事	2005年拆迁，分配锦隆佳园商品房2套。					

	姓名	与户主关系	出生年月	性别	已故家属	
					称呼	姓名
现有家庭人员	钱永明	户主	1955年4月	男	祖父	钱杏生
	陆凤仙	妻子	1956年11月	女	祖母	钱大妹
	钱刚	儿子	1979年3月	男	父亲	钱为中
	王赟	儿媳	1979年8月	女		
	钱楷文	孙子	2006年10月	男		
	钱秀珍	母亲	1936年3月	女		
家庭大事	1986年建别墅1套； 1991年购买汽车1辆； 1998年钱刚考入南京理工大学； 2000年王赟考入苏州大学； 2009年建别墅1套。					

	姓名	与户主关系	出生年月	性别	已故家属	
					称呼	姓名
现有家庭人员	徐永新	户主	1950年11月	男	祖父	徐阿土
	顾末宝	妻子	1952年1月	女	父亲	徐阿解
	徐文明	儿子	1971年2月	男		
	陈腊妹	儿媳	1971年9月	女		
	徐乔龙	孙子	1995年5月	男		
	王安琪	孙媳	1994年4月	女		
	徐言峰	曾孙子	2019年3月	男		
	徐文彪	儿子	1972年9月	男		
	丁巧娣	儿媳	1973年11月	女		
	徐娇燕	孙女	2000年2月	女		
家庭大事	2003年购买汽车1辆。					

	姓名	与户主关系	出生年月	性别	已故家属	
					称呼	姓名
现有家庭人员	钱裕德	户主	1939年3月	男	祖父	钱金荣
	杨彩珍	妻子	1944年9月	女	父亲	钱鸿伟
	钱 彪	儿子	1965年3月	男		
	沈月珍	儿媳	1965年3月	女		
	钱金娟	孙女	1988年3月	女		
家庭大事	2019年搬迁至杜桥小区。					

	姓名	与户主关系	出生年月	性别	已故家属	
					称呼	姓名
现有家庭人员	陆裕珍	户主	1967年1月	女	父亲	陆阿兴
	冯建青	丈夫	1968年2月	男		
	冯 瑶	女儿	1991年2月	女		
	赵其龙	女婿	1988年7月	男		
	冯梓豪	孙子	2016年9月	男		
家庭大事	2008年冯瑶考入南京信息工程大学； 2014年购买汽车1辆； 2014年赵其龙考入盐城工学院； 2015年购买经济房1套。					

五联村第三十五组

	姓名	与户主关系	出生年月	性别	已故家属	
					称呼	姓名
现有家庭人员	徐俊德	户主	1949年4月	男	父亲	徐友仁
	龚梅英	妻子	1947年9月	女	母亲	周大妹
	徐玉芳	女儿	1972年12月	女		
	乔忠全	女婿	1966年9月	男		
	徐 含	孙女	1997年3月	女		
	徐玉琴	女儿	1975年10月	女		
	张 辉	女婿	1974年2月	男		
	张 洋	孙子	2000年3月	男		
家庭大事	2004年购买汽车1辆、商品房1套； 2006年拆迁，分配锦隆佳园商品房2套； 2012年购买汽车1辆。					

	姓名	与户主关系	出生年月	性别	已故家属	
					称呼	姓名
现有家庭人员	钱惠琴	户主	1944年12月	女	女婿	王明芳
	张惠良	丈夫	1941年1月	男		
	钱永珍	女儿	1965年6月	女		
	钱宏章	孙子	1986年8月	男		
	钱毅苒	曾孙子	2011年5月	男		
家庭大事	1988年购买商品房1套； 1997年翻建楼房； 2004年钱宏章考入石家庄铁道大学四方学院； 2009年拆迁，分配锦隆佳园商品房2套。					

五联村志·村民家庭记载

现有家庭人员	姓名	与户主关系	出生年月	性别	已故家属	
					称呼	姓名
	陆凤珍	户主	1959年5月	女	父亲	陆志忠
	陆李霞	女儿	1979年1月	女	母亲	徐小妹

家庭大事	1981年建平房; 1998年陆李霞考入上海外国语大学; 2019年购买汽车1辆。

现有家庭人员	姓名	与户主关系	出生年月	性别	已故家属	
					称呼	姓名
	陆弟明	户主	1963年5月	男	父亲	陆志义
	陈彩娥	妻子	1962年1月	女		
	陆 英	女儿	1985年9月	女		
	刘陆洲	孙子	2012年12月	男		

家庭大事	1989年建楼房; 2006年陆英考入江南大学。

现有家庭人员	姓名	与户主关系	出生年月	性别	已故家属	
					称呼	姓名
	陆弟林	户主	1966年12月	男	父亲	陆志义
	卫银凤	妻子	1969年1月	女		
	陆 佳	儿子	1990年8月	男		
	陶白妹	母亲	1942年7月	女		

家庭大事	2006年拆迁,分配锦隆佳园商品房2套; 2009年购买商品房1套。

	姓名	与户主关系	出生年月	性别	已故家属	
					称呼	姓名
现有家庭人员	陆金龙	户主	1954年1月	男	父亲	陆梅生
	徐金秀	妻子	1953年4月	女		
	陆引华	儿子	1976年6月	男		
	孙桃芹	儿媳	1972年9月	女		
	陆宇浩	孙子	1999年11月	男		
	陆引芬	女儿	1973年11月	女		
	邵白妹	母亲	1937年10月	女		
家庭大事	1985年建楼房； 2009年拆迁，分配锦隆佳园商品房4套； 2018年购买汽车1辆。					

	姓名	与户主关系	出生年月	性别	已故家属	
					称呼	姓名
现有家庭人员	陆金坤	户主	1963年1月	男	父亲	陆梅生
	郑彩华	妻子	1962年6月	女		
	陆郑强	儿子	1985年9月	男		
	赵宏丽	儿媳	1980年3月	女		
	陆昱蓉	孙女	2008年8月	女		
	陆昕雨	孙女	2011年10月	女		
家庭大事	1998年购买商品房1套； 2007年搬迁至锦隆佳园； 2009年购买汽车1辆。					

现有家庭人员	姓名	与户主关系	出生年月	性别	已故家属	
					称呼	姓名
	陆金明	户主	1966年4月	男	父亲	陆梅生
	马士英	妻子	1969年12月	女		
	马沁沁	女儿	1991年3月	女		
家庭大事	1984年陆金明参军入伍并加入中国共产党,1989年退伍。					

现有家庭人员	姓名	与户主关系	出生年月	性别	已故家属	
					称呼	姓名
	陆建华	户主	1956年4月	男	母亲	陶阿娥
	李 彬	妻子	1957年12月	女		
	陆 伟	儿子	1981年6月	男		
	毛德仙	儿媳	1984年5月	女		
	陆思神	孙子	2008年8月	男		
	陆憬然	孙子	2015年10月	男		
	陆培生	父亲	1932年6月	男		
家庭大事	1990年建楼房; 2008年拆迁,分配锦隆佳园商品房3套; 2010年购买汽车1辆。					

	姓名	与户主关系	出生年月	性别	已故家属	
					称呼	姓名
现有家庭人员	陆建中	户主	1960 年 6 月	男	母亲	陶阿娥
	徐素玲	妻子	1964 年 10 月	女		
	陆 英	女儿	1982 年 1 月	女		
	朱春龙	女婿	1983 年 6 月	男		
	朱俊睿	孙子	2010 年 7 月	男		
	陆娇冰	孙女	2007 年 5 月	女		
家庭大事	1989 年建楼房； 2002 年购买门面房 2 套； 2008 年陆英考入南通大学； 2010 年搬迁至锦隆佳园。					

	姓名	与户主关系	出生年月	性别	已故家属	
					称呼	姓名
现有家庭人员	陆和生	户主	1952 年 7 月	男	父亲	陆志华
	徐银珍	妻子（离婚）	1955 年 12 月	女	母亲	沈小妹
	陆国锋	儿子	1976 年 4 月	男		
	徐 英	儿媳	1970 年 5 月	女		
家庭大事	1986 年建楼房； 2005 年搬迁至锦隆佳园。					

	姓名	与户主关系	出生年月	性别	已故家属	
					称呼	姓名
现有家庭人员	陆小和	户主	1958年1月	男	父亲	陆志华
	姚坤妹	妻子	1959年9月	女	母亲	沈小妹
	陆国明	儿子	1982年4月	男		
	李树云	儿媳	1983年6月	女		
	陆梓皓	孙子	2007年12月	男		
	陆梓溪	孙女	2018年4月	女		
家庭大事	2005年搬迁至锦隆佳园。						

	姓名	与户主关系	出生年月	性别	已故家属	
					称呼	姓名
现有家庭人员	陆志亳	户主	1935年8月	男	祖父	陆仲夫
	陆金凤	女儿	1954年10月	女	父亲	陆阿金
	陆胜培	女婿	1952年10月	男		
	陆春明	孙子	1980年1月	男		
	缪秀芳	孙媳	1982年10月	女		
	陆缪杰	曾孙子	2004年5月	男		
	缪司晨	曾孙子	2010年3月	男		
家庭大事	1989年建楼房； 1999年购买商品房1套； 2006年搬迁至锦隆佳园； 2011年购买汽车1辆。						

现有家庭人员	姓名	与户主关系	出生年月	性别	已故家属	
					称呼	姓名
	陆志鹏	户主	1946年5月	男	祖父	陆仲夫
	唐阿娥	妻子	1949年10月	女	祖母	龚巧妹
	唐雪明	儿子	1971年11月	男	父亲	陆阿金
	唐佳怡	孙女	1995年1月	女	母亲	陈媛娣
					儿媳	钱莉英

家庭大事	1988年建楼房； 2006年搬迁至锦隆佳园； 2011年购买汽车1辆。

现有家庭人员	姓名	与户主关系	出生年月	性别	已故家属	
					称呼	姓名
	陆志文	户主	1956年10月	男	父亲	陆阿金
	陆阿梅	妻子	1959年7月	女	母亲	陈媛娣
	陆金华	儿子	1981年4月	男		
	高秀梅	儿媳	1981年8月	女		
	陆奕铭	孙子	2008年8月	男		

家庭大事	1989年建楼房； 2000年陆金华考入华北工学院； 2003年高秀梅考入山东大学。

	姓名	与户主关系	出生年月	性别	已故家属	
					称呼	姓名
现有家庭人员	徐月初	户主	1954年9月	男	祖父	徐裕富
	陆同珍	妻子	1954年1月	女	祖母	钱老太
	徐昔文	儿子	1975年8月	男	父亲	徐俊明
	张雨娟	儿媳	1978年6月	女	母亲	邵冬宝
	徐子斐	孙女	2000年8月	女		
	徐文雅	儿子	1978年2月	男		
	王珏	儿媳	1978年12月	女		
	徐浩然	孙子	2005年4月	男		
	王悦宁	孙女	2015年7月	女		
家庭大事	1980年从老宅搬至东风河边平房； 1988年翻建楼房； 1999年购买商品房1套； 2001年创办昆山雅新涂装工程有限公司； 2010年拆迁，分配锦隆佳园商品房3套。					

	姓名	与户主关系	出生年月	性别	已故家属	
					称呼	姓名
现有家庭人员	徐旭初	户主	1962年7月	男	父亲	徐俊明
	徐金芬	妻子	1962年1月	女	母亲	邵冬宝
	徐昔花	女儿	1985年8月	女		
	沈伟	女婿	1986年9月	男		
	徐浩天	孙子	2009年1月	男		
	沈菡	孙女	2011年8月	女		
家庭大事	1989年购买商品房1套； 2003年购买商品房1套； 2005年购买汽车1辆。					

254

现有家庭人员	姓名	与户主关系	出生年月	性别	已故家属	
					称呼	姓名
	徐旭中	户主	1966 年 8 月	男	父亲	徐俊明
	俞恒霞	妻子	1973 年 8 月	女	母亲	邵冬宝
	徐雯婷	女儿	1997 年 4 月	女		

家庭大事	1986 年徐旭中参军入伍并加入中国共产党，1990 年退伍； 2007 年搬迁至锦隆佳园； 2014 年徐雯婷考入上海应用技术大学。

现有家庭人员	姓名	与户主关系	出生年月	性别	已故家属	
					称呼	姓名
	徐大毛	户主	1953 年 12 月	男	祖父	徐裕元
	沈菊珍	妻子	1955 年 9 月	女		
	徐文芳	女儿	1982 年 10 月	女		
	李 明	女婿	1983 年 2 月	男		
	徐艺溪	孙子	2009 年 6 月	男		
	徐伯良	父亲	1935 年 9 月	男		
	徐小妹	母亲	1936 年 3 月	女		

家庭大事	1993 年翻建楼房； 2007 年拆迁； 2007 年徐文芳考入南京财经大学； 2014 年购买汽车 1 辆。

	姓名	与户主关系	出生年月	性别	已故家属	
					称呼	姓名
现有家庭人员	徐小毛	户主	1957年9月	男		
	姚凤英	妻子	1960年9月	女		
	徐文华	儿子	1981年12月	男		
	谢兰兰	儿媳	1979年9月	女		
	徐子欣	孙女	2008年9月	女		
	周子毫	孙子	2005年10月	男		
家庭大事	1988年建楼房； 2006年搬迁至锦隆佳园。					

	姓名	与户主关系	出生年月	性别	已故家属	
					称呼	姓名
现有家庭人员	徐效华	户主	1943年5月	男	祖父	徐裕元
	徐雪峰	儿子	1964年12月	男	祖母	邵二宝
	邵建珍	儿媳	1968年5月	女	父亲	徐秉羲
	徐雪芬	女儿	1970年1月	女	母亲	邵秀宝
	徐 莺	孙女	1988年2月	女	妻子	陆梅兰
家庭大事	1993年建楼房； 2009年搬迁至锦隆佳园。					

五联村第三十六组

	姓名	与户主关系	出生年月	性别	已故家属	
					称呼	姓名
现有家庭人员	徐雪龙	户主	1948年5月	男	父亲	徐纪仁
	谢幼妹	妻子	1951年8月	女	母亲	邵云宝
	徐 恩	儿子	1978年11月	男		
	马士萍	儿媳	1980年5月	女		
	徐晨杰	孙子	2007年10月	男		
家庭大事	1969年建平房3间； 1983—1987年徐雪龙担任莫家村党支部书记； 1997年徐恩考入南京审计学院。					

	姓名	与户主关系	出生年月	性别	已故家属	
					称呼	姓名
现有家庭人员	徐 明	户主	1963年6月	男	祖父	徐纪仁
	徐惠琴	妻子	1962年8月	女	祖母	徐阿秀
	徐国栋	儿子	1987年5月	男	祖母	邵云宝
	徐晨倩	儿媳	1989年9月	女	父亲	徐孝友
	徐若仪	孙女	2016年11月	女		
	顾惠珍	母亲	1941年10月	女		
家庭大事	1976年翻建房子，2009拆迁，分配锦隆佳园商品房2套； 2000年购买商品房1套； 2006年徐国栋考入西南大学； 2007年购买汽车1辆。					

现有家庭人员	姓名	与户主关系	出生年月	性别	已故家属	
					称呼	姓名
	徐　俊	户主	1970年2月	男	祖父	徐纪仁
	杨敏芳	妻子	1970年6月	女	祖母	徐阿秀
	徐文豪	儿子	1993年7月	男	父亲	徐阿炳
					母亲	徐大巧

家庭大事	1990年翻建平房3间； 2008年购买汽车1辆。

现有家庭人员	姓名	与户主关系	出生年月	性别	已故家属	
					称呼	姓名
	徐海滨	户主	1972年1月	男	祖父	徐元龙
	吴　君	妻子	1972年9月	女	祖母	浦老大
	徐　倩	女儿	1999年8月	女	父亲	徐东林
	徐海琴	妹妹	1974年9月	女		
	龚金兰	母亲	1949年1月	女		

家庭大事	1990年翻建平间4间； 2005年搬迁至锦隆佳园。

	姓名	与户主关系	出生年月	性别	已故家属	
					称呼	姓名
现有家庭人员	戴泉英	户主	1952年2月	女	公公	徐元龙
	徐 荣	儿子	1978年8月	男	婆婆	浦老大
	徐 萍	女儿	1980年1月	女	丈夫	徐福兴
	滕康圣	女婿	1971年12月	男		
	滕 轩	孙女	2001年6月	女		
家庭大事						

	姓名	与户主关系	出生年月	性别	已故家属	
					称呼	姓名
现有家庭人员	钱佰生	户主	1950年1月	男	祖父	钱双喜
	夏秀珍	妻子	1952年12月	女	父亲	钱裕贤
	钱芬芳	女儿	1974年9月	女		
	李 宾	女婿	1974年9月	男		
	钱 晨	孙子	1999年5月	男		
家庭大事	1991年建楼房； 2017年钱晨考入江西科技师范大学。					

	姓名	与户主关系	出生年月	性别	已故家属	
					称呼	姓名
现有家庭人员	钱佰勤	户主	1958年11月	男	祖父	钱双喜
	王雪英	妻子	1969年4月	女	父亲	钱裕贤
	钱俊芳	女儿	1991年1月	女	母亲	沈妹金
	邹佳芸	孙女	2017年9月	女		
家庭大事	2004年搬迁至锦隆佳园； 2010年钱俊芳考入江苏大学京江学院； 2015年购买汽车1辆。					

五联村志·村民家庭记载

	姓名	与户主关系	出生年月	性别	已故家属	
					称呼	姓名
现有家庭人员	钱永其	户主	1946年10月	男	父亲	钱惠范
	陆菊宝	妻子	1948年12月	女	母亲	钱菊娣
	钱志刚	儿子	1968年11月	男		
	钱丽娜	孙女	1992年11月	女		
	钱志强	儿子	1974年9月	男		
	顾 萍	儿媳	1974年3月	女		
	顾名君	孙子	1997年1月	男		
家庭大事	1990年建楼房； 1998年购买商品房1套； 2011年钱丽娜考入扬州大学； 2016年购买汽车1辆。					

	姓名	与户主关系	出生年月	性别	已故家属	
					称呼	姓名
现有家庭人员	钱永林	户主	1952年12月	男	父亲	钱惠范
	钱云英	女儿	1980年11月	女	母亲	钱菊娣
	韩忠元	女婿	1977年11月	男	妻子	莫凤仙
	韩钱晨	孙女	2003年2月	女		
家庭大事	1992年建楼房； 2003年翻建楼房； 2009年在锦隆佳园购买商品房1套； 2018年购买汽车1辆。					

260

	姓名	与户主关系	出生年月	性别	已故家属	
					称呼	姓名
现有家庭人员	沈秋生	户主	1962年10月	男	岳父	钱裕明
	钱琴芳	妻子	1966年9月	女		
	钱琳娟	女儿	1987年10月	女		
	陈 超	女婿	1986年2月	男		
	陈子贤	孙子	2011年11月	男		
	钱子麒	孙子	2014年11月	男		
	沈根妹	岳母	1944年12月	女		
家庭大事	1985年翻建平房4间； 1991年翻建楼房； 2005年搬迁至锦隆佳园； 2006年购买汽车1辆。					

	姓名	与户主关系	出生年月	性别	已故家属	
					称呼	姓名
现有家庭人员	钱为明	户主	1951年10月	男	父亲	钱裕鹿
	龚丽娟	妻子	1948年1月	女	母亲	钱小妹
	钱亚琴	女儿	1972年1月	女		
	钱亚明	儿子	1974年11月	男		
	沈红芳	儿媳	1974年2月	女		
	钱佳毓	孙女	1997年12月	女		
家庭大事	1984年建平房4间； 1994年购买商品房1套； 2004年钱亚明考入南京大学； 2005年拆迁，分配锦隆佳园商品房2套； 2013年购买汽车1辆； 2015年钱佳毓考入江苏联合职业技术学院。					

	姓名	与户主关系	出生年月	性别	已故家属	
					称呼	姓名
现有家庭人员	钱金凤	户主	1947年7月	女	公公	严永兴
	严叶飞	儿子	1975年9月	男	婆婆	俞聪姐
	沈 劼	儿媳	1978年1月	女	丈夫	严健宝
	严嘉盛	孙子	2004年1月	男		
	严艳萍	女儿	1969年8月	女		
	严艳莲	女儿	1972年6月	女		
家庭大事	1978年建平房3间； 1992年翻建楼房； 1994年严叶飞考入扬州大学； 2004年购买汽车1辆； 2005年搬迁至锦隆佳园。					

	姓名	与户主关系	出生年月	性别	已故家属	
					称呼	姓名
现有家庭人员	钱启元	户主	1948年10月	男	祖父	钱裕龙
	钱祖芳	妻子	1952年6月	女	父亲	钱杏弟
	钱晓东	儿子	1975年9月	男		
	谈美琴	儿媳	1975年11月	女		
	钱谈珏	孙女	2000年6月	女		
	谈敏珏	孙女	2007年1月	女		
家庭大事	1990年建楼房； 2012年购买商品房1套； 2015年购买汽车1辆； 2019年搬迁至锦隆佳园。					

	姓名	与户主关系	出生年月	性别	已故家属	
					称呼	姓名
现有家庭人员	钱文娟	户主	1979年10月	女	曾祖父	钱保和
	顾春华	丈夫	1978年7月	男	曾祖母	钱顾氏
	顾骏晨	儿子	2002年11月	男	祖父	钱弟生
	钱宇泽	儿子	2007年2月	男	祖母	项阿和
	徐三妹	母亲	1958年7月	女	父亲	钱祖华
家庭大事	1992年建楼房； 2001年购买商品房1套； 2009年购买汽车1辆。					

	姓名	与户主关系	出生年月	性别	已故家属	
					称呼	姓名
现有家庭人员	钱建元	户主	1956年8月	男	父亲	钱根林
					母亲	钱四宝
					妻子	凌菊芬
					儿子	钱雪锋
家庭大事						

	姓名	与户主关系	出生年月	性别	已故家属	
					称呼	姓名
现有家庭人员	毛爱妹	户主	1942年6月	女	公公	钱阿金
	钱华英	女儿	1965年12月	女	婆婆	朱大妹
					丈夫	钱家栋
家庭大事						

昆山高新区（玉山镇）村志系列丛书

五联村志

WULIAN CUNZHI

昆山高新区（玉山镇）村志系列丛书编纂委员会 编

苏州大学出版社
Soochow University Press

图书在版编目（CIP）数据

五联村志／马建华主编；昆山高新区（玉山镇）村志系列丛书编纂委员会编. — 苏州：苏州大学出版社，2022.12

（昆山高新区（玉山镇）村志系列丛书）

ISBN 978-7-5672-4163-3

Ⅰ.①五… Ⅱ.①马… ②昆… Ⅲ.①村史－昆山 Ⅳ.①K295.35

中国版本图书馆 CIP 数据核字（2022）第 240868 号

五联村志

编　　者	昆山高新区（玉山镇）村志系列丛书编纂委员会
主　　编	马建华
责任编辑	杨宇笛
助理编辑	汝硕硕
装帧设计	刘　俊
出版发行	苏州大学出版社
地　　址	苏州市十梓街 1 号
邮　　编	215006
电　　话	0512-67481020
网　　址	http://www.sudapress.com
邮　　箱	sdcbs@suda.edu.cn
印　　刷	苏州市深广印刷有限公司
开　　本	787 mm×1 092 mm　1/16　插页 16　印张 41.25(共两册)　字数 713 千
版　　次	2022 年 12 月第 1 版 2022 年 12 月第 1 次印刷
书　　号	ISBN 978-7-5672-4163-3
定　　价	120.00 元(共两册)

版权所有　侵权必究

昆山市地方文献丛书编纂委员会

顾　　问：徐华东　单　杰

主　　任：朱建忠

副 主 任：苏　晔　程　知

成　　员：徐　琳　杨伟娴　何旭倩　谢玉婷

昆山高新区（玉山镇）村志系列丛书编纂委员会

总 顾 问：孙道寻

主　　任：陈青林

副 主 任：孔维华　沈跃新　范洪春　石建刚

委　　员：董文芳　王志刚　龚奕奕　刘清涛
　　　　　毛伟华　陆轶峰

审定单位

昆山高新技术产业开发区管理委员会

昆山市地方志编纂委员会办公室

昆山高新区（玉山镇）村志系列丛书编纂办公室

主　　任：刘清涛

副 主 任：姚　兰　高喜冬　张振华

成　　员：姚　晨　赵赋俊

编纂统筹：苏洪根

编　　务：张国良　金小华　朱小萍　周凤花

《五联村志》编纂委员会

主　　任：马建华

副 主 任：朱　云　龚弟林

委　　员：张永明　沈秋生　陆阿根　顾丽军　贾　燕
　　　　　项小琴　唐振强　李　平

《五联村志》编纂组

主　　编：马建华

副 主 编：朱　云

特聘总纂：陈立雄

撰　　稿：张银龙（主笔）　李介平　陆振球

编　　务：贾　燕　潘雪娟　唐妹花　朱荷妹　朱阿巧
　　　　　沈剑英

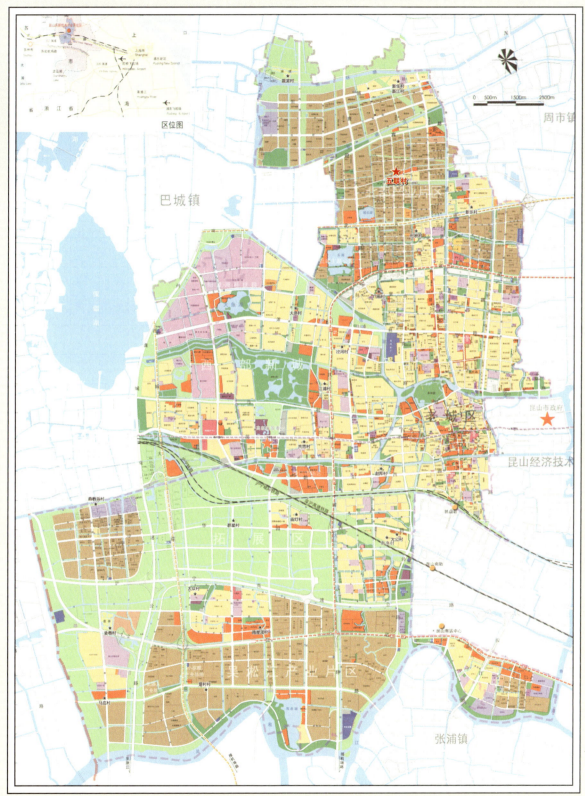

注：①本示意图由昆山高新区规划建设局提供（2020年）
②★表示五联村在昆山高新区（玉山镇）的位置

昆山高新区（玉山镇）区划示意图

↑ 五联村全景图（2019年，周金俊摄）

俯瞰锦隆佳园（2019年，周金俊摄）

上 五联路绿化环境（2019年，周金俊摄）
下 锦隆佳园健身广场（2019年，周金俊摄）

上　位于锦隆佳园的福娃幼儿园（2019年，周金俊摄）
中　五联小学（2019年，周金俊摄）
下　五联村农家书屋（2019年，张银龙摄）

上 五联路商业街东部区域（2019年，周金俊摄）
中 五联路商业街西部区域（2019年，周金俊摄）
下 五联路商业街中部区域（2019年，周金俊摄）

- 位于望山路的昆山高新区党校（2019年，周金俊摄）
- 驻村企业——弘迪精密机械有限公司（2019年，张银龙摄）
- 五联村门球队在训练（2019年，张银龙摄）

上　位于丁泾河东入口处的支家庄站闸（2019年，张银龙摄）
下　五联生态园（2019年，张银龙摄）

上 五联生态园景观（2019年，张银龙摄）
下 五联生态园一角（2019年，张银龙摄）

上 团结河都市路桥（2019年，张银龙摄）
下 工农兵桥（2019年，张银龙摄）

上 穿越五联村北部的迎宾路（2019年，张银龙摄）
中 望山路北段（2019年，周金俊摄）
下 五联村永丰余路（2019年，周金俊摄）

上 五联路东段（2019年，张银龙摄）
下 优德路（2019年，张银龙摄）

上 五联村北部的新塘河（2019年，周金俊摄）

中 五联村中心河（2019年，张银龙摄）

下 五联村东部的皇仓泾（2019年，张银龙摄）

上 五联村西部的大渔塘河（2019年，周金俊摄）
下 整治后的支家庄一角（2019年，张银龙摄）

▶ 五联村"两委会"成员合影
　左起：李平、贾燕、龚弟林、马建华、朱云、项小琴、唐振强（2019年，张银龙摄）

▶ 最新一届五联村"两委会"成员合影
　左起：李平、项小琴、朱云、曹双东、龚弟林、贾燕、唐振强（2022年，张银龙摄）

江苏省级、苏州市级荣誉

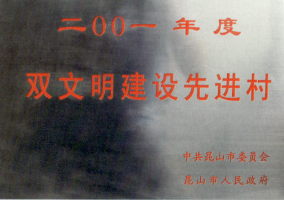

昆山市级荣誉

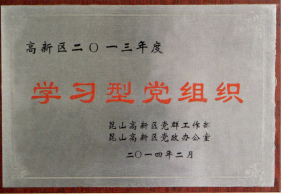

昆山市级、昆山高新区级荣誉

昆山高新区级荣誉

上 《五联村志》编纂工作小组成员合影(2019年,张银龙摄)
左起:张银龙、李介平、朱荷妹、沈剑英、朱云、唐妹花、朱阿巧、陆振球

总　序

盛世修志，志载盛世。

值此中国共产党第二十次全国代表大会胜利召开的喜庆之年，欣闻"昆山高新区（玉山镇）村志系列丛书"之《庙灯村志》《赵厍村志》《共青村志》《大渔村志》《五联村志》《大众村志》《景村村志》《唐龙村志》8部村志即将付梓。编修乡镇村志是落实国家"十四五"规划纲要，助力乡村文化振兴的一项重要内容，任务艰巨、意义重大。

2018年，昆山高新区（玉山镇）启动22个建制村的村志编修工作，为探索新型城镇化发展经验、发展模式、发展道路提供历史智慧和现实借鉴，也是响应国家"学党史、学新中国史、学改革开放史、学社会主义发展史"的生动实践。村落是乡土文化赖以生存的土壤，活态地保存着各种村庄形态、传统民居、传统美食和民俗风情。村庄里的一座座祠堂、一本本家谱、一口口古井、一条条古道，无一不是村落文化的印记。那些反映宗族文化的家风家训、乡规乡约，反映村民声音的方言俚语，反映传统生活方式的手工技艺、民俗节庆等，对生活在这片土地上的村民来说，是难以割舍的精神滋养。

史志合一，存史资政。"昆山高新区（玉山镇）村志系列丛书"脉络清晰，内容丰富；既有理论，又有实践；既有历史，又有现实，客观地再现了村民们在伟大历史进程中的奋进足迹和优异成绩。村志作为省、市、县三级志书的延伸和拓展，其丰富多彩的体裁形式在一定程度上体现了盛世修志工作的灵活性、包容性和多样性。

修史问道，以启未来。希望"昆山高新区（玉山镇）村志系列丛书"能讲好昆山高新区（玉山镇）乡村振兴的故事，并把昆山高新区（玉山镇）的故事

和智慧传递得更远。同时，在新征程上，我们期待全区广大干部和村民能够持续聚焦乡村振兴，做这一历史伟业的见证者、记录者和传承者。

历史是人民创造的，也是人民书写的。在此，谨向在昆山高新区（玉山镇）发展改革进程中洒下了汗水、奉献了青春的先辈们致以崇高的敬意！向辛勤编纂"昆山高新区（玉山镇）村志系列丛书"的编纂人员表示衷心的感谢！

是为序。

中共昆山市委常委
昆山高新区党工委书记　孙道寻
2022年12月

序

　　盛世修志。在我们党两个一百年的历史交汇期，经过《五联村志》编纂组3年的辛勤耕耘，《五联村志》终于付梓，这是五联村的历史记录、时代篇章，亦是五联村文化建设的又一成果。作为五联村领导层的新成员，能在担任村党总支书记期限内完成这样一件有意义的大事，我感到非常荣幸。读着《五联村志》，我感到格外亲切，对这片土地倍加情深。

　　五联村位于昆山高新区（玉山镇）的北部。中华人民共和国成立前，五联人世世代代勤奋努力，但仍摆脱不了贫穷、落后、挨饿的困境。中华人民共和国成立后，在中国共产党领导下，五联人翻身做了主人。改革开放后，五联村有了翻天覆地的变化。借助"昆山之路"的开创，曾经的贫困区域转眼成为建设热地，经济和社会事业快速发展，村民富足安康。

　　《五联村志》是第一部专门记载五联史实的地情资料文献，上自1441年，下至2019年年底。全书有"村情概览""农副业"等13章，"建置沿革""自然环境"等41节，其中"五联路商业街"一章，通过一条路的变迁，讲述了五联村自改革开放以来的巨大变化，突出了时代特征和地方特色。《五联村志》以一地之盛衰为主题，融思想性、时代性、科学性于一体，资料丰富，逻辑严谨，有助于存史、资政、教化，给人以启迪和激励。《五联村志》的出版，有助于读者了解地情，察古观今，增强政治远见；对于广大村民特别是青少年来说，《五联村志》是一部集爱国主义、社会主义和传统教育于一体的乡土教材，有利于读者了解五联村的过去和现在，弘扬我们祖辈勤劳、朴实、艰苦奋斗的优良传统，稽古鉴今，承前启后；对于曾经在这片土地上辛勤工作过的老前辈来说，阅读本志可以唤起对往昔峥嵘岁月的深深回忆，并从五联村的巨大变化中得到

慰藉。

《五联村志》的编纂人员在浩如烟海的资料中广征博采，整理归类，取舍编撰，锲而不舍、乐此不疲。其间，得到了上海和苏州的专家学者、昆山市方志办和昆山高新区村志办的具体指导，得到了五联村"五老"人员和有关人士的关心、支持，为提高志书质量和加快编写进度提供了可靠保障，对此我表示由衷的感谢。

当前，我们正处在新的发展时期，全国人民正以习近平新时代中国特色社会主义思想为指导，开启第二个百年新征程。愿全村干部和群众坚持以经济建设为中心，高举中国特色社会主义伟大旗帜，努力工作，用勤劳的双手谱写五联村更新、更美的历史篇章。

是为序。

昆山高新区（玉山镇）
五联村党总支书记 
2022 年 11 月

 # 凡 例

一、本志以马克思列宁主义、毛泽东思想、邓小平理论、"三个代表"重要思想、科学发展观、习近平新时代中国特色社会主义思想为指导，坚持实事求是的历史唯物主义原则，全面、系统地记载村域自然与历史、演变与现状，发挥存史、资政、教化、育人之功能，体现记录历史、传承文化、服务乡村振兴、激发爱国爱乡情怀的特有价值。

二、本志上限为公元1441年，下限为2019年12月31日。正文中图照下限为2019年年底，大事记下限延至2020年年底，志前彩页下限延至2022年年底。

三、本志所记载地域范围，为2019年年底五联村辖区，历史上村域根据变化如实记载。2001年8月前的"五联"，指原五联村；此后则指五联、丁泾、莫家合并的五联村。

四、本志采用章、节、目结构，横分门类，纵述史实，辅以图表、照片。序、概述以述为主；大事记以编年体为主，辅以纪事本末体。

五、本志纪年方法，1912年之前采用朝代年号纪年，括注公元纪年，1912年之后采用公元纪年。

六、本志选录资料多来源于史料、档案、年鉴，均经严谨核实，为节省篇幅不再一一注明出处。部分采自口述，亦经过反复核准，整理入篇。

七、本志行文采用语体文，并采用斤（1斤=0.5千克）、里（1里=500米）、亩（1亩≈666.67平方米）等计量单位。

八、本志所载人物，以本籍为主，兼收客籍人士。遵循生不立传原则，健在者以"人物简介"及"名录"形式入志。

目　录

001／　概述
006／　大事记

第一章　村情概览

038／　第一节　建置沿革
038／　　一、区位交通
038／　　二、历史沿革
042／　　三、自然村落
069／　第二节　自然环境
069／　　一、地形地貌
069／　　二、河流
075／　　三、气候
076／　　四、灾害
078／　第三节　自然资源
078／　　一、土地资源
080／　　二、水利资源
080／　　三、生物资源

082／　第四节　人口概况
082／　　一、人口总量
085／　　二、人口结构
094／　　三、计划生育
097／　　四、外来人口管理

第二章　村级组织

100／　第一节　党的建设
100／　　一、中共党组织
104／　　二、中共党员
108／　　三、党务工作
111／　第二节　村民自治组织
111／　　一、大队管理委员会
112／　　二、村民委员会
113／　第三节　群团组织
113／　　一、共青团
114／　　二、妇女代表大会
115／　　三、民兵组织

115 /	四、农民组织		146 /	二、土地改革
116 /	五、老年协会		147 /	三、农业合作化
124 /	第四节　村务		148 /	四、人民公社化
124 /	一、确权登记		149 /	五、家庭联产承包责任制
125 /	二、土地征用补偿		151 /	六、土地规模经营
125 /	三、股份合作社		152 /	第二节　农田水利
126 /	四、富民合作社		152 /	一、水利建设
			153 /	二、丰产方
	第三章　村庄建设		154 /	第三节　农作物种植
			154 /	一、水稻
130 /	第一节　基础设施		158 /	二、三麦
130 /	一、河道		160 /	三、油菜
130 /	二、道路		160 /	四、农机农具
135 /	三、桥梁		164 /	五、肥料种类
136 /	四、圩堤		166 /	第四节　多种经营
137 /	五、站闸		166 /	一、水产养殖
138 /	六、邮电通信		174 /	二、禽畜饲养
139 /	七、供电供水		175 /	三、蔬菜种植
139 /	八、住房建设		176 /	四、花果树木
141 /	第二节　环境整治			
141 /	一、河道改造			**第五章　村级经济**
141 /	二、卫生清洁			
142 /	三、生态保护		178 /	第一节　经济综情
143 /	四、综合整治		178 /	一、经济发展
			179 /	二、集体收入
	第四章　农副业		180 /	三、资产总量
			181 /	四、经济管理
146 /	第一节　农业生产体制		182 /	五、经济效益
146 /	一、土地私有制			

184／　第二节　乡村企业
184／　　一、村（大队）办企业
185／　　二、民营企业
187／　　三、驻村企业
189／　第三节　配套设施
189／　　一、标准厂房
189／　　二、打工楼

第六章　五联路商业街

192／　第一节　五联路
192／　　一、筑路背景
193／　　二、机耕路
193／　　三、水泥路
195／　第二节　商业街
195／　　一、便民服务商业网点
196／　　二、门面房

第七章　精神文明建设

208／　第一节　思想道德建设
208／　　一、思想道德教育
209／　　二、敬老尊老服务
211／　第二节　文明风尚载体
211／　　一、党群服务
211／　　二、道德讲堂
212／　　三、志愿者服务
212／　　四、家庭评选
215／　　五、"善行义举榜"

第八章　文教体卫

218／　第一节　文化娱乐
218／　　一、阵地建设
219／　　二、团队活动
221／　第二节　教育
221／　　一、学校
225／　　二、教育教学
226／　　三、教师队伍
227／　第三节　群众体育
227／　　一、场地设施
228／　　二、体育团队
230／　第四节　卫生保健
230／　　一、私人诊所
230／　　二、血吸虫病防治
232／　　三、卫生站

第九章　村民生活

236／　第一节　村民收支
236／　　一、收入
238／　　二、消费
240／　第二节　衣食住行
240／　　一、住房
241／　　二、饮食
244／　　三、穿着
248／　　四、出行
248／　第三节　社会保障

248 / 一、养老保险
249 / 二、医疗保险

第十章 村落文化

254 / 第一节 地名文化
254 / 一、庙堂名
254 / 二、道路名
256 / 三、桥梁名
256 / 四、站闸名
257 / 第二节 文化遗产
257 / 一、古迹
258 / 二、工艺
260 / 三、地名传说
261 / 四、民歌
263 / 五、民谣
265 / 第三节 儿时游戏
265 / 一、集体游戏
268 / 二、时今童趣
272 / 第四节 方言 歇后语 俗语
　　　　　谚语
272 / 一、方言
285 / 二、歇后语
286 / 三、俗语
288 / 四、谚语

第十一章 习俗礼仪

294 / 第一节 岁时习俗

294 / 一、春节
296 / 二、二月二
296 / 三、清明
296 / 四、立夏
296 / 五、端午
297 / 六、乞巧
297 / 七、七月半
297 / 八、中秋节
298 / 九、重阳节
298 / 十、冬至
298 / 十一、廿四夜
299 / 第二节 人生礼仪
299 / 一、婚礼
305 / 二、生育
308 / 三、寿诞
309 / 四、丧葬

第十二章 人物·荣誉

314 / 第一节 人物传略
316 / 第二节 人物简介
317 / 第三节 人物名录
317 / 一、退伍军人
320 / 二、医护人员
323 / 三、教职工
325 / 四、下乡知青
330 / 五、安家落户人员
332 / 六、能工巧匠
337 / 七、大学生

358 / 第四节 荣誉

第十三章 往事留存

366 / 第一节 往事追忆
366 / 一、张文俊获赠宝剑
366 / 二、昆沙班改道
367 / 三、钱宝兴援老抗美
367 / 四、供应店最"闹猛"
368 / 五、打翻油瓶
368 / 六、杀猪被邻村买去
368 / 七、西瓜浮在水面上

369 / 八、莫家村民爱听说书
369 / 九、露天电影
370 / 十、吃杠醵
371 / 第二节 口述历史
371 / 一、苦中有乐的基层工作
373 / 二、一本珍贵的笔记本
374 / 三、"我"把青春献给这片土地
377 / 第三节 轶事留存
377 / 一、皇仓泾放杠网
378 / 二、积肥
381 / 编后记

 # 概 述

鉴往存今看五联

五联村位于昆山高新区（玉山镇）北部，是2001年8月由五联村、丁泾村、莫家村合并组建的建制村，2011年曾经跻身"苏州市村级经济发展百强村"行列，其发展变化体现出五联人对五联村的挚爱。

"三房合一子"的五联

五联村历史上有"三房"：五联、丁泾、莫家村。要了解这"三房合一子"的历史，不妨先翻开明嘉靖《昆山县志》，那时的村域隶属昆山县积善乡第二保；再翻看清光绪《昆新两县续修合志》，村域变成新阳县积善乡第二保——清雍正二年（1724）分置昆山、新阳两县后的结果。中华民国初期，昆山、新阳"合二为一"，村域回归昆山县。1929年，村域隶属昆山县第九区巴城乡。1934年后改为昆山县第二区青墩乡。1942年后，随着昆山县再次改制，村域归属巴城区青墩乡。中华人民共和国成立后，村域基本归属城北乡（公社、镇）管辖。21世纪，城镇化步伐加快，引起建制变动：先是乡镇合并，2000年，村域归属玉山镇；后是建制村合并，2001年8月，五联、丁泾、莫家3村合并为新的五联村。村域东南部为原五联村，东北部为原丁泾村，西部为原莫家村，3村构成"鼎足而立"之势。村域东西长约2 280米，南北长约1 840米，面积为4.2平方千米。村域内有21个自然村，其中钱家宅基、康宅位于最南，大渔塘位于最西，最北边的是盛家村、王家宅基、陆家村，皇仓泾是东面的边界，而外堰泾、外塘位于最东，这两个自然村的部分农田是村域唯一处在皇仓泾东地界的土地。

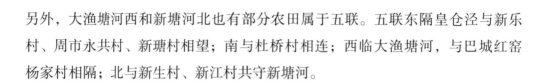

另外，大渔塘河西和新塘河北也有部分农田属于五联。五联东隔皇仓泾与新乐村、周市永共村、新塘村相望；南与杜桥村相连；西临大渔塘河，与巴城红窑杨家村相隔；北与新生村、新江村共守新塘河。

三面环河的五联

五联，三面环河，南望玉峰。

村域北倚新塘河，东傍皇仓泾，这两条河是昆山北部的主航道，前者为东西向，后者为南北向，西边则是大渔塘河。唯独南面的陆地，与杜桥村相接，其中有一部分依然是以河——杜桥河为界。整体地形顺着新塘河、皇仓泾和大渔塘河这三条河流呈现，东西界线相对较直，北部东西向的新塘河略向东北斜出。

濒临村域的皇仓泾、新塘河、大渔塘河等，都是圩外泄洪河道，河流通畅，航道宽广。历史上这里曾洪涝严重，村民们深受其害。中华人民共和国成立后的第二年春，昆山县政府组织进行了规模较大的修堤复圩工程，重点对主要干河新塘河、皇仓泾的大塘岸进行加固加高。1956年和1958年，两次拓浚皇仓泾；1976年，疏浚新塘河。1976年，人工开挖圩区防洪泄水骨干河道：团结河、东风河等。1996年，创建江苏省卫生镇时在皇仓泾两岸用楼板构筑驳岸，改善河道环境；2014年，又一次进行疏浚。如今，旱涝成为历史，取而代之的是帆影点点、桨声咿呀、草木葳蕤、落英缤纷。

河道纵横，其交通离不开渡口和桥梁。新塘河莫家区域有一个创办于1937年的渡口。渡口南岸是莫家居民，渡口北岸有莫家居民的60多亩耕地。渡口的设置，方便了农业生产。渡口设置全靠当地士绅捐助，他们买船、修房子供渡工居住，渡口直到20世纪60年代末才停摆。

道路成网的五联

村域内主干道二横三纵，次干道几十条，形成网络状的交通格局。

始发于玉山镇东门的昆北公路，是昆北地区陆上交通的主干线。1971年通车，1988年改建为水泥路面，近年来又再次拓宽。五联人从这里出发，走向外面的世界。北门路以玉峰山北麓为起点，不断延伸、扩宽……拉近了五联与市区的距离,以及与陆杨、周市、石牌、巴城等地的距离。五联人对北门路有特殊的情结:从期盼到满意,最后为它自豪。五联人并不满足于此,还有更多的期盼:"进发""创新""华富""成功""富宏""强安""水秀""亿升""优德""永丰余""都市""玉成""志圣"……单单从这些路名,就可以看出五联人的"鸿鹄之志"。其中有一条望山路(望着起伏的马鞍山),体现出五联人有更高、更远、更大的愿景,显示了五联人永无止境的追求。

经济多元的五联

村域曾是地势低洼和生产效益低下的农业地区。在100多年前,这里的农田大多属于二级,以低田、圩田为主的农田只适宜生长水稻、三麦、油菜,生产力和科技水平落后,主要还是靠天吃饭,村民主要依靠租田耕种维持生计。中华人民共和国成立后,经过土地改革,农民分得了土地,通过农业合作化、人民公社等组织形式,实行集体生产。通过良田的整治、水利设施的配备、机械灌溉的使用,粮食生产有了基本保证。改革开放后,群众的积极性倍增,通过解放生产力,生产成本降低了,粮食产量上去了,农民收入增加了。

农民收入的增加,更多还是依赖于非农经济的发展。1966年,从莫家成立建筑队开始,村域正式出现了非农经济。此后村域内陆陆续续创办了石灰厂、砖瓦厂、木盘厂、预制场、红木家具厂、电晕线厂、服装厂、玩具厂、绝缘材料厂、小五金弹簧厂、塑料焊接厂、针织厂等。1982年冬,集体经济壮大的同时,村域开始出现个体经济,并尝试把集体企业转制为私有企业。1998年3月,昆山高科技工业园运营,村域被划入该工业园,村域经济借力发展,迅速壮大。2019年年底前,村域内注册企业超过2700多家。

工业发展带动了商业发展。五联路——一条由渠道蜕变而成的商业街的发展,成为昆山乡村经济发展的缩影。

三面环河的五联,在以往的很长时间里一直处于相对闭塞的状态。三面环水的村民外出几乎离不开摇船和摆渡,出入之途,跋涉艰难。1970年前后,随着农业机械化起步,五联路有了雏形——渠道岸,一边起着排灌作用,一边为手扶拖拉机通行提供方便,俗称机耕路。因是泥路,过往行人面临"晴天一身土、雨天两腿泥"的窘境。与此同时,昆山第一条县社支线昆北公路开通,设工农兵桥站，在方便周边乘客的同时，为五联人走出去提供了机会。后来，公路被改为用沥青下脚料铺设的路面。1989年，浇筑水泥路面。2003年，正式对接昆北公路，裁弯取直，安装路灯。从此，地摊经济开始活跃，商业经济日益发展。随着北部开发的加快，尤其是国际模具城的创立，五联路成为非常重要的商业街。

国际模具城是昆山北部最具活力的经济中心，五联区域融入其中，进入了经济发展快车道，实现了商业经济的优化和房东经济的发达，从而形成了五联路商业街。至2019年，五联路商业街有经营户200家，年产值达2亿元。超市、宾馆、通信器材店、药房、服饰店、五金店等应有尽有，最多的是餐饮店，达96家。最多时有2万多名流动人口，带动了年产值达600万元的房东经济发展。在五联村人均4.5万元的村民收入中，一半以上是由房东经济贡献的。

家有梧桐树，招来金凤凰。五联路商业街的开发历时10年，从最初的路边摊到2001年修建门面房，再到2010年中心路段分批修建门面房232套。2011年，店铺出租收益为533万元。

文明环保的五联

五联村的历史文化属于典型的江南自觉文化——依靠家族发展，自娱自乐。《昆山市城北镇志》记载，包氏宗亲筹资修建的包家桥，建于清光绪三年（1877）。还有古建筑——钱家祠堂，建于民国初年；古牌坊——李门卞氏贞节牌坊，立于清乾隆年间；古祠堂——李家祠堂，建于清末；古银杏树，位于莫家村第5组老坟基。

中华人民共和国成立前，这里的文化活动主要是庙会。莫家村人有特别的爱好——听书。农闲时节最是热闹。中华人民共和国成立后，村里办起俱乐部，村民自编自演，个个是能手。"文化大革命"时期，文艺宣传队、篮球队……你方唱罢我登场，热心不变，热情不减，活力四射。文化离不开教育，但是中华人民共和国成立前村域的教育比较落后，私塾有限，读得起书的孩子只在少数。中华人民共和国成立后的扫盲班引导一批人接受教育，五联村教育逐步走上正轨，形成规模。

五联村环境整洁，植被丰富，河道干净。随着卫生村创建工作的不断深化，村容村貌美化、卫生基础设施建设，以及饮用水卫生、食品卫生、饮食卫生、单位和居民区卫生、公共场所卫生、除害防病、环境保护、健康教育等方面的创建工作得到全面推进。同时，村"两委"按照清洁家园、清洁河道、清洁道路的要求，进一步开展环境综合整治活动。村域内设置砖砌垃圾箱和塑料垃圾箱，添置垃圾清理车辆，配备保洁员对自然村、工业小区等道路和河道进行全天候保洁。在节假日，派遣临时工清除路旁、绿化地带杂草、垃圾，修剪树木。即将启动建设的五联生态园，位于皇仓泾西岸、迎宾路南侧，更是令人期待。这片曾经堆放废品的场地，现在已经得到整治，人们化腐朽为神奇，在这里打造出多彩五联活力生态园，以带动生态游、健康游、娱乐游。

逐梦未来，精彩可期。五联人，前程似锦！

大事记

明朝—清朝

明正统六年（1441），拓浚皇仓泾。皇仓泾北部流经村域。是年，拓浚新塘河。

明弘治十一年（1498）十月，疏浚皇仓泾（一作黄昌泾）。

明嘉靖四年（1525），因堤岸坍塌损毁，河道淤积，拓浚皇仓泾。

明嘉靖三十三年（1554），据明嘉靖《昆山县志》载，积善乡在县西北，保二：第一保、第二保。村域隶属昆山县积善乡。

清雍正二年（1724），据清光绪《昆新两县续修合志》载，分昆山县置新阳县，两县同城分治。村域隶属新阳县积善乡第二保。

清道光六年（1826），昆山、新阳两县实行乡、保、都、区、图管理，昆山全境含9区23图，分属昆山、新阳两县。新阳县积善乡第二保，都辖宇区，19图、20图为村域属地。

清咸丰十年（1860）四月，太平天国忠王李秀成部将取昆山、新阳两县，两县同属太平天国苏福省。村域隶属底层区划，地处边缘，区域不变。

清同治二年（1863）四月，太平军退走，复名昆山，与新阳县同属苏州府。村域隶属新阳县积善乡第二保。

清光绪十五年（1889）八月二十二日至十月五日，昆山连月阴雨，水高2米多，形成涝灾，造成歉收。村域地势低洼，属重灾区。

清宣统元年（1909），昆新两县推行地方自治，以区图分划。村域作为底层区划，为19图、20图。

清宣统二年（1910），废乡、保、都，改划 1 市 17 乡。村域隶属青墩乡 19 图、20 图。

清宣统三年（1911）一月，新阳县并入昆山县，保持 1 市 17 乡。村域隶属青墩乡 19 图、20 图。

中华民国

1912 年，昆山县隶属江苏省上海道，村域隶属青墩乡 19 图、20 图。

1925 年，根据昆山清丈局实测资料，昆山为 9 区 23 个图 118 个圩。村域五联、莫家隶属陆家桥乡洪区 20 图，丁泾隶属陆家桥乡日区 26 图、27 图。

1927 年春，国民党昆山县党部推荐陆家桥国民党第五区党部朱旭初前往中央农民运动讲习所接受毛泽东、邓演达的培训。朱旭初又名朱亮，丁泾人。

1929 年，昆山划 10 个区，辖 337 个小乡、41 个镇。村域隶属第九区巴溪区。

是年，村域丁泾、盛家、莫家溇先后开办公立小学，各有学生 20 多人。

1937 年 8 月 13 日，淞沪抗战爆发，昆山人民组织支援前线，救护伤员，村域个别村民积极参与抗战后备援助活动。

9 月，日机数次轰炸昆山城，城中居民纷纷逃难，村域部分村民接纳城里亲戚，将其安置于家中避难。

是年，昆山邮电局为躲避日机轰炸，迁来村域边缘。

1941 年，日军与伪军组织清乡，昆山塘南乡为重点区域，村域受到影响。

1945 年 8 月 15 日，抗战胜利，恢复战前区划。全县为 8 个区 64 个乡镇。村域隶属第一区，即鹿城区青墩乡，村民陈德英任乡长。

是年，新塘河莫家段设置渡口。南渡口设在康宅港，由陆桥横江村范小坤担任摆渡工。此后，先后调派 3 任摆渡工，至 20 世纪 60 年代停止摆渡服务。

1946 年 10 月 13 日，青墩乡第三五八保保长王顺兴、朱旭亮、陈肇洲 3 人联名上书青墩乡乡长陈德英，禁止昆沙班汽船在皇仓泾行驶，得到批准。

1947 年 2 月，实行新县制。全县划分为 3 个大区、1 个示范镇、1 个实验乡、6 个直属乡（镇）。村域隶属巴城区青墩乡。

5 月 15 日，因连绵阴雨，水涝成灾，早稻严重受害。有村民赶赴昆山政府，报荒请愿。请愿村民以周墅为主，村域个别村民参与。

12月，青墩、北滃两乡合并，始建城北乡，隶属昆山县。村域隶属城北乡。

是年，钱同文创办莫家溇私立小学，汪秉均于支家庄（五联村第8组）李鹏呈家创办私立学校。

1949年年初，全县设5个督导区，村域隶属第一督导区城北乡。

6月20日至8月初，城北雨涝成灾，县政府带领全县民众抗涝救灾。村域村民组织起来，积极参与抗涝救灾。

7月，废除保甲制，改设区、乡（镇）、村，昆山全县划分为10个区27个乡镇。村域隶属城区城北乡。

中华人民共和国

1950年

1月，城区改名为城郊区，撤销城北乡，昆山全县重新划分为94个小乡。村域隶属巴城区杜桥乡，钱惠生任杜桥乡乡长。

10月，丁泾村唐有智、金召华、陈智康3人参加共青团昆山委员会培训，为期1个月。

冬，村域开办冬学班，杜桥乡为其中一个办学点。

是年，莫家村成立农会，莫俊良任会长。

是年，丁泾村成立农会，朱仁福任农会主任。

是年，钱阿惠任大渔塘、钱家宅基、陆家村等3个自然村的村长，李耀先任莫家溇、徐家村2个自然村的村长，朱仁福任丁泾自然村村长。

1951年

端午节后，村域土改干部吴人杰在杜桥乡失踪，查无下落，成为历史疑案。

11月，村域包家桥村村民朱伯安加入中国共产党，成为村域第一名中共党员。

是年，为抗美援朝，城北乡先后有3批24名青年加入志愿军。村域适龄青年朱伯安、陈道生、张惠兴3人加入志愿军，赴朝参战。

是年，莫家溇、支家庄创办民办初级小学。

1952 年

2月,华东军政委员会卫生部组织上海市同德医院、华东卫生部医疗预防大队、昆山卫生院、昆山血防站、县各区卫生所等成立了21个医疗组,进驻村域开展血吸虫病治疗工作。

8月,莫家村的沈履义、徐怀瑜、陆承祖3名青年考取大学,成为村域在中华人民共和国成立后的第一批大学生。

10月,村域孝仁塘村村民李纪安任杜桥乡乡长。

1953 年

是年,中共杜桥乡支部成立,村域的李纪安任中共杜桥乡党支部书记。

1954 年

5月18日至7月24日,昆北连降暴雨,出现江水倒灌现象。村域村民加固新塘河、皇仓泾大堤,日夜巡逻,确保大堤安全。村民轮番上阵,日夜不停进行排涝。

9月,昆山县划为8个区111个乡镇,村域属巴城区杜桥乡。

1955 年

1月,村域的过洪年当选杜桥乡乡长。

11月18日,粮食生产实行"三定一奖",即定产、定购、定销,超产部分落实奖励到户。村域的村民积极响应新政策。

12月,莫家溇村钱启业成为义务兵,为村域参军第一人。

冬,村域建立6个初级社。

是年,西横泾村划归胜利村管辖。

是年,进行"沤改旱""籼改粳"水稻改制:水稻由原来的一年一熟改为一年两熟。

1956 年

3月,区乡兼并,原杜桥乡一部分划归巴城乡,一部分划归陆桥乡,村域隶属陆桥乡。东支家庄村民吴彬当选中共陆桥乡党委书记,村域的李纪安当选第一副书记。

8月至12月,撤区并乡,昆山县划为22个乡镇,村域隶属城北乡。

冬,城北乡扫盲小队到村里组织青年扫盲队,开展扫盲工作。

是年，村域先后建立五联、丁泾、莫家3个农业生产高级合作社（简称"高级社"）。中共莫家高级社支部委员会书记陆志忠兼高级社社长；中共五联高级社支部委员会书记为朱伯安，社长为顾声田；中共丁泾高级社支部委员会书记为张敬清，社长为朱文达。

是年，西横泾村划归五联村管辖。

1957年

春，中央血防领导小组组长、中共华东局书记魏文伯，在中共昆山县委副书记姜殿正、县公安局局长耿树明的陪同下，到昆北地区视察血防工作，村域被列为考察范围。

6月25日至28日，村域阴雨连绵，日降雨量达104.4毫米。村域受害面积较大，粮食减产严重。

8月，五联高级社李婉珍考入天津师范大学，李志明考入南京工学院。

1958年

1月，上海市卫生局组织一支40人的医疗队，由龚存周医师率领，到昆山开展血吸虫病防治工作，其中有一部分人直接到城北。村域为血吸虫病防治重点区域之一，医疗队在村域工作历时4个月。

春，城北乡开办农业中学，设甲、乙、丙3个班，其中乙班设于村域之支家庄，有学生30多名。农校"农闲时多学，农忙时少学"，时断时续坚持4年，至1962年停办。

4月，昆山县合并为17个乡镇，城北乡辖23个农业生产大队，其中五联、丁泾、莫家、杜桥等高级社合并为五联生产大队，李纪安当选五联生产大队管理委员会大队长。

10月，昆山县改乡建制，城北乡、玉山镇、城南乡合并组建成立全县第一个"政社合一""工农商学兵五位一体"的马鞍山人民公社。马鞍山人民公社下辖的五联、丁泾、莫家等生产大队，合称"五联营"，实行军事化管理。中共五联营党支部书记为吴彬，营长为张敬清，副营长为陆志忠。

12月6日，皇仓泾拓浚，县有关部门征调民工5162名，工程耗资17.53万元，于翌年4月2日竣工。"五联营"派人员参加拓浚工程。

是年，城北广播站建立，有40瓦放大机1台，转播县广播站节目。置办人民公社社营电话，有60门磁石交换机1台、电话机18部，五联等生产大队始有电话机。

是年，五联创办农具制造修理厂，主要负责安装农具，修理犁、耙及水车上的零部件等，运营时间约3年。

1959年

2月，皇仓泾骨干河道河网化圩区工程建设启动，村域圩堤得到进一步加固，高度也有所增加。

6月，撤马鞍山人民公社，设城北人民公社，下辖生产大队26个、副业大队2个、渔业大队1个，其中包括五联、丁泾、莫家生产大队。

7月，城北人民公社党委任命张培元担任中共莫家大队党支部书记。

是年，在丁泾大队孝仁塘河北段新塘河口建套闸。

1960年

是年，丁泾大队唐小大获江苏省妇联"三八红旗手"称号。

是年，村域大力发展养猪产业，推行"三包"（包产量、包成本、包工分）、"五定"（定产量、定配种质量、定饲料、定防疫卫生、定报酬）、"一奖"（奖励先进）政策，生猪饲养量大幅增加。

是年，五联、丁泾、莫家大队接收泰州籍从事运输的船家6户31人落户。

1961年

是年，丁泾大队在俞家浜河西口孝仁塘河与丁泾河交界处建立第一座灌排涝站。

是年，根据城北人民公社安排，五联、丁泾、莫家3个大队全面贯彻《农村人民公社工作条例（草案）》，即"农业六十条"，恢复"三包一奖"制。

1962年

3月，昆山全县调整人民公社规模。城北人民公社划出东方大队等11个大队组建成新镇人民公社。留下五联、丁泾、莫家等14个大队和1个渔业大队，继续由城北人民公社管辖。

7月，莫家大队建60平方米教室1间，创办莫家小学；另建20平方米房屋1间，做办公室兼宿舍。9月招收40多名学生，为初小一到四年级复式班教学。第一任教师为杨惠芳，第二任教师为林荫。

9月上旬，大雨滂沱，两天降雨209毫米。城北北部一带出现溃堤，城北人民公社受涝面积达19 733亩，五联、丁泾、莫家3个大队受灾严重。

是年，城北人民公社党委任命退伍军人朱伯安为中共五联大队党支部书记，姚士清为中共莫家大队党支部书记，张锦清为中共丁泾大队党支部书记；顾声田当选五联大队大队长，陆梅生当选莫家大队大队长，朱文达当选丁泾大队大队长；吴志良任五联大队会计，陈云龙任丁泾大队会计；徐俊明任莫家大队会计。

是年，创办包家桥小学，解决学校附近村民子女上学问题。

1963年

1月，钱惠明当选中共莫家大队党支部书记。

5月8日下午2时30分，城北人民公社遭受冰雹袭击，8 249亩三麦、660亩油菜、280亩蚕豆受到不同程度的损害。其中，五联、莫家等4个大队为重灾区。莫家大队村民缺乏柴草，大队向公社提出申请，获得一批蚕种场修剪下来的桑树枝丫，分发给村民解决燃眉之急。

10月，五联、丁泾、莫家大队迎接第一批苏州籍插队知识青年共32户。

1964年

6月24日至27日，连续降雨67小时，降雨量达203毫米。城北人民公社农田积水面积7 596亩，经过突击排涝，仍有530亩水稻受损。村域受灾严重，经五联、丁泾、莫家大队全体干部群众努力抗灾，损失有所减轻。

秋，村域创办多所耕读小学，形式有全日制、早班、中班、晚班等，教师主要由苏州籍下乡插队知青担任。

是年，城北人民公社组织大队卫生员培训，五联大队管学明、丁泾大队徐光明、莫家大队钱裕康参加培训。三人后来成为五联村第一批赤脚医生。

是年，始建城北人民公社农技推广网，生产队设不脱产农技员，大队设专职农技员。五联、丁泾、莫家3个大队部各增加一位农技员。

是年，丁泾大队建设第一家粮食饲料加工厂。

1965年

7月，中共苏州地区委员会社会主义教育运动工作队（简称"社教工作队"）进驻村域各大队的生产队，按照中共中央印发的《农村社会主义教育运动中目前提出的一些问题》（即"二十三条"），全面开展"清政治、清经济、清组织、清思想"的"四清运动"（该运动至 1966 年 3 月结束）。

是年，村域在康宅港河北端新塘河口建设套闸一套。

是年，苏志良当选中共五联大队党支部书记，钱惠明当选莫家大队大队长。

1966 年

1 月，莫家大队成立建筑队，建筑队在年底并入城北建筑站。建筑队队长陆阿兴随队并入建筑站，成为该站职工。

12 月，村域在原老乌声桥位置建新桥，新桥为双曲拱砖结构（翌年竣工交付使用，取名"工农兵桥"）。

12 月，莫家大队在大渔塘河东建设电力排涝灌溉站，负责莫家大队及五联大队部分农田的灌溉，以及在发生洪涝灾害时排涝。站长为陆梅生，电工为乡机电站安排的季节工。

冬，村域所有学校停课。

是年，莫家大队成立农民业余篮球队，并邀请村域学校体育老师一起参与活动。五联大队、丁泾大队同时组建农民业余篮球队。村域 3 支球队多次应邀前往陆桥小泾、许家、新生等大队参加篮球比赛，并取得较好成绩。

是年，城北人民公社第一届贫下中农代表大会召开，村域各大队成立贫下中农协会（简称"贫协"），设委员 14 名、主席 1 名、副主席 2 名。

是年，姚士清任中共莫家大队党支部书记，钱惠民任莫家大队大队长，徐逸明任莫家大队会计。

1967 年

3 月，丁泾大队毛泽东思想文艺宣传队成立，有队员 16 人，队长为顾瑞明。除了在本村演出外，宣传队还应邀前往本地的杜桥、斜泾、大渔、红星和陆桥公社的横江、东江，以及巴城公社的横泾等地演出。

12 月，五联大队开工建造大礼堂，翻建大队部办公室。所需建设材料，部分为没收的地主富农的家产，不足部分申请购买计划供应的批发材料。

是年，莫家大队一牛棚发生火灾，烧死耕牛 3 头、生猪 10 多只，集体损失较大。

是年，朱文达任中共丁泾大队党支部书记，郁瑞良任丁泾大队大队长。

1968 年

1月,钱惠明任中共莫家大队党支部书记。

是年,丁泾大队建立第一家村办企业——石灰厂(后根据市场需要,于1970年改建为砖瓦厂;1975年加建一座砖窑,组成双砖窑)。

是年,陆振球任莫家大队大队长,项阿金任五联大队副大队长。

是年,莫家大队建造教室3间,以及办公室、宿舍等,面积共200多平方米。

是年,昆山县成立革命委员会(简称"革委会"),莫家大队第3生产队村民陆飞鹏当选县革委会常委。3年后,被推荐进入上海交通大学深造。毕业后,被分配至上海铁路局工作。

是年,五联大队、丁泾大队、莫家大队接收第二批苏州籍插队知识青年。

1969 年

2月5日,五联、丁泾、莫家3个生产大队均改名为大队革委会。

是年,五联、丁泾、莫家大队3所初级小学升格为完全小学,学制为五年。

是年,郁瑞良任丁泾大队革委会副主任。

是年,合作医疗站建立,五联、丁泾、莫家大队人均医疗基金2元,村民在合作医疗站就诊的医药费全包。

是年,丁泾大队毛泽东思想文艺宣传队代表城北人民公社参加昆山县春节文艺汇演。

1970 年

秋,五联大队规划修筑一条东起工农兵桥西至东风河的机耕路,路面铺设的黑脚渣由昆山化工厂提供,路面宽4米,全长约2 000米,途经五联大队第5生产队、第8生产队、第9生产队、第12生产队、第13生产队、第14生产队等。所用工时按各生产队劳力分摊(该路后来经过多次改造,取名"五联路")。

12月,村域下放船户韩某住房失火。因冬季干燥,火势较猛,扑救不及,韩某本人未能得救。

是月,莫家大队第5生产队村民钱宝兴参军,加入援老抗美志愿军,成为莫家大队第一位志愿兵。

是年，郁瑞良任中共丁泾大队党支部书记，徐雪龙任莫家大队会计。

是年，五联大队朱仲康被江苏省委、省政府授予"先进个人"称号。

1971年

1月，中共城北人民公社党委组建毛泽东思想宣传队并进驻五联、丁泾、莫家3个大队，开展路线教育、"一打三反"（打击反革命破坏活动，反对贪污盗窃、反对投机倒把、反对铺张浪费）运动和整党建党活动。

2月，五联大队购买第一台东风S-195型手扶拖拉机。

7月24日，五联大队、莫家大队遭受冰雹袭击。冰雹大如核桃，小似蚕豆，早稻受灾减产。

是年，姚根生任中共五联大队党支部书记。

是年，五联大队打造一艘机帆船，加盟昆山县联运指挥部，参与水上运输（两年后，因为市场需求，再打造一艘。两船至1978年停止运输）。

是年，莫家大队第1生产队购买黑白电视机一台，摆放于生产队仓库，供村民收看节目，丰富乡村文化娱乐。

1972年

1月，陆振球任中共莫家大队党支部书记。

2月，莫家大队第3生产队村民陆国强由大队、公社两级推选，成为工农兵学员进入师范学校就读，毕业后，被分配至城北中心校任教。

4月，五联大队创办第一家村办企业——红木家具厂（俗称"算盘珠厂"），该厂与苏州红木雕刻厂联营，以加工红木算盘珠为主业，兼营民用家具。

6月，上海锅炉厂组织金工车间"青工学农队"30名年轻人在厂领导带领下，到城北人民公社丁泾大队支农。集体吃住都在丁泾大队部，于当年12月中旬返回上海。

是年，顾瑞明任中共丁泾大队党支部书记，郁瑞良任中共丁泾大队党支部副书记；李保安任中共五联大队党支部副书记；钱惠明任莫家大队大队长。

是年，五联、丁泾、莫家3个大队废除"文化大革命"前期所推行的"大寨式"评工记分制度，全面恢复定额记工制度。

是年，五联大队、丁泾大队各购买一台长春东方红-28型拖拉机。

是年，五联、丁泾、莫家3个大队按人口重新划定社员自留地，按人均分配，一户一主（此后十多年不变，一直保持到改革开放后实行家庭联产承包责任制，分田到户，才重新划定新的自留地份额）。

1973年

7月初，城北人民公社党委召开扩大会议，会议传达贯彻昆山县委四届五次全会扩大会议精神，总结检查知识青年上山下乡情况的要求。会后，五联、丁泾、莫家3个大队组织有关人员，对本大队的下乡知识青年进行走访调查和慰问。

是年，郁炳元任丁泾大队会计。

1974年

12月，昆山县委组织赴城南人民公社路线教育工作队，城北人民公社共有6人参加，丁泾大队第5生产队队长朱阿巧被抽调参加该工作队。

是年，在大渔河新建水泥拱桥1座，取名"锦绣桥"。锦绣桥跨度为20米，桥面宽4米。该桥结束了村民摆渡下田的历史。

是年，李保安任中共五联大队党支部书记，苏志良任中共五联大队党支部副书记兼革委会副主任，张惠玉任五联大队会计。

是年，城北人民公社组织各大队社员开挖团结河。该河全长6 890米，河面宽14.5米，河底宽3米，自北向南流经丁泾、五联等，属于引排泄洪水道。

是年，填埋孝仁塘河，用开挖团结河挖出来的泥土进行填埋。该河北起孝仁塘村，南至五联大队第15生产队，全长1 500米，宽8米。

是年，五联大队、丁泾大队各购置丰收-35型拖拉机1台。

1975年

6月24日至7月4日，村域连续10天暴雨，降雨量达374.5毫米。最高洪峰达吴淞零点以上3.42米。位于俞家浜河西口孝仁塘河与丁泾河交界处的灌排涝站，及时关闭闸门，抗洪排涝。

6月，陈正元任中共五联大队党支部书记，原党支部书记李保安调任中共城北人民公社党委副书记；李金喜任中共丁泾大队党支部副书记兼副主任；王忠林任五联大队会计。

是年，莫家大队创办第一家集体企业——小五金弹簧厂，负责人为徐爱生，职工5人（该厂两年后关停）。

是年，莫家大队村民支阿祖翻建二上三下200多平方米楼房1幢，他家成为莫家大队历史上第一个住上楼房的家庭。

是年，丁泾大队1台丰收-35型拖拉机加入昆山联合运输指挥部，参与公路运输，增加集体收益。

1976年

2月，"路线教育工作队"进驻五联、丁泾、莫家3个大队开展工作（该工作队一年后撤出）。

5月26日，城北人民公社农业机械管理站成立。五联大队1台中型拖拉机加入昆山联合运输部，参与公路运输，增加经济收益。

12月，城北人民公社组织各大队民工开浚东风河，该河全长2540米，河面宽13.5米，底宽3米，流经丁泾、莫家、五联、杜桥4个大队，为昆北西部主要泄洪水道。

是月，莫家大队开挖丰产河，东接东风河，西接电灌站，长1500米，投入劳力300多名。

是年，莫家大队集体接手私人创办的塑料焊接环保容器厂，接手后，第一任厂长为徐爱生，此后徐逸明、陆振明接任（该企业于1997年转资私企）。

是年，过洪年任中共五联大队党支部书记，陈正元任五联大队革委会副主任。

是年，丁泾大队在团结河东岸、新塘河南岸建立知青点，该知青点接收昆山交通局系统知青25人；另有五联知青点接收昆山粮食局知青6人。

1977年

7月，城北人民公社合作医疗管理委员会成立，五联、丁泾、莫家等大队的合作医疗改为队办社管。

是年，过月娥当选中共五联大队党支部书记，王忠林当选中共五联大队党支部副书记，顾喜观任五联大队会计；朱阿巧任丁泾大队会计。

1978年

1月，中共中央政治局委员、中央血防领导小组组长彭冲，副组长、卫生部部长钱信忠视察城北血防工作，并访问血吸虫病患者，了解其康复情况。此后，

五联、丁泾、莫家3个大队再次组织检查，以达到中央规定的消灭血吸虫病标准。

是月，姚士清当选中共莫家大队党支部书记，徐雪龙当选莫家大队大队长。

8月，五联除尘设备配件厂投产，该厂有职工170多人。

是年，丁泾大队在团结河东岸、丁泾村南侧建造两层办公大楼，二楼主要是办公室，一楼为代销店、肥药站（2011年，因整体规划该办公大楼被拆除）。

是年，莫家大队购置织机10多台，创办莫家针织厂，生产尼龙服装，从上海金山石化总厂采购涤纶丝、尼龙丝原料，第一批工人委托常熟服装厂培训，尼龙衫、裤产品畅销省内外。该企业为昆山乡镇企业典型，其生产经验在城北乡"三级干部会议"上被介绍推广。

是年，五联大队朱仲康被江苏省革委会授予"先进个人"称号。

是年，顾忠德任中共五联大队党支部副书记兼革委会副主任。

是年，徐雪龙任莫家大队革委会主任，钱金龙任莫家大队会计。

1979年

春，根据中共中央《关于地主、富农分子摘帽问题和地主富农子女成分问题的决定》，按照城北人民公社党委的决定，五联、丁泾、莫家3个大队为在土改时划定的地主、富农分子全部摘帽，并为其子女重新划定阶级成分。

9月20日，城北人民公社复查纠错小组对在"文化大革命"中被错定为反革命分子、地富分子的村民进行复查，五联、丁泾、莫家3个大队组织人手参与复查，并分别予以改正。

是年，因为国家电网用电紧缺，为解决供需矛盾，五联大队投资20万元，购买60千瓦的大型柴油机1台，并配备40千瓦的发动机1台用以发电。白天为大队办企业供电，傍晚时为村民照明供电。

是年，五联大队进行生产小队拆分：原第5生产队拆分，增加一个生产队为第13生产队；原第8生产队拆分，增加一个生产队为第14生产队；原第10生产队拆分，增加一个生产队为第15生产队。拆分后，五联大队共有15个生产队。

是年，在部队服役的五联大队第6生产队村民钱建明参加对越自卫反击战。

1980 年

2 月，村域修建团结河桥。该桥横跨横泾河，长 6 米，宽 8 米，最大跨度 7 米，为钢筋水泥拱桥，载重 8 吨。

是年，朱汉文任中共丁泾大队党支部副书记。

1981 年

5 月，根据《中华人民共和国地方各级人民代表大会和地方各级人民政府组织法》规定，始建城北人民公社司法办公室，设司法员 1 名，具体负责法制宣传、民事调解、法律服务、协办公证等工作，为配合上级部门工作，五联、丁泾、莫家 3 个大队分别安排一名副书记对接司法工作。

8 月，24 天连续阴雨，总降雨量达 398.6 毫米，月平均气温为 24.2 ℃，低于往年同月平均气温，对村域各大队水稻生产造成一定影响。

1982 年

春，城北人民公社推行农业生产责任制，村域各大队出现大组联产、分组联产、联产到劳等多种形式的生产责任制。公社与大队签订定产定购合同，生产队与社员签订全奖全赔合同，实行经济包干、"三上交"（上交农业税、集体积累和管理费）。

2 月，五联大队第 5 生产队村民顾关林家翻建三下二上约 220 平方米楼房 1 幢，为五联村历史上第一个翻建楼房的家庭。

5 月，顾喜观任五联大队大队长，李介平任五联大队会计。

是年，城北人民公社把莫家大队第 4 生产队作为推行家庭联产承包责任制试点生产队之一，在此基础上，家庭联产承包责任制在全公社推行开来。五联大队第 3 生产队、第 4 生产队紧跟其后，与各家各户签订承包合同（至 1983 年冬，城北人民公社全部实行家庭联产承包经营，即分田到户，按人分给口粮田，按劳力分给责任田）。

是年，钱惠明任莫家大队会计。

1983 年

1 月，徐雪龙当选中共莫家大队党支部书记，钱金龙当选莫家大队大队长。

7 月，五联大队征用五联大礼堂西侧、西米潭西边的土地，建造约 400 平方米的办公大楼，大楼共有七上七下 14 间房。

8月，政社分设，改城北人民公社为城北乡，一为乡人民政府，一为经济联合委员会。根据上下组织对应要求，五联、丁泾、莫家等大队改设村民委员会和经济合作社，生产队改为村民小组，大队书记改称村书记，大队长改称村民委员会主任，生产队长改称村民组长。

同月，朱阿巧当选丁泾村经济合作社社长。

是年，丁泾村、莫家村被评为昆山血防工作"双无"村（"双无"即无钉螺、无血吸虫病患者）。

是年，顾忠德当选中共五联村党支部书记，包惠元当选五联村经济合作社社长。

是年，李明当选丁泾村经济合作社社长。

是年，钱小林当选莫家村经济合作社社长，钱金龙当选中共莫家村党支部副书记。

1984年

4月18日至5月15日，江苏省血防领导小组办公室组织全省8个市、县组成10个钉螺检查组，会同昆山县10个小组，分赴城北等8个乡20多个村检查螺情，五联村未发现钉螺。

5月，李介平当选五联村村委会主任，张永明任五联村主办会计。

6月，五联服装厂开工，有职工18人。该服装厂位于五联路北侧、村部办公室底楼。

是年，按照县农业局要求，五联村经过实地考察，征用村域第10组、第15组部分低洼地、荒沟等开挖成片鱼塘，建水产养殖场。共计开挖土方5万立方米，土地面积120亩，投入劳力800名，实际养殖水面面积达到180亩。水产养殖场投产后，连续数年为村民免费提供水产品。

是年，顾喜观任中共五联村党支部书记；郁炳元任中共丁泾村党支部书记，金伯兴任丁泾村会计。

是年，丁泾村大农户杨红根承包115亩农田。

是年，钱金龙当选莫家村村委会主任，陆宏亮任莫家村会计。

是年，丁泾村第14组村民朱木林翻建两层楼房，为该村第一幢楼房。

1985 年

2月，丁泾村在新塘河南、知青点东建造水泥预制品加工厂，主要生产水泥楼板、水泥梁等，为村民提供建房材料。

8月，沈剑英当选莫家村妇女主任。

是年，莫家村第3组陆志鹏开挖鱼塘并承包，为莫家村尝试鱼蚌混养第一人。

是年，五联村被昆山县委、县政府评为"昆山县文明单位"。

是年，张道林被昆山县委、县政府评为"先进生产者"。

是年，顾瑞明当选丁泾村村委会主任。

1986 年

1月，沈剑英当选莫家村经济合作社社长兼妇女主任，钱彪任莫家村会计。

7月15日，中共城北乡党委、政府发动全乡人民动手筑路。至9月21日，全乡修筑乡级道路9 200米，其中属于五联、丁泾的有2 000米左右。

是月，五联村第4组村民杨彩芬创办五联村历史上第一家个体企业——五联密封件厂，主要生产油封、水封等密封件产品。杨彩芬当选妇女代表出席昆山县第八届妇女代表大会。

10月，丁泾村村委会创办丁泾木盘厂，属于城北电缆厂配套企业，为电缆厂生产盘装电缆用的木盘（该厂于1996年被城北电缆厂兼并）。

12月，五联村第12组村民邵惠明承包五联村第9组71.82亩责任田，成为五联村第一位大农户。承包耕种期限为两年。

是年，五联村被昆山县委、县政府评为"昆山县文明单位"。

是年，李明当选中共丁泾村党支部书记兼村委会主任，李建华当选莫家村村委会主任。

1987 年

4月27日至29日，城北乡举办首届农民运动会。以村、乡办企业为单位组建运动队，参赛运动员为560名，竞赛项目有田径、篮球、乒乓球、棋类等。五联、丁泾、莫家3个村组队参加棋类、拔河、篮球等比赛。

8月，薛凤明当选五联村经济合作社社长。

10月，城北域内4条水泥大道由昆山县民政局地名办审定，分别被命名为

北门路、新北路、北门一路、北门二路，其中北门一路、北门二路穿越五联村和丁泾村。

是年，朱启勤当选丁泾村经济合作社社长。

1988年

1月，包惠元当选中共莫家村党支部书记。

3月，修筑永丰余路。该路为南北走向，南起北环城河，北至新塘河，全长6 200米。村域南起杜桥城北路，北至丁泾河，长1 100米，宽7米，为砂石路基。1993年改为混凝土路基。

冬，五联村第6组村民第一个翻建3层楼房，由于预制件未达到保养期就匆匆使用，导致阳台整体松动引发墙体倒塌，造成一死一伤的事故。

是年，原任城北乡工业公司副总经理的张道林安装家庭固定电话，这是丁泾村第一部私人固定电话。

是年，五联村被昆山县委、县政府评为"集体经济先进村"，顾喜观被昆山县委组织部评为"优秀共产党员"。

是年，朱阿巧当选丁泾村村委会主任。

1989年

1月，沈秋生任莫家村会计。

5月，莫家村第1组曹伯泉承包80亩农田，为莫家村第一个大农户。

是年，江苏省广播电视厅授予城北乡"农村有线广播乙级音箱乡"称号。五联、丁泾、莫家等村级有线广播创建达标。

是年，五联村被昆山县委、县政府评为"昆山县文明单位"、"六有十无"双文明村，顾喜观、张惠玉被昆山县委组织部评为"优秀共产党员"。

是年，五联村村委会驻地至团结河修建水泥路面，全长约300米。

是年，丁泾村村民王来兵承包农田120亩。

1990年

1月，曹炳泉当选中共莫家村党支部书记。

2月，丁泾村村民唐雪华承包农田90亩。

3月，丁泾村第6组村民郁伯良承包本组耕地30亩，种植树苗、盆景。一串红为主打产品，提供给昆山市区，在国庆期间摆放。由此带动周边近20户家庭参与一串红种植，年产近30万盆。

12月，五联村被昆山县委、县政府评为"六有十无"双文明村。

是年，丁泾、莫家、五联3个村合建自来水厂。工程于下半年开挖，投资50万元，为本区域520户家庭提供饮用水。

是年，张道林当选中共丁泾村党支部书记。

是年，五联村村委会驻地至莫家村村委会驻地和永丰余路至工农兵桥两段路修建水泥路面，由城北镇政府提供资金。

1991年

9月26日至27日，城北镇第二届农民运动会在城北中学举行。行政村、镇办企业、农副业和市镇单位组队参赛。竞赛项目有田径、男子篮球、中国象棋、拔河等4类，参赛运动员近千名。运动会历时2天。五联村村民、丁泾村村民、莫家村村民组队参加篮球、棋类、拔河比赛。

11月中旬，丁泾村整修圩堤2 300米，挖土6 900立方米；填隔沟250米，挖土1 050立方米。增加面积1.15亩，用工400人。

11月30日，城北镇水利指挥部在丁泾村新塘河召开整修防洪圩堤现场会，明确水利防洪圩堤整修标准：提高到吴淞零点以上4.7米，堤宽3米，其内坡比1∶2，外坡比1∶1。其余各村均以丁泾村整修的圩堤为标准，整修好本村所有防洪圩堤，并经镇水利指挥部验收合格方可告竣。

12月，五联村被昆山市委、市政府评为"社会治安综合治理先进单位""经济工作单项先进村"。

是年，丁泾村党支部书记张道林被昆山、苏州两级政府评为"抗洪救灾先进个人"，并被江苏省委、省政府评为"抗洪救灾先进个人"。

是年，五联村张惠玉获国家计生委颁发"计划生育工作满十五年"荣誉。

是年，包利华获得昆山市维护社会治安三等奖。

是年，由昆山市政府爱卫办监督，五联、丁泾、莫家村出资为30%以上农户修建三格化粪池。

是年，唐建林当选丁泾村村委会主任。

是年，五联村创办昆山联伟玩具有限公司，属于昆港合资，董事长为顾喜观，总经理为朱唯贤；在香港方面，商人叶萍担任公司副董事长。产品为毛绒

玩具，全部出口外销。（该公司两年后停产）

1992年

2月15日至20日，根据昆山市政府部署，昆北路城北段拓宽工程开工，经过6天的时间，城北段拓宽工程全部完工。在工程质量评比中，丁泾村获一等奖，五联村获二等奖，莫家村获三等奖。

12月，丁泾水泥预制品加工厂关闭，场地出租给陆杨东江村村民乔文龙。乔文龙创办个体企业，生产200吨位铁壳运输船。

是年，五联村被昆山市委、市政府评为"农村双文明建设先进村"。

是年，项水忠当选中共五联村党支部书记，唐建林当选中共丁泾村党支部书记。

是年，五联村第4组顾喜观家安装家庭固定电话，成为五联村第一个使用固定电话的家庭。

1993年

1月，曹伯华当选中共莫家村党支部书记。

3月9日，城北镇人民政府出台《城北镇农村社会养老保险实施办法》，该办法确定了养老基本原则、投保对象和年龄、投保档次及方法、户口迁移转保退保办法、养老金给付标准、机构设置等，确保人民老有所养。五联村、丁泾村、莫家村动员村民参与投保。

是年，丁泾村村民薛定山承包农田70亩。

是年，五联村被昆山市委、市政府评为"农村双文明建设先进村"。

是年，五联村、丁泾村被昆山市委、市政府评为"昆山市计划生育表彰单位"。

是年，丁泾村经济合作社社长朱启勤被昆山市政府评为"昆山市劳动模范"。

是年，五联村村民张惠玉被江苏省总工会评为"优秀工会积极分子"。

是年，李洪当选丁泾村村委会主任。

1994年

12月，五联村被昆山市委、市政府评为"五有六统一"农村规模服务一级合格村。

是年，莫家村购置中型拖拉机和收割机各一台，淘汰原来的手扶拖拉机。

是年，上海市南市区妇幼保健院院长、上海市中西医结合学会妇产科专业委员会副主任委员钱祖琪，享受国务院政府特殊津贴，并被上海市人民政府评为"上海市劳动模范"；钱祖琪为莫家村人。

是年，五联村大农户12户（第1组张惠明、第2组钱吉林、第4组陆胜昌、第5组朱洪兵、第6组陈凯、第7组钱耀祖、第9组汪长来、第10组项松平、第11组陈广庭、第12组稽仲来、第13组胡相云、第14组朱伯良）共承包耕地840亩。莫家村大农户3户（第30组束克权、第31组徐火根、第34组徐坤元）共承包耕地180多亩。

1995年

1月，沈秋生当选莫家村经济合作社社长，徐永康任莫家村会计。

是年，五联村增加大农户2户（第8组薛凤明、第15组胡小弟），加上原有的12户，共14户，共承包耕地1 148亩。

是年，五联、丁泾、莫家3个村的全部责任田由大农户承包耕种，其他农户只耕种自己的口粮田、自留地。丁泾村大农户有胡德华（90亩）、胡德夫（90亩）、李友兴（85亩）、朱启云（113亩）、顾凤明（120亩）、赵银龙（70亩）、瞿巧洪（70亩）、朱启勤（110亩）、朱伯金（72亩）。

是年，五联村购置联合收割机3台，用于大农户生产经营。

是年，张惠忠当选中共五联村党支部书记，李洪当选丁泾村经济合作社社长。

1996年

4月，钱玉良当选中共莫家村党支部书记，顾永明任莫家村会计，李介平兼任五联村经济合作社社长。

6月，村域修筑迎宾中路。该路为东西走向，宽30米，村域内长度为1 200米。

10月，村域修建迎宾西路大渔塘桥。该桥长27米，宽30米，跨度为18米，为钢筋混凝土结构水泥桥，载重30吨。

是年，村域修建迎宾中路东风河桥。该桥长27米，宽30米，跨度为20米，为钢筋混凝土结构水泥桥，载重30吨。

是年，莫家村被昆山市委、市政府评为"六有十无"双文明村。

是年，五联村村民过洪年被苏州市体协评为体育先进工作者，并被苏州市体育运动委员会授予"苏州市体育先进工作者"称号。

是年，五联村村民顾宏被昆山市政府评为民兵预备役工作"四有"民兵。

是年，五联村村民顾忠德被昆山市政府评为"昆山市劳动模范"。

是年，五联村村民过月娥被昆山市委、市政府评为昆山市创建国家卫生城市先进个人。

1997年

4月，梅红根任中共莫家村党支部书记，陆国华当选莫家村村委会主任，沈秋生兼任莫家村会计。

是年，村域集体企业全部转制为私有企业，转制工作于一年前试行。

是年，莫家村推动"一村一品"工程，利用莫家村学校旧址饲养鸡、鸭，获得较好的经济效益。

是年，莫家村80%以上农户安装电话，莫家村成为"电话村"。

1998年

1月，顾宏当选五联村村委会主任。

3月28日，昆山高科技工业园揭牌运行，五联村被划入该工业园（民营区）规划区域。

5月，村域修建新开河桥。该桥为南北走向，横跨堰泾新开河。该桥长20米，宽20米，最大跨度为20米，为钢筋混凝土结构平板桥，载重30吨。

8月18日，永丰余路开通公交车。城北镇在丁泾村举行1路公交车延伸线通车仪式。该延伸线自八字桥至丁泾，中间设胜利村、杜桥村、玉山公墓、五联南村、五联村等站点，日发17趟班车。

9月，陆国华任中共莫家村党支部书记，沈秋生当选莫家村村委会主任。

是年，城北镇政府投资150万元，接通昆山第二水厂。原来的东风水厂停止使用，村域改用昆山第二水厂自来水。

是年，朱荷妹当选丁泾村村委会主任，陆阿根任丁泾村会计。

1999年

12月，村域以前大量开挖的鱼塘逐步退渔还田。

是年，陆阿根当选丁泾村经济合作社社长。

2000 年

8月，高玉泽等人创办民营"昆山市五联小学"并投入使用。该校位于五联村中部（水秀路2096号），占地面积7 056平方米，建筑面积4 053平方米，建有教学楼2幢、教室60间、实验室3间、阅览室1间（2004年，在校学生达1 900人，班级35个，教师59人，教工18人）。

9月18日，为学习贯彻"三个代表"重要思想，玉山镇党委政府继续推行领导干部挂钩工作，根据玉山镇《2000年领导干部蹲点挂钩实施意见》，王纪良蹲点挂钩五联村，盛焕新蹲点挂钩丁泾村。

是年，村域合作医疗站全部撤销，建立新的医务站，解决农民看病方面问题。

2001 年

1月，昆山公交调整运行线路，村域永丰余路中巴公交车改道北门路。

2月至6月，全村农户耕地全部被开发征用，农户享受政府失地补偿，补偿标准为：责任田300元/亩、自留地600元/亩、口粮田900元/亩，简称"三、六、九"（2004年1月调整补偿标准：责任田400元/亩、自留地800元/亩、口粮田1 200元/亩，简称"四、八、十二"。大部分农户全年享受的补偿为1 400元。该补偿一直实行到2015年年底）。

7月1日，玉山镇党委颁发表彰给先进党（总）支部、优秀党务工作者和优秀共产党员。丁泾村党支部唐建林被评为玉山镇优秀党务工作者，五联村党支部张惠忠、莫家村党支部沈秋生被评为玉山镇优秀共产党员。

8月16日，五联村村委会、丁泾村村委会、莫家村村委会合并为一个村委会，定名为"五联村民委员会"，办公地点设在五联村。合并后的五联村村委会共有村民小组36个、耕地面积3 735亩、农户565户、居民2 250人。

9月25日，第七届村民委员会举行换届选举，顾宏当选五联村村民委员会主任，陆国华当选经济合作社社长，朱荷妹当选妇女主任，沈秋生当选民兵营长兼治保主任，张永明任主办会计。

10月，修筑玉城路。该路为南北走向，南起城北路，北至五联路，全长3 100米，村域内长度为1 100米，宽10米，为混凝土路基（全部工程于2003

年年初竣工)。

是年,唐建林当选中共五联村党总支书记。

是年,五联村村委会在五联路路北、支家庄河之南建造第一幢打工楼,面积800平方米,投入资金10余万元。

是年,村域全部鱼塘被逐步征用,经填埋后另作他用。

2002年

2月,村域修筑盛创路。该路为东西走向,东起玉城路,西至环庆路,长500米,宽8米,为混凝土路基。

5月,村域建成团结北站泵站。该泵站位于迎宾路北侧,团结河北段底。配有32寸水泵2台,80千瓦电动机2台,5米升卧式钢闸门,250千伏专用变压机1台。装机流量3.2立方米/秒,设计扬程1.9米,机房面积120平方米,总投资185万元。该泵站主要用于团结河水位高时向新塘河排涝。

6月,村域修筑亿升路。该路为东西走向,东起皇仓泾,西至永丰余路,长600米,宽8米,为混凝土路基。

是月,村域修筑创新路。该路为东西走向,东起皇仓泾,西至北门路,长350米,宽8米,为混凝土路基。

是月,村域修筑华富路。该路为东西走向,东起皇仓泾,西至北门路,长330米,宽7米,为混凝土路基。

8月,村域修筑牧野路。该路为东西走向,东起北门路,西至永丰余路,长430米,宽8米,为混凝土路基。

10月,村域修筑五联路。该路为东西走向,东起皇仓泾,西至大渔塘河,全长2 700米,宽20米。村域从东风河至大渔塘河,长800米。

12月,五联村村委会规划筹建第二幢打工楼。地点在团结河东、五联路南。面积8 335平方米,计划投入资金600万元。该打工楼于第二年开工建成。

是月,村域修筑都市路。该路为东西走向,东起水秀路,西至东风河,全长660米,宽8米,为混凝土路基。

是月,村域修筑包家桥路。该路为东西走向,东起水秀路,西至环庆路,全长1 850米,宽8米,为混凝土路基。

是年,为强化调解工作,调整"五联村人民调解委员会",新选主任顾宏,委员朱荷妹、钱祖芬、唐妹花等。

是年，村域修建五联路东风河桥。该桥长25米，宽16米，跨度为18米，为钢筋混凝土结构水泥桥，载重30吨。

2003年

5月，村域修筑成功路。该路为东西走向，东起皇仓泾，西至永丰余路，全长700米，宽8米，为混凝土路基。

是月，村域修筑望山路。该路为南北走向，南起城北路，北至新塘河，全长2400米。村域南起城北路，北至丁泾路，长1200米，宽12米，为混凝土路基。

6月，村域修建丁泾河桥。该桥长20米，宽18米，跨度为20米，为钢筋混凝土结构水泥桥，载重30吨。

7月，昆山市政府推出农村养老保险举措，简称"农保退休金"，参加对象为18周岁以上村民。年满60周岁村民免缴养老金，直接领取每月100元退休金。家有子女应参加而未参加（未缴纳）的老人，不得享受。五联村参保率达到99%以上。

8月，中共五联村党总支书记唐建林调任他职，由顾宏接任；陆国华当选五联村村委会主任，沈秋生当选五联村经济合作社社长。

10月，村域修建环庆路创新河桥。该桥长17米，宽30米，跨度为10米，为钢筋混凝土结构水泥桥，载重30吨。

是年，村域修筑环庆路。该路为南北走向，从汉铺路至新江村。村域内为城北路至新塘河一段，长1900米，宽30米，为双车道。

是年，村域修建环庆路新塘河桥。该桥长50米，宽30米，跨度为40米，为钢筋混凝土结构水泥桥，载重30吨。

2004年

1月，玉山镇推行社保，女性50周岁、男性60周岁以上可以享受"无门槛投保"，只要其子女参保，不需要缴纳任何费用，就能每月领取100元到130元不等的基本养老金。至2009年，五联村有917人参加社保。

2月，村域修建北门路堰泾河桥。该桥为南北走向，横跨堰泾河，长30米，宽30米，最大跨度为30米，为钢筋混凝土结构平板桥，载重30吨。

3月,村域修建北门路俞家浜路桥。该桥为南北走向,横跨俞家浜,长40米,宽30米,最大跨度为40米,为钢筋混凝土结构平板桥,载重30吨。

是月,五联村管辖的动迁小区锦隆佳园迎来第一批业主,包家桥、康宅、莫家等地的20多户动迁户搬入新房。

4月,村域修建3座桥:新塘河桥,为南北走向,横跨新塘河;新开河桥,为南北走向,横跨堰泾新开河;团结河桥,为东西走向,横跨团结河。修筑2条路:志圣路,东起皇仓泾,西至北门路,为混凝土路基;环庆路,南起城北路,北至五联路,为混凝土路基。

5月,五联排涝站改建。该泵站位于北门路东侧,横泾河东段底。配有32寸水泵2台,65千瓦电动机2台,5米升卧式钢闸门,200千伏安专用变压机1台。装机流量3.2立方米/秒,设计扬程1.9米,机房面积120平方米,总投资185万元。该泵站主要用于调节横泾河水位,在其水位高时向皇仓泾排涝。该排涝站始建于1962年,后于1976年和1984年进行过两次改造,本次改造为第3次。

10月,五联村村委会建造标准厂房。建成A、B、C 3幢厂房,总投资630万元,地点在强安路、永丰余路西侧,丁泾路北侧,占地面积27亩,其中A厂房面积2 367平方米,B、C厂房,每幢面积2 367平方米。

2005年

2月,村域修筑优德路。该路为东西走向,东起皇仓泾,西至永丰余路,全长800米,宽8米,为混凝土路基。

4月,村域修筑成明路。该路为东西走向,东起皇仓泾,西至北门路,长400米,宽8米,为混凝土路基。

是月,村域修筑丁泾路。该路为东西走向,东起永丰余路,西至东风河,长600米,宽8米,为混凝土路基。

12月,村域规划建造五联农贸市场。地点位于永丰余路东侧、横泾河北侧,占地面积约3 067平方米,建筑面积1 977平方米,总投资120万元(使用两年后,对该市场进行改造,追加投资80多万元)。

是年,五联村村委会被评为"昆山市老龄工作先进集体"。

2006 年

是年,五联村投资建设门面房 8 间。地点位于水秀路北端、五联路北侧,总投资 75 万元。

是年,沈秋生当选五联村村委会主任,陆阿根任五联村经济合作社社长。

是年,五联村被评为"昆山市精神文明先进村"。

2007 年

4 月,五联村村委会投资 60 多万元创建"江苏省卫生村"。修建通往各村的道路:主路修筑 7 467 平方米,次路修筑 1 650 平方米。东支家庄河采用楼板护坡:投资 15.49 万元,修建护坡 1 000 米。新建公厕 13 座,改建公厕 1 座,总面积 450 平方米。

6 月,五联村建造钢结构标准厂房 14 幢。地点位于大渔塘河东侧,建筑面积 4 098 平方米,总投资 435.7 万元。

是年,五联村收回五联绝缘材料厂并进行改造,大门改为西向面对望山北路,作为村委会办公场所;原村委会办公大楼扩建后出售给大农户。

是年,唐建林再次当选中共五联村党总支书记。

是年,五联村被授予"江苏省卫生村"称号。

2008 年

1 月,村域修建迎宾路桥。该桥为东西走向,横跨团结河,长 20 米,宽 30 米,最大跨度为 20 米,为钢筋混凝土结构平板桥,载重 30 吨。

3 月,村域修建皇仓泾迎宾路桥。该桥为东西走向,横跨皇仓泾,长 60 米,宽 30 米,最大跨度为 100 米,为钢筋混凝土结构平板桥,载重 30 吨。

是月,村域修建丁泾河桥。该桥为南北走向,横跨丁泾河,长 25 米,宽 20 米,最大跨度为 25 米,为钢筋混凝土结构平板桥,载重 30 吨。

5 月,村域修建丁泾河玉城路桥。该桥为南北走向,横跨丁泾河,长 25 米,宽 20 米,最大跨度为 25 米,为钢筋混凝土结构平板桥,载重 30 吨。

7 月,五联村村委会召开办公大楼改造听证会。

8 月,五联村村委会办公大楼改造,投资 34.4 万元。当年建造完成并投入使用,门牌号为望山北路 9 号。

9 月,五联村召开两幢打工楼建设及原莫家村厂房改造听证会。

10月，五联村召开村域新建门面房及厂房出租听证会。

是年，村域修建创新路四桥。该桥连接莫家路，长18米，宽8米，跨度为10米，为钢筋混凝土结构水泥桥，载重30吨。

是年，村域修筑莫家路。该路为南北走向，自五联路至迎宾中路，全长750米，宽18米。

是年，五联村计划对34户村民进行拆迁安置，年底前已有32户签订动迁协议，全年动迁任务基本完成。

是年，五联村被苏州市政府授予"苏州市先锋村"称号。

是年，五联村建成全国村务公开民主管理示范村。

是年，五联村第33组村民沈雪荣被评为"昆山市劳动模范"，沈雪荣任职于振华集团。

2009年

3月，五联村村委会组建富民合作社，共有93户村民参加，总投资239.548万元。

是年，五联村完成五联路门面房报建及招标工作，工程于年底奠基开工。

2010年

6月，村域建成丁泾河站闸。该站闸位于北门路东侧、丁泾河东段底。配有40寸水泵2台，132千瓦电动机2台，5米升卧式钢闸门，400千伏安专用变压机1台。装机流量7立方米/秒，设计扬程2.2米，机房面积120平方米，总投资300万元。该站闸主要用于在丁泾河水位高时向皇仓泾排涝。

6月，五联村完成莫家村老厂房改造并出租。

8月，村域改建东风站闸。该站闸位于迎宾路北侧、东风河北段底。始建于1989年，主要用于灌溉与排涝。改建后，配有40寸水泵2台，132千瓦电动机2台，5米升卧式钢闸门，400千伏安专用变压机1台。装机流量7立方米/秒，设计扬程1.9米，机房面积180平方米，总投资310万元。该泵站主要用于在东风河水位高时向新塘河排涝。

10月，村域建成莫家河站闸。该站闸位于莫家村莫家路西侧、创新河西段底。配有32寸水泵2台，65千瓦电动机2台，5米升卧式钢闸门，250千伏安专用变压机1台。装机流量7立方米/秒，设计扬程2.2米，机房面积120平方米，总投资 280 万元。该泵站主要用于在创新河水位高时向大渔塘河排涝。

是月，五联村获得五联路与大鱼塘河交界土地指标 18 亩，投资 436 万元，建厂房 7 000 平方米。

2011 年

2 月，五联村完成永丰余路东、五联路北打工楼建造工程，面积 11 006 平方米，共投资 1 676.7 万元。

5 月，五联村完成望山路东、五联路北侧沿街原五联村办公室改造，建筑面积 1 800 平方米，总投资 165 万元。

12 月，五联村完成村集体房产招租，其中厂房出租收入 440 万元，店铺出租收入 533 万元。

是年，五联村被评为"苏州市村级经济发展百强村""昆山市文明村"。

2012 年

7 月，五联村完成经营期满的菜场和新建农业基地的招租工作。

是月，五联村拆除村域 11 户农户约 300 平方米的违章建筑。

9 月，五联村举办锦隆佳园小区路灯改造工程听证会。

是年，五联村统计 70 周岁及以上老人独居情况，为 80 周岁及以上老人发放尊老金，为 60 岁以上老人发放慰问金。

是年，五联村组建社区股份合作社，政府投入 5 305 万元，折合 705 股，村民享受分红。

是年，五联村完成皇仓泾西、新塘河南原五联村副业基地房屋及道路改造工程，建筑面积 560 平方米，道路长 300 米，总投资 74.5 万元。

2013 年

4 月，五联村召开锦隆佳园会所建设听证会，就利用拆迁的旧厂房改造建设 1 500 平方米会所的问题征求村民意见。该会所包括文体活动中心，投资 200 多万元。

是年，五联村村委会改造位于五联路北侧、永丰余路东侧的 4 层楼新房作为孝仁颐养院。面积 11 006.1 平方米，总投资 1 208 万元，共有床位 402 张，老年人居室每间净面积约为 30 平方米。

是年，五联村成功创建"江苏省生态村"。

2014 年

2 月，五联村建造锦隆佳园停车场。

3 月，五联村在永丰余路东侧的孝仁塘自然村建造五联村停车场，面积 300 多平方米，投入 5 万多元。

是年，五联村进一步完善孝仁颐养院，增加天桥等设施。至此，孝仁颐养院全部完工，总投入 3 000 多万元。

是年，五联村修筑华创路。该路为东西走向，自东风河至环庆路，全长 370 米。

是年，五联村被评为"昆山市文明村"。

2015 年

4 月，顾丽军任中共五联村党总支副书记。

是年，五联村被评为"昆山市文明村"

是年，五联村对锦隆佳园会所和孝仁颐养院进行改造，提升绿化率，总投资 1 200 万元。

2016 年

2 月，村域修建丁泾河桥。该桥为南北走向，横跨丁泾河，长 25 米，宽 20 米，最大跨度为 25 米，为钢筋混凝土结构平板桥，载重 30 吨。

8 月，五联村改造锦隆佳园小区内原有的监控设备，全部换成高清监控设备。

是月，沈秋生当选五联村村委会主任，陆阿根当选五联村经济合作社社长。

9 月 24 日，中共五联村举行党总支换届选举，选举张永明为中共五联村党总支书记。

10 月，五联村对打工楼进行安全鉴定，发现 7-1 号楼和 7-2 号楼为 Dsu 级，遂进行拆除处理。

是年，五联村党总支获"昆山市先进基层党组织"称号。

是年，顾文琴任五联村主办会计。

2017 年

3 月，五联村改造锦隆佳园污水管道、道路，投资 60 万元。

6 月，五联村在锦隆佳园建设充电桩 20 套，投资 27 万元。

8月，五联村对被录取为全日制大学本科生的村民，凭入学通知书进行奖励。全年共有6人获得奖励，人均2 000元，共发放奖学金12 000元。

9月，龚弟林当选中共五联村党总支副书记。

是年，五联村村委会对60周岁及以上老人发放生日慰问金，每季发一次，全年共发放5万多元。

2018年

7月，五联村村委会关闭永丰余路2101号厂房建筑内小店。

8月，五联村建成标准厂房2幢，建筑面积分别为12 340.90平方米和7 069.57平方米，总投资1 700万元。

9月，五联村清理优德路土地违章搭建等，清理钢管物件。

是月，五联村清理小河岸路18号工业废料，并做好环保工作。

11月，马建华任中共五联村党总支书记，朱云任中共五联村党总支副书记，顾丽军当选五联村经济合作社总经理。

是年，五联村村办公楼装修改造，投资23万元。

是年，五联村为贯彻昆山市关于扫黑除恶专项斗争重大决策部署，成立领导小组开展工作。

2019年

1月，五联村拆除玉城路18号昆山鸿日模具有限公司临时建筑并做好清理工作。

是月，五联村拆除强安路6号临时建筑、违章搭建建筑，停用油烟废气装置，建造铁屑储蓄池。

是月，五联村安排五联农庄有关人员搬离，停止明火餐饮项目，停用燃木、油烟废气装置；清理污水，拆除相关违建用房。

3月，五联村对动迁小区锦隆佳园进行道路、停车位、绿化、雨污分流等改造，计划总投资3 500多万元。

8月，五联村举行第十二届村民委员会主任补选，马建华当选五联村村民委员会主任。

是年，五联村村委会开展"331"整治火灾隐患专项行动，清理车库出租和群租房现象，拆除违章建筑，整治"三合一"场所。

2020 年

1月，五联村被昆山市精神文明建设指导委员会评为"昆山市文明村。"

2月，五联村村委会根据上级指示做好新冠病毒感染疫情防控工作。排查走访营业场所；走访群众，发放防疫宣传册，进行防疫宣传。排查外省市返乡人员，为居家隔离人员提供服务。

8月，五联村"新时代文明实践站"揭牌。

第一章 村情概览

　　五联村是由五联、莫家、丁泾3村在2001年8月合并而成的建制村，村域东南部为原五联村，东北部为原丁泾村，西部为原莫家村，3村"鼎足而立"。五联村位于昆山高新区（玉山镇）北部，地处原城北、陆家桥（今周市镇陆杨街道）、周市、巴城四地接合部。村域三面环河，北面是昆山北部东西向主河道新塘河，东部是昆山北部南北向主航道皇仓泾，西靠大渔塘河，只有南面与杜桥村相接，且部分地域被杜桥河隔开。村域东西长2 280米，南北长约1 840米，面积4.2平方千米。1949年前，村域属于纯小农经济，直到1966年才出现非农经济。1978年，村域呈现农、副、工三业发展业态。改革开放后，村域集体经济呈现多元发展并逐渐壮大的态势。

 第一节 建置沿革

一、区位交通

村域位于昆山北部，昆山高新区（玉山镇）东北角，东西长约2 280米，南北长约1 840米，面积4.2平方千米。北面是东西向的新塘河，东部是南北向的皇仓泾，西边则是南北向的大渔塘河。整体地形顺着新塘河、皇仓泾和大渔塘河这三条河流呈现，东西界线相对较直，新塘河略向东北斜出。东隔皇仓泾与昆山高新区新乐村、周市镇永共村及新瑭村相望；南与昆山高新区杜桥村接壤；西临大渔塘河，与巴城红窑杨家村相隔；北与昆山高新区新生村、新江村共守新塘河。域内21个自然村，其中钱家宅基、康宅位于最南，大渔塘位于最西，最北边的是盛家村、王家宅基、陆家村，皇仓泾是东面的边界，而外堰泾、外塘位于最东，这两个自然村的部分农田，是村域唯一处在皇仓泾东地界的土地。另外在大渔塘河西和新塘河北也有部分农田属于五联。

村域内主干道"二横三纵"，次干道几十条，形成网络状的交通格局。"二横"指城北大道与迎宾中路；"三纵"指昆北路、北门路和寰庆路。

二、历史沿革

明代，村域隶属昆山县积善乡第二保。据嘉靖《昆山县志》载，积善乡在县西北，保二：第一保、第二保。

清雍正二年（1724），村域隶属新阳县积善乡第二保洪区19图、20图。据清光绪《昆新两县续修合志》载，雍正二年分置新阳县后，仍为7乡18保。积善乡领第一保、第二保。第二保辖宇区共 7 个图及元、黄、宙、洪、荒、日、月、盈、昃、辰、宿、列等 12 区。

清宣统二年（1910）办地方自治，以区图划分。划城乡为 18 界，即 1 市 17 乡。1912 年，新阳县并入昆山县，1 市 17 乡未变。当时，村域分属玉山市、陆家桥乡，以及周墅乡、巴城乡。据 1925 年清丈局实测资料，村域内共涉及洪区 19 图、20 图之常圩、令圩、依圩、律圩、拱圩、阙圩、孝圩、母圩、皇圩、南子圩、中子圩、出圩、咸圩、益圩、南初圩、北初圩、中容圩、东容圩等。

1929 年，村域隶属昆山县第九区巴城乡。同年昆山县划分为 10 个区 337 个乡、41 个镇。玉山市为第一区，辖 15 个镇、29 个乡；南星渎、正仪两乡合并为第八区；巴城乡为第九区；陆家桥、周墅两乡合并为第十区。

1934 年，村域隶属昆山县第一区青墩乡。同年 6 月，昆山改划为 8 个区 65 个乡镇。第一区（玉山区）辖 5 乡、5 镇。5 乡为北澳、青墩、汉坡、乐庵、小滇。

1942 年 2 月，昆山县划分为 9 个区 63 个乡镇，第二区辖 6 个乡，分别为青墩、北澳、汉坡、塘南、白塔、太平等，村域属昆山县第二区青墩乡。1942 年底，昆山县改划为 11 个区 72 个乡镇，青墩、塘南、北澳、白塔 4 个乡隶属第一区（巴城区），汉坡、太平 2 个乡隶属第二区（周墅区），村域属昆山县第一区巴城区青墩乡。

1945 年 9 月，抗战胜利，恢复战前区划。全县划分为 8 个区 64 个乡镇。青墩、北澳、汉坡 3 个乡隶属第一区（鹿城区），共 26 个保，村域隶属昆山县第一区（鹿城区）青墩乡。

1949 年，村域隶属昆山县城北乡。

1950 年 1 月，昆山县划分乡，城北境内有城北、广福、大渔、杜桥、毛竖（部分）、黄泥（部分）等乡，村域属昆山县城北乡。

1956 年 3 月，昆山县并区并乡，原城北、毛竖、广福 3 个乡合并为城北乡，乡政府设在新北村；原大渔、东荡 2 个乡及黄泥乡的 4、7、8、9、10 等 5 个村合并为城西乡，乡政府设在大渔 5 村；原杜桥乡的 1、2、3、4、13 等 5 个村划归巴城乡；其余村划归陆桥乡；原黄泥乡的 1、2、3、5、6 等 5 个村划归正仪乡。村域属昆山县环城区陆桥乡。

1956年8月，昆山县撤区设乡，全县划为22个乡镇，原城西乡大渔、友谊等并入城北乡，村域属昆山县城北乡。

1958年4月，昆山县合并乡镇，全县划为17个乡镇，城北乡辖27个农业合作社——新乐、新民、同心、力量、胜利、红星、杜桥、五联、丁泾、莫家、大渔、庙泾、斜泾、友谊、光荣、白塘、横泾、中乐、创乐、珠泾、新镇、同星、民星、杨文、陈介、古塘、森龙等，村域属昆山县城北乡五联农业合作社。

1958年10月，昆山县玉山、城南、城北3乡镇合并设马鞍山人民公社，村域隶属昆山县马鞍山人民公社五联生产大队。

1959年6月，昆山县撤马鞍山人民公社，分设城北人民公社，辖26个生产大队，包括2个副业生产大队，1个渔业生产大队，以及五联、丁泾、莫家生产大队。

1962年12月，昆山县调整人民公社规模，城北人民公社划出白塘、光荣等13个生产大队，另建新镇人民公社。分建后，城北人民公社辖16个生产大队（其中含渔业、副业生产大队各1个）。不久，合并为15个生产大队，有198个生产队，村域隶属昆山县城北人民公社五联、丁泾、莫家生产大队。

1978年12月，昆山县各乡镇合并生产队，城北人民公社原198个生产队合并为153个生产队，村域隶属昆山县城北人民公社五联、丁泾、莫家生产大队。

1983年6月，政社分设，复建城北乡，城北乡所辖15个生产大队统一改为村民委员会。翌年，城北乡所属187个生产队统一改为村民小组，村域隶属昆山县城北乡五联、丁泾、莫家村民委员会。

1989年9月28日，昆山撤县设市，村域隶属昆山市城北乡五联、丁泾、莫家村民委员会。

1990年11月20日，昆山市撤乡设镇，村域隶属昆山市城北镇五联、丁泾、莫家村民委员会。

2000年8月，昆山市撤销城北镇，并入玉山镇，原城北镇下辖的15个行政村一起并入玉山镇，村域隶属昆山市玉山镇五联、丁泾、莫家村民委员会。

2001年8月，昆山市玉山镇五联、丁泾、莫家3村合并，沿用"五联"为村名至今。撤并之前，五联村辖15个村民小组，丁泾村辖14个村民小组，莫家村辖7个村民小组。撤并之后，原五联村所辖的15个村民小组依次为第1组至第15组，原丁泾村所辖的14个村民小组依次为第16组至第29组，原莫家村所辖的7个村民小组依次为第30组至第36组。

　　2019年12月，五联村隶属昆山高新区（玉山镇），辖36个村民小组、5个自然村。

原五联村区域现状（2019年，周金俊摄）

原丁泾村区域现状（2019年，周金俊摄）

原莫家村区域现状（2019年，周金俊摄）

三、自然村落

2001年，合并后的五联村共有20个自然村。自2002年起至2019年，因城镇建设，村域内自然村陆续动迁，土地被征用，村落基本消失。至2019年，村域只余5个自然村。

包家桥 属玉山镇五联村第2、3、4组，位于五联村西部。村域东起农田，西至白水潭河；南起农田，北至五联路。村庄占地面积0.04平方千米。村民主要姓"顾""包""张""周"等。2013年，因民营科技工业园征用土地，包家桥自然村基本消失，至2019年，除3户未搬迁外，大部分村民动迁至锦隆佳园居住。

五联村村民动迁小区——锦隆佳园（2019年，周金俊摄）

丁泾 属玉山镇五联村第20、21、22、23、29组（原属丁泾村第5、6、7、8、14组），位于五联村北部。村域东起团结河，西至东风河；南起原农田，北至丁泾河。村庄占地面积0.04平方千米。村民主要姓"朱""郁""陈""金""冯""李""张""徐""盛"等。2010年，因民营科技工业园征用土地，村民动迁至锦隆佳园居住，丁泾自然村消失。

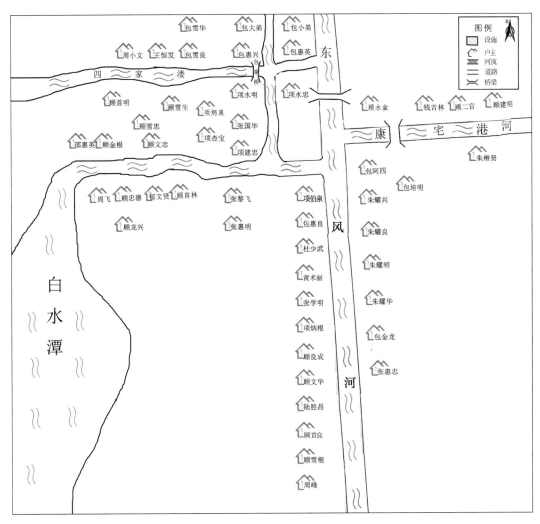

包家桥——五联村第2、3、4组

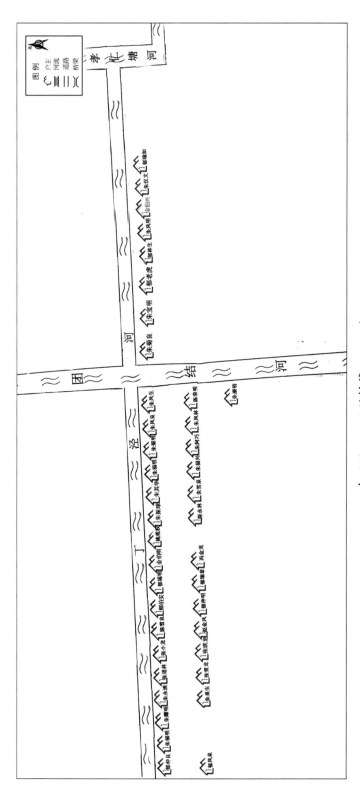

东丁泾——五联村第20、21组

第一章 村情概览

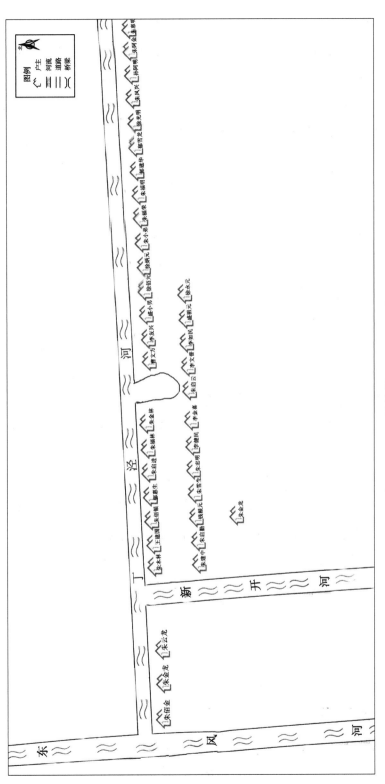

西丁泾——五联村第 22、23、29 组

东风新村　属玉山镇五联村第33、34、35、36组（原属莫家村第4、5、6、7组），位于五联村西部。村域东起东风河，西至农田；南起五联路，北至农田。村庄占地面积0.01平方千米。村民主要姓"徐""陆""钱""沈"等。东风新村为村民搬迁形成的新村。2007年，因民营科技工业园征用土地，东风新村村庄消失，现为民营科技工业园厂房等。村民全部动迁至锦隆佳园居住。

康宅　属玉山镇五联村第1组，位于五联村南部。村域东起团结河，西至粮田；南起杜桥村，北至农田。村民依康宅港河南北岸居住。村庄为东西走向，占地面积0.01平方千米。望山路穿越康宅南北。村民以姓"陈"为主，也有的姓"张""王""包""孙"等。2006年，因民营科技工业园征用土地，康宅村庄消失，现为民营科技工业园厂房。村民全部动迁至杜桥景园和锦隆佳园居住。

陆家村　属玉山镇五联村第32组（原属莫家村第3组），位于五联村西部。村域东起农田，西至大渔塘河；南起原农田，北至新塘河。村庄占地面积0.01平方千米。村民主要姓"陆""项""沈""蒋""赵""韩"等。2007年，因民营科技工业园征用土地，陆家村村庄消失，现为民营科技工业园区绿化景观。村民全部动迁至锦隆佳园居住。

莫家溇　属玉山镇五联村第33、36组（原属莫家村第4、7组），位于莫家村和原五联村第3组交界处。村域东起康宅港河，西至现环庆路；南起原农田，北至原农田。村庄占地面积0.02平方千米。村民主要姓"钱""李""沈""赵""谢""张""姚""徐""毛"等。2006年，因民营科技工业园征用土地，莫家溇村庄消失。村民全部动迁至锦隆佳园居住。

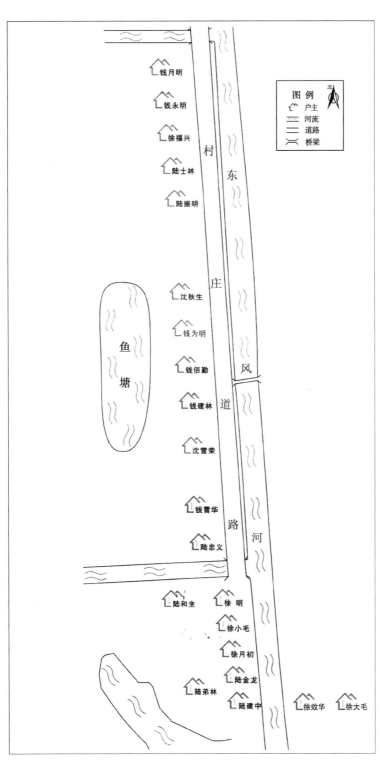

东风新村——五联村第33、34、35、36组

康宅——五联村第 1 组

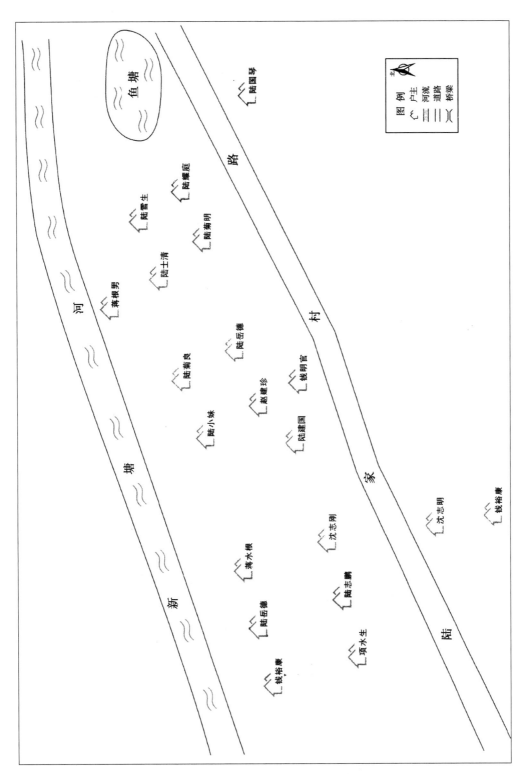

陆家村——五联村第 32 组

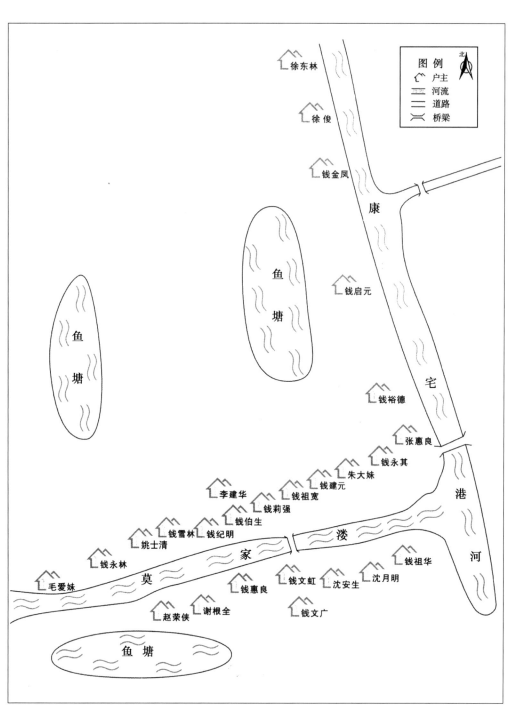

莫家溇——五联村第33、36组

大渔塘　属玉山镇五联村第 31 组（原属莫家村第 2 组），位于五联村西部。村域东起农田，西至大渔塘河；南起五联路，北至迎宾路。村庄面积 0.02 平方千米。村民主要姓"徐""莫""顾"等。2010 年，因民营科技工业园征用土地，大渔塘村庄消失。村民动迁至锦隆佳园居住。

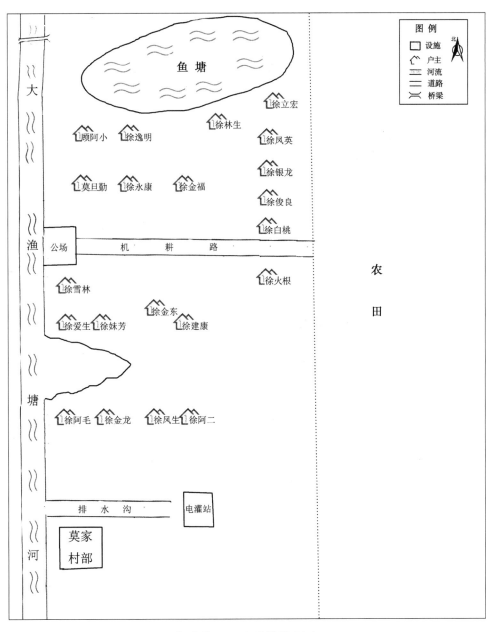

大渔塘——五联村第 31 组

钱家宅基 属玉山镇五联村第 30 组（原属莫家村第 1 组），位于五联村西部。村域东起原农田，西至大渔塘河；南起参新泾，北至原农田。村庄占地面积 0.01 平方千米。村民主要姓"钱""曹""邹""唐""支""高""束"等。2002 年，因民营科技工业园征用土地，钱家宅基村庄消失，现为民营科技工业园绿化用地。村民全部动迁至锦隆佳园居住。

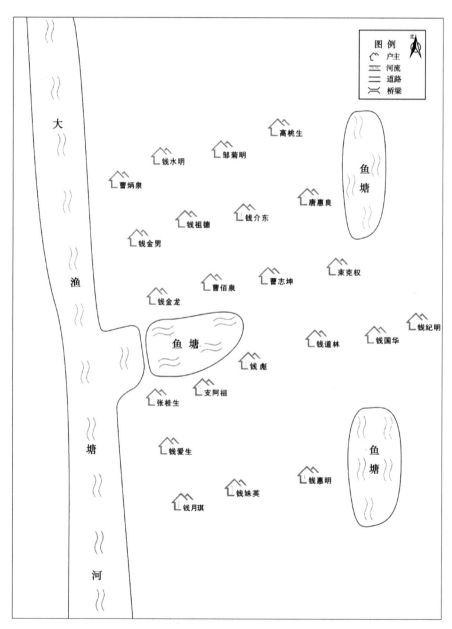

钱家宅基——五联村第 30 组

盛家村 属玉山镇五联村第24、25组（原属丁泾村第9、10组），位于五联村北部。村域东起团结河，西至原农田；南起原农田，北至新塘河。村庄占地面积0.02平方千米。村民主要姓"顾""陈""陆""唐""沈"等。2006年，因迎宾大道拓宽和民营科技工业园征用土地，盛家村消失，现为民营科技工业园绿化用地。村民全部动迁至锦隆佳园居住。

外塘村 属玉山镇五联村第12组。位于五联村东部。村域东起皇仓泾，西至农田；南起农田，北至五联路。村庄占地面积0.01平方千米。村民主要姓"陶""朱""张""苏""邵"等。2009年，因民营科技工业园征用土地，外塘村基本消失，现为民营科技工业园储备用地。村民动迁至杜桥景园和锦隆佳园居住。

外堰泾 属玉山镇五联村第17、28组（原属丁泾村第2、13组），位于五联村东部。村域东起皇仓泾，西至农田；南起农田，北至农田。村民住宅依皇仓泾西岸而建，是原丁泾村最东面的一个自然村。村庄占地面积0.01平方千米。村民主要姓"李""刘""胡""倪""朱""王""赵""姚""瞿"等。2002年，因北门路向北延伸和昆山高科技工业园建设征用土地，村庄消失，现为吉麒净水科技厂房等。村民全部动迁至杜桥景园居住。

王家宅基 属玉山镇五联村第16组（原属丁泾村第1组），位于五联村东北部。村域东起皇仓泾，西至北门路；南起旱地，北至新塘河。村庄占地面积0.01平方千米。村民主要姓"王""陆""徐""项""姚""俞"等。2010年，因民营科技工业园征用土地，村庄消失，现为民营科技工业园绿化用地。村民动迁至锦隆佳园居住。

盛家村——五联村第24、25组

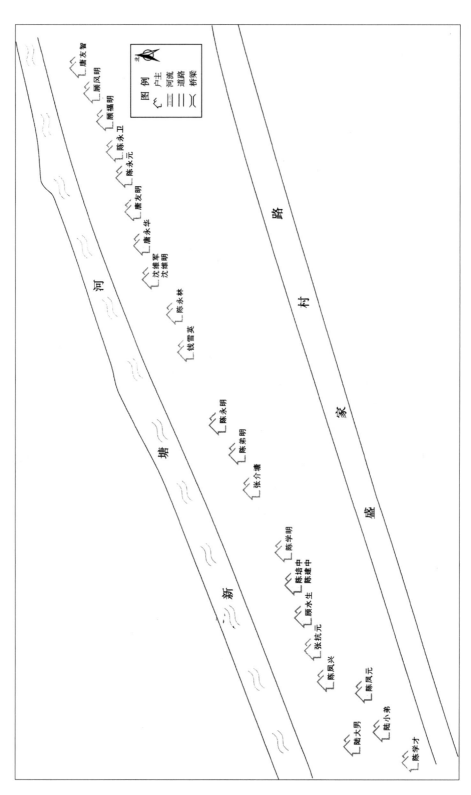

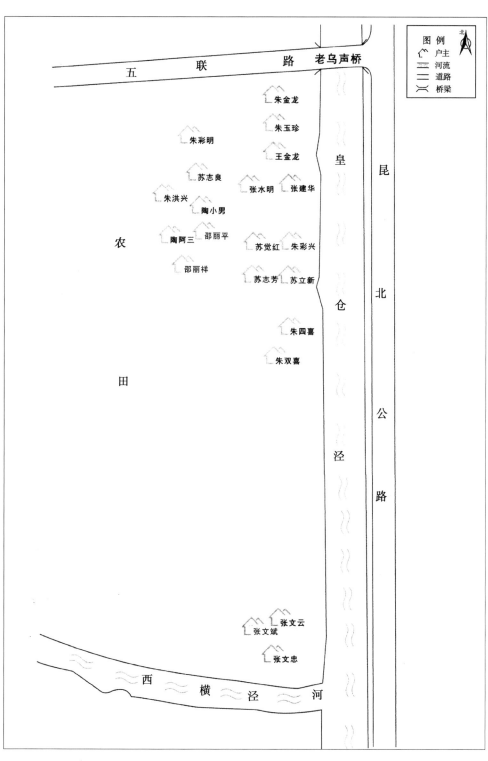

外塘村——五联村第12组

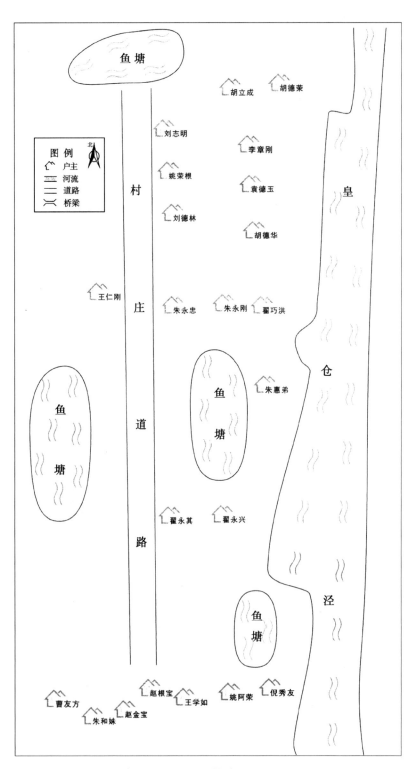

外堰泾——五联村第17、28组

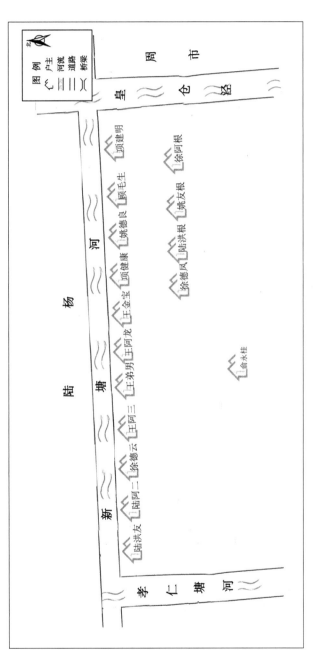

王家宅基——五联村第16组

西横泾　属玉山镇五联村第11组，位于原城北集镇北约6千米，地处五联村东部。村域东起皇仓泾，西至农田；南起农田，北至农田；被北门路南北穿越。村民居住在横泾河南北两岸，呈东西走向。村庄占地面积0.01平方千米。村民主要姓"陶""王""陈""沈""夏""卞""李""闵""赵"等。2002年，因北门路向北延伸征用土地，西横泾村消失，现为民营科技工业园厂房。村民全部动迁至杜桥景园居住。

西支家庄　属玉山镇五联村第5、13组，位于五联村中部。村域东起望山路，西至东风河；南起五联路，北至农田；被五联路东西穿越。村民居住在西支家庄河两侧（东西走向）及东风河东侧（南北走向）。村庄占地面积0.02平方千米。村民主要姓"胡""张""顾""吴""周""高"等。2006年，因民营科技工业园征用土地，西支家庄消失，现为昆山捷冠塑胶模具有限公司厂房等。村民全部动迁至锦隆佳园居住。

徐家村　属玉山镇五联村第34、35组（原属莫家村第5、6组），位于五联村西部。村域东起农田，西至康宅港河；南起农田，北至农田。村庄占地面积0.01平方千米。村民主要姓"陆""钱""徐"等。2007年，因民营科技工业园征用土地，徐家村消失，现为民营科技工业园储备用地。村民全部动迁至锦隆佳园居住。

俞家浜　属玉山镇五联村第19、26组（原属丁泾村第4、11组），位于原城北镇以北约7.5千米处，地处五联村东部。村域东起农田，西至农田；南起俞家浜河，北至农田。村庄占地面积0.01平方千米。村民主要姓"俞""王""张"等。2009年，因昆山高科技工业园征用土地，俞家浜消失，现为民营科技工业园厂房。村民全部动迁至杜桥景园和锦隆佳园居住。

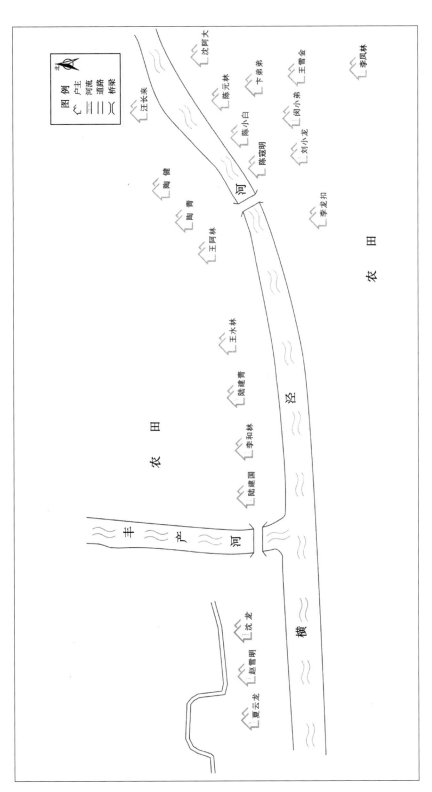

西横泾——五联村第11组

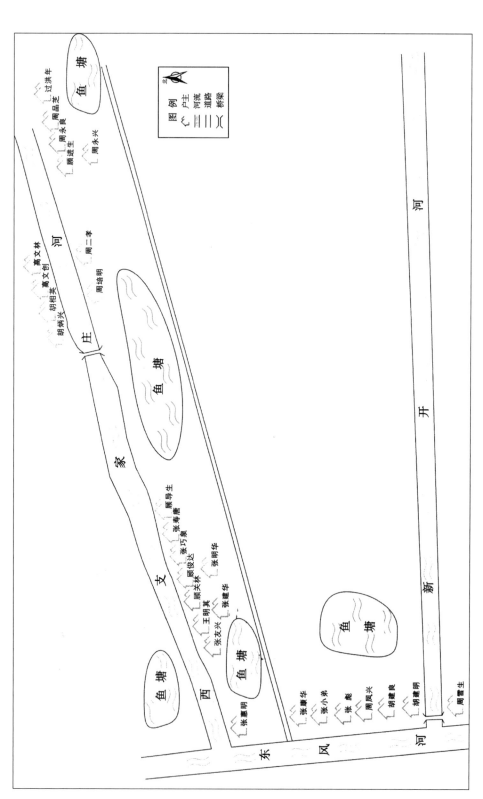

西支家庄——五联村第5、13组

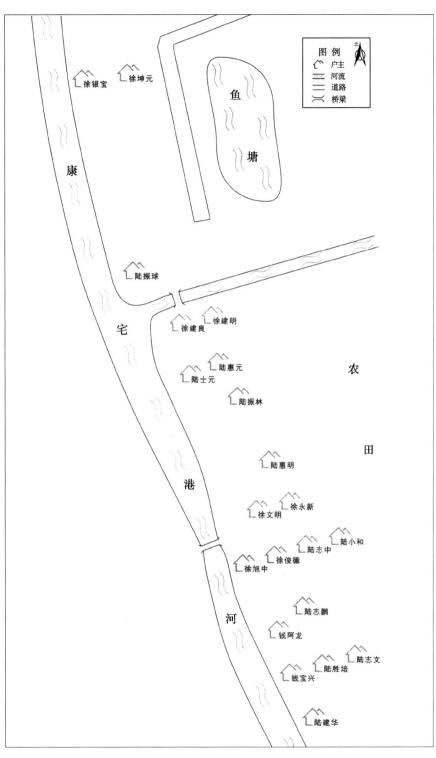

徐家村——五联村第34、35组

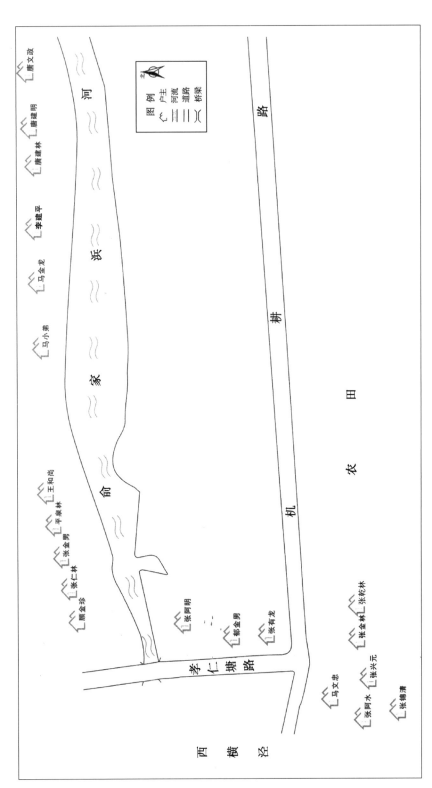

俞家浜——五联村第19、26组

北孝仁塘 属玉山镇五联村第9组,位于五联村中部。村域东起厂房,西至永丰余路;南起五联打工楼,北至五联路。村庄占地面积0.01平方千米。村民主要姓"张""李""管""陶""王"等。村庄内有五联菜场、五联打工楼等,村庄东侧有1路公交车站点。

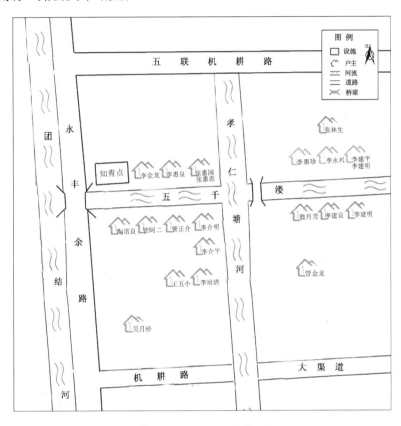

北孝仁塘——五联村第9组

东支家庄 属玉山镇五联村第6、7、8、14组,位于五联村中部。村域东起团结河,西至望山北路;南起五联路,北至厂房。村庄占地面积0.02平方千米。村庄东侧有1路公交车站点,西侧有18路公交车站点。村民主要姓"李""胡""朱""薛""张""方""陆""王""钱""陈""周""郁""唐""戴""范""项"等。

南孝仁塘 属玉山镇五联村第10、15组,位于五联村中南部。村域东起厂房,西至永丰余路;南起厂房,北至厂房。村庄占地面积0.02平方千米。村民主要姓"李""管""王""赵""范"等。村庄东侧有1路公交车站点。

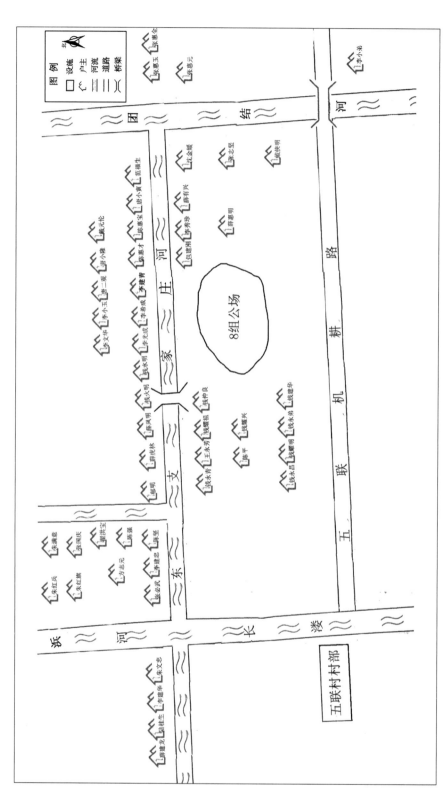

东支家庄——五联村第6、7、8、14组

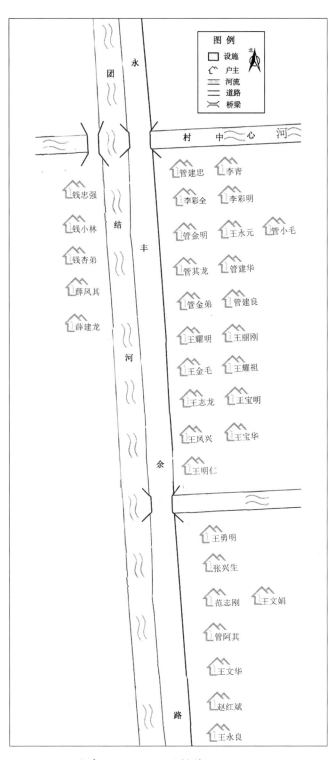

南孝仁塘——五联村第10、15组

堰泾 属于玉山镇五联村第18、27组（原丁泾村第3、12组），位于五联村中部。村域东起北门路，西至永丰余路；南起五联路，北至新开河。村庄占地面积0.02平方千米。村庄东侧有1路公交车站点，西侧有18路公交车站点。村民主要姓"李""陆""周""王""袁""徐""赵""杨""陈"等。

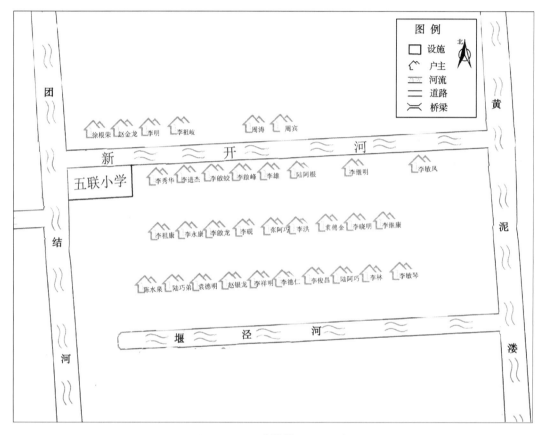

堰泾——五联村第18、27组

附：

表1-1-1 2004年五联村36个村民小组基本情况汇总表

村民小组	所在自然村	户口/户	常住人口/人	耕地面积/亩	主要姓氏
1	康宅	21	99	191.60	陈、张、包、严、陆、王、孙等
2	包家桥	12	60	152.00	张、朱、包、顾、钱等
3	包家桥	17	80	106.80	包、项、张、杜等
4	包家桥	21	99	120.75	顾、项、周、邵等
5	西支家庄	18	81	169.80	胡、张、顾等
6	东支家庄	14	76	172.90	李、胡、朱、薛、张、方、陆等
7	东支家庄	17	94	163.30	陈、钱、王、周等
8	东支家庄	15	75	137.70	李、郁、戴、唐、陈等
9	北孝仁塘	21	105	247.60	李、张、陶、管、王、汪等
10	南孝仁塘	17	78	165.70	管、李、范、王、赵等
11	西横泾	19	90	205.80	王、赵、陈、沈、李、陶等
12	外塘	23	128	162.40	朱、张、苏、邵、陶等
13	西支家庄	16	87	135.00	胡、周、高、吴等
14	东支家庄	14	68	144.70	薛、张、管、顾、李等
15	南善仁堂	13	74	124.60	王、管等
16	王家宅基	14	68	160.00	王、陆、项、徐、姚、俞等
17	外堰泾	11	47	110.00	胡、刘、李、倪等
18	堰泾	17	90	134.50	李、陆、周、王、袁等
19	孝仁塘	10	47	115.00	马、张、平、王、姚等

续表

村民小组	所在自然村	户口/户	常住人口/人	耕地面积/亩	主要姓氏
20	丁泾	22	110	198.20	朱、郁、陈、金、冯等
21	丁泾	16	87	171.50	郁、朱、张、陈等
22	丁泾	15	80	203.00	朱、郁、孙、李、徐、盛等
23	丁泾	8	49	105.00	朱、郁、钱等
24	盛家	14	67	145.00	顾、唐、陈、盛等
25	盛家	9	54	137.50	顾、陈、陆等
26	孝仁塘	12	70	135.00	张、唐、范、郁等
27	堰泾	15	81	137.00	李、袁、徐、赵、杨、陈、陆等
28	外堰泾	10	48	134.00	王、赵、朱、翟、姚等
29	丁泾	8	34	110.00	朱、郁等
30	钱家宅基	23	121	253.10	钱、唐、邹、曹、支、高、束等
31	大渔塘	22	106	224.20	徐、莫、顾、葛等
32	陆家	20	98	164.00	陆、蒋、项、沈、赵、韩等
33	莫家溇、东风河	16	90	163.20	钱、李、沈、陆、谢、蒋、姚等
34	徐家、东风河新村	18	87	144.30	陆、钱、徐等
35	徐家、东风河新村	21	106	160.50	徐、陆、钱等
36	莫家溇、东风河	16	71	142.60	钱、徐、严、毛等

第二节 自然环境

一、地形地貌

五联村地处阳澄湖以东的低洼平原区，属于阳澄湖低洼圩区。村域内河、港、泾、浜、潭交叉成网，河道众多；道路平坦，四通八达，交通便捷；花草丰茂，物产丰富。

村域地势低洼，以吴淞高程±0.00米为标准，地面高程在+3.20米以下。土壤大多为三级中产土和四级低产土。1974年，进行"丰产方"改造，科学规划，改良土壤，平整农田，从而使得粮食产量连年增高，并保持高产稳产。

二、河流

五联村域内有皇仓泾、新塘河、大渔塘河等主河道，主要用于圩外泄洪，以及团结河、东风河、丁泾河等圩区防洪泄水重要河道。此外，还有创新河、横溇、老溇、支家溇、莫家溇、莫家溇河西潭、康宅港河、大堰溇、羊肠溇、木独溇、徐港溇、孝仁塘河、荷花港、荷花溇、黄泥溇、三升溇、堰泾河、丁泾河、俞家浜河、西横泾河、东支家庄河、西支家庄河、村中心河、五千溇、长溇、浜河、白水潭、白米溇等近30条河港泾溇。

（一）主河道

皇仓泾 位于五联村东部的皇仓泾，原名黄昌泾，后改名皇仓泾。该河道于明正统六年（1441）开浚，弘治十一年（1498）提督水利工部郎中傅潮疏浚，嘉靖四年（1525）又浚。此后直至中华人民共和国成立，未再整治。1956年，北段做过局部疏浚。1958年12月6日，昆山县征调马鞍山（城北、城南）、周墅（陆桥）等公社民工5 162名对该河进行拓浚，翌年4月2日告竣，工程耗资17.53万元。皇仓泾属昆山市级河道，该河道位于昆北公路西侧，为南北流向河道，属于国家8级航道。南起张家港河，北至东新塘河桥。全长6 750米，河面平均宽35米，以吴淞高程±0.00米为标准，河底高程为+1.00米。有桥6座，河堤、河坡为石驳岸。该河道主要功能为泄洪，其流经村域长度为2 670米，南起亿升路，北至新塘河。

皇仓泾（2019年，周金俊摄）

新塘河 位于五联村北部，于明正统六年（1441）开浚，1976年疏浚，是昆山地区老泄洪干河之一，属于国家7级航道，是盛泾、皇仓泾的分界河。新塘河属昆山市级河道，为东西流向，东起周市斜塘，西至张家港。全长13 700米，河面宽37米，以吴淞高程±0.00米为标准，河底高程为+1.00米。有桥16座，河堤、河坡为生态护坡。该河道主要功能为泄洪，其流经村域长度为2 945米，东起皇仓泾，西至大渔塘河。

大渔塘河 位于五联村西部，于中华人民共和国成立前夕开挖，属昆山镇级河道。该河道为南北流向，南起张家港，北至杨林塘。全长3 450米，河面宽22米，以吴淞高程±0.00米为标准，河底高程+0.90米。有桥4座，河堤、河坡为楼板护坡。该河道主要功能为泄洪，其流经村域长度为1 800米，南起城北路，北至新塘河。

（二）重要河道

团结河　位于五联村中部，地处昆山高新区民营联圩，为南北流向河道，南起张家港，北至新塘河。全长6 270米，河面宽13.8米，以吴淞高程±0.00米为标准，河底高程为+0.40米。有桥涵22处，河堤、河坡为楼板护坡。该河道主要功能为防洪泄水，其流经村域长度为2 200米，南起城北路，北至新塘河。该河道系1974年为解决原城北中心片区涝渍问题，由人工开挖而成。1996年3月，为创建江苏省卫生镇，城北镇政府在河道两岸用楼板构筑驳岸，以改善河道环境，并在2014年予以疏浚。

团结河（2019年，张银龙摄）

东风河　位于五联村西部，1976年由人工开挖而成，1996年进行过疏浚。东风河地处昆山高新区民营联圩，为南北流向河道，南接庙东河，北通新塘河。全长2 480米，河面宽14.4米，以吴淞高程±0.00米为标准，河底高程为+0.80

米。有桥涵4处，河堤、河坡为土坡。该河道主要功能为防洪泄水，其流经村域长度为2 000米，南起点为杜桥河北200米，北至新塘河。两岸均为企业单位。

东风河（2019年，张银龙摄）

丁泾河　位于五联村北部原丁泾村，为东西流向，河面宽20米，全长1 500米，流经村域长度为1 500米，东至孝仁塘河，西至东风河。现为泄洪河道。

莫家溇河西潭　位于五联村西部原创基地北，为东西流向，河面宽40米，全长100米，流经村域长度为100米，起点为迎宾路西，终点为莫家路东。修环庆路时被截断，现为沿路景观带的一部分。

堰泾河　位于五联村北部原堰泾村，为东西流向，河面宽16米，全长800米，流经村域长度为800米，西至原堰泾村，东至原外堰泾。现为泄洪河道，被纳入支家庄河。

（三）其他现存河道

俞家浜河　位于五联村东部原俞家浜，为东西流向，河面宽20米，全长800米，流经村域长度为800米，东至皇仓泾，西至孝仁塘河。现为泄洪河道，被纳入丁泾河。

西横泾河 位于原五联村第11组，为东西流向，河面宽10米，水深3米，全长1 000米，流经村域长度为1 000米，西至团结河，东至排涝站。现为泄洪河道，被纳入五联丰产河。

东支家庄河 位于原五联村第6、7、8、14组，为东西流向，河面宽10米，水深3米，全长900米，流经村域长度为900米，西至五联村村部，东至团结河。现为泄洪河道，被纳入支家庄河。

东支家庄河（2019年，张银龙摄）

西支家庄河 位于五联村西部，为东西流向，河面宽8米，水深3米，全长500米，流经村域长度为500米，西至莫家村，东至村部。现为泄洪河道，被纳入支家庄河。

村中心河 位于原五联村第2、3、7、13、14组，为东西流向，河面宽10米，水深3米，全长900米，流经村域长度为900米，西至东风河，东至团结河。现为泄洪河道，被纳入五联丰产河。

创新河 又名莫家丰产河，位于五联路北100米处，为东西流向，河面宽

12米，全长2 000米，起点为东风河，终点为迎宾路西，于1976年开挖。

（四）消失的河道

横溇　位于村域白水潭南端，为东西流向，河面宽10~15米，水深3米，全长1 800米，流经村域长度为1 200米，东起五联村第4组，经大农户陆胜昌公场，西至渠道。1986年因为开挖水产2场养殖基地被填埋。

老溇　位于村域原莫家大队第1生产队农民宅基地东，为东西流向，河面宽12米，全长200米，流经村域长度为200米，起点为白水潭，终点在农民宅地东端渠道。1986年因为开挖水产2场养殖基地被填埋。

支家溇　位于村域白水潭西北，为东西流向，河面宽20米，全长300米，流经村域长度为300米，东起白水潭，西至渠道。1986年因为开挖水产2场养殖基地被填埋。

莫家溇　位于村域康宅港西环庆路东，基本为东西流向，部分河段向北至陆家村，河面宽30米，全长1 000米，流经村域长度为1 000米，起点为康宅港河，终点为迎宾路。1996年因为修筑道路、规划建设厂房被填埋。

大堰溇　位于村域东风河东，为南北流向，河面宽16米，全长300米，流经村域长度为100米，起点为丁泾河，终点为支家庄河。1976年因为开挖东风河及土地规划开发被填埋。

徐港溇　位于村域康宅港东，为东西流向，河面宽15米，全长100米，流经村域长度为100米，起点为东风河，终点为康宅港。1976年因为开挖东风河及土地规划开发被填埋。

孝仁塘河　位于村域孝仁塘村，为南北流向，河面宽16米，全长2 500米，流经村域长度为1 200米，北至堰泾村，南至泗马泾河。1974年因为开挖团结河及土地规划开发被填埋。

荷花港　位于村域俞家浜北，为南北流向，河面宽20米，全长500米，流经村域长度为500米，南至俞家浜，北至王家宅基。2004年因为土地规划开发及建设厂房被填埋。

荷花溇　位于村域康宅港西，为东西流向，河面宽15米，全长100米，流经村域长度为100米，起点为康宅港，终点为莫家溇东。1974年因为土地规划开发被填埋。

黄泥溇　位于村域堰泾村东,为南北流向,河面宽25米,全长500米,流经村域长度为500米,南至堰泾村,北至俞家浜。2000年因为修筑北门路被填埋。

三升溇　位于村域盛家村南,为东西流向,河面宽25米,全长150米,流经村域长度为150米,东至团结河,西至盛家村。2002年因为修筑迎宾路被填埋。

五千溇　位于原五联村第9组,为东西流向,河面宽6米,水深3米,全长900米,流经村域长度为900米,西至团结河,东至第12组大渠道。2003年因为土地规划开发被填埋。

长溇　位于原五联村第11组农宅西边,为南北流向,河面宽18米,水深3米,全长800米,流经村域长度为800米,南至第11组公场,北至西横泾河。2002年因为土地规划开发被填埋。

浜河　位于原五联村第6组农宅中心,为南北流向,河面宽15米,水深3米,全长500米,流经村域长度为500米,南至东支家庄河,北至第6组公场。2002年因为土地规划开发被填埋。

白水潭　位于原五联村第3、4组良田中间,为南北流向,河面宽20~100米,水最深处为4米多,全长500米,流经村域长度为500米,南至第4组大坝基,北接支家溇。1986年因为开挖水产2场养殖基地被填埋。

白米溇　位于原五联村第6、7组良田中间,为南北流向,河面宽20米,水深4米多,全长800米,流经村域长度为800米,南至第7组公场,北至东支家庄河。2002年因为土地规划开发被填埋。

康宅港河　位于原五联村第1组住宅中心,为东西流向,河面宽20米,全长1500米,东起团结河,西至五联村第3、4组东风河。2005年因修筑望山路,规划建设厂房、玉山公墓等被填埋。

三、气候

五联村属亚热带季风气候。受季风影响,四季寒暑分明,光照充分,雨量充沛,无霜期长。夏季受来自海洋的季风影响,雨热同期,适宜喜热、喜光农作物和经济林木生长;冬季寒冷干燥;春、秋季节气候宜人。由于夏季风、冬

季风进退迟早、强度变化不一,气温和降水年际变化差异较大,旱、涝、风、冻等灾害时有发生。

四、灾害

(一)洪涝

村域属阳澄湖低洼平原区,村内河道纵横,水潭众多。地面高程偏低,遇到连续大雨或者上游洪水下泄过境,便会排水不畅,致使新塘河、皇仓泾、大渔塘河的水位升高,有时甚至高出村域农田,从而形成洪涝灾害。后虽不断修圩筑堤,但是依然难以根治,洪涝灾害时有发生。城北区域自古以来流传"小雨水汪汪,大雨白茫茫"的说法。据历史记载,单从北宋大观元年(1107)到南宋乾道六年(1170),苏淞地区发生的大的洪涝灾害就有7次;元至元年间,甚至5年内遭受3次大灾。民国时期,更是灾害频发。历史上没有具体提到五联村域的受灾情况,但是根据村域地势——整个昆山西南一带(如锦溪、周庄)地势高,东北一带(如周市、陆家桥)地势偏低,村域历来为昆山地区遭受水灾最严重的区域之一。

1914年,昆山发生水灾,昆北农民逃荒者不在少数,村域村民亦在其中。

1935年,暴雨成灾,不少农田被淹,昆北个别低洼地段粮食颗粒无收,村域农民深受其害。

1946年,连续阴雨,新塘河暴涨,洪水溢过大堤,庄稼歉收,村域农民普遍挨饿。同年对皇仓泾堤进行加固,适遇"昆沙班"(昆山—沙溪)客轮途经该河段,对新修堤岸造成冲击,村域村民为此致函青墩乡乡长陈德英,提出客轮改道汉浦塘的建议,获得批准。

1947年5月15日,因连绵阴雨,水涝成灾,早稻严重受害。有村民赶赴昆山政府,报荒请愿。请愿村民以周墅为主,村域个别村民参与。

1949年6月20日至8月初,城北水涝成灾。村域村民组织起来,积极参与抗涝救灾。

1954年5月18日至7月24日,昆北地区连降暴雨,发生百年未遇大水灾,村域内一片汪洋,还出现江水倒灌现象。面对灾情,县、区、乡三级政府领导深入灾区,全面发动,组织排涝救灾。村域村民在新塘河、皇仓泾地段不停巡逻，不断加固大堤，确保大堤安全，并动员群众把所有水车架起来，大家轮番上阵，日夜不停进行排涝。

1957年6月25日至28日，阴雨连绵，日降雨量达到较为罕见的104.4毫米，昆山区域受害面积较大。暴雨使村域减产严重，部分低洼农田甚至颗粒无收。

1960年6月，阴雨连绵，日降雨量大，村域低洼田全部被淹。雨后，村民重播重种，秋收减产严重，特别是低洼的农田几乎颗粒无收。

1962年9月上旬，大雨滂沱，2天降雨209毫米。城北北部一带，出现溃堤，全公社受涝面积达19 733亩，尤其五联、丁泾、莫家3个大队受灾严重。

1964年6月24日至27日，连续下雨67小时，降雨量为203毫米。城北人民公社农田积水面积7 596亩，经过突击排涝，仍有530亩水稻受损。经五联、丁泾、莫家全体干部群众努力抗灾，村域损失有所减轻。

1975年6月24日至7月4日，连续10天暴雨，降雨量达374.5毫米。最高洪峰达吴淞零点以上3.42米。位于俞家浜河西口孝仁塘河与丁泾河交界处的排灌站，及时关闭闸门，抗洪排涝。

1981年8月，连续阴雨24天，总降雨量达398.6毫米，月平均气温24.2 ℃，低于往年同月平均气温，对村域水稻生产造成一定影响。

1991年7月1日至5日，4天降雨286毫米，昆北地区受灾严重，村域部分农田几乎颗粒无收。

(二) 干旱

村域尽管雨水充足，但是因为大多属于过境水，且没有蓄水水利工程，也会出现干旱灾害，尽管发生的次数不多，但是对于靠天吃饭的小农经济来说仍是致命的，对老百姓的生活产生很大的影响。

清嘉庆十九年（1814）夏，大旱，昆山城内外河底皆涸，地生白毛，造成米价飙升，半石米要五千六百钱，村民生活艰难。

1953年7月至8月，持续高温干旱。9月，水位下降至1.3米，村域旱情严重。

(三) 虫灾

1924年，村域暴发稻飞虱灾害，并遭遇罕见干旱，农田龟裂。10个乡受灾，受灾户达2 848户，村域亦受到影响。

1985年9月中下旬，全县稻飞虱灾害大暴发，"冒穿"面积13 565亩，折合损失958亩，村域受灾严重。

（四）冰雹

1963年5月8日下午2时30分，城北人民公社遭受冰雹袭击，8 249亩三麦、660亩油菜、280亩蚕豆受到不同程度的损害。其中，五联、莫家等4个大队为重灾区。村民不但吃饭成问题，而且连柴草都缺乏，其中莫家大队最为严重。为此，大队领导向城北人民公社提出申请，把一批从昆山蚕种场修剪下来的桑树枝丫分发给村民解决燃眉之急。

1971年7月24日，五联大队、莫家大队遭受冰雹袭击。冰雹大如核桃，小似蚕豆，数千亩早稻受灾减产。

1988年5月3日夜至4日晨，昆山遭受两次冰雹袭击，有10多个乡镇的249个村受灾，受灾小麦面积19.29万亩、油菜5.33万亩，受灾农户5 581户，倒塌房屋217间，倒塌猪羊牛棚348间，137间厂房受损，16人受伤，村域村民受灾严重。

（五）台风

1985年7月31日，台风过境，最大风力10级，一昼夜降雨200多毫米，水位升至3.61米，全县30万亩农田受淹，当年粮食减产53.5吨，1 117间房屋被吹倒。村域村民生活受到影响。

第三节　自然资源

一、土地资源

2019年，五联村区域总面积4.2平方千米。1963年，村域内3个村的耕地总面积 5 788 亩，其中五联大队 2 441 亩、丁泾大队 2 080 亩、莫家大队 1 267 亩。

村域土壤平均高程为 2.2~2.4 米，其中一级优质土壤只占 5.6%；一半以上为二级土壤，占比 53% 左右；三级土壤占比 35% 左右；其余为四级土壤，也就是几乎无法耕种的荒滩地，高出水面不到 0.2 米。村域一带被称为北乡低田区，又称阳澄低洼圩区。如遇当地降雨和上游客水下泄，而下游排水不畅，外河水位常高于地面，便会形成涝害。

昆北一带历来重视圩区建设，虽然不断围圩筑堤，封坝排水，在水位高时动员每家每户用人力水车排涝，力图外御洪水，内除涝患，但由于社会制度和技术等因素，洪涝灾害仍然频繁发生。中华人民共和国成立后，随着主要通江河道的拓浚及机电排灌站的建成，加之实行联圩并圩，加固堤防，建闸控制，圩内水位得以常年预降，洪涝灾害威胁基本解除。

20 世纪 70 年代开始，推行丰产方建设，河道裁弯取直，农田得到平整规划，围湖造田。随着水利建设的加强，内河水位得到有效控制，圩田质量得到保障，这为填埋河道创造了条件，土地面积有所扩大。至 1980 年，村域耕地面积扩大到 6 138.35 亩（表 1-3-1）。

表 1-3-1　1980 年五联村域土地资源统计表

单位：亩

大队	总面积	水田面积	旱地面积	集体耕地			社员自留地		
				总面积	水田面积	旱地面积	总面积	水田面积	旱地面积
五联	2 620.70	2 565.22	55.48	2 443.30	2 431.80	11.50	177.40	133.42	43.98
丁泾	2 173.50	2 145.20	28.30	1 995.70	1 995.70	0.00	177.80	149.50	28.30
莫家	1 344.15	1 324.75	19.40	1 254.90	1 249.90	5.00	89.25	74.85	14.40
合计	6 138.35	6 035.17	103.18	5 693.90	5 677.40	16.50	444.45	357.77	86.68

改革开放后，因发展工业，招商引资，村域耕地面积有所减少，特别是位于北门路两边区域，地理位置特殊，交通十分便利，离中心城区较近，因此引进鞋帽总厂等企业，征用土地，耕地面积快速减少。考虑到要服务企业，因此村域改善交通运输条件，不断修筑公路，扩建北门路、迎宾路等，这样又进一步占用了一部分耕地。据 2009 年至 2019 年的《玉山农村年鉴》《昆山高新区农

村年鉴》记载，2010年五联村尚有耕地700亩，用于种植玉米和小麦，从2011年开始，余下的耕地全部被征用。

二、水利资源

五联村域内河道多，水潭多，有30多条大大小小不同类型的河、港、泾、溇，并且村域靠近昆北地区的两大河流——皇仓泾和新塘河，水资源比较丰富。村民在内河里开展水产养殖，养殖珍珠蚌，种植莲藕、菱角；村民利用北部航道的有利条件，购买运输船，使早期的集体经济得到发展。

1990年，过境河道污染日益严重，村域内河也受到污染，从而影响到村民的日常饮水，为此，五联、丁泾、莫家3村决定利用村域的水资源，就地创建自来水厂，解决村民的饮用水问题。经过前期的实地勘探考察，于该年下半年开挖专用水道，其中主水道长5千米，自来水厂建于丁泾，靠近东风河电站，故名东风水厂。总投资50万元，受益农户520多家。1998年，东风水厂与昆山第二水厂联网。

三、生物资源

五联村域水资源丰富，对植物生长有利，不仅可以种植传统的水稻、三麦、油菜，还可以种植蔬菜、竹子一类经济作物。竹子一类喜干的植物因为经济效益不高，除了个别村民在自家住宅后面种植外，没有规模种植。受碱性土质限制，村域不能种植苹果一类果树，只能种植柿子、桃子一类果树，也种植少量梨、葡萄一类果树。村域土地资源宝贵，村民养成了在田头、河边因地制宜、见缝插针种植蔬菜等经济作物的习惯。

（一）植物类

1. 粮油

（1）水稻：籼稻、粳稻、糯稻等。

（2）三麦：小麦、大麦、元麦等。

（3）杂粮：山芋、玉米、高粱、马铃薯、赤豆、绿豆、黑豆、豌豆、蚕豆等。

（4）油料：油菜、大豆、芝麻、花生、向日葵、蓖麻、薄荷等。

2. 瓜果蔬菜食用菌

（1）瓜果：西瓜、香瓜、黄瓜、南瓜、太湖香瓜、水梨瓜、橘子、桃子、柿子、枇杷、梨、石榴、草莓等。

（2）蔬菜：莴笋、胡萝卜、青菜、大白菜、包菜、茄子、番茄、辣椒、菠菜、茭白、甜菜、花椰菜、金花菜、芥菜、乌塌菜、荠菜、苋菜、雪里蕻、芫荽、芹菜、西葫芦、冬瓜、丝瓜、苦瓜、佛手瓜、扁豆、豇豆、刀豆、韭菜、大葱、洋葱、大蒜、金针菜、百合、茼蒿、芋艿、秋葵、莲藕、慈姑、菱角、荸荠、芡实等。

菱角（1996年，李介平提供）

（3）食用菌：香菇（香蕈）、蘑菇、平菇、金针菇、凤尾菇等。

3. 竹木花卉

（1）竹：燕竹、五月季竹、慈孝竹等。

（2）树木：杨树、谷树、榆树、刺槐、罗汉松、雪松、地柏、柏树、水杉、梧桐、香樟、楝树、榉树、冬青、黄杨、女贞、棕榈、泡桐等。

（3）花卉：月季、玫瑰、一串红、牵牛花、蔷薇、十姐妹花、栀子花、梅花、兰花、吊兰、仙人球、仙人掌、仙人柱、菊花、凤仙花、白玉兰、广玉兰、鸡冠花、美人蕉、紫藤、紫荆、蜡梅、桂花、杜鹃、含笑花、六月雪、夹竹桃、山茶、文竹、牡丹、芍药、茉莉花、蜀葵等。

4. 水生植物

荷花、水葫芦、水花生、水浮莲、绿萍（浮萍）、睡莲、水竹、芦苇、水葱、芦竹、菖蒲、蒲苇、水藻（水草）、荇菜、苦草等。

（二）动物类

1. 家养动物

（1）家畜：牛（水牛、黄牛）、羊（绵羊、山羊）、猪、兔子（白兔、青紫蓝兔）等。

（2）家禽：鸡（三黄鸡、草鸡、乌骨鸡、大卢克）、鸭（北京鸭、绍鸭、大麻鸭）、鹅、鹌鹑、家鸽等。

2. 水产品

鲫鱼、鳊鱼、鲤鱼、鲢鱼（白鲢）、鳙鱼（花鲢）、鳜鱼、白丝鱼、青鱼、草鱼、黑鱼、昂刺鱼、塘鳢、鳗鲡、黄鳝、甲鱼、虾、蟹、泥鳅、金鱼、热带鱼等。

3. 野生动物

（1）哺乳类：鼠（家鼠、田鼠）、鼬（黄鼠狼）、野兔、刺猬、猪獾。

（2）鸟类：麻雀、燕子、喜鹊、乌鸦、子规、雉（野鸡）、野鸭、鹰、八哥、白头翁、猫头鹰、野鸽、黄鹂等。

（3）爬行类：蛇、蟑螂、土鳖、蜥蜴等。

（4）两栖类：青蛙、蟾蜍。

（5）昆虫类：苍蝇、蚊子、蝴蝶、蜜蜂、黄蜂、螳螂、蜻蜓、蜘蛛、蚂蚁、蝉、蝈蝈儿、纺织娘、蝼蛄、萤火虫、天牛、蝗虫、螟蛾、跳蚤等。

（6）软体动物：田螺、河蚌、蜗牛、蛞蝓等。

第四节　人口概况

一、人口总量

中华人民共和国成立前，五联村域外来人口极少，但总体人口相对稳定。中华人民共和国成立后，受政策影响，人口小幅增长。三年困难时期出现回落。1963年，开始宣传计划生育，人口出生率开始持续下降。真正全面贯彻计划生育政策是在20世纪70年代，人口增长率的高峰出现在80年代初，原因是1963年前人口增长期出生的人开始进入育龄期。2016年，实施全面两孩政策，人口有了小幅增长。2017年、2018年、2019年，人口基本保持不变。1962—2000年五联村域人口情况如表1-4-1所示，2009—2019年五联村域人口情况如表1-4-2所示。

表1-4-1　1962—2000年五联村域人口情况选年表

年份	五联大队（村）		丁泾大队（村）		莫家大队（村）	
	户数/户	人数/人	户数/户	人数/人	户数/户	人数/人
1962	213	744	168	578	120	427
1974	284	1 089	222	862	157	616
1980	266	1 047	226	876	152	629
1990	262	1 042	198	791	147	552
2000	281	944	215	668	121	358

表1-4-2　2009—2019年五联村域人口情况一览表

年份	户数/户	人数/人	年份	户数/户	人数/人
2009	476	2 072	2015	523	2 122
2010	476	2 072	2016	523	2 115
2011	476	2 086	2017	523	2 114
2012	524	2 078	2018	523	2 123
2013	524	2 082	2019	523	2 133
2014	523	2 103			

从历次人口普查情况来看，20世纪60年代，随着合作社、人民公社的推行，人民生活逐渐安稳，人口增长明显，1962年，村域有户籍户数501户，人口1 749人。按区域划分，五联大队有213户774人；丁泾大队有168户578人；莫家大队有120户427人。另有下放户46户56人。1962年五联、丁泾、莫家大队人口和劳动力基本情况如表1-4-3所示。

表1-4-3　1962年五联、丁泾、莫家大队人口和劳动力基本情况表

大队	户数/户	人数/人	劳动力数/人				下放户数/户	下放人数/人
			正劳动力数/人	半劳动力数/人	辅劳动力数/人	小计/人		
五联	213	744	336	32	19	387	26	28
丁泾	168	578	182	58	17	257	14	22
莫家	120	427	159	28	13	200	6	6
合计	501	1 749	677	118	49	844	46	56

三年困难时期结束后形成了第一次人口增长的高峰。一对夫妻一般生育3~5个子女。村域有户籍户数582户，人口2 152人，其中五联有229户896人；丁泾有183户662人；莫家有170户594人。1980年村域人口增加到了2 552人，其中五联大队1 047人，丁泾大队876人，莫家大队629人。1972—1980年五联、丁泾、莫家大队人口情况如表1-4-4所示。

表1-4-4　1972—1980年五联、丁泾、莫家大队人口情况表

单位：人

大队	1972年	1973年	1974年	1975年	1976年	1977年	1978年	1979年	1980年
五联	1 087	1 088	1 089	1 089	1 085	1 090	1 093	1 094	1 047
丁泾	836	842	862	919	952	972	980	981	876
莫家	606	610	616	629	629	619	619	619	629
合计	2 529	2 540	2 567	2 637	2 666	2 681	2 692	2 694	2 552

1982年，计划生育开始全面推行，国家提倡一对夫妻生育一个子女，本地严格执行计划生育政策，出现了两种现象：1963年前后人口增长期出生的孩子进入了育龄期，带来了人口的继续增长；知青返城和下放户落实政策缓解了人口增加的压力。1990年五联村、丁泾村、莫家村人口情况如表1-4-5所示。

表 1-4-5　1990 年五联村、丁泾村、莫家村人口情况表

村	村民小组/个	户数/户	人数/人	其中	
				男性人数/人	女性人数/人
五联	15	262	1 042	499	543
丁泾	14	198	791	394	397
莫家	7	147	552	272	280
合计	36	607	2 385	1 165	1 220

2000 年，计划生育政策得到充分落实，独生子女政策受到普遍认可，而改革开放以来的昆山吸引了来自全国各地的人。村域位于北门路重要位置，随着新昆山人队伍的不断扩大，外来务工人员不断增加，村域人口持续增长。2016 年，实施全面两孩政策，人口有了小幅增长。2017 年、2018 年、2019 年，人口基本保持不变。2019 年，村域有户籍户数 523 户，人口 2 133 人。

二、人口结构

（一）民族

中华人民共和国成立前，由于村民受婚娶对象以来自本村或紧邻村为主的观念影响，村域历来为纯粹的汉族聚居地区，直到 20 世纪五六十年代也没有大的改变。1998 年，有田某自湖北婚迁落户莫家村第 3 组陆家，田女士为土家族，成为村域内第一个少数民族成员。2000 年 4 月，广西壮族自治区武宣县廖某因为结婚迁入原五联村第 12 组苏家，廖某是壮族。一年后，又有一名壮族女性覃某因为婚迁，落户五联村第 22 组朱家。至 2019 年年底，在五联户籍人口中，少数民族人口为 3 人。

（二）性别

长期以来，村域人口性别比例基本平衡，大多数年份的男女性别比（以女性为 100）低于 100。而造成男女性别比低于 100 甚至低于 90 的原因是女性的平均寿命高于男性。

1974 年，五联大队人口 1 089 人，其中男性 490 人，女性 599 人，性别比为 81.80；丁泾大队人口 862 人，其中男性 388 人，女性 474 人，性别比为 81.86；

莫家大队人口616人，其中男性304人，女性312人，性别比为97.44。

1982年，五联大队总人口1 041人，其中男性527人，女性514人，性别比为102.53；丁泾村总人口863人，其中男性417人，女性446人，性别比为93.50；莫家村总人口623人，其中男性308人，女性315人，性别比为97.78。

1990年，五联村总人口1 014人，其中男性494人，女性520人，性别比为95.00；丁泾村总人口811人，其中男性398人，女性413人，性别比为96.37；莫家村总人口522人，其中男性249人，女性273人，性别比为91.21。

2019年，五联村域总人口2 133人，其中男性1 035人，女性1 098人，性别比为94.26。

（三）年龄

村域人口整体年龄结构比较合理。20世纪五六十年代，国家鼓励生育，村域人口小幅增长。1963年开始宣传计划生育，70年代计划生育工作得到进一步加强，到80年代提倡一对夫妻生育一个子女，再到近几年全面实施两孩政策，年龄结构一直维持在可控范围。近30年来，随着生活水平的提高，人口不断增加，村民平均寿命大幅增加，老年人占比有所提升，但整体年龄结构还是处于合理的区间。1982年、1990年五联村域年龄结构情况如表1-4-6所示。2009—2019年五联村域老年人口及结构情况如表1-4-7所示。2019年五联村90岁及以上老人名录如表1-4-8所示。

表1-4-6　1982年、1990年五联村域年龄结构情况表

大队（村）	1982年				1990年			
	总人数/人	0~14岁人数/人	15~64岁人数/人	65岁及以上人数/人	总人数/人	0~14岁人数/人	15~64岁人数/人	65岁及以上人数/人
五联	1 041	268	716	57	1 014	192	758	64
丁泾	863	211	608	44	811	161	581	69
莫家	623	170	412	41	522	124	362	36
合计	2 527	649	1 736	142	2 347	477	1 701	169

表1-4-7 2009—2019年五联村域老年人口及结构情况表

年份	总人数/人	60~64岁人数/人	65~69岁人数/人	70~74岁人数/人	75~79岁人数/人	80~90岁人数/人	90岁以上人数/人	60岁及以上人数/人	60岁及以上占比/%
2009	2 072	180	116	116	84	79	8	583	28.1
2010	2 072	205	125	101	107	98	7	643	31.0
2011	2 086	185	137	119	92	67	4	604	29.0
2012	2 078	222	119	103	86	67	6	603	29.0
2013	2 082	196	167	118	98	94	15	688	33.0
2014	2 103	210	167	118	83	75	14	667	31.7
2015	2 122	267	172	121	95	87	10	752	35.4
2016	2 115	295	185	102	90	88	11	771	36.5
2017	2 114	275	180	105	87	93	10	750	35.5
2018	2 123	192	193	153	88	91	18	735	34.6
2019	2 133	196	198	150	89	90	13	736	34.5

表1-4-8 2019年五联村90岁及以上老人名录

村民小组	姓名	性别	出生日期
五联村第21组	顾爱妹	女	1929年11月19日
五联村第11组	王俊友	男	1929年7月1日
五联村第20组	金绍华	男	1929年4月13日
五联村第17组	郑银花	女	1929年1月28日
五联村第20组	朱其华	男	1928年12月22日
五联村第10组	李介良	男	1928年11月21日
五联村第30组	钱惠英	女	1928年7月9日
五联村第2组	李秀英	女	1927年11月30日
五联村第4组	顾惠珍	女	1927年3月30日
五联村第23组	朱桂英	女	1926年7月18日
五联村第31组	徐水妹	女	1926年7月9日
五联村第3组	项小杜	女	1926年1月7日
五联村第27组	倪素珍	女	1924年12月2日

(四) 姓氏

2019年年底,村域共有住宅571幢,户主姓氏共有63个(实际住户577户,人数2 925人)。20户以上的前9个姓为"李""朱""钱""张""徐""陆""陈""王""顾"等,其中前6个姓共有302户,"李"姓60户,"朱"姓56户,"钱"姓54户,"张"姓49户,"徐"姓43户,"陆"姓40户,占比50%以上。只有1户的有"卞""夏""杜""方"等27个姓氏。2019年五联村户籍人口姓氏状况(按户主分)如表1-4-9所示。

表1-4-9 2019年五联村户籍人口姓氏状况(按户主分)

单位:户

序号	姓氏	户数	序号	姓氏	户数	序号	姓氏	户数	序号	姓氏	户数
1	李	60	17	赵	8	33	金	2	49	谢	1
2	朱	56	18	项	7	34	杨	2	50	俞	1
3	钱	54	19	姚	6	35	翟	2	51	倪	1
4	张	49	20	陶	6	36	戴	2	52	浦	1
5	徐	43	21	苏	5	37	卞	1	53	平	1
6	陆	40	22	吴	5	38	夏	1	54	冯	1
7	陈	37	23	薛	5	39	杜	1	55	盛	1
8	王	28	24	马	4	40	方	1	56	董	1
9	顾	27	25	曹	3	41	汪	1	57	殷	1
10	郁	15	26	袁	3	42	范	1	58	黄	1
11	管	13	27	高	3	43	闵	1	59	魏	1
12	包	12	28	邵	3	44	过	1	60	柯	1
13	周	11	29	孙	3	45	邹	1	61	葛	1
14	沈	10	30	严	2	46	束	1	62	裴	1
15	胡	10	31	蒋	2	47	支	1	63	韩	1
16	唐	10	32	刘	2	48	莫	1			

以"李""陆""周""王"为主要姓氏的堰泾村（2019年，张银龙摄）

至2019年年底，村域人口2 925人，共有姓氏135个。其中超过100人的有9个姓氏："朱"姓245人，"李"姓243人，"陈"姓211人，"钱"姓207人，"张"姓206人，"徐"姓169人，"陆"姓169人，"王"姓145人，"顾"姓136人。这9个姓氏的人数占到总人数的80%以上。只有1个人的姓氏有"鲍""甘""华""楼"等30个。2019年五联村户籍人口姓氏状况（按户籍人口分）如表1-4-10所示。

表1-4-10　2019年五联村户籍人口姓氏状况（按户籍人口分）

单位：人

序号	姓氏	人数	序号	姓氏	人数	序号	姓氏	人数	序号	姓氏	人数
1	朱	245	8	王	145	15	管	42	22	陶	26
2	李	243	9	顾	136	16	唐	42	23	马	23
3	陈	211	10	周	89	17	项	39	24	高	22
4	钱	207	11	沈	62	18	吴	38	25	袁	21
5	张	206	12	赵	54	19	包	32	26	苏	20
6	徐	169	13	郁	52	20	薛	29	27	刘	20
7	陆	169	14	胡	49	21	姚	29	28	孙	20

续表

序号	姓氏	人数	序号	姓氏	人数	序号	姓氏	人数	序号	姓氏	人数
29	金	20	56	丁	5	83	谈	3	110	韦	1
30	范	18	57	杜	5	84	郭	3	111	汝	1
31	杨	18	58	蔡	5	85	汤	3	112	贺	1
32	邵	17	59	许	5	86	姜	3	113	武	1
33	俞	17	60	郑	5	87	邢	2	114	姬	1
34	龚	16	61	缪	5	88	於	2	115	茅	1
35	戴	15	62	黄	5	89	单	2	116	全	1
36	蒋	15	63	叶	4	90	魏	2	117	廖	1
37	严	13	64	程	4	91	林	2	118	罗	1
38	曹	13	65	梁	4	92	卫	2	119	嵇	1
39	盛	12	66	闵	4	93	乔	2	120	梅	1
40	夏	12	67	童	4	94	傅	2	121	覃	1
41	邹	11	68	支	4	95	贾	2	122	纽	1
42	平	9	69	费	4	96	洪	2	123	付	1
43	谢	6	70	浦	4	97	郝	2	124	邱	1
44	方	8	71	田	4	98	庄	2	125	纪	1
45	冯	8	72	凌	4	99	腾	2	126	娄	1
46	董	8	73	殷	4	100	毛	2	127	章	1
47	宋	8	74	裴	4	101	景	2	128	肖	1
48	莫	7	75	葛	4	102	关	2	129	卢	1
49	潘	7	76	季	3	103	柴	2	130	欣	1
50	韩	7	77	翁	3	104	宣	2	131	花	1
51	汪	7	78	卜	3	105	祁	2	132	富	1
52	翟	7	79	邓	3	106	鲍	1	133	柯	1
53	束	6	80	石	3	107	甘	1	134	鱼	1
54	倪	6	81	侯	3	108	华	1	135	吕	1
55	何	5	82	冉	3	109	楼	1	136	黄	1

在以"顾""陈""陆"为主要姓氏的盛家村旧址上建造的商品房（2019年，张银龙摄）

（五）劳动力

中华人民共和国成立前后，村域除了极少数人从事小手工业外，大多数村民从事农业生产。20世纪50年代末，开始有村民从事副业生产，主要为五匠中的木匠、泥瓦匠和篾匠等。70年代，随着集体企业的创办，部分村民离开农田走进工厂，从事工业生产；而从事五匠工作的村民人数开始增加，这些村民基本属于半工半农，在农忙时回来参加集体劳动，农闲时出去做手艺活。80年代，乡镇工业得到快速发展，越来越多的村民投入工业生产，部分村民参与服务业。1981年，村域务工劳动力为453人，占总劳动力的34.2%。2009年，村域劳动年龄内人口数为1 210人，总就业人数为1 178人，无人从事第一产业，均从事第二、第三产业，其中从事第三产业的人数达到336人，占总就业人数的28.5%。2019年，从事第二产业的有920人，从事第三产业的有365人。1962—2019年五联村域村民就业情况（按户籍计）如表1-4-11所示。

表1-4-11　1962—2019年五联村域村民就业情况表（按户籍计）

年份	户数/户	人数/人	劳动力数/人	总就业人数/人	从事第一产业人数/人	从事第二产业人数/人	从事第三产业人数/人
1962	501	1 749	—	—	—	—	—
1964	531	2 025	1 046	—	—	—	—
1981	644	2 552	1 327	1 327	874	285	168
2009	476	2 072	1 210	1 178	0	842	336
2010	476	2 072	1 220	1 188	0	847	341
2011	476	2 086	1 229	1 229	0	850	379
2012	524	2 078	1 279	1 270	0	885	385
2013	524	2 082	1 262	1 262	0	890	372
2014	523	2 103	1 276	1 276	0	901	375
2015	523	2 122	1 279	1 279	0	910	369
2016	523	2 115	1 275	1 275	0	905	370
2017	523	2 114	1 310	1 274	0	904	370
2018	523	2 123	1 350	1 280	0	920	360
2019	523	2 133	1 355	1 285	0	920	365

（六）文化程度

五联村域属于农村偏僻地区，中华人民共和国成立前，村民的文化程度普遍不高，文盲占到95%以上。中华人民共和国成立之初，村域办夜校扫盲，使得部分成年人开始"脱盲"。20世纪50年代，村域的文盲、半文盲依然占全部人口的90%以上。

以1964年创办耕读小学为标志，村域内学龄儿童入学率不断得到提升，村民文化程度得到进一步提高。

1982年，第三次全国人口普查资料显示，村域人口的文化程度整体上有了大幅提高，其中初中以上文化程度的人数明显增加：五联大队311人，丁泾大队198人，莫家大队164人。1990年，村民中出现了大学生，尽管人数不多，却也显示了文化程度的不断提升。

进入21世纪，村民文化程度达到了新的高度。至2019年年底，大专以上的人数达到 584 人，占总人口的 27.4%。1982 年五联村域人口文化程度如表 1-4-12 所示。1990 年五联村域人口文化程度情况如表 1-4-13 所示。1999 年五联村域人口文化程度情况如表 1-4-14 所示。

表 1-4-12　1982 年五联村域人口文化程度情况表

单位：人

大队	文化程度					
	合计	大学	高中	初中	小学	12 岁以上文盲、半文盲
五联	676	—	40	271	30	335
丁泾	767	—	27	171	274	295
莫家	560	—	25	139	208	188
合计	2 003	—	92	581	512	818

注：考入大学的村民户口已迁出五联村域，故未统计。

表 1-4-13　1990 年五联村域人口文化程度情况表

单位：人

村	文化程度						
	合计	大学	中专	高中	初中	小学	12 岁以上文盲、半文盲
五联	915	3	3	58	309	316	226
丁泾	750	1	2	42	240	281	184
莫家	482	0	1	18	166	165	132
合计	2 147	4	6	118	715	762	542

表 1-4-14　1999 年五联村域人口文化程度情况表

单位：人

村	文化程度						
	合计	大学	中专	高中	初中	小学	12 岁以上文盲、半文盲
五联	338	4	4	44	95	170	21
丁泾	481	1	7	76	240	128	29
莫家	440	3	5	60	74	205	93
合计	1 259	8	16	180	409	503	143

三、计划生育

1963年6月,村域开始宣传计划生育政策。在起步阶段,主要是向群众宣传计划生育政策、避孕措施。1965年,城北卫生院开始实施人工流产、安放节育环、进行结扎输卵管和输精管手术,节育工作取得实质性的进展。1972年,推行晚婚、晚育和计划生育,提出"结婚晚一点,生得少一点,养得好一点"口号,提倡一对夫妇只生两个孩子,并号召党员、干部带头落实节育措施。1973年,计划生育政策再次加强,男25周岁、女23周岁以上结婚的,为晚婚;妇女24周岁以上生育的,为晚育。城北人民公社制定《关于执行计划生育政策的实施细则》,对晚婚、晚育者进行奖励。村域人口出生率得到有效控制。1974年,避孕药具免费供应。1978年提倡"一对夫妇生育子女最好1个,最多2个"。1979年10月,为了进一步控制人口,开始强调"一对夫妇只生一个孩子",对于独生子女,发给"独生子女证",并给予一定的奖励。

1993—2011年,村域计划生育率达到100%。2014年3月,江苏省实施单独两孩政策,对计划生育政策进行调整。2016年1月,江苏省正式全面实施两孩政策。只要是合法的夫妻就享有生育两孩的权利,不再受"单独两孩"政策或"双独两孩"政策的限制。实施两孩政策后,除了2016年出生人口有小幅增长外,以后几年,人口数量继续保持平稳。1990年五联村域结婚、生育情况如表1-4-15所示。1990年五联村域人口自然变动及出生情况如表1-4-16所示。1999年五联村域结婚、生育情况如表1-4-17所示。2009—2019年五联村计划生育情况如表1-4-18所示。

表 1-4-15　1990 年五联村村域结婚、生育情况表

村	女性初婚情况							育龄妇女人数/人	已婚育龄妇女人数/人	领独生子女证人数/人	领证率/%	有生育条件妇女人数/人	有生育条件只生一个子女夫妇对数/对	出生人数/人	出生率/‰
	19周岁及以下人数/人	20周岁人数/人	21周岁人数/人	22周岁人数/人	23周岁及以上人数/人	合计人数/人	晚婚率/%								
五联	0	0	4	4	4	12	33.33	263	191	114	59.69	181	114	14	5.35
丁泾	0	2	2	2	4	10	40.00	238	161	78	48.45	155	75	4	1.68
莫家	0	1	1	4	2	8	25.00	171	133	76	57.14	129	76	13	2.60
合计	0	3	7	10	10	30	33.33	672	485	268	55.26	465	265	31	4.10

表1-4-16　1990年五联村域人口自然变动及出生情况表

村	年初人数/人	年末人数/人	年平均人数/人	出生			死亡			自然增长	
				人数/人	女性人数/人	出生率/‰	人数/人	女性人数/人	死亡率/‰	人数/人	增长率/‰
五联	1 009	1 014	1 012	14	9	13.83	9	4	8.78	5	4.94
丁泾	807	803	805	4	1	4.97	8	5	10.00	-4	-4.97
莫家	518	524	521	13	7	24.95	7	1	13.08	6	11.52
合计	2 334	2 341	2 338	31	17	13.26	24	10	10.10	7	2.99

表1-4-17　1999年五联村域结婚、生育情况表

村	女性初婚情况				育龄妇女人数/人	已婚育龄妇女人数/人	现家庭只生一个的妇女人数/人	领取独生子女证人数/人	年末人数/人	年出生人数/人	年出生率/‰
	20~22周岁人数/人	23周岁人数/人	合计人数/人	晚婚率/%							
五联	2	2	4	50.00	204	179	131	90	856	1	0.49
丁泾	1	0	1	0.00	135	121	84	61	632	3	2.22
莫家	1	1	2	50.00	118	103	78	52	420	3	2.54
合计	4	3	7	42.86	457	403	293	203	1 908	7	1.75

表1-4-18　2009—2019年五联村计划生育情况汇总表

单位：人

年份	年末育龄妇女总数	其中		出生人数	其中	
		已婚人数	未婚人数		男性人数	女性人数
2009	339	271	68	19	8	11
2010	382	326	56	4	2	2
2011	400	348	52	20	11	9
2012	403	339	64	30	17	13

续表

年份	年末育龄妇女总数	其中		出生人数	其中	
		已婚人数	未婚人数		男性人数	女性人数
2013	418	352	66	22	11	11
2014	412	340	72	30	17	13
2015	416	342	74	15	5	10
2016	435	359	76	29	16	13
2017	421	346	75	16	8	8
2018	412	339	73	22	9	13
2019	405	332	73	14	8	6

四、外来人口管理

村域位于昆山市北部中心区域，昆山高新区模具城近在咫尺，为昆山市北部外来人口集聚地之一。

改革开放之前，村域外来人员很少，主要为逃荒避难者及下放户（包括部分船户）、知识青年。除了知识青年大多回城外，其他外来人员已经融入本地村民生活。

20世纪80年代，村域队办企业不断扩大，私营企业逐步发展，本地劳动力严重短缺，因而不断引进安徽、四川等省的劳动力。区域公交为外来人口迁入、居住带来极大的便利，村域吸引了越来越多的外来人口。外来人口总量不断上升，给村域的社会治安、计划生育等工作带来不小的压力。

2005年，村域设立警务站，负责治安和外来人口管理：掌握外来人员的住所、职业等信息，发放务工证、就业登记证、暂住证等；及时劝返"三无"（无固定职业、无固定住所、无明确身份）人员、"盲流人员"；建立出租户一户一档和"三无"人员一人一档制度，采集信息，将他们一个不漏地登记在册。

2018年，村委会开展"331"整治火灾隐患专项行动，清理车库出租和群租房现象。2019年年底，外来人口达7 900人。新冠疫情期间，村委会扎实做好疫情防控工作：排查走访营业场所；走访群众，进行防疫宣传，发放防疫宣传册；为居家隔离人员提供服务；等等。

村务工作人员为外来务工人员进行入住登记（2019年，张银龙摄）

第二章　村级组织

五联村村级组织始建于1950年。是年，建立农会；1955年，建立初级社；1956年，建立高级社；1956—1960年，五联、丁泾、莫家高级社先后建立党支部；1958年起，建立生产大队党组织、管理委员会，是年，五联、丁泾、莫家3个大队下辖36个生产队，分别建立生产队委员会；1983年8月起，实行体制改革，五联、丁泾、莫家生产大队更名为五联、丁泾、莫家村民委员会，同时建有村党支部，生产队改为村民小组；2001年8月，五联、丁泾、莫家3个村合并，沿用"五联"村名，建立五联村村民委员会。3个村原有党支部合并为五联村党支部；2005年11月，五联村党支部升格为村党总支。从20世纪50年代开始，村域陆续建立包括农民协会、团支部、妇女代表大会、工会、老年协会等在内的群众团体组织及民兵营组织。

第一节　党的建设

一、中共党组织

1956年8月至1958年9月，村域先后成立了3个支部委员会，其中陆志忠任中共莫家高级社支部委员会书记，朱伯安任中共五联高级社支部委员会书记，张敬清任中共丁泾高级社支部委员会书记。随后，成立大队并陆续建立支部委员会。五联大队支部委员会书记为朱伯安，丁泾大队支部委员会书记为张锦清，莫家大队支部委员会书记为陆志忠。

1958年10月，改乡建制，城北乡、玉山镇、城南乡合并组建成立全县第一个"政社合一""工农商学兵五位一体"的马鞍山人民公社。村域称为"五联营"，实行军事化管理，中共"五联营"支部委员会成立，丁泾、莫家2个大队支部委员会并入"五联营"支部委员会，支部委员会书记为吴彬。

1959年6月，撤马鞍山人民公社，分建城北人民公社，下辖26个生产大队。7月，建立中共五联、丁泾、莫家生产大队支部委员会，孙伯金任中共五联大队支部委员会书记，张敬清任中共丁泾大队支部委员会书记，张培元任中共莫家大队支部委员会书记。

1962年3月，昆山县调整人民公社规模。城北人民公社划出东方大队等11个大队组建成新镇人民公社，留下五联、丁泾、莫家等14个生产大队和1个渔业大队，继续由城北人民公社管辖。是年，中共五联大队支部委员会、丁泾大队支部委员会、莫家大队支部委员会相继成立，城北人民公社党委任命朱伯安为五联大队支部委员会书记，张敬清为丁泾大队支部委员会书记，姚士清为莫家大队支部委员会书记。

1983年1月，政社分设，生产大队改为行政村，遂以村为单位建立支部委员会。顾忠德任中共五联村支部委员会书记，顾瑞明任中共丁泾村支部委员会书记，徐雪龙任中共莫家村支部委员会书记。

2001年8月，五联村、丁泾村、莫家村合并，成立新的五联村，唐建林任中共五联村支部委员会书记。

2005年11月11日，中共五联村支部委员会升格为总支部委员会，下设3个支部委员会，顾宏任总支部委员会书记。五联村总支部委员会办公室地址在望山北路9号。

2019年，中共五联村总支部委员会书记为马建华，副书记为朱云、龚弟林。中共五联村总支部委员会下设3个支部委员会，顾郁华任第一支部委员会书记，李平任第二支部委员会书记，贾燕任第三支部委员会书记。

1953—1959年中共杜桥乡、陆桥乡、城北乡支部委员会成员情况如表2-1-1所示。1959—2001年中共五联、丁泾、莫家大队（村）支部委员会成员情况如表2-1-2所示。2001—2019年中共五联村（总）支部委员会成员情况如表2-1-3所示。

表2-1-1　1953—1959年中共杜桥乡、陆桥乡、城北乡支部委员会成员表

任职时间	支部名称	书记	副书记
1953年—1956年2月	中共杜桥乡支部委员会	李纪安	—
1956年3月—1956年7月	中共陆桥乡支部委员会	吴彬	李纪安
1956年8月—1958年9月（撤区并乡，属城北乡）	中共莫家高级社支部委员会	陆志忠	—
	中共五联高级社支部委员会	朱伯安	—
	中共丁泾高级社支部委员会	张敬清	—
1958年10月—1959年5月	中共"五联营"支部委员会（马鞍山人民公社"五联营"）	吴彬	—

表 2-1-2　1959—2001 年中共五联、丁泾、莫家大队（村）支部委员会成员表

任职时间	支部名称	书记	副书记	支部委员
1959 年 7 月—1962 年 2 月	中共五联大队支部委员会	孙伯金	—	—
	中共丁泾大队支部委员会	张敬清	—	—
	中共莫家大队支部委员会	张培元	—	—
1962 年 3 月—1966 年 3 月	中共五联大队支部委员会	朱伯安	—	—
	中共丁泾大队支部委员会	张敬清	—	—
	中共莫家大队支部委员会	姚士清、钱惠明	—	—
1966 年 4 月—1969 年 1 月	"文化大革命"时期，支部委员会停止活动			
1969—1971 年	中共五联大队支部委员会	苏志良、姚根生	王俊友	苏志良、吴志良、李保安
	中共丁泾大队支部委员会	郁瑞良	朱文达	郁炳元、顾瑞明、唐小大
	中共莫家大队支部委员会	钱惠明	陆振球	李惠芬、钱金男
1972—1982 年	中共五联大队支部委员会	姚根生、李保安、陈正元、过洪年、过月娥	李保安、苏志良、王忠林、顾忠德	顾喜观、顾忠德、沈金媛、王忠林、苏志良
	中共丁泾大队支部委员会	顾瑞明	郁瑞良、李金喜、朱汉文	郁炳元、唐有智、姚友珍、朱阿巧、王阿龙、李金喜
	中共莫家大队支部委员会	陆振球、姚士清	钱惠明、徐雪龙	徐雪龙、李惠芬、钱金龙、钱小林、唐惠良

续表

任职时间	支部名称	书记	副书记	支部委员
1983—1992年	中共五联村支部委员会	顾忠德、顾喜观、项水忠	顾喜观（1982—1984年）	李介平、张永明、沈金媛、李龙扣
	中共丁泾村支部委员会	顾瑞明、郁炳元、李明、张道林、唐建林	朱汉文（1983—1984年）	朱阿巧、陆阿根、朱荷妹、李明
	中共莫家村支部委员会	徐雪龙、包惠元、曹炳泉	钱金龙（1983年1—12月）	李建华、沈剑英、徐风兴
1993年—2001年8月	中共五联村支部委员会	项水忠、张惠忠	—	李光晟、李介平、张永明、沈金媛
	中共丁泾村支部委员会	唐建林	—	陆阿根、李洪、朱荷妹
	中共莫家村支部委员会	曹伯华、钱玉良、梅红根、陆国华	—	沈秋生、李建华、郁琴、沈剑英

表2-1-3　2001—2019年中共五联村（总）支部委员会成员表

任职时间	支部名称	书记	副书记	支部委员
2001年8月—2003年7月	中共五联村支部委员会	唐建林	—	顾宏、陆国华、张永明、朱荷妹
2003年8月—2007年12月	中共五联村（总）支部委员会	顾宏	顾丽军（2005年）	陆国华、朱荷妹、张永明、沈秋生、陆阿根
2007年12月—2016年8月	中共五联村总支部委员会	唐建林	沈秋生（2010年）	沈秋生、张永明、陆阿根、朱荷妹、徐芳芳
2016年8月—2018年11月	中共五联村总支部委员会	张永明	顾丽军、龚弟林（2017年9月）	顾丽军（沈秋生、陆阿根、郁琴）兼任第一至第三支部书记

续表

任职时间	支部名称	书记	副书记	支部委员
2018年11月—2019年12月	中共五联村总支部委员会	马建华	龚弟林、朱云	顾郁华、李平、贾燕
	中共五联村第一支部委员会	顾郁华	—	顾文琴、唐姝花
	中共五联村第二支部委员会	李平	—	唐振强、朱荷妹
	中共五联村第三支部委员会	贾燕	—	项小琴、郁琴

二、中共党员

1951年11月，朱伯安加入中国共产党，成为村域第一位党员，并参军成为抗美援朝志愿兵。

1953年，中共杜桥乡支部委员会成立，李纪安任中共杜桥乡支部委员会书记，村域有3名党员：李纪安、朱伯安、朱仲康。

1954年，村域有6名党员：朱伯安、朱仲康、范勤囡、李纪安、过洪年、张敬清。他们属于中共杜桥乡支部委员会。

1955年，村域有11名党员：朱伯安、朱仲康、李纪安、范勤囡、过洪年、张敬清、吴彬、张培元、陆志忠、陆梅生、钱惠明。他们属于中共杜桥乡支部委员会。

1956—1960年，中共五联、丁泾、莫家大队支部委员会共有17名党员，其中女性党员3名。

1961—1971年，中共五联、丁泾、莫家大队支部委员会共有35名党员，其中女性党员6名，高中文化程度党员1名。

1972—1980年，中共五联、丁泾、莫家大队支部委员会共有53名党员，其中女性党员9名，大专文化程度党员1名，高中文化程度党员2名。

1981—1990年，中共五联、丁泾、莫家大队（村）支部委员会共有72名党员，其中女性党员10名，大专文化程度党员6名，高中、中专文化程度党员4名。

1991—2000年，中共五联、丁泾、莫家村支部委员会共有77名党员，其中女性党员11名，大专以上文化程度党员7名，高中、中专文化程度党员6名。

2001—2005年，中共五联村支部委员会共有81名党员，其中女性党员11名，大专以上文化程度党员7名，高中、中专文化程度党员7名。

2006—2010年，中共五联村总支部委员会共有85名党员，其中女性党员15名，大专以上文化程度党员13名，高中、中专文化程度党员12名。

2011—2018年，中共五联村总支部委员会共有96名党员，其中女性党员18名，大专以上文化程度党员23名，高中、中专文化程度党员19名。

至2019年，中共五联村总支部委员会共有92名党员，其中女性党员18名。党员工作情况：在职党员40名，占比43.5%；离退休党员52名，占比56.5%。党员文化程度：初中以下22名，初中30名，高中、中专17名，大专14名，大专以上9名。党员年龄结构：25周岁以下3名，25~30周岁2名，31~40周岁7名，41~50周岁12名，51~60周岁18人，60周岁以上50名。

1973年昆山党校第二期学员（第二排左二为丁泾村支部委员朱阿巧）
（2018年，朱阿巧提供）

1951—1980年五联村域党员情况如表2-1-4所示。

表2-1-4　1951—1980年五联村域党员情况登记表

单位：人

年份	党员总数	五联大队党员数	丁泾大队党员数	莫家大队党员数
1951	1	1	0	0
1953	3	3	0	0
1954	6	5	1	0
1955	11	6	2	3
1960	17	7	5	5
1966	30	11	10	9
1971	35	13	11	11
1976	43	16	15	12
1980	53	20	18	15

1985—2000年五联村党员情况如表2-1-5所示。

表2-1-5　1985—2000年五联村党员情况统计表

单位：人

年份	党员		年龄结构			文化结构			人员分布情况				
	总计	女性	30岁以下	30~60岁	60岁以上	大专及以上	高中、中专	初中及以下	农业	工业	三产	村委会	其他
1985	24	4	2	20	2	1	—	23	3	12	2	6	1
1990	27	3	6	17	4	2	2	23	3	12	4	6	2
1995	28	3	7	16	5	2	2	24	2	14	4	6	2
2000	28	3	5	11	12	4	1	23	1	15	3	5	4

1985—2000年丁泾村党员情况如表2-1-6所示。

表 2-1-6　1985—2000 年丁泾村党员情况统计表

单位：人

年份	党员		年龄结构			文化结构			人员分布情况				
	总计	女性	30岁以下	30~60岁	60岁以上	大专及以上	高中、中专	初中及以下	农业	工业	三产	村委会	其他
1985	21	5	3	18	0	1	1	19	4	8	2	5	2
1990	25	5	5	17	3	2	1	22	5	10	3	5	2
1995	26	5	4	19	3	2	1	23	4	12	3	5	2
2000	27	5	4	13	10	3	1	23	2	12	6	4	3

1985—2000 年莫家村党员情况如表 2-1-7 所示。

表 2-1-7　1985—2000 年莫家村党员情况统计表

单位：人

年份	党员		年龄结构			文化结构			人员分布情况				
	总计	女性	30岁以下	30~60岁	60岁以上	大专及以上	高中、中专	初中及以下	农业	工业	三产	村委会	其他
1985	16	1	3	12	1	0	1	15	3	6	1	4	2
1990	20	2	5	12	3	2	1	17	4	7	3	4	2
1995	20	2	5	13	2	2	1	17	4	7	3	4	2
2000	22	3	4	12	6	0	4	18	2	8	6	3	3

2004—2019 年五联村党员情况如表 2-1-8 所示。

表 2-1-8　2004—2019 年五联村党员结构统计表

单位：人

年份	党员		年龄结构			文化结构			人员分布情况				
	总计	女性	30岁以下	30~60岁	60岁以上	大专及以上	高中、中专	初中及以下	农业	工业	三产	村委会	其他
2004	80	8	1	59	20	7	6	67	0	15	15	12	38
2005	81	11	3	50	28	7	7	67	0	15	15	12	39
2006	79	12	2	42	35	7	9	63	0	15	16	12	36

续表

年份	党员		年龄结构			文化结构			人员分布情况				
	总计	女性	30岁以下	30~60岁	60岁以上	大专及以上	高中、中专	初中及以下	农业	工业	三产	村委会	其他
2007	81	12	1	42	38	9	10	62	0	16	15	12	38
2008	85	14	3	37	45	9	10	66	0	16	15	12	42
2009	85	14	5	30	50	11	10	64	0	15	15	13	42
2010	82	15	10	24	48	13	12	57	0	15	15	13	39
2011	88	14	9	29	50	14	14	60	0	15	16	13	44
2012	87	13	6	31	50	13	15	59	0	15	16	13	43
2013	95	19	12	29	54	19	15	61	0	14	16	13	52
2014	95	20	12	27	56	19	15	61	0	12	16	13	54
2015	95	19	13	27	55	21	13	61	0	12	16	13	54
2016	96	19	11	27	58	22	13	61	0	14	14	14	54
2017	94	17	9	28	57	22	17	55	0	13	15	14	52
2018	96	18	7	35	54	23	19	54	0	12	16	14	54
2019	92	18	5	37	50	23	17	52	0	10	16	14	52

三、党务工作

（一）宣传工作

20世纪50年代，党的宣传工作围绕"土地改革""抗美援朝""镇压反革命"，以及"统购统销"、组织"农业互助组、初（高）级合作社、人民公社化"、"整风运动"等进行，以此来提高干部群众的政治觉悟，密切党群关系，带领广大群众贯彻党的"鼓足干劲，力争上游，多快好省地建设社会主义"总路线。

60年代，宣传中共中央《农村人民公社工作条例（草案）》，落实农村各项经济政策，调动广大农民的生产积极性；配合上级党委开展整风运动，纠正"五风"，开展社会主义教育运动——"清政治、清经济、清组织、清思想"。同时大办农业，开展"农业学大寨"运动，组织学习毛泽东思想。

70年代，主要宣传表彰"农业学大寨"运动中涌现出的先进集体和优秀个人，并开展"批林整风"和"揭批江青反革命集团"运动，以及贯彻落实中共十一届三中全会精神等。

80年代，重点围绕家庭联产承包责任制和创办乡村企业，扩大企业自主权，完善企业内部的各种经营承包责任制等，对干部群众进行形势和基本路线教育。

90年代，以贯彻邓小平南方谈话的精神为契机，宣传改革开放，抢抓机遇；开展勤政廉洁和党的宗旨教育；围绕"昆山之路"精神，大力发展村办企业；结合香港、澳门回归开展爱国主义教育。

2001—2019年，围绕"两个文明"建设和党的十七大、十八大、十九大会议精神，总结改革开放给农民带来的新变化，提倡干部勤政廉政、艰苦奋斗，发扬革命优良传统，开展关于社会公德、职业道德、家风家规和社会主义核心价值观，以及不忘初心、牢记使命，高举中国特色社会主义伟大旗帜，决胜全面建成小康社会，夺取新时代中国特色社会主义伟大胜利，为实现中华民族伟大复兴的中国梦不懈奋斗的宣传教育活动，提高民众素质，构建和谐社会，坚持科学发展观，加快新农村建设。

2017年，全面开展党员"示范岗、先锋岗、责任区"创建活动，建立和完善《党员手册》、党员目标管理和民主评议党员"三位一体"管理制度。完善和使用好党员活动室。党员"三会一课"参加率在80%以上。

2018年，村总支部委员会建立并不断完善《党员手册》、党员目标管理、民主评议党员的管理制度，进一步完善和使用好党员活动室，认真自觉执行好"三会一课"制度，党员参加率达到85%以上。

（二）培训活动

20世纪70年代至2019年，上级党委、党校组织党员参加冬训学习和"七一"纪念专题培训活动。

（三）专题活动

2005年以来，村总支部委员会组织党员先后去北京参观毛泽东纪念堂、人民英雄纪念碑，上海中共一大会址纪念馆，浙江南湖革命纪念馆，南京横山新四军革命纪念馆，接受革命传统教育。

2005年12月20日，村总支部委员会组织党员及村民代表对村"两委"人员在德、能、勤、绩、廉五方面进行专题考评。

2006年12月2日，村总支部委员会参加上级党委举办的党风廉政建设专题活动。

2008年5月23日，村总支部委员会举办"关于做好部分党员交纳特殊党费"用于支援四川抗震救灾捐款专题宣传活动，共收到党员捐款5 200元，全村共捐款11 280元。

2007—2019年，村总支部委员会每年开展民主评议党员及委员会人员述职述廉专题活动。

2008—2019年，村总支部连续多年被上级党委评为先进基层党组织和学习型党组织等。

2019年，五联村以党员"示范岗、先锋岗、责任区"为创建载体，全面开展党员"示范岗、先锋岗、责任区"的创建活动。有15名党员达到"先锋岗"标准，其中村主要干部全部达到"先锋岗"标准，50岁以下党员中达到"先锋岗"标准的人数超过50%。

 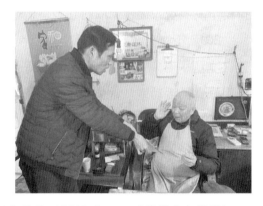

五联村党总支书记马建华等春节走访慰问老党员（2019年，五联村村委会提供）

第二节 村民自治组织

一、大队管理委员会

1950年，村域废除保甲制，改为村建制，各村推举村主任、农会主任、财经主任、民兵大队长、妇女主任等管理村务。

1955年，村域建立初级社。五联区域的初级社为：明珠初级社、五星初级社、联合初级社。丁泾区域的初级社为：黎明初级社、金星初级社、新创初级社。莫家区域的初级社为：莫家初级社、利明初级社、大渔初级社等。

1956年，村域建立高级社。村域有莫家、五联、丁泾3个高级社。莫家高级社，陆志忠任书记兼社长，陆梅生任监察主任，徐俊明任财经主任；五联高级社，朱伯安任书记，顾声田任社长，张敬芝任监察主任，吴志良任财经主任；丁泾高级社，张敬清任书记，朱文达任社长，朱振华任财经主任。

1958年10月，五联、丁泾、莫家合称"五联营"，实行军事化管理，吴彬任书记，张敬清任营长，陆志忠任副营长。是年，五联、丁泾、莫家与杜桥合并为五联生产大队，李纪安任五联大队管理委员会大队长。

1959年，成立城北人民公社，分别设立五联、丁泾、莫家生产大队。各大队设正副大队长、妇女大队长、主办会计，各大队下设生产小队，生产小队设正副队长、民兵队长、妇女队长、会计等。

1967—1968年，村域各大队行政管理工作处于半瘫痪状态。

1969年年初，村域各大队建立革委会，生产小队建立革命生产领导小组。翌年，各大队建立革命生产委员会，主任由各大队党支部书记兼任；副主任：五联大队为项阿金，丁泾大队为郁瑞良，莫家大队为陆振球。

1979年城北公社大队会计培训（第一排中间为丁泾村会计朱阿巧）（2018年，朱阿巧提供）

二、村民委员会

1983年8月，按照上级部门要求，实行政社分设，原生产大队更名为村民委员会，生产队改为村民小组。村委会组织一般由5~7人组成，设正主任（1名）、经济合作社社长、妇女主任、民兵营长、治保主任、团支部书记等职务，行使行政村村务管理职能。村委会组成人员由村民代表大会直接选举产生，任期为3年，2016年调整为5年。村域首届村委会主任：五联村为李介平，丁泾村为顾瑞明，莫家村为钱金龙。

五联村 1958年10月，成立生产大队，因村域有五联高级社（"五联"取自"五星""联合"两个初级社首字），沿用"五联"命名生产大队。1983年，政社分设，更名为五联村村民委员会，辖15个村民小组。2001年，五联村、丁泾村、莫家村合并为新的五联村。高级社成立之初，无专用办公场所，而是借用支家庄6队没收的地主家房子。1972年，五联大队在第6生产队建造五联村大礼堂，旁边设有专门的村干部办公室。1983年7月，在原大礼堂西、白米潭西侧，重新翻建七上七下二层办公大楼，作为村委会办公室。

丁泾村 1958年10月，成立生产大队，因村域内有丁泾河而被命名为丁泾生产大队。1983年，政社分设，更名为丁泾村村民委员会，辖14个村民小组。

1976年前，大队部暂设于大队加工厂旁边。1976年，在团结河河西的第5生产队建造大队办公场地，后搬到团结河北端第9生产队原知青点所在地，后再搬回原第5生产队办公楼所在地。2001年，与五联村、莫家村合并为新的五联村。

莫家村　1958年10月，成立生产大队，名为莫家生产大队。1983年，政社分设，更名为莫家村村民委员会。2001年，与五联村、丁泾村合并。合并前，莫家村辖7个村民小组。大队成立之初，无办公场所，开会、协商等就在大队干部家中。1962年，在修建莫家小学时，辟出一间作为大队办公场所。1967年，异地翻建莫家小学，大队办公楼也一起搬到莫家大队第4生产队。1979年，办公场所搬迁至大渔塘村，直至3村合并。

五联村　2001年8月，五联、莫家、丁泾3村合并为一个村，沿用"五联"为村名。村主任先后为顾宏（2001年8月—2003年8月）、陆国华（2003年8月—2006年11月）、沈秋生（2006年11月—2018年12月）、马建华（2018年12月—2019年12月）。

2007年，五联村村委会老办公楼扩建后出售给农户，同时改建五联绝缘材料厂作为办公室。2008年8月，五联村村民委员会正式搬入现办公楼，将原南向五联路的大门改为西向望山路。地址为望山北路9号。

第三节　群团组织

一、共青团

1958年，人民公社成立，村域各大队设团支部，隶属人民公社团委。团支部主要根据团的章程，围绕党的各个历史时期的中心工作，宣传党的路线、方针、政策，团结青年在社会主义建设及经济发展中发挥实际作用，先后组建青

团员参加义务劳动（2019年，五联村村委会提供）

年突击队，引导他们学习毛主席语录、争做好人好事，办好青年之家，开展实用技术培训和技术操作、岗位练兵、文艺宣传等活动。至2019年底，五联村有团员215名。五联村团支部组织团员率先投身于改革开放和社会主义现代化建设，开展志愿者服务活动；带领团员参与垃圾处理、违章建筑拆除、文明城市创建等活动。

二、妇女代表大会

中华人民共和国成立后，村域各村配备妇女主任，参与村域建设和土地改革，支持妇女冲破封建迷信，争取婚姻自由。1958年，各生产队设立妇女队长，协助生产队干部开展工作，带领妇女参加社会主义建设。

1956年，村域各大队成立妇女代表大会（简称"妇代会"）。第一届妇女主任：五联大队为范勤囡，丁泾大队为唐小大，莫家大队为钱四宝。

1966年，妇代会停止活动。

1986年，五联村第4组村民杨彩芬出席昆山市第八届妇女代表大会。

2001年3村合并后，妇代会第一任主任为朱荷妹（2001年9月—2006年8月），第二任主任为唐妹花（2006年9月—2016年12月），第三任主任为项小琴

妇女干部走访军属（2019年，五联村村委会提供）

（2017年1月至今）。

五联村妇代会加强自身建设，开展妇女工作，普及妇婴保健；组织门球队，开展文艺活动等；教育、带领全村妇女投入争创"文明户"活动，倡导优良社会风貌，在促进村经济发展，维护妇女、儿童权益等方面做出了积极贡献。

三、民兵组织

中华人民共和国成立后，村域各村分别成立民兵分队。1958年10月，五联、丁泾、莫家3个大队合称"五联营"，实行军事化管理，吴彬任书记，张锦清任营长，陆志忠任副营长。

1959年，根据上级大办民兵师的指示，村域内各大队分别成立民兵营，生产队成立民兵排，分别为基干民兵、普通民兵、民兵应急小分队。

1981年，对民兵的年龄做出调整。村域基干民兵由原来的17~25岁调整为18~30岁，普通民兵由原来的17~40岁调整为17~35岁。

民兵组织担负起村域内外突发事件的救护工作，如抗洪救灾、抢险防控等；认真落实上级人民武装部下达的民兵训练、打靶训练等各项任务。

村域内第一任民兵营长：五联大队为顾纪良，丁泾大队为姚德良，莫家大队为徐爱生。2001年3村合并后，历任民兵营长分别为沈秋生（2001年9月—2003年8月）、陆阿根（2003年9月—2006年8月）、顾丽军（2006年9月—2018年6月）。

四、农民组织

（一）农民协会

1950年，村域成立农民协会（简称"农会"）。1955年开展农业合作化后，农会活动相对减少，之后农会组织自行消失。

村域第一任农会主任：五联为王顺宝、张敬芝，莫家为莫俊良，丁泾为朱顺福。

（二）贫下中农协会

为确立贫下中农绝对优势，1964年村域在社会主义教育运动（简称"社教运动"）中建立了一个群众组织，即贫下中农协会。其主要任务一是管理学校，

二是参与村务活动管理。1978年后,贫下中农协会不复存在。

村域内第一任贫下中农协会主任:五联为包纪福、范勤囡,莫家为钱阿金,丁泾为姚文贵。

五、老年协会

1990年,昆山镇成立老龄工作委员会,各村成立老年协会。老年协会会长一般由村委会主任兼任,各村配备一名工作人员,具体负责老龄工作事宜。老年协会每年组织老年人体检,在重阳节、春节发放老年人礼品及过节费,走访慰问困难患病老年人,调解婆媳关系及老年人之间的矛盾等。

附：

表2-3-1 1956—2001年互联大队、村委会历任干部名单

大队长(主任)	任期	副大队长(主任)	任期	社长	任期	主办会计	任期	妇女主任	任期	团支部书记	任期	民兵营长	任期
李介平	1984年5月—1997年12月	项阿金	1968年1月—1971年12月	包惠元	1983年5月—1987年7月	吴志良	1962年3月—1973年12月	范勤囡	1956年1月—1964年12月	顾纪良	1962年1月—1963年12月	顾纪良	1960年1月—1961年12月
顾芸	1998年1月—2001年8月	李保安	1972年1月—1974年7月	薛凤鸣	1987年8月—1996年3月	张惠玉	1974年1月—1975年7月	胡引娣	1965年1月—1968年12月	管小毛	1964年1月—1965年12月	过洪年	1962年1月—1965年12月
		苏志良	1974年7月—1976年12月	李介平	1996年4月—2001年8月	王忠林	1975年3月—1977年2月	沈金媛	1969年1月—1995年12月	张惠玉	1966年1月—1973年1月	陈奎汝	1966年1月—1970年12月
		陈正元	1976年12月—1977年12月			顾喜观	1977年3月—1982年5月	唐妹花	1996年1月—2001年8月	陈正元	1973年1月—1974年12月	苏志良	1971年1月—1972年12月
		顾忠德	1978年1月—1982年12月			李介平	1982年5月—1984年5月			过月娥	1974年12月—1976年12月	陈浩汝	1973年1月—1974年12月
		—	—			张永明	1984年6月—2001年8月			范福生	1977年1月—1979年12月	李龙扣	1975年1月—1983年12月

续表

大队长（主任）	任期	副大队长（主任）	任期	社长	任期	主办会计	任期	妇女主任	任期	团支部书记	任期	民兵营长	任期
		—								李凤林	1980年1月—1983年6月	张永明	1984年1月—1985年7月
		—								朱维贤	1983年7月—1985年7月	包利华	1985年8月—1993年8月
		—								包利华	1985年8月—1993年8月	胡建良	1993年9月—1997年12月
		—								顾宏	1993年8月—1996年1月	张永明	1998年1月—2001年8月
		—								唐妹花	1996年1月—1997年12月		
		—								顾宏	1998年1月—2001年8月		

表 2-3-2　1958—2001 年丁泾大队、村委会历任干部名单

大队长（主任）	任期	副大队长（主任）	任期	社长	任期	主办会计	任期	妇女主任	任期	团支部书记	任期	民兵营长	任期
朱文达	1962年3月—1966年12月	郁瑞良	1968年1月—1974年12月	李明	1985年1月—1986年12月	陈云龙	1962年1月—1972年12月	唐小大	1958年1月—1962年12月	李恩惠	1962年1月—1963年12月	姚德良	1960年1月—1961年12月
郁瑞良	1967年1月—1968年12月	李金喜	1975年1月—1979年12月	朱启勤	1987年1月—1994年12月	郁炳元	1973年1月—1976年12月	郁秀英	1963年1月—1964年3月	郁炳元	1964年1月—1969年12月	顾瑞明	1962年1月—1971年12月
朱阿巧	1983年8月—1984年12月	—	—	李洪	1995年1月—1997年12月	朱阿巧	1977年1月—1983年12月	姚友珍	1964年4月—1970年12月	李美华	1970年1月—1970年12月	李金喜	1972年1月—1974年12月
顾瑞明	1985年1月—1986年11月	—	—	陆阿根	1998年1月—2001年8月	金伯兴	1984年1月—1986年12月	钱玉英	1971年1月—1981年12月	朱阿巧	1971年1月—1974年12月	王阿龙	1975年1月—1983年12月
李明	1986年11月—1987年9月	—	—			李洪	1987年1月—1997年12月	朱尚妹	1982年1月—2001年8月	李明	1975年1月—1982年12月	赵金宝	1984年1月—1984年12月

续表

大队长（主任）	任期	副大队长（主任）	任期	社长	任期	主办会计	任期	妇女主任	任期	团支部书记	任期	民兵营长	任期
朱阿巧	1987年10月—1990年12月	—	—			陆阿根	1998年1月—2001年8月			朱荷妹	1983年1月—1985年12月	陆阿根	1985年1月—2001年8月
唐建林	1991年1月—1992年12月	—	—							金伯兴	1986年1月—1987年12月		
李洪	1993年—1997年12月	—	—							朱荷妹	1988年1月—2001年8月		
李荷妹	1998年1月—2001年8月	—	—										

表 2-3-3　1959—2001 年莫家大队、村委会历任干部名单

大队长（主任）	任期	副大队长（主任）	任期	社长	任期	主办会计	任期	妇女主任	任期	团支部书记	任期	民兵营长	任期
陆梅生	1962 年 3 月—1965 年 12 月	陆振球	1968 年 1 月—1971 年 12 月	钱小林	1983 年 1 月—1985 年 12 月	徐俊明	1962 年 3 月—1965 年 12 月	钱四宝	1959 年 1 月—1961 年 12 月	李惠芬	1959 年 1 月—1962 年 9 月	徐爱生	1959 年 1 月—1962 年 9 月
钱惠明	1966 年 1 月—1967 年 12 月	钱惠明	1972 年 1 月—1977 年 12 月	沈剑英	1986 年 1 月—1994 年 12 月	徐逸明	1966 年 1 月—1969 年 12 月	李惠芬	1962 年 1 月—1981 年 12 月	陆振球	1962 年 10 月—1968 年 1 月	钱启业	1962 年 10 月—1967 年 12 月
钱金龙	1984 年 1 月—1985 年 12 月	徐雪龙	1978 年 1 月—1982 年 12 月	沈秋生	1995 年 1 月—2001 年 8 月	徐雪龙	1970 年 1 月—1977 年 12 月	钱凤娥	1982 年 1 月—1984 年 8 月	陆国强	1968 年 2 月—1971 年 3 月	钱明官	1968 年 1 月—1972 年 1 月
李建华	1986 年 1 月—1996 年 12 月	钱金龙	1983 年 1 月—1983 年 12 月			钱金龙	1978 年 1 月—1981 年 12 月	沈剑英	1984 年 9 月—1992 年 12 月	钱小林	1971 年 4 月—1973 年 1 月	钱金男	1972 年 2 月—1977 年 4 月
陆国华	1997 年 1 月—1998 年 7 月		—			钱惠明	1982 年 1 月—1984 年 2 月	郁琴	1993 年 1 月—2001 年 8 月	候献英	1973 年 2 月—1975 年 12 月	钱宝兴	1977 年 5 月—1980 年 2 月
沈秋生	1998 年 8 月—2001 年 8 月		—			陆宏亮	1984 年 3 月—1985 年 12 月			唐惠良	1976 年 1 月—1979 年 12 月	徐凤兴	1980 年 3 月—1985 年 12 月

续表

大队长（主任）	任期	副大队长（主任）	任期	社长	任期	主办会计	任期	妇女主任	任期	团支部书记	任期	民兵营长	任期
		—				钱彪	1986年1月—1988年12月			钱凤娥	1980年1月—1984年8月	陆宏亮	1986年1月—1996年12月
		—				沈秋生	1989年1月—1994年12月			钱彪	1984年9月—1992年12月	李黄	1997年1月—2001年8月
		—				徐永康	1995年1月—1996年3月			郁琴	1993年1月—2001年8月		
		—				顾永明	1996年4月—1997年3月						
		—				沈秋生	1997年4月—2001年8月						

122

表 2-3-4　2001—2019 年五联村村委会历任干部名单

主任	任期	副主任	任期	社长	任期	主办会计	任期	妇女主任	任期	团支部书记	任期	民兵营长	任期
顾宏	2001 年 9 月—2003 年 8 月	—	—	陆国华	2001 年 9 月—2003 年 8 月	张永明	2001 年 9 月—2017 年 5 月	朱荷妹	2001 年 9 月—2006 年 8 月	顾宏	2001 年 9 月—2001 年 12 月	沈秋生	2001 年 9 月—2003 年 8 月
陆国华	2003 年 9 月—2006 年 11 月	—	—	沈秋生	2003 年 9 月—2006 年 8 月	顾文琴	2017 年 5 月至今	唐妹花	2006 年 9 月—2016 年 12 月	沈秋生	2002 年 1 月—2005 年 12 月	陆阿根	2003 年 9 月—2006 年 8 月
沈秋生	2006 年 12 月—2018 年 12 月	—	—	陆阿根	2006 年 9 月—2018 年 12 月			项小琴	2017 年 1 月至今	徐芳芳	2006 年 1 月—2010 年 7 月	顾丽军	2006 年 9 月—2018 年 6 月
马建华	2018 年 12 月至今	—	—	—	—					解健	2010 年 8 月—2018 年 12 月	—	—
		—	—	—	—					贾燕	2019 年 1 月至今	—	—

第二章　村级组织

 ## 第四节 村 务

一、确权登记

为了促进农村经济发展和社会稳定，1998年，党的十五届三中全会召开，会议审议并通过了《中共中央关于农业和农村工作若干重大问题的决定》，其中提出进一步完善家庭联产承包责任制和统分结合的双层经营体制。昆山市委出台文件，明确土地确权、土地承包经营权证书发放的相关政策和要求，村域原五联村、丁泾村、莫家村结合各村土地，做好预案，有序推进土地确权登记，加强领导，确保工作顺利开展；加强宣传，提高村民对土地确权的认识；把握重点，明确要求，认真细致地做好土地承包经营权证书的签发工作。

1998年6月，五联、丁泾、莫家3村先后签发土地承包经营权证书，村民共承包土地3 735亩。1998年五联村域土地确权发证经营情况如表2-4-1所示。

表2-4-1　1998年五联村域土地确权发证经营情况表

单位：亩

五联村				丁泾村				莫家村	
组别	面积	组别	面积	组别	面积	组别	面积	组别	面积
1	154.21	5	179.00	1	128.86	5	103.14	1	154.72
2	121.56	6	116.35	2	40.93	6	118.55	2	101.17
3	73.67	7	156.62	3	74.98	7	72.13	3	54.15
4	88.08	8	119.06	4	65.42	8	52.95	4	104.92

续表

五联村		五联村		丁泾村		丁泾村		莫家村	
组别	面积	组别	面积	组别	面积	组别	面积	组别	面积
9	128.43	13	105.17	9	162.65	13	61.57	5	115.47
10	131.29	14	106.21	10	117.01	14	97.34	6	117.73
11	116.13	15	84.89	11	171.47			7	100.36
12	98.70			12	101.58				

二、土地征用补偿

2001年上半年，全村5 946.6亩农耕地全部被开发征用，其中包括5 557亩集体土地和389.6亩农民自留地。农户享受政府失地补偿，补偿标准为：责任田300元/亩、自留地600元/亩、口粮田900元/亩，简称"三、六、九"。由此，"三六九，现到手"成为村民新的口头禅。2004年1月调整补偿标准：责任田400元/亩、自留地800元/亩、口粮田1 200元/亩，简称"四、八、十二"。大部分农户全年享受的补偿为1 400元。该补偿一直持续到2015年年底，村民共获得15年土地补偿金。

三、股份合作社

为了解决土地征用后可能引发的矛盾，农地股份合作制应运而生，在农民集体土地上建造厂房、打工楼出租，将农民土地承包经营权延伸到非农业领域，农民直接分享土地非农化增值收益，这种做法既有效地保护了村民的权益，又实现了农民、集体、用地单位和政府的利益一致，最大限度地减少了制度变迁的成本，取得了良好的制度绩效。2011年组建五联村社区股份合作社，集体投入资产达1 938万元，705户入股。2015年，政府投入增加到4 205.33万元，入股农户增加到755户。2019年维持4 205.33万元的总资产（表2-4-2）。

表2-4-2 2011—2019年五联村社区股份合作社情况一览表

年份	入社股数/股	资产及量化情况			全年收益/万元	分红总额/万元	其中每股分红金额/元
		合作社总资产/万元	合作社净资产/万元	资产量化金额/万元			
2011	705	5 305.00	2 771.00	1 938.00	643.00	—	—
2012	705	5 522.00	5 486.00	1 938.00	813.00	—	—
2013	2 082	5 559.00	4 665.00	1 938.00	1 204.00	20.82	100
2014	2 574	6 949.00	5 605.00	1 938.00	994.00	25.74	100
2015	2 598	8 385.00	7 021.00	4 205.33	1 365.00	51.96	200
2016	2 598	9 048.00	7 851.00	4 205.33	886.90	64.95	250
2017	2 598	9 461.72	8 199.36	4 205.33	543.25	77.94	300
2018	2 598	6 546.21	5 599.27	4 205.33	321.00	90.93	350
2019	2 598	7 030.93	5 585.01	4 205.33	201.20	103.92	400

四、富民合作社

2005年，五联村创建富民合作社，董事会董事长为唐建林。在富民合作社成立之初，五联村村委会发安民告示，由村民购买股份，每5 000元为一股，每户村民最多只能购买10股。五联村村委会经研究决定，把位于强安路上的2 386平方米的厂房作为运作成本。93户村民认购，获得资金2 395 480元。每年进行一次核算分红，村民一般可以获得10%的红利。2005年至2019年，参股村民有进有出，一般不接受新股民，而是在有人退出的前提下，由其亲属认购。2009—2019年富民合作社情况如表2-4-3所示。

表 2-4-3　2009—2019 年富民合作社情况一览表

年份	入社农户/户	入社股金/万元	社员股金/万元	投资总额/万元	全年总收入/万元	年经营纯收入/万元	年末总资产/万元	固定资产/万元	年末总负债/万元	年末净资产/万元	投资金额/万元	经营房产面积/亩
2009	94	239.6	239.6	287	37.36	25.79	331	287	53	—	287	2 388
2010	94	240	240	287	43	26	2 116	261	1 830	—	287	2 388
2011	94	240	240	287	45	26	1 331	287	1 037	—	287	2 388
2012	94	240	240	287	45	25	1 371	287	1 069	—	287	2 388
2013	94	240	240	287	45	25	2 266	287	1 956	—	287	2 388
2014	94	240	240	287	45	25	2 280	287	1958	—	287	2 388
2015	93	240	240	287	45	26	2 283	287	1 947	—	287	2 388
2016	93	240	240	287	45	32	1 300	206	942	358	287	2 388
2017	93	239.55	239.55	287	54.86	25.94	406.33	182.66	46.81	359.52	287	2 388
2018	93	239.55	239.55	287	27.43	-21.14	382.45	159.16	31.38	351.07	287	2 367
2019	93	239.55	239.55	287	82.29	28.99	416.87	286.81	37.55	379.32	287	2 367

第三章　村庄建设

　　五联村域村庄建设起步于20世纪70年代，那时，村域开河筑路，建设中心村；改革开放后村庄建设加速推进；90年代末，村坚持以实现"两个率先"为目标，进一步加快村庄建设，修筑道路，建设桥梁，架通通信线路，布设信息网络，配套供电供水设施。进入21世纪后，村庄建设的工作重心转移到加强生态保护和环境整治，村域内全面开展河道清淤、水面保洁工作，改造卫生设备，清洁村域道路，推行垃圾分类，村庄环境和村容村貌的建设均取得了显著成效。2007年，建成"江苏省卫生村"；2013年，建成"江苏省生态村"。

第一节　基础设施

一、河道

村域水上交通十分便利，过境水航道有皇仓泾和新塘河，为昆山北部的主要航道。中华人民共和国成立前形成并沿用至20世纪70年代的客轮航道，也是取道新塘河与皇仓泾，并在村域工农兵桥（原名老乌声桥）设站点。村域圩外泄洪河道有皇仓泾、新塘河、大渔塘河等。1950年春，进行规模较大的修堤复圩工程，对主要干河西新塘河、皇仓泾等河道的大塘岸进行重点加固加高，达到顶高3.98米，顶宽1米。在2月开工，到4月底竣工。1956年、1958年对皇仓泾进行过两次拓浚；1976年疏浚新塘河；在中华人民共和国成立前夕开挖大渔塘河。以上3条河道为圩外泄洪河道，而圩区防洪泄水骨干河道有东风河、团结河、创新河等。东风河于1976年由人工开挖而成，1996年进行过疏浚。团结河于1974年由人工开挖而成；1996年创建江苏省卫生镇时，城北镇在河道两岸用楼板构筑驳岸，改善河道环境；2014年进行过疏浚。创新河，属于莫家丰产河，于1976年开挖而成。

二、道路

五联村位于昆山北部交通枢纽地带。建于1970年的昆北公路，沿着五联东部的皇仓泾向北延伸，部分地段穿越五联区域。昆山北门路是改革开放后修建的北部主要公路之一，1986年北门路开通昆山1路公交车路线，后来不断向北延伸。北门路北段穿越五联村中心地带，其中心位置与村域的五联路形成十字交通线，并与昆山北部东西向主干道迎宾路交叉。北门路南段紧靠昆山外环城北大道，并有从城区延伸过来的环庆路、玉城路等，把五联村的交通与昆山主城区的交通有机连接，从而给五联村域的交通运输带来很大的便利。

（一）过境道路

北门路 属镇级区域主干道路，位于昆山老北门的北面，是当时城北镇连接玉山镇的主要纵向公路，是进入城北镇的通道。该道路最早为城北镇政府"一纵三横"道路骨架中南北纵向的、长300米的砂石路；1986—1988年由砂石路面改建为水泥路面；1993年向北延伸至萧林路；2004年以后，向北延伸至陆杨新生村。

昆北路 起于玉山镇东门昆太公路通城河桥，沿皇仓泾北上经陆杨镇（原称陆桥）跨杨林塘，沿河北岸西行越茜沙塘，向北抵石牌镇，长17.79千米。1970年8月按4级路标准兴建，路基宽7~9米，泥结碎石路面宽5米；单车道桥梁，负载汽10、挂50（吨）。翌年7月先通车至陆杨，11月通车至石牌。昆北路为境内第一条县乡公路和昆北地区陆上交通的主干线。1988年起进行分段改建，至1990年拓建为宽7米的水泥公路。

寰庆路 又名环庆路，属镇级区域道路，位于玉山镇北部，在五联村域内呈南北走向，南起城北路，北至新塘河。途经五联村域长度为1 900米，路面宽度为18米，双向两车道，混凝土路面。2003年由于开发需要从339省道向北延伸，延伸段于2004年4月开工建设，2005年4月竣工。

寰庆路（又名环庆路）（2019年，张银龙摄）

迎宾中路 属昆山市级道路，位于城北镇北部，呈东西走向。该道路在五联村域内东起皇仓泾，西至大渔塘河，道路长2 800米，宽24米，为双向四车道、沥青路面。

永丰余路 属镇级区域道路，于1988年建成石子路面，1993年由振华建筑集团翻建成混凝土路面。该道路位于城北镇中部，呈南北走向，南起北环城河，北至新塘河，道路总长 6 200 米，路面宽 7 米，为水泥路面。途经五联村域长度为 1 900 米，南起城北路，北至迎宾中路。

玉城路 属镇级区域道路，由昆山市民营科技工业园投资建造，于 2001 年 10 月施工，2003 年竣工。该道路位于城北镇西北，呈南北走向。玉城路分为玉城南路、玉城中路、玉城北路，其中玉城中路和玉城北路在五联村内，玉城中路南起城北路，北至五联路；玉城北路南起五联路，北至新塘河。玉城路总长 3 200 米，路宽 10 米，为混凝土路面、双向两车道，途经五联村域长度为 1 700 米。

水秀路 属镇级区域道路，是城北镇贯穿新老区的纵向公路。该道路位于北环城河北侧，呈南北走向，南起都市路，北至五联路。途经五联村域长度为 780 米，路面宽度为 10 米，为混凝土路面。道路东侧有民营五联小学。

（二）村域道路

包家桥路 属五联村域内道路，由昆山民营科技工业园投资建造，位于昆山民营科技工业园北部，呈东西走向。该道路东起水秀路，西至寰庆路，道路总长 1 850 米，路面宽度为 8 米，为混凝土路面、双向两车道。道路两侧均为企业。

包家桥路（2019 年，张银龙摄）

成功路 属五联村域内道路，由昆山民营科技工业园投资建造，于 2003 年施工，2004 年竣工。成功路位于五联村东部，呈东西走向。该道路东起皇仓泾，西至永丰余路，道路总长 740 米，宽 8 米，为混凝土路面、双向两车道。道路两侧均为企业。

成功路（2019 年，张银龙摄）

成明路 属五联村域内道路，由昆山高科技工业园管理委员会建设，于 2004 年 8 月施工，2005 年 2 月竣工。该道路位于玉山镇北部高科园模具二区内，呈东西走向，东起皇仓泾，西至北门路，道路总长 360 米，路面宽度为 8 米，为混凝土路面、双向两车道。道路两侧均为企业。

创新路　属五联村域内道路，由昆山高科技工业园管理委员会建设，于 2001 年 11 月施工，2002 年 6 月竣工。该道路位于玉山镇北部高科园模具二区内，呈东西走向，东起皇仓泾，西至北门路，道路总长 350 米，路面宽度为 8 米，为混凝土路面、双向两车道。道路两侧均为企业。

丁泾路　属五联村域内道路，于 2003 年施工，2004 年竣工。该道路位于五联路北侧，呈东西走向，东起永丰余路，西至东风河，道路总长 940 米，路面宽度为 10 米，为混凝土路面、双向两车道。道路两侧均为企业。

都市路　属五联村域内道路，由昆山民营科技工业园投资建造，于 2002 年 7 月施工，2002 年 12 月底竣工。该道路地处昆山市民营科技工业园中部，呈东西走向，东起水秀路，西至东风河，道路总长 660 米，路面宽度为 8 米，为混凝土路面、双向两车道。道路两侧均为企业。

富宏路　属五联村域内道路，由昆山民营科技工业园投资建造，于 2002 年 7 月施工，2002 年 12 月竣工。该道路位于昆山民营科技工业园北部，呈东西走向，东起玉城中路，西至东风河，道路总长 230 米，路面宽度为 8 米，为混凝土路面、双向两车道。道路两侧均为企业。

华富路　属五联村域内道路，由昆山高科技工业园管理委员会建设，于 2001 年 10 月施工，2002 年 6 月竣工。该道路位于玉山镇北部高科园模具二区内，呈东西走向，东起皇仓泾，西至北门路，道路总长 330 米，宽度为 7 米，为混凝土路面、双向两车道。道路北侧是企业。

进发路　属五联村域内道路，位于北门路西侧，呈东西走向，东起北门路，西至永丰余路，道路总长 260 米，路面宽度为 8 米，为混凝土路面、双向两车道。道路北侧是高新区环卫所。

莫家路　属五联村域内道路，由昆山市民营科技工业园投资建造。该道路位于五联村西部，呈南北走向，南起五

莫家路（2019 年，张银龙摄）

联路，北至迎宾中路，道路总长 750 米，路面宽度为 8 米，为混凝土路面、双向两车道。道路两侧均为企业。

牧野路　属五联村域内道路，以牧野机械公司之"牧野"命名，由昆山高科技工业园管理委员会建设，于 2002 年 5 月施工，2002 年 8 月竣工。该道路位于玉山镇北部高科园模具二区，呈东西走向，东起北门路，西至永丰余路，道路总长 430 米，路面宽度为 8 米，为混凝土路面、双向两车道。道路两侧均为企业。

强安路　属五联村域内道路，由玉山镇人民政府投资建造，于 2005 年 10 月开工建设，2006 年 7 月竣工。该道路位于五联村北部，呈南北走向，南起丁泾路，北至丁泾村自然村落，道路总长 340 米，路面宽度为 10 米，为混凝土路面、双向两车道。道路两侧均为企业。

望山路　属五联村域内道路，由昆山民营科技工业园投资建造，于 2001 年 10 月施工，2003 年竣工。该道路位于昆山民营科技工业园北部，呈南北走向。望山路分为望山南路和望山北路，望山南路南起城北路，北至五联路；望山北路南起五联路，北至新塘河。望山路总长 2 400 米，路面宽度为 12 米，为混凝土路面、双向两车道。

五联路　属五联村域内道路，20 世纪 70 年代初是一条不足 4 米宽的砂石路，改革开放后得到翻建拓宽。该道路位于五联村中部，横穿五联村，呈东西走向，东起皇仓泾，西至莫家路，总长度为 2 700 米，路面宽度为 10 米，为混凝土路面、双向两车道。道路两侧有商业店铺。

亿升路　属五联村域内道路，由昆山高科技工业园管理委员会建造，于 2001 年 2 月施工，2002 年 6 月竣工。该道路位于五联村东部，呈东西走向，东起皇仓泾，西至永丰余路，道路总长 690 米，路面宽度为 8 米，为混凝土路面、双向两车道。道路两侧均为企业。

优德路（2019 年，张银龙摄）

优德路　属五联村域内道路，由昆山高科技工业园管理委员会建设，于 2004 年 7 月施工，2005 年 4

月竣工。该道路位于五联村东部,呈东西走向,东起皇仓泾,西至永丰余路,道路总长820米,路面宽度为8米,为混凝土路面、双向两车道。道路两侧均为企业。

志圣路 属五联村域内道路,由昆山市民营科技工业园投资建造。该道路位于五联村东部,呈东西走向,东起皇仓泾,西至北门路,道路总长320米,道路宽度为8米,为混凝土路面、双向两车道。道路两侧均为企业。

三、桥梁

村域曾经有过农渡、交通渡。为田间作业、民间交往而设置的渡口为农渡;服务过往行人的渡口为交通渡。村域新塘河、皇仓泾的渡口,兼而有之。1945年,莫家区域有3座古桥,其中2座为竹桥,1座为石桥。竹桥分为三段,河里各打下两根主木桩,竹桥面就被搁在木桩上。中间一段为主桥面,两边各有一段带一点坡度的桥面,旁边装有扶手。石桥位于莫家大队第4生产队住宅中间,桥墩用石头垒砌而成,桥面用木板铺设,便于村民下地种田和走亲访友。推行农业合作化以后,农渡由当地社队管理,多为破旧农船,由贫困农户经营,或撑或划,有的无专人操船,由过渡者拉绳自渡。农渡时设时废,变动较多。新塘河摆渡口,为新塘河两岸村民过河种田提供了便利。中华人民共和国成立前后,当地村民曾经申请建桥,但是因为这里此前从来没有建桥的历史,所以没有获准。村里为加强对摆渡口的管理,委派专人摇船摆渡。渡口的第一位摆渡人是本地的范小坤。中华人民共和国成立后,范小坤由于年老体弱而退休,由一位非本地的蒋姓老人继续摆渡,此后的接任者为戴某某、王某某。后来考虑到丁泾、五联、莫家3村村民要前往陆家桥购物,于是该渡口停摆,而改在丁泾孝仁塘河北端设立渡口。1965年,村域开始建造第一座水泥石拱桥,以后陆陆续续修建其他桥梁,所有的渡口停摆。

工农兵桥 位于五联路与昆北路交会处,东西走向,横跨皇仓泾,为五联路的交通桥梁。该桥为水泥板桥梁,桥长50米,宽24米,高5.5米,最大跨度为39米。该桥原名"老乌声桥",又名"老猢狲桥"。在中华人民共和国成立前曾是一座又破又窄的木板桥,农民过桥十分危险。1958年,皇仓泾河道拓宽时,把重建老乌声桥列入河道拓宽配套工程,该桥正式建成于1966年。该桥初建成时为砖混桁架拱桥结构，宽 3.2 米，跨径 2.5 米。1991 年下半年，对该桥进行第二次翻建。2017 年下半年，对该桥进行第三次翻建。

丁泾河桥 位于丁泾河与永丰余路交界处，南北走向，横跨丁泾河，为永丰余路的交通桥梁。该桥为水泥板桥梁，桥长 18 米，宽 7 米，跨径 3×6 米。

寰庆路桥 又名环庆路桥，位于迎宾路北侧，南北走向，横跨新塘河，为寰庆路的交通桥梁。该桥为水泥板桥梁，桥长 42 米，宽 25 米，高 5 米，最大跨度为 6 米。

强安路桥 为连接强安路、横跨丁泾河的交通桥梁，于 2014 年建造，2015 年投入使用。强安路桥位于丁泾河与强安路交界处，南北走向。该桥为水泥板桥梁，桥长 22.04 米，宽 11.5 米，跨径 3×6 米。

团结河桥 跨越团结河，贯通五联路，建于 2002 年，东西走向，桥长 15 米，宽 12 米。

东风河桥 跨越东风河，贯通五联路，建于 2002 年。东西走向，桥长 15 米，宽 12 米。

大渔塘桥 跨越大渔塘河，贯通迎宾中路与迎宾西路，建于 2003 年，东西走向，桥宽 20 米，长 50 米。

团结河桥（2019 年，张银龙摄）

新塘河桥 跨越新塘河，贯通北门路，建于 2003 年，南北走向，桥长 60 米，宽 30 米。

四、圩堤

1991 年 11 月 30 日，城北镇在丁泾村新塘河召开整修防洪圩堤现场会，明确冬春期间水利防洪圩堤整修标准。是年，丁泾村整修圩堤 2 300 米，挖土 6 900 立方米；填河沟 250 米，挖土 1 050 立方米，用工 400 人。后来，别的村就以丁泾村为标准整修村内所有防洪圩堤。

1991—1997 年，为防汛抗洪，不断加固圩堤、河岸，不断修筑护坡。莫家村修筑大濛塘楼板护坡长 100 米，投资 2 万元；丁泾村修筑新塘河楼板护坡长

90 米，投资 2 万元。1998—2000 年，丁泾村新修筑楼板护坡 750 米，投资 14.99 万元。莫家村新修筑楼板护坡 920 米，投资 18.42 万元。

五、站闸

丁泾河站闸 属于新建站闸，于 2010 年 6 月建成，地处北门路东侧、丁泾河东段。该泵站配有 2 台 40 寸水泵、2 台 132 千瓦电动机，5 米升卧式钢闸门，机房 120 平方米，同时配套 400 kVA 专用变压器，装机流量 7 立方米/秒，设计扬程 2.20 米。总投资 300 万元。该站为调节丁泾河水位向皇仓泾排涝用。

丁泾河站闸（2019 年，张银龙摄）

东风河站闸 于 20 世纪 80 年代末建造，当时用于灌溉和排涝，后来因没有农田专用于排涝，于 2010 年 6 月进行改建。东风河站闸地处五联村北部、迎宾路北侧、东风河北段。该泵站配有 2 台 40 寸水泵、2 台 132 千瓦电动机，5 米升卧式钢闸门，机房 180 平方米，同时配套 400 kVA 专用变压器，装机流量 7 立方米/秒，设计扬程 1.90 米。总投资 310 万元。该站为调节东风河水位向新塘河排涝用。

莫家河站闸 于 2010 年 10 月建成，地处五联村西部、莫家路西侧、创新河西段。该泵站配有 2 台 32 寸水泵、2 台 65 千瓦电动机，5 米升卧式钢闸门，机房 120 平方米，同时配套 250 kVA 专用变压器，装机流量 7 立方米/秒，设计扬程 2.20 米。总投资 280 万元。该站为调节创新河水位向大渔塘河排涝用。

团结河北排涝站 于 2002 年 5 月建成，地处五联村东北部、迎宾路北侧、团结河北段。该泵站配有 2 台 32 寸水泵、2 台 80 千瓦电动机，5 米升卧式钢闸门，机房 120 平方米，同时配套 250 kVA 专用变压器，装机流量 3.2 立方米/秒，设计扬程 1.90 米。总投资 185 万元。该站为调节团结河水位向新塘河排涝用。

五联排涝站 于 20 世纪 60 年代初建，70 年代进行第一次翻建，80 年代进行第二次翻建，2004 年 5 月进行第三次翻建。该泵站地处北门路东侧、横泾河东段底。该泵站配有2台32寸水泵、2台65千瓦电动机，5米升卧式钢闸门，机房120平方米，同时配套200 kVA专用变压器，装机流量3.2立方米/秒，设计扬程1.90米。总投资185万元。该站为调节横泾河水位向皇仓泾排涝用。

六、邮电通信

邮电 中华人民共和国成立前后，村域内无邮政设施，邮寄信函、包裹以及汇款等，均需去县城。外来函件，一般寄至县城东门、北大街、大西门等地，或由亲友转交。

20世纪60年代，县邮电局在村域设置邮政信箱，由县邮递员每日收一次。1970年，城北人民公社设立3条邮路，即力量片、东片、西片；东片管辖皇仓泾东，包括同心、新北、新乐、丁泾、五联、莫家6个生产大队。1986年，又建立了邮电代办所，每日收发一次，辐射包括丁泾、五联、莫家在内的15个行政村，投递覆盖率达到了100%。

通信 20世纪50年代末60年代初，村域五联、丁泾、莫家3个大队均装有手摇电话机。1988年，丁泾村张道林家安装电话机，这是村域村民第一部私人通信工具。随着通信科学技术的发展，产品更新，市场出现了"大哥大"、"二哥大"、寻呼机、手机等新产品，固定电话改为移动电话。1990年，村域只有个别企业的老板拥有手机。1997年前，村域成为"电话村"，80%以上农户安装了电话。

信息网络 20世纪60年代初，为方便村民了解掌握时事政治、经济、文化信息，公社成立了广播站，各大队设立广播室，配备专门的广播设备及人员，架设线路，将高音喇叭架设在各生产队田间，覆盖率达100%。

1966年，实现村村通广播，每个大队配备1名广播线路员，负责广播线路维护和高音喇叭的调配。20世纪70年代初，高音喇叭逐年减少，改为小喇叭，直通每家，入户率达100%。

1989年1月，城北镇接入有线电视，接收中央电视台、上海电视台、江苏电视台、苏州电视台、昆山电视台等台的节目。2007年，有线电视入户。2019年，有线电视接入率达100%；有450户家庭拥有电脑，占比为86%。村民手机拥有率达80%以上，并且绝大多数村民用上了智能手机。

七、供电供水

供电　1949年前，农业生产全靠人力，少数农户使用畜力灌溉；农户照明以菜油灯、煤油灯、汽油灯、蜡烛等为主。

20世纪60年代初，电力开始被运用于农业生产。70年代初，村民全部用上照明电。起初由于电力资源紧缺，村民用电分为工业用电、农业用电，其中农业用电既有保障又价格低廉，尤其到了农忙时期，供电部门只能确保农业生产用电。五联大队为解决村民常用电紧缺问题，于1979年购买60千瓦柴油发电机一台，以满足村办企业及社员夜间照明之需。至80年代初，电源充足，已能确保村民日常用电。农电管理直接由昆山县供电局负责，下设政府农电站（供电所、国家电网），各村配备1名电务员，负责全村农业用电及社员照明用电的安装、维修。

供水　中华人民共和国成立前后，村民一直饮用河水，只有极少数地主富农自挖水井。

20世纪60年代初，因昆山地区血吸虫病流行，为改善村民饮水环境，昆山县爱国卫生运动委员会办公室出资引导各个生产队挖1~2口水井，供村民饮用。70年代末，随着工业生产发展，水资源污染日益严重，河水也不能饮用，村民基本自费开挖水井。

1990年，五联、丁泾、莫家3村联合投资创建自来水厂，地点在东风河北端、丁泾排涝站旁，取名为东风水厂，3村村民全部用上自来水。

20世纪90年代末，五联、丁泾、莫家3村共出资约150万元改造生活用水设施，连接昆山第二水厂供水管，直供村民用水，原先自建的东风水厂停止使用。

八、住房建设

（一）动迁安置

五联村在2001年3村合并前无拆迁事宜。2002年，北门路、望山路向北延伸，需征用农民住宅及部分农田。由此五联村农户开始搬迁。第一批共63户农户：第1组2户、第2组2户、第9组1户、第11组19户、第12组3户、第14

组 1 户、第 17 组 10 户、第 19 组 2 户、第 26 组 9 户、第 27 组 4 户、第 28 组 10 户。他们被安置在杜桥景园，重新分配宅基翻建成小别墅。另有 13 户农户也因道路建设重新分配宅基地，翻建别墅，他们被安置在东支家庄。2003—2019 年，因市政动迁，约有 390 户农户分期分批被安置在锦隆佳园。另有第 7 组 5 户被安置在胜利小区。2019 年年底，昆山高新区启动万欣苑小区建设，预计可以接纳 100 户左右的动迁户。村域未动迁农户将动迁至万欣苑小区。至 2019 年年底，村域内尚有东支家庄、北孝仁塘、南孝仁塘及堰泾村不到 10% 的农户未动迁安置。

（二）小区建设

锦隆佳园，地处玉山镇环庆路南侧，东起角里路，西至凯宫机械厂，南起广福路，北至环庆路，属玉山镇五联村动迁安置居民点，于 2001 年开始规划建设，一期到八期房子至 2015 年年底全部竣工。锦隆佳园占地面积 22 万平方米，建筑面积 32.58 万平方米，绿化面积 10.5 万平方米，现有住房 85 幢。户籍户数 2 320 户，常住人口 11 500 人，其中本地户籍人口 2 410 人、外来人口 9 090 人。居民主要来自五联、广福等 10 个村，是一个人口多、分布广的新型社区。小区内便民服务大厅、幼儿园、会所、露天健身场所配备齐全。区域交通便捷，设有 15 路、60 路、59 路、139 路等公交车站点。2013 年 4 月，五联村投资 200 多万元改建锦隆佳园会所，有效解决了小区内办酒席难的问题。2015 年，投资 1 200 万元改造孝仁颐养院和锦隆佳园会所，包括扩大绿化面积。此前，小区内长期存在利用小区通道以及马路搭建帐篷办婚丧喜事的问题，搭建帐篷既妨碍交通又影响卫生，有时还有碍绿化。锦隆佳园会所主要为村民办理婚庆喜事等提供方便。同时，锦隆佳园会所内建有文体活动中心，可满足居民文体活动需求。

第二节　环境整治

一、河道改造

1958年冬、1959年春，昆山全县开展"河网化"运动，取得了显著成效。但由于规划标准过高，战线过长，相当一部分工程因劳动力不足、资金有限而半途停工；村域河道基本没有得到大的改变。20世纪70年代又掀起大规模的农田基本建设运动，开河的数量多，质量也比较好。村域主要的两条河道皇仓泾、新塘河有着区域性作用，由上级组织负责治理，成为昆北地区重要的泄、引、运河道。由此昆山全县完成了"河网化"时期留下来的"半拉子"工程，并搞好了续建配套，效益显著。

1991年，村域遭受了特大洪涝灾害。这年冬天，城北镇政府统一部署，在7个行政村进行河道疏浚工作，其中包括村域的五联村、莫家村。因为社队办企业在发展过程中疏忽了环境保护，将工业污水直接排入河道，环境污染日益严重。在随后的9年中，河道疏浚工作全面铺开，包括村域的中心河、丰产河、团结河等。尤其是村域地势低洼，荒滩野潭较多，在疏浚河道时，利用淤泥填埋河道两侧的滩潭，平整低洼田块，不但清理了河道，还增加了复耕面积。

二、卫生清洁

（一）改厕改水

2007年，按照镇里的统一安排，村里开展创建"江苏省卫生村"工作。创建工作涉及村容村貌、卫生基础设施建设、饮用水卫生、食品卫生、饮食卫生、单位和居民区卫生、公共场所卫生、除害防病、环境保护、健康教育等方面。

全村525户1870人（常住户口），饮用自来水普及率达100%；卫生户普及率达100%；参与改厕、改造化粪池80户；建造公厕21座；设垃圾箱80个；排污企业实现清零；组建15人的保洁队伍，负责保洁工作。

（二）道路保洁

按照清洁家园、清洁河道、清洁道路的要求，开展环境综合整治活动。村域设置砖砌垃圾箱和塑料垃圾箱、桶共80个，并且添置了垃圾清理车辆，配备15名保洁员，对自然村、工业小区等处的道路和河道开展全天候保洁工作。此外，定期派遣临时工清除路旁、绿化地带杂草、垃圾，修剪树木。

三、生态保护

（一）关闭窑厂

20世纪70年代，村域各大队经济落后，为了增加集体收入，各大队就地取材，开办窑厂。办窑厂技术难度低，成本低（主要是劳动力成本），并能够解决部分剩余劳动力就业问题，还可以帮助村民解决最迫切的住房改造问题。建窑厂提振了集体经济，却对生态环境造成了破坏。80年代后期，村域内窑厂关闭，有效防止了水土流失，保护了生态环境。

（二）治理废品堆放

20世纪末，在皇仓泾西岸、迎宾路南侧有一处废品堆放地，杂乱堆放着废旧建材、废铁屑、废旧机器、枯枝残木等，严重污染周围环境，具有严重安全隐患。2010年，五联村联动环境保护部门加强监督治理，把废旧物逐步清理掉，并在原地建成生态保护区。

五联村乡村绿化（2019年，五联村村委会提供）

（三）植绿增绿

2019年，村域绿化面积124.8万平方米，绿化覆盖率达31.2%。其中，锦隆佳园绿化面积2.3万平方米，绿化率达45.1%。

（四）生态建设

2010年，五联村村委会对皇仓泾西岸、迎宾路南侧的废品堆放地进行改造。经过初步整顿，开办生态农庄。2019年，村委会做出规划，再次进行彻底整治。按照规划，将筹建五联生态园，打造多彩的五联活力生态园品牌，带动生态游、健康游、娱乐游。

迎宾路五联生态园（2019年，张银龙摄）

四、综合整治

五联村贯彻落实昆山市委、市政府，昆山高新区党工委、管委会、社会事业局关于"331"专项行动要求，于2019年9月开始"331"专项整治，配合多部门综合整治锦隆佳园小区车库650间，取缔不合法店铺18家，收缴违规使用液化气瓶9个。依法综合整治、取缔自建民房内"散乱污"（小作坊）37处、小餐馆14处。对五联路沿街200家店面进行"331"专项联合执法整治，其中整治"三合一"场所45处，收缴床铺52张、液化气瓶3个，排除安全隐患55处。依法综合整治、取缔21处自建民宅内及周边的"散乱污"（废品回收站），拆除违章建筑（泡沫夹芯板板房）800平方米。对锦隆佳园130户的出租房、合租房进行合规化改造。

2019年年初，五联村对东支家庄等自然村进行墙面刷白工作，面积达40 580平方米，村庄绿化增加4 500平方米。发放农村人居环境各类宣传册100余份，悬挂张贴宣传横幅和标语20条、宣传展板180块，清理房前屋后环境360处，清理垃圾杂物约580吨，拆除乱搭建蔬菜架60处，清理乱贴小广告300处，修复窨井盖2块，配备分类垃圾桶160个，新建垃圾分类亭9座，新建改建公厕7座。

是年下半年，五联村对村域内21处农村自建房内存在的"废品回收站"及28家无证无照经营户进行整治。对五联路沿街200间店铺（186间自建房和14间集体资产）以及45处"三合一"场所进行专门整顿。对五联村域河道两侧83户自建房进行逐一整治。对五联村域共计116所农户自建房进行逐一排查，全面整治。把五联村域12座公厕以及规划中的4座公厕全部纳入规建局"厕所革命"计划。配备垃圾桶134个。绿化面积已达351.5亩。

第四章　农副业

　　五联村域内河道纵横,水系成网,气候温和湿润,农田以低田、圩田为主,适宜水稻、三麦、油菜种植,历来是昆北片农业产粮区之一。民国时期,绝大多数村民没有土地,主要依靠租田耕种维持生计。中华人民共和国成立后,经过土地改革,农民分得了土地。后通过农业合作社、人民公社等组织形式,实行集体生产。其间,受"左"倾思想的影响和自然灾害的侵袭,农业生产发展一度停滞不前。"文化大革命"期间,贯彻"以粮为纲"精神,推行双熟制、三熟制,出现增产不增收现象,村民人均收入只有百元左右,勉强解决温饱问题。20世纪80年代,实行家庭联产承包责任制后,随着农业经济发展和市场化的推进,村民的生活水平有了极大的提高,一部分人先富起来,农村面貌出现了新的变化。进入21世纪,随着昆山高新区民营工业园区开发建设,村域内土地不断被征用。至2009年,村域土地全部被征用,村民不再务农。

第一节　农业生产体制

一、土地私有制

中华人民共和国成立前村域一直实行土地私有制。地主、富农出租土地；自耕农经营自己的土地，自给自足；贫雇农出卖劳动力或租借土地，从事农业生产。广大贫苦农民一年到头辛苦劳作，扣除地租、债务、赋税等，所剩无几。遇到洪涝灾害，村民生活异常艰难。

土地私有制时期使用的筛子
（2019年，陆振球提供）

二、土地改革

中华人民共和国成立后，农村开展土地改革（简称"土改"）。1950年，村域开始土改。城北乡政府委派土改工作队到村里指导，土改的工作方针为：依靠贫雇农、团结中农、孤立富农、打击地主，分阶段逐步推进。

1950年年初，各乡派土改工作队2~5人，协助当地乡村干部，成立土改革命委员会，并通过民校，组织农民学习土地法。了解清楚各农户拥有的土地面积，包括自耕、出租和雇工耕种的面积，以及房屋、家具、大中型农具、耕牛等情况，据此划分地主、富农、中农、下中农、贫农等阶级，经上级批准后出榜公布。两个月后，查封地主、富农的多余财产，并没收其田地、财产。发动农民诉苦,召开批斗地主大会。半年后,丈量田地面积,确定分田标准,抽签分田。1951年5月进行复查,保证土改进度和质量,复查以下情况:是否漏划成分,有无包庇问题,是否存在打击报复问题,是否有隐匿的逃亡地主,以及是否侵犯贫下中农的利益等。同时,镇压不法地主,巩固土改成果。1951年10月,召开全民大会,发放土地证。土改工作历时一年多,村域内划定地主9户、富农23户,余下为贫下中农,人均分得土地3亩左右,村域内土改正式结束。

三、农业合作化

互助组 土改结束,土地仍然属于私有。人民政府为了防止贫富分化,禁止土地买卖,并引导农民走互助合作发展的道路。1952年,村域开始筹备组成互助组,主要有两种互助形式:一是农忙互助,就是在农忙季节,农户互相帮助,点工计时,以工还工,不用付工钱;二是常年互助,这是农民在生产中开展互助的固定形式,计酬方式是出工记工,年终结算。结合与否完全自愿,农具、耕牛、劳力协商调配,综合安排。农作物由各家自定,农产品收入归各户所有,自负盈亏。政府鼓励组成常年互助组,组员在财力、物力方面可以得到信用社、供销社的大力支持。

互助组时期耕牛翻地(2019年,陆振球提供)

初级农业生产合作社 1953年冬,中共昆山县委贯彻党在过渡时期的总路线,各乡召开第一次人民代表大会,号召农民组织起来,走合作化道路,开始成立初级农业生产合作社(以下简称"初级社")。初级社坚持自愿报名、自愿结合、进退自由,保证贫下中农占绝对优势。村民根据土质优劣等级入股,农具、耕牛等折价入社。集中生产,统一经营,划分作业组,采取定额包工和小段包工责任制,实行田头评工记分制度,干部带头劳动。初级社分配以"土四劳六"的比例计算。一年后,村域内原五联区域成立3个初级社:西片为明珠

初级社,社长为顾声田;中片为五星初级社,社长为李补生;东片为联合初级社,社长为王俊友。丁泾村建立3个初级社:黎明初级社,社长为张培元;金星初级社,社长为唐有智;新创初级社,社长为赵立庆。1955年,莫家溇成立莫家初级社,陆志忠任社长,钱四宝任副社长。徐家村成立利明初级社,陆梅生任社长,李惠芬任副社长。钱家宅基、大渔塘、陆家村成立大渔初级社,莫俊良任社长,钱阿惠任副社长。

高级农业生产合作社 1956年,村域内基本完成了农业社会主义改造,实现了土地由私有制向集体所有制的转变,建立了高级农业生产合作社(以下简称"高级社"),逐步取消土地、大型农具、耕牛等参与年终分配的制度。高级社一般由若干个初级社合并而成。五星、联合初级社合并建成高级社,取名"五联",即两个初级社名字的第一个字。该高级社社长为顾声田,党支部书记为朱伯安,财经主任为张敬芝,监察主任为赵立喜,会计为吴志良。在莫家高级社,陆志忠任社长兼党支部书记,钱惠明任财经主任,陆梅生任监察主任,徐俊明任会计。在丁泾高级社,张敬清任社长兼党支部书记,李良任财经主任,朱文达任监察主任,陈云龙任会计。

四、人民公社化

1958年4月,昆山并乡,全县合并设17个乡镇,城北乡辖23个农业生产大队,其中五联、丁泾、莫家、杜桥合并为五联生产大队,李纪安任五联大队管理委员会大队长。10月,改乡建制,城北乡、玉山镇、城南乡合并组建成立全县第一个"政社合一""工农商学兵五位一体"的马鞍山人民公社。下辖五联、丁泾、莫家等生产大队,称为"五联营",实行军事化管理,党支部书记为吴彬,营长为张敬清,副营长为陆志忠。1959年6月,撤马鞍山人民公社,分设城北人民公社,下辖26个生产大队,包括2个副业生产大队、1个渔业生产大队,以及五联、丁泾、莫家生产大队。

人民公社化期间,以生产队为基层核算单位,集体经营土地,大队、公社等上级主管单位在经营项目、种子、肥料、农业技术等方面给予指导。在集体经济逐步壮大的同时,不断增加大型农机具,从而使土地单位面积产量不断提升,提高了土地的使用效率。

五、家庭联产承包责任制

1982年春,农村开始推行农业生产责任制,城北人民公社出现大组联产、分组联产、联产到劳等多种形式的生产责任制。公社与大队签订定产定购合同,生产队与社员个人签订全奖全赔合同,实行经济包干、"三上交",即上交农业税、集体积累和管理费。粮食分配实行"三留、二缴、一购"。"三留"是留足承包户的种子、口粮、饲料粮;"二缴"是上缴集体饲料粮、调拨粮;"一购"是完成国家征购任务。农、工、副三业随之分开,分别计奖、计赔,改革长期以来单一的农村经济结构。

实行家庭联产承包责任制后,
农民在收割油菜(2019年,陆振球提供)

实行家庭联产承包责任制后,农民
在自家场地上晒稻谷(1996年,张银龙摄)

1982年冬,城北人民公社派刘国顺、沈卫群等干部到莫家大队第4生产队开展家庭联产承包责任制试点工作,多次召开生产队社员大会、户主会议,进行动员,统一思想、明确做法。然后进行排队摸底,了解该队情况。该生产队有耕地158.5亩,根据农田高低、肥薄等因素,划分出优质田46亩、低洼田25亩、一般田块27.02亩。按人口划定口粮田、自留田,余下部分为按劳分配的责任田,共有责任田98.02亩,分田到户。为年老体弱者划分宅基旁田块。因为田块分散、土质区别大,在进行合理搭配后,公社和生产队干部召开社员会广泛听取群众意见,采用抓纸团方式分配土地。具体分田对象是该队21户居民84人,包括正半劳力43人,老年人、儿童共41人。口粮田确定人均0.6亩,自留田(包括旱地)0.12亩,共60.48亩;责任田98.02亩,按43

个劳动力分摊,人均 2.28 亩。生产队大型农机具有手扶拖拉机 1 台(1 170 元),脱粒机 2 台(210 元/台),电动机 2 台(140 元/台),水泥船 3 条(3 吨、4 吨、5 吨各 1 条,价格分别为 200 元、250 元、300 元),汽油机 1 台(280 元),喷雾器 3 只(52 元/只);公房、猪棚、蘑菇棚拆除后分砖头、梁木,先讨论定价,统一后采用抓纸团的方式分配,分配到的农户在垫本资金中扣除相应金额。其他小农具同样通过抓纸团的方式分配。农户承包的耕地,所有权归集体,承包户只有使用权,无权买卖。承包后,农户自主经营、自负盈亏,不再由生产队核算分配,但必须完成国家下达的征购、超购任务,计算劳动力上交"两金一费"到大队。通过一年实施总结,社员收益增加。

在莫家大队第 4 生产队试行之后,全大队全面推行家庭联产承包责任制。五联大队第 3 生产队、第 4 生产队紧跟其后,与各家各户签订承包合同。至 1983 年冬,全乡实行家庭联产承包责任制,分田到户,按人口分给口粮田,按劳力分给责任田。1982 年 10 月莫家大队第 4 生产队家庭联产承包责任制试点情况如表 4-1-1 所示。

表 4-1-1　1982 年 10 月莫家大队第 4 生产队家庭联产承包责任制试点明细表

序号	户主	人数/人	劳动力数/人	责任田面积/亩	口粮田面积/亩	自留田面积/亩	三田合计面积/亩
1	姚士清	6	5	11.38	3.60	0.72	15.70
2	钱祖芬	4	1	2.28	2.40	0.48	5.16
3	钱祖良	6	3	6.84	3.60	0.72	11.16
4	钱建明	3	2	4.56	1.80	0.36	6.72
5	李建华	5	2	4.56	3.00	0.60	8.16
6	钱惠良	4	2	4.56	2.40	0.48	7.44
7	陆忠义	5	3	6.84	3.00	0.60	10.44
8	钱祖环	6	2	4.56	3.60	0.72	8.88
9	钱祖宽	4	2	4.56	2.40	0.48	7.44
10	赵荣侠	5	2	4.56	3.00	0.60	8.16
11	钱启业	5	3	6.84	3.00	0.60	10.44

续表

序号	户主	人数/人	劳动力数/人	责任田面积/亩	口粮田面积/亩	自留田面积/亩	三田合计面积/亩
12	钱惠明	7	3	6.84	4.20	0.84	11.88
13	钱婉英	1	1	2.28	0.60	0.12	3.00
14	沈德安	6	4	9.12	3.60	0.72	13.44
15	沈安生	2	2	4.56	1.20	0.24	6.00
16	沈剑中	5	2	4.56	3.00	0.60	8.16
17	沈月明	4	2	4.56	2.40	0.48	7.44
18	李惠珍	3	2	4.56	1.80	0.36	6.72
19	钱松娥	1	0	0.00	0.60	0.12	0.72
20	钱炳珍	1	0	0.00	0.60	0.12	0.72
21	钱梅林	1	0	0.00	0.60	0.12	0.72
合计		84	43	98.02	50.40	10.08	158.50

六、土地规模经营

20世纪80年代中期，村域开始试行土地规模经营，耕地集中于个别种田能手，俗称"大农户"手中。

1984年10月，丁泾村第13组村民杨宏根承包组内50亩土地，成为该村第一家大农户。

1986年，五联村第12组村民邵惠明承包第9组71.818亩责任田，成为该村第一家大农户。承包耕种期限为两年。

1989年5月，莫家村第1组村民曹伯泉承包80亩农田，成为该村第一家大农户。

1989年6月，丁泾村村民王来兵承包农田120亩。

1990年2月，丁泾村村民唐雪华承包农田90亩。

1990年3月，丁泾村第6组村民郁伯良承包本组30亩耕地，种植树苗、盆景。一串红为主打产品，提供给昆山市区，在国庆期间摆放。由此带动周边近20户村民参与一串红种植，年产近30万盆。

1993年，丁泾村村民薛定山承包农田70亩。

1994年，五联村大农户发展到12家，分别为第1组张惠明、第2组钱吉林、第4组陆胜昌、第5组朱洪兵、第6组陈凯、第7组钱耀祖、第9组汪长来、第10组项松平、第11组陈广庭、第12组稽仲来、第13组胡相云、第14组朱伯良，共承包耕地840亩。莫家村大农户第30组束克权、第31组徐火根、第34组徐坤元，三户共承包耕地180多亩。

1995年，五联增加大农户2家：第8组薛凤明、第15组胡小弟。加上原来的12户，一共14户，共承包耕地1 148亩。

1995年，五联、丁泾、莫家3个村的责任田全部由大农户承包耕种，其他农户只耕种自己的口粮田、自留地。丁泾村大农户有胡德华（90亩）、胡德夫（90亩）、李友兴（85亩）、朱启云（113亩）、顾凤明（120亩）、赵银龙（70亩）、瞿巧洪（70亩）、朱启勤（110亩）、朱伯金（72亩）。

1999年12月，五联村落实退耕还田政策，村域以前大量开挖的鱼塘全部退出承包。

第二节　农田水利

一、水利建设

莫家河站闸（2019年，张银龙摄）

中华人民共和国成立初期，五联村主要依靠"三车"（人力水车、牛车、风车）灌溉。到20世纪60年代中期，"三车"逐步减少，只用于秧田灌溉。大田基本实现排灌机电化，达到旱能灌、涝能排、洪能挡，抗灾能力大为增强。1963年，五联排涝站作为城北乡首批（电）排涝站之一被启用，该排涝站有74.8马力水泵一台，流量1.8立方米/秒，承担2 299亩农田的排灌任务。依靠科技建设起来的渠系建筑物及圩区堤闸等配套设施较完整，有明渠、暗渠、支渠放水门、节制闸、倒虹吸、渡槽、放水斗门等。

　　五联村地势低洼，低田筑圩耕种由来已久。中华人民共和国成立前夕，村域大部分农田被划入圩区。当时圩堤标准低，残缺不全，对高低田的矛盾缺乏调节手段，加上技术条件限制等，抗洪除涝能力极低，农业产量低而不稳。中华人民共和国成立后，党和政府非常重视水利建设。20世纪50年代开始，昆山全县开始进行联圩建设。村域建立了一个大圩区，东至皇仓泾，西至大渔塘河，南到庙东河，北至新塘河，取名"五联联圩"。该联圩面积较大，总面积为10 724亩，其中水域面积590亩，占总面积的5.5%；耕地面积为7 996亩。农田高程比较低，70%以上的耕地高程为2.4~3.2米，属于低洼圩区。配备的排灌站比较多，共有10座排灌站，总功率达545马力，流量7立方米/秒，排涝能力达212毫米。所配备的4座水闸均为供船只进出的套闸。按照县里确立的圩区治理"样板"工程，村民艰苦奋斗，改建和联并小圩。圩区配套设施基本齐全，建有配套使用的"三闸"、排涝站等。对低产田实行"园田化"工程，建设高产稳产农田。

二、丰产方

　　1976年，莫家大队开挖丰产河，进行丰产方建设。平整高田与低田，填埋小的河滩、水潭，对田间道路裁弯取直，90%以上的农田得到改造。统一每块农田的长度、宽度：宽15米，长100米。每200米有一条丰产河，也就是每块田都靠近河道。竣工后的丰产河，东接东风河，西接电灌站，长1 500米，工程共计投入劳动力300多人。建设丰产方，有利于田间管理，尤其是水利灌溉和农药喷洒。

第三节 农作物种植

一、水稻

(一) 品种

单季稻 中华人民共和国成立初期，五联村域水稻以早熟中粳品种为主。20世纪60年代前后，主要品种有"老来青""金南风""世界稻""麻经糯"等；以后又引进新品种，有"五福粳""苏粳""南粳""盐粳（88122）""太湖粳"及少量糯稻，如紫金糯、太湖糯等。粳稻品种的特点：生长期比较长，平均达到170~180天；产量较高，亩产800~900斤；米粒呈卵圆形，比籼米短；煮成饭，糯性足，口感好，普遍受欢迎，成为本地居民的主粮；经济价值较高，为当地农民主要经济来源。缺点是个别品种生长茂盛，植秆较高。植物生长茂盛易引发病虫害；水稻植株高大经不起台风侵袭，而本地为台风易发地区，台风造成稻秆倒伏，导致减产。

1995年收割机在工作（2019年，陆振球提供）

双季稻 1967年开始，村域大面积种植双季稻，品种以籼稻为主，具体有"矮南早""原丰早""广元矮""二九青"等品种。这些籼稻品种的特点：生长期相对较短，约70天，前季在7月初收割，后季在10月初收割。植株较短，一般为60~70厘米，不易倒伏。产量要比单季稻低，一般亩产为400~500斤，高产田块可以达到亩产500斤以上。米粒相对狭长，米质口感差，不怎么受欢迎。价格较低，经济效益不高。不过种植双季稻也有其独特的优势，解决了部分农民在"青黄不接"时期的吃饭问题——双季稻前季在7月初就可以收割，比单季稻提前4个多月。在劳动力使用上与单季稻错开。两季总产量明显高于单季稻。但是因为对劳动力要求高、效益差，在分田到户之后，随着农村劳动力有了新的出路（比如进社办厂），吃饭问题已经被彻底解决，双季稻逐渐被淘汰，并最终退出历史舞台。

杂优稻 20世纪70年代，村域开始种植杂优稻，它属于晚粳中熟品种。杂优稻的特点：植株较长，普遍都在120厘米以上，容易倒伏。有时看上去长势喜人，但是并不丰收。生长期约为160天，比单季稻短10~20天，因此缓解了农忙时期劳动力紧张的问题。但是，杂优稻米粒质量差，不符合本地人的习惯口味，价格相对便宜，经济价值低，因此普遍在分田到户之前，杂优稻种植就结束了。

1980年村域水稻播种面积和产量的相关情况如表4-3-1所示。

（二）栽培

水稻的栽培一般分为育秧、莳秧、施肥、田间管理4个环节。

育秧 传统育秧，选择临河、低田作秧田。秧田与稻田的比例为1∶10左右，先翻地、施肥（人畜粪便），后把田做成块状，每块宽度4尺（1尺≈0.33米），待暴晒一星期后灌水，后用木板压平泥土进行落谷，落谷要稀匀。20世纪70年代使用除草剂，落谷前对秧板喷洒除草剂，落谷后进行秧田水浆管理，追施肥、防病治虫等由专人负责。80年代推广机播秧后，用薄膜块育秧，待秧苗长到一定程度时放入插秧机机插。90年代推行撒播，小麦收割后，直接把已经催好芽的稻种撒播在翻耕后平整好的田里，然后灌水、施肥、除草。

莳秧 即手工插秧。秧距宽度6株3尺，为了便于耥稻，用拉绳插秧，株距为5.5寸×4寸（1寸≈0.03米），亩均2.4万株。20世纪70年代种植双季稻后，曾采取拉线定株的方法，两边田岸上各一人将线拉直，定株，莳秧人在田中按绳上标记莳秧，听哨为号，莳好一横后退一步再莳，使田间秧距尺寸均匀。80年代，机插秧替代人工莳秧。亦有少数农户收割麦子后，直接把稻种撒播在麦田里，薄水灌溉，待出苗后间苗。

表 4-3-1 1980年五联村域水稻播种面积和产量报表

大队	面积/亩	单产/斤	总产量/斤	其中										
				双季稻前季			杂优稻			单季晚稻			双季稻后季		
				面积/亩	单产/斤	总产量/斤	面积/亩	单产/斤	总产量/斤	面积/亩	单产/斤	总产量/斤	面积/亩	单产/斤	总产量/斤
五联	2 432	763	1 855 616	396	643	254 628	474	812	384 888	1 663	608	1 011 104	327	238	77 826
丁泾	2 055	722	1 483 710	314	635	199 390	550	763	419 650	1 114	677	754 178	390	279	108 810
莫家	1 252	739	925 228	145	531	76 995	378	828	312 984	688	699	480 912	186	247	45 942

插秧（2019年，李介平提供，张银龙摄）　　拔秧凳（2019年，李介平提供，张银龙摄）

水稻靠水生长，育秧靠水调节控制秧苗生长。培育带蘖壮秧，出苗前保持苗床湿润，出苗后，晴天满沟水，阴天半沟水；莳秧前第一次大田灌水要灌深灌透，莳秧时放水，莳好秧后再灌深水。

施肥　　育秧2~3叶期，追施断奶肥，在移栽前5天，追施起身肥。一般大田莳秧前施足基肥，用河泥掺水拌草沤制的草塘泥作为稻田基肥，再追施化肥碳酸氢铵亩均60~80斤。莳秧后7~10天，施分蘖肥，每亩施尿素20斤；中期施长粗肥，每亩施氮磷钾化肥20~26斤；中后期施孕穗拔节肥，每亩施尿素24斤；后期施少量粒肥争粒重。施肥时间由村农技员根据稻苗生长规律，定时、定期分阶段进行。

田间管理　　秧苗移栽后，改革开放前一般在18天内人工用大耥工具耥稻，除去杂草，中耕松土，结合追肥，促使稻苗发棵。稻苗生长中期要拔稗草。20世纪80年代推广化学除草后，用除草剂代替人工除草，效果较好，但对稗草作用不大，须人工拔稗。水稻病害主要有稻瘟病、纹枯病、恶苗病、稻曲病、白叶枯病等。防治方法：主要用混合药粉等进行喷洒。水稻发病后喷洒药剂。水稻虫害有三化螟、二化螟、纵卷叶虫、稻飞虱、稻叶蝉

化肥供应证
（2019年，李介平提供，张银龙摄）

等。防治方法：施加杀虫剂，如低毒高效的吡虫啉、井冈霉素、吡蚜酮等。

（三）面积和产量

水稻是村域内种植的主要作物。1962年，五联大队种植水稻2 467亩，丁泾

大队种植水稻2 115亩，莫家大队种植水稻1 366亩，占种植总面积的95%。1967年，村域内种植双季水稻。1977年，推广种植杂交水稻。1980年，种植不同品种的水稻，有单季稻、双季稻及杂优稻，粮食亩产达到了720多斤，生产粮食2 138.31吨。1982年实行家庭联产承包责任制后，农户改种单季稻，扩种单季稻。2009年，五联村种植水稻750亩，产量458吨。2010年水稻减少到700亩，产粮427吨。此后，五联农田全部被征用，不再有耕地可以种植水稻。

二、三麦

品种　本地种植小麦、元麦、大麦3个品种。中华人民共和国成立前，元麦以四柱头为主，小麦以尖柱头为主。中华人民共和国成立后，以小麦为主，以元麦、大麦为辅。小麦品种有"华东6号""吉利""矮粒多""矮秆红"等。1970年后，种植大麦、元麦很少，主要种植小麦，品种有"武麦1号""宁麦3号""扬麦2号""扬麦3号""扬麦4号""苏麦1号"等。2000—2015年，"扬麦16号"成为主栽品种。

种植方法　中华人民共和国成立之初，农民种麦方法简单粗糙，犁好地播麦子，土块大，1米宽，田块两头有横塄，播种后普施人粪或者畜粪。三麦亩产180斤左右。1958年，推行人工深翻，深度为1.5~1.8尺，每亩播种30斤，以灰泥杂泥盖籽，立春后追施人畜粪便作为返青肥，三麦亩产240斤左右。1970年，三麦种植学塘桥，种麦工艺化，碎土薄片深翻，每个麦塄1丈（1丈≈3.33米）2尺，每一塄一条沟，田块沟系成田字形，撒播密植，施肥普施基肥，亩施河泥30担、猪羊窝灰20担，改春肥为腊肥，冬管采取重敲轻拍保根的方法，控上促下，培育足苗、壮苗，确保全苗过冬。1980年，村域3个大队种植三麦2 518.5亩，总产量超过100万斤，有几个生产队亩产超过500斤。1990年后大面积种套播麦，俗称免耕麦。方法有两种：（1）板田麦，稻收后在板田先每亩施复合肥100斤，翌日亩播26~30斤麦种，再用挖沟机撒出的沟泥碎土盖籽。（2）套播麦，在收稻前7~10天把麦种撒在稻田里，待稻收割后补施肥料和化学除草剂。每亩施复合肥100斤，再用开沟机开沟的碎土盖没，施肥要基肥足、冬前促、返青控，抽穗后争穗粒重。这两种播种方法省工省本，高产高效，亩产500~550斤。2009年，五联种植小麦1 210亩，总产量为351吨。

1980年村域三麦播种面积和产量如表4-3-2所示。

表4-3-2 1980年五联村域三麦播种面积和产量年报表

大队	面积/亩	单产/斤	总产量/斤	其中								
				小麦			大麦			元麦		
				面积/亩	单产/斤	总产量/斤	面积/亩	单产/斤	总产量/斤	面积/亩	单产/斤	总产量/斤
五联	1 103.5	481.2	531 004	768.9	516.7	397 291	31.9	375.0	11 963	322	400.6	128 993
丁泾	875.0	451.7	395 237	594.0	473.8	281 437	—	—	—	281.0	406.8	114 310
莫家	540.0	493.3	266 382	401.0	545.5	218 745	4.0	514.0	2 056	135	337.0	45 495

病虫害防治 三麦病害有赤霉病、白粉病、纹枯病、黑穗病等，虫害有麦芽虫、小麦黏虫等。防治以喷洒农药为主。

三、油菜

村域内种植的油菜主要用来榨油供村民食用，种植面积较小。20世纪50年代有白菜型黄油菜等品种，60年代有甘蓝型宁波油菜、胜利油菜等品种，70年代有"宁油7号"等品种，80年代有"串棋1号"等品种，90年代及之后有"苏油2~26"等品种。

中华人民共和国成立之初，油菜育苗移栽；9月下旬育苗；11月中旬收稻后移栽。移栽前，人工对大田岔田做好坨面。移栽时用铁尖打宕移栽菜苗。移栽后用灰肥或泥杂肥盖根。立冬后追施肥料，松土除草，清沟壅根，耕作粗放，产量很低，平均亩产100斤左右。1982年实行家庭联产承包责任制后，推广免耕板田移植，在水稻收割后，直接移栽油菜苗，菜苗早活早发，成活率高。大田施足基肥，冬前早施苗肥，促使菜苗冬壮春发。

1980年，五联大队种植油菜380亩，收获油菜籽109 535.5斤；丁泾大队种植油菜300亩，收获油菜籽83 975斤；莫家大队种植油菜190亩，收获油菜籽57 796斤。20世纪90年代开始，承包土地规模种植后，油菜面积逐年减少。2009年，村域内已经不种植油菜。

油菜病害有菌核病、龙头病等，虫害有菜蚜虫、潜叶蛾、小菜蛾等。防治病害主要在初花期和盛花期用多菌灵喷洒，防治虫害主要在苗期用菊酯类农药进行喷洒。

铧耖（铁锹）（2019年，李介平提供，张银龙摄）

四、农机农具

中华人民共和国成立初期，村域农业生产从田间耕作到收割、脱粒、粮食加工等，都是靠手工完成，依靠传统农具。

田间耕作农具 铁搭、尖刺铁拉、茭白齿铁拉、银杏叶铁拉、满封铁拉、莳头（锄头）、塘耙（类似铁搭，刺很尖）、镰刀、犁、耙、铧秒（铁锹）、洋镐、耥等。

脱粒工具 稻床、掼桶、轧稻机、木锨、簸箕、石臼、丫枪、竹丝扫帚等。

粮食加工工具 舂米石臼、牵砻轧米、筛子、升箩、磨子、山笆、挽子、风箱、风车等。

运输、储存粮食工具 叉袋（麻袋）、箩、畚箕、栈条、稻索（粗的绳子）、缸、绳、橹、纤绳等。

积肥工具 土筲、扁担、粪桶、提桶、淌泥（罱泥）网、铡刀等。

捕鱼工具 丝网、网海（网兜）、鱼叉、退笼、蟹罾、蟹箪、钓子、冲虾网、黄鳝夹、黄鳝栏等。

此外还有水车、秤、牛压头、喷雾器等。

20世纪50年代末，五联村集体创办一个农具制造修理厂，主要生产、安装、修理常用的农具，比如安装铁拉、塘耙、铧秒等，修理犁、耙，以及水车上的零部件如车轴、斗板、鹤隼等。创办的地点在五联村第9组李介平家中。木作师傅有苏荣生、顾关林、顾仲甫、顾关荣、陶阿松等。运营时间为2~3年。1964年五联大队、丁泾大队、莫家大队农业生产机具情况分别如表4-3-3、表4-3-4、表4-3-5所示。

表4-3-3 1964年五联大队农业生产机具统计表

队别	脱粒机（人力）/台	排灌用机械/台		水车/架			农用船/艘	
		柴油机	马力	人力	风力	牛力	水泥船	其他
1	1	—	—	—	1	—	2	1
2	2	—	—	—	1	—	1	1
3	2	—	—	—	1	—	1	1
4	2	—	—	—	1	—	2	1
5	3	—	—	—	1	—	2.5	1
6	2	1	3	—	1	—	2.5	1
7	1	—	—	—	—	—	2	—
8	2	—	—	—	1	—	2	—
9	1	—	—	—	1	—	2	—

续表

队别	脱粒机（人力）/台	排灌用机械/台			水车/架			农用船/艘	
		柴油机	马力	人力	风力	牛力	水泥船	其他	
10	2	—	—	—	1	—	2	—	
11	—	—	—	—	1	—	2	—	
12	1	—	—	—	1	—	1	1	
13	—	—	—	—	—	—	1.5	0.5	
14	—	—	—	—	1	1	—	2.5	
15	2	—	—	—	1	2	—	2	
16	1	—	—	—	1	1	1	1	
17	2	—	—	—	1	2	—	3	
大队	—	2	37	2	—	—	—	—	
合计	24	3	40	2	17	6	24.5	16	

注：表中水泥船数量为非整数指该船系与邻近小队合买。

表 4-3-4　1964 年丁泾大队农业生产机具统计表

队别	脱粒机/台		碾米机/台	磨粉机/台	水车（人力）/架	农用船/艘	
	机动	人力				水泥船	其他
1	—	1	—	—	1	—	2
2	—	2	—	—	1	1	1
3	—	2	—	—	1	—	2
4	—	2	—	—	1	1	1
5	—	2	—	—	1	—	2
6	1	1	—	—	1	—	3
7	1	1	—	—	1	—	2
8	—	1	—	—	1	—	2
9	1	1	—	—	1	—	2
10	—	1	—	—	1	—	2
11	1	1	—	—	1	—	3
大队	—	—	1	1	—	—	—
合计	4	15	1	1	11	2	22

表 4-3-5　1964 年莫家大队农业生产机具统计表

队别	脱粒机（人力）/台	排灌用机械/台		水泵/台	水车/架			农用船/艘	
		柴油机	马力		人力	风力	牛力	水泥船	其他
1	2	—	—	—	1	—	1	—	3
2	1	—	—	—	1	—	1	1	2
3	1	—	—	—	1	—	—	0.5	2
4	—	—	—	—	—	—	1	0.5	1
5	2	—	—	—	—	—	1	0.5	1
6	1	—	—	—	—	—	1	—	2
7	1	—	—	—	—	—	1	0.5	1
大队	1	1	8	2	—	—	—	—	2
合计	9	1	8	2	3	—	6	3	14

1971 年开始，村域农业机械数量增加，五联大队购置的第一台农业机械是手扶拖拉机。1972 年，五联大队购置了第一台中型拖拉机，两年后，又购置了第二台中型拖拉机。1973 年，丁泾大队也购置了第一台中型拖拉机。20 世纪 70 年代末，村域每一个生产队都购置了一台以上手扶拖拉机。90 年代开始，除了个别常用的农具外，大多数的传统农具逐渐被淘汰。1994 年，莫家村购置中型拖拉机和收割机各一台，淘汰了原先的手扶拖拉机。1995 年，五联村购置 3 台联合收割机，丁泾村购置 2 台联合收割机，用于大农户的生产经营。农业机械化水平的提高，加快了农业生产的发展。2000 年村域农机情况如表 4-3-6 所示。

表4-3-6　2000年五联村域农机统计表

单位：台

序号	农机类型	数量	所属村别			备注
			五联	丁泾	莫家	
1	中型拖拉机	7	3	2	2	
2	旋耕机	7	3	2	2	
3	水田耙	7	3	2	2	
4	联合收割机	7	3	2	2	
5	手扶拖拉机	36	15	14	7	
6	盖麦子机	10	5	3	2	
7	拖车	1	1	—	—	
8	6~8寸水泵	10	4	3	3	以8寸水泵为主
9	10寸以上水泵	7	3	2	2	
10	电动机	108	45	42	21	与农机具配套
11	脱粒机	72	30	28	14	
12	柴油机	4	2	1	1	
13	插秧机	7	3	2	2	
14	扬谷机	36	15	14	7	
15	弥雾机	36	15	14	7	
16	5吨农机船	36	15	14	7	
17	12吨以上农机船	7	3	2	2	

五、肥料种类

（一）有机肥料

20世纪70年代前，村域肥料以自然肥料为主，其种类有人畜的粪便、河泥和草类混合的沤肥，还有草木灰、菜饼等。因为数量有限，有时生产队委派专人前往上海、苏州装运生活垃圾，主要是煤灰一类。装运回来后，对生活垃圾进行挑拣，剔除玻璃、铁屑等物质后，将其施入农田。这些有机肥料肥效长，性能温和，使农作物生长比较稳定，而且不易诱发病害，还能改善土壤结构，使土质松软，对农作物的生长非常有利。缺点是肥力有限，且不可能收到立竿见影的效果，不能充分满足农作物的生长需要。

（二）化学肥料

20世纪70年代，村域逐步推广化学肥料，有机肥料仍是农作物的"当家肥"。村域农民摇船前往上海，转运国营化肥厂的废水（因颜色暗红，俗称"红水"）。同时，由公社生产资料部按计划下拨化肥指标。基肥主要为碳酸氢铵，追肥使用尿素，还有硫酸铵、磷酸钙、钙镁磷肥、钾肥等。

1995年人工播撒化肥（2019年，李介平提供）

20世纪90年代，有了改进型的复合肥，因为富含磷、钾等元素，对植物生长更加有利，得到普遍使用，既可以做基肥，又可以用于追肥。一般情况下，一季稻或麦只要施肥2次，每次每亩20~30斤。

（三）积肥造肥

人畜粪便 20世纪60年代，积肥主要靠猪。养一头猪每年可以提供1~2亩农田的基肥。在集体生产的相当长的时间里，养猪成为农民的主要副业，猪粪成为主要基肥。人粪大多为农民自留地使用，生产队使用的人粪肥主要来自城市环卫所。个别生产队位于学校、大队部旁边，可以获得一部分人粪肥。

沤肥 20世纪60年代开始，制作沤肥是村民农闲时的主要工作。沤肥需要两种基本物资：河泥、稻草等。河泥是用罱网从河道里捞取的河底烂泥，捞取到船上后用擢锨移到泥塘里。同时，在农田一角挖一个圆形的草塘，把种植的紫云英（俗称"红花草"）、植物秸秆、杂草，以及养殖的水花生、水葫芦、水浮莲、绿萍等原料放进去，再用担子把泥塘里的河泥挑过去（俗称"挑河泥"），用河泥对原料加以拌夹，层层覆盖（俗称"翻塘草泥"）。经过一个多月的发酵成熟后，可以将沤肥挑到田里使用（俗称"挑塘草泥"）。一个草塘的沤肥，可以就近提供二三亩田的基肥。

这一类农活大多被安排在农闲时做，又苦又累，效益又低下。在分田到户之后，因为复合肥的普遍使用，沤肥逐渐被淘汰，现在几乎绝迹。

施肥用的粪勺　　　　　　　　　　施肥用的粪桶
（2019 年，李介平提供，张银龙摄）　　（2019 年，李介平提供，张银龙摄）

第四节　多种经营

一、水产养殖

1998 年鱼塘（2019 年，李介平提供）

　　五联村域河塘众多，淡水资源丰富，具有内河养殖优势。20 世纪 60 年代初，村民利用天然湖泊进行水产养殖。内河养殖归集体所有，集体年底捕鱼后按户分鱼。鱼种以花鲢、白鲢为主。

　　1977 年，城北人民公社设立副业

办公室，各大队相应配备一名副业主任，主要负责种植业、养殖业，以此增加收入。在副业办指导下，各生产队普遍开始种植蘑菇，养殖禽畜，培育苗木、花菜，有养殖河蚌条件的生产队开始尝试培育珍珠，并逐步开挖鱼塘，搞规模养鱼。

1984年，按照昆山县农业局要求，五联大队经过实地考察，征用村域部分低洼地、荒沟等开挖成片连塘水产养殖场。五联大队共计挖土5万立方米，面积120亩，投入劳动力800人，实际养殖面积达到180亩。水产养殖场投产后，连续数年春节期间为村民免费提供水产品。

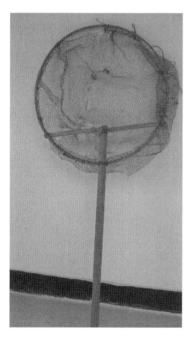

捕鱼的网兜
（2019年，李介平提供，张银龙摄）

鱼叉、渔船等
（2019年，李介平提供，张银龙摄）

20世纪80年代，村民开挖精养鱼池。鱼的品种有花鲢、白鲢、草鱼、青鱼、鳊鱼、鲫鱼等。90年代，外地水产养殖专业户进入村域承包鱼塘，养殖虾、蟹等。鱼塘承包给专业户养殖，集体收取租金。2000年以后，养殖虾、蟹、青鱼等品种，采取精细管理、科学喂养等措施，定时定量投放饵料，以大麦、玉米、菜饼为主，并给青鱼、鲤鱼投放螺蛳等精饲料。水面亩均收益5 000元。1985年，莫家村第3组村民陆志鹏承包开挖鱼塘，为该村尝试鱼蚌混养第一人。

1999年12月，本村村民及外来村民承包了村域新开的856亩鱼塘。

1999年12月，村域以前大量开挖的鱼塘全部退出承包范围。2001年，村域内鱼塘逐步被征用，经填埋后另作他用。

1990—2005年五联村规模经济水产养殖情况如表4-4-1所示。1992—2001年丁泾村规模经济水产养殖情况如表4-4-2所示。1984—2004年莫家村规模经济水产养殖情况如表4-4-3所示。承包期间，3村合并，因承包合同不变，所以相关情况仍然按照原先各村情况登记。

表4-4-1　1990—2005年五联村规模经济水产养殖统计表

序号	组别	承包年份	养殖户	类型	面积/亩	养殖年限/年
1	1	1990—1993	陈进良	河塘	10	4
2	1	1999—2005	陈有林	河塘	9.4	6
3	1	1999—2005	孙慧炯	鱼塘	34.5	6
4	1	1999—2005	李彩龙	鱼塘	42.5	6
5	1	1999—2005	陈小兴	鱼塘	17.5	6
6	1	1999—2004	李彩龙	鱼塘	18.3	5
7	1	1999—2004	李彩龙	鱼塘	8.5	5
8	1	2000—2005	陈进良	鱼塘	18	5.5
9	1	1999—2005	包金龙	鱼塘	15	6
10	1	2001—2005	包金龙	鱼塘	9.7	5
11	2	2000—2005	钱吉林	鱼塘	13	6
12	2	1990—1993	顾建明	河塘	10	3
13	3	1999—2004	包雪良	鱼塘	7.8	5
14	3	1999—2005	包雪良	鱼塘	38.4	6
15	3	2001—2005	周学兵	鱼塘	12.2	5
16	3	2001—2005	管惠明	鱼塘	6.8	5
17	4	1990—1993	陆胜昌	河塘	9	3
18	4	2001—2005	郁文贤	鱼塘	9.5	5
19	4	2001—2005	杨彩芬	鱼塘	7	5

续表

序号	组别	承包年份	养殖户	类型	面积/亩	养殖年限/年
20	4	2001—2005	顾龙兴	鱼塘	29.5	5
21	4	2001—2005	陆胜昌	鱼塘	6.8	5
22	5	1999—2005	张伟明	鱼塘	20.5	6
23	6	1990—1995	翟洪宝	河塘	20	5
24	6	1990—1992	陆桂生	河塘	5	2
25	6	1999—2005	朱红兵	鱼塘	23.7	6
26	6	1999—2005	翟洪宝	鱼塘	12.4	6
27	7	1999—2005	钱耀祖	鱼塘	18	6
28	7	1999—2005	钱水明	鱼塘	10.5	6
29	7	2001—2005	钱水明	鱼塘	15.2	5
30	7	2001—2005	钱小妹	鱼塘	16	5
31	9	1995—2000	李培清	鱼塘	35	6
32	10	1998—2001	赵红斌	鱼塘	18.54	3
33	10	1999—2004	李彩全	鱼塘	25	5
34	10	1999—2005	李彩全	鱼塘	22.20	6
35	10	1999—2005	李祖兴	鱼塘	9.6	6
36	10	1999—2005	管建华	鱼塘	11	6
37	10	1999—2005	范正华	鱼塘	13.6	6
38	10	1998—2000	范正华	鱼塘	7.5	3
39	11	1999—2005	陈元林	鱼塘	21	6
40	11	1999—2005	卞弟弟	鱼塘	31	6
41	12	2001—2005	苏志良	鱼塘	15	4
42	12	1999—2005	张文云	鱼塘	12	6
43	12	1999—2005	张文忠	鱼塘	7.9	6
44	12	1999—2004	张文忠	鱼塘	19	5
45	12	1999—2004	陶小男	鱼塘	15.30	5
46	14	2001—2005	薛惠民	鱼塘	6.8	5

续表

序号	组别	承包年份	养殖户	类型	面积/亩	养殖年限/年
47	外来户	1999—2004	周明良	鱼塘	4.3	5
48	外来户	1999—2004	陈永林	鱼塘	34	6
49	外来户	1999—2004	范梅兴	鱼塘	49	6
50	外来户	1999—2005	沈惠兴	鱼塘	35.7	6
51	外来户	2000—2005	雍阿锁	鱼塘	30	5
52	外来户	1999—2005	许文明	鱼塘	39.6	6
53	外来户	1999—2005	朱祖荣	鱼塘	35.8	6
54	外来户	1999—2005	唐凤良	鱼塘	33.4	6
55	外来户	1999—2005	黄明宝	鱼塘	35.8	6
56	外来户	1999—2005	王迷生	鱼塘	35.6	6
57	外来户	1999—2005	李兴元	鱼塘	43	6
58	外来户	1999—2005	朱金福	鱼塘	67	6
59	外来户	2000—2005	方贤东	鱼塘	16	6
60	外来户	2000—2005	倪秀友	鱼塘	7.2	5.5
61	外来户	2001—2005	薛定圣	鱼塘	12.7	5

表4-4-2　1992—2001年丁泾村规模经济水产养殖统计表

序号	承包年份	养殖户	类型	面积/亩	养殖年限/年
1	1992—2003	胡德荣	鱼塘	18	10
2	1992—2003	胡德华	鱼塘	25	10
3	1992—2003	陆阿根	鱼塘	13	10
4	1992—2003	李雄	鱼塘	15	10
5	1992—2003	李砚	鱼塘	18	10
6	1992—2003	王兆平	鱼塘	15	10
7	1992—2003	李洪	鱼塘	11	10
8	1992—2003	李建康	鱼塘	20	10
9	1992—2003	李起蛟	鱼塘	20	10

续表

序号	承包年份	养殖户	类型	面积/亩	养殖年限/年
10	1992—2003	张仁林	鱼塘	25	10
11	1992—2003	唐建林	鱼塘	7	10
12	1992—2005	郁伯安	鱼塘	10	12
13	1992—2005	钱根元	鱼塘	18	12
14	1992—2005	盛荣明	鱼塘	38	12
15	1992—2005	潘承生	鱼塘	30	12
16	1992—2005	杨森林	鱼塘	25	12
17	1992—2005	陈祥林	鱼塘	25	12
18	1992—2005	陈荣林	鱼塘	18	12
19	1992—2005	杨洪根	鱼塘	17	12
20	1992—2005	唐雪清	鱼塘	18	12
21	1992—2003	沈道林	鱼塘	28	28
22	1992—2005	吴玉良	鱼塘	35	12
23	1995—2001	翟永其	鱼塘	8	6
24	1996—2002	刘德林	鱼塘	23	6
25	1992—2003	王阿龙	河塘	15	10
26	1992—2009	翟阿毛	河塘	12	7
27	1992—2006	胡德福	河塘	23	3
28	1992—2007	朱康明	河塘	5	12
29	1995—2008	王弟元	河塘	12	3
30	1995—2008	王阿三	河塘	10	3
31	2001—2004	胡德荣	河塘	35	3

表 4-4-3　1984—2004 年莫家村规模经济水产养殖统计表

序号	年份	养殖户	类型	面积/亩	养殖年限/年
1	1999—2004	陆志鹏	鱼塘	38	6
2	1999—2004	赵建珍	鱼塘	15	6

续表

序号	年份	养殖户	类型	面积/亩	养殖年限/年
3	1999—2004	陆仕清	鱼塘	12	6
4	1999—2004	钱祖环	鱼塘	17.66	6
5	1999—2004	钱祖宽	鱼塘	18.45	6
6	1999—2004	钱文虹	鱼塘	18.3	6
7	1999—2004	谢根泉	鱼塘	11	6
8	1999—2004	李建华	鱼塘	28	6
9	1999—2004	刁甫新	鱼塘	23.4	6
10	1999—2004	陆雪平	鱼塘	6.14	6
11	1999—2004	陆惠明	鱼塘	20.7	6
12	1999—2004	徐小毛	鱼塘	11.5	6
13	1999—2004	徐大毛	鱼塘	15.4	6
14	1999—2004	陆志文	鱼塘	20.8	6
15	1999—2004	徐耀华	鱼塘	11.5	6
16	1999—2004	陆金龙	鱼塘	27.1	6
17	1999—2004	陆建华	鱼塘	12	6
18	1999—2004	钱伯生	鱼塘	19.3	6
19	1999—2004	钱启元	鱼塘	15.47	6
20	1999—2004	钱祖德	鱼塘	21.8	6
21	1999—2004	钱纪明	鱼塘	11.64	6
22	1999—2004	钱惠明	鱼塘	6.37	6
23	1999—2004	徐立宏	鱼塘	12	6
24	1999—2004	徐志宏	鱼塘	19.4	6
25	1999—2004	徐银龙	鱼塘	39.6	6
26	1999—2004	徐火根	鱼塘	14.9	6
27	1999—2004	徐阿二	鱼塘	27	6
28	1999—2004	朱建华	鱼塘	2	6
29	1999—2004	徐俊良	鱼塘	14.8	6

续表

序号	年份	养殖户	类型	面积/亩	养殖年限/年
30	1999—2004	徐林生	鱼塘	21	6
31	1999—2004	徐爱生	鱼塘	8	6
32	1999—2004	钱裕康	鱼塘	9.6	6
33	1999—2004	陆宏良	鱼塘	19	6
34	1999—2004	陆仕模	鱼塘	2	6
35	1999—2004	钱明官	鱼塘	22.3	6
36	1999—2004	陆雪生	鱼塘	11.8	6
37	1999—2004	蒋水根	鱼塘	15	6
38	1999—2004	缪从言	鱼塘	22.3	6
39	1999—2004	钱永林	鱼塘	20	6
40	1999—2004	钱为明	鱼塘	7.5	6
41	1999—2004	钱祖华	鱼塘	18	6
42	2000—2004	徐建福	鱼塘	11.5	6
43	2000—2004	徐白桃	鱼塘	12.7	6
44	2000—2004	徐月亮	鱼塘	19.2	6
45	2000—2004	徐金龙	鱼塘	12	6
46	2000—2004	项水生	鱼塘	14.4	6
47	2000—2004	钱惠良	鱼塘	2.5	6
48	2000—2004	钱永新	鱼塘	13	16
49	2000—2004	赵小弟	鱼塘	8.7	16
50	2000—2004	朱金根	鱼塘	21	16
51	1984—1999	钱明官	鱼塘	45	16
52	1984—1999	陆志鹏	鱼塘	45	16
53	1984—1999	徐爱生	鱼塘	10	16
54	1984—1999	徐林生	鱼塘	15	16
55	1984—1999	徐阿二	鱼塘	14	16
56	1984—1999	徐银龙	鱼塘	18	16

续表

序号	年份	养殖户	类型	面积/亩	养殖年限/年
57	1984—1999	徐俊良	鱼塘	10	16
58	1984—1999	童仁明	鱼塘	9.53	16

二、禽畜饲养

村域禽畜养殖种类有牛、猪、羊、兔、鸡、鸭等。

（一）牛

耕牛是农家传统饲养的家畜，主要为农业生产服务，是耕田、车水的主要动力。1950年，以养殖水牛为主。1957年，耕牛由高级社集体饲养。开展人民公社化运动后，各生产队都有耕牛，平均每个生产队有2~3头，极个别生产队只有1头，总数在80头左右。1971年推广手扶拖拉机耕地后，耕牛逐渐减少，至20世纪80年代末，集体不再饲养耕牛。

（二）猪

1950年，养猪的农户很少。土改后，农户养猪多起来。人民公社成立后，发展集体养猪，各大队创办集体养猪场，不久由于粮食紧缺，于1960年停办。1963年，政府号召发展养猪事业，集体、农户一起养猪，各生产队办集体养猪场。农户家家养猪1~2头。1980年，村域集体和社员共出售生猪3 133头（其中五联大队1 275头，丁泾大队1 141头，莫家大队717头）；年初生猪存栏量为2 164头（其中五联大队994头，丁泾大队739头，莫家大队431头）；饲养母猪135头（其中五联大队50头，丁泾大队46头，莫家大队39头）。实行家庭联产承包责任制后，集体、农户养猪逐年减少，大户养猪发展起来。2000年后，由于环境治理，部分养猪场逐渐关停。

（三）羊

村域养羊历来以山羊为主，农户大多饲养一两只。苗羊由母羊繁殖，春夏季在室外放羊，冬季喂甘草、豆萁。绵羊用于产毛，有外地人过来收购。社队工业兴起后，农户养羊逐年减少，后来只剩下养鱼人家利用鱼塘养几只山羊，主要用于自家过年食用，或者出售。

(四)兔

20世纪70年代,农民开始养兔,主要生产兔毛,兔毛由供销社收购,也有外地人走村过庄收购。村域三分之二以上的家庭参与养殖,另集体办过养兔场,规模在200~300只,后关停。

(五)家禽

家家户户养鸡、鸭、鹅,一般农户养4~5只,多为放养,禽蛋自用,少量上市。鸡的品种由原来的草鸡发展为三黄鸡、白洛克、鹿苑鸡等,鸭的品种有大麻鸭、绍兴鸭等。1980年,村域有家禽6 842只(其中五联大队3 088只,丁泾大队1 904只,莫家大队1 850只),生产鲜鸡蛋4 500多斤。

饲养的家禽(1996年,张银龙摄)

1997年,莫家村推动"一村一品",利用莫家村学校旧址饲养鸡、鸭,获得较好的经济效益,共养鸡、鸭1 000只,年销售额为3万元。

三、蔬菜种植

村域农户素有蔬菜种植习惯,一年四季利用工余时间在房前屋后及自留地种植蔬菜,有瓜果类、叶菜类、根茎类、豆类和葱蒜类,共计约50种。

20世纪50年代至70年代,蔬菜种植为露地栽培。80年代初,少量越冬蔬菜及早春蔬菜采用小拱棚塑料薄膜和地膜覆盖育苗,3月中下旬至4月上旬移

农民在自留地里劳作
(2019年,张银龙摄)

栽定植。黄瓜、冬瓜之类以覆盖栽培为主,保温争早苗,提早收获上市。90年代后期,用钢管搭建塑料薄膜大拱棚种植蔬菜,大棚一般宽6米,长60~100米,高2.5~3米,空间大,易控温湿,利于蔬菜生产。施肥、防病治虫,全部采用机械设备操作,肥料一般是有机肥和化肥结合使用。蔬菜种植从育苗到上

市,叶菜类30天左右,茄果类60天左右。2000年后,村民根据自身条件零星种植,自给自足,若有部分剩余则送到农贸市场出售。

四、花果树木

村域主要种植一串红、香樟、广玉兰、榉树、桂花等,用于装点环境和供应苗木。另外,还种植苎麻。苎麻是再生木本植物,一年一熟。本地农户有种苎麻的传统,利用边角、旱地种植少量苎麻,制作农业生产用绳,如担绳、畚箕绳等,用麻搓制的绳耐用。其栽培方法为育苗移栽,苗床跟大田面积的比例为1∶36,先翻耕捣细土壤,撒播种子后盖撒一层薄泥。苎麻属于多年生草本植物,一旦种植下去,基本不用移栽,管理很粗放,施肥不多,也没有病虫害,一年收获两次。苎麻是农民利用田头地边种植的,收获用于贴补家用。

1985年,莫家村村民陆宏亮种植花木30亩,直到1992年结束。

1985年,五联村第4组村民顾金根承包土地20余亩,种植桃子、梨和柿子,直到2000年结束。

1990年3月,丁泾村第6组村民郁伯良承包本组30亩耕地,种植树苗、盆景。

1999年,五联村第8组村民包惠元承包本组土地24亩种植树苗,树苗主要为香樟、广玉兰、榉树、桂花等。后又承包五联村第12组20多亩土地继续种植树苗。

第五章　村级经济

　　20世纪五六十年代，五联村属于单一农业经济。村域处于昆北水网密布之地，域内农田地势较低，生产水平低下，经济基础非常薄弱，几乎没有商品生产，属于自给自足的小农经济。1966年，从莫家大队成立建筑队开始，村域内出现了非农经济。此后，村域陆陆续续创办了石灰厂等队办企业。1978年，农副工总产值30.16万元。1982年冬，集体经济壮大的同时，开始出现个体经济，后逐步把集体企业转制为私营企业。1991年，创办昆港合资企业。1998年3月，昆山高科技工业园运营，村域土地被划入该工业园规划建设，村域经济依托园区优势，借力发展壮大。其间，驻村企业最多时超过2 700家，至2019年年底尚有1 400多家。进入21世纪后，五联村组建了五联村富民合作社和五联村社区股份合作社，村民享受合作社年度红利。1988年，五联村被昆山县委、县政府评为"集体经济先进村"。2011年，五联村被苏州市评为"苏州市村级经济发展百强村"。

第一节 经济综情

一、经济发展

1966年，莫家大队成立建筑队，为该大队第一家集体性质的企业。1968年，丁泾大队建立石灰厂，是该大队第一家集体企业。1971年，五联大队打造机帆船一艘，加盟昆山县联运指挥部。1972年4月，五联大队创办红木家具厂，属于该大队第一家村办企业。1975年，莫家大队创办集体企业小五金弹簧厂。不久，还创办了塑料焊接厂。1978年，莫家大队创办莫家针织厂，该厂于1986年因效益低下而停产。

1978年，村域农副工总产值为90.16万元，其中五联大队37.97万元，丁泾大队30.61万元，莫家大队21.58万元。

1982年冬，按照上级指示，实行家庭联产承包责任制，即分田到户，劳动力得到解放，为创办集体企业创造了条件。1984年6月，五联服装厂开工。1985年2月，丁泾村建造水泥预制品加工厂。

1986年，五联村第4组村民杨彩芬创办该村历史上第一家个体企业——五联密封件厂，该企业主要生产油封、水封等密封件产品。

20世纪90年代后期，根据上级关于经济体制改革的要求，村办企业逐步实行产权制度改革，此举极大地调动了个体企业的积极性。1990年，创办莫家织带厂，两年后停产。1997年，经一年试行，村集体企业全部转制为私有企业。1998年3月，昆山高科技工业园运营，村域被划入该工业园，村域经济借力发展壮大。

2012年，五联村组建五联村社区股份合作社，政府投入1 700多万元，756

户入股，享受分红。2015 年，投资增加到 4 400 万元。

五联村资产——位于莫家路的出租厂房（2019 年，张银龙摄）

随着区域优势的显现，驻村企业日益增多，最多时超过了 2 700 家。后来随着宏观调控政策的落实，部分驻村企业外迁，至 2019 年年底，村域尚有 1 400 多家驻村企业。

二、集体收入

五联村集体经济在起步阶段极其薄弱，集体收入主要依靠售卖公粮、油菜籽和猪、牛、羊一类农副业产品。1962 年，村域在出售公粮之外，尚有 197 683 元副业产品的营收，其中 20%~30% 为纯利润，实际收入为 5 万元左右。改革开放后，解除了思想顾虑，解放了劳动力，村域农副业生产齐头并进，尤其是随着工业生产发展步伐加快，集体收入逐年增加。1962 年村域副业生产收入情况如表 5-1-1 所示。1974 年村域农副业收入如表 5-1-2 所示。

表 5-1-1 1962 年五联村域副业生产收入统计表

大队	猪 数量/头	猪 营收/元	水产 数量/斤	水产 营收/元	瓜类 数量/斤	瓜类 营收/元	蔬菜 数量/斤	蔬菜 营收/元	羊 数量/只	羊 营收/元	营收合计/元
五联	1 275	76 500	9 000	1 000	65 550	3 277	43 900	3 000	—	—	83 777
丁泾	1 141	68 460	—	—	—	—	—	—	26	390	68 850
莫家	717	43 020	—	—	34 000	1 700	1 680	336	—	—	45 056
合计	3 133	187 980	9 000	1 000	99 550	4 977	45 580	3 336	26	390	197 683

表 5-1-2 1974 年五联村域农副业收入统计表

大队	户数/户	人数/人	劳动力/人	耕地/亩	总收入/元	其中 农业/元	其中 副业/元	其中 其他/元	总支出/元	纯收入/元
五联	297	1 086	565.5	2 451	344 274	320 149	21 685	2 440	128 589	215 685
丁泾	223	867	471	2 081	316 282	291 050	24 395	837	120 407	195 875
莫家	157	623	308	1 251	182 210	174 500	3 746	3 964	63 692	118 518
合计	677	2 576	1 344.5	5 783	842 766	785 699	49 826	7 241	312 688	530 078

2019 年底，五联村村级经济总收入达到了 1 613.3 万元，其中可支配收入 508.4 万元。其中，经营性净收入 42.41 万元，发包及上交收入 0.92 万元；投资收益 329.3 万元。

三、资产总量

家庭联产承包责任制推行之前，村域集体经济极其薄弱。1964 年，村域 3 个大队连一台电动机都买不起。就脱粒机而言，只有莫家的 4 个生产队各有一台电动脱粒机，其他生产队全部依靠人力脱粒。

 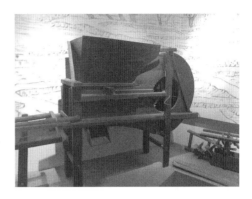

1987年人力轧稻机脱粒（2019年，李明提供）　　1987年用于扬谷的风车（2019年，李明提供）

第一产业集体资产量小而单一，资产总量的积累主要依靠种植粮食作物、油菜，养猪，养殖水产等。改革开放后，第一产业科学发展，第二产业加速发展，第三产业稳步发展，农业、工业、副业生产齐头并进，尤其是随着工业生产发展步伐加快，集体收入逐年增加，村级资产逐年递增，资产总量不断增加。

四、经济管理

（一）管理机构

1983年，按照上级领导传达的中共中央有关经济体制改革的要求，五联、丁泾、莫家3个村建立了经济合作社，五联村首任社长为包惠元，丁泾村首任社长为李明，莫家村首任社长为钱小林。

2001年，五联村、丁泾村、莫家村合并成立新的五联村，成立村务公开小组，组长为李介平，并成立民主理财小组。

（二）土地管理

1966年前，村域征用土地主要用于道路修筑、水利建设等，审批权归昆山县人民政府。1967—1977年，土地征用审批权归昆山县革委会。20世纪80年代前后，随着村办企业的发展，建设用地快速增加，发生随意侵占土地的现象，为此村域根据上级要求加强农村土地管理，健全用地制度，规定企业、单位用地必须报请镇人民政府审查核定，并报昆山县土地管理办公室批准后方可使用。1987年，昆山县政府发文要求健全土地使用手续，对个别手续不全的单位，下发整改通知书。至3村合并前，村域土地管理制度逐步健全。1983年，五联村、丁泾村、莫家村征地补偿面积为5 946.6亩，其中集体土地为5 557亩，农民自留地为389.6亩。

（三）宅基地管理

1983年起，城镇居民建房用地由建房者本人按照城镇规划指定的场所与生产队签订用地协议，经乡建设管理部门审查，报送县计划委员会批准后方可使用。1995年，开始换发国有土地使用证工作。2003年，昆山市建设局、国土资源局、规划局、物价局等先后发文，对农村住宅的拆迁价、拆迁安置房价、拆迁房补偿发放标准做出了明文规定。改革开放后，因村域道路修筑、企业用地等急剧增加，至2019年年底，土地全部被征用，90%以上的农户动迁到锦隆佳园等小区。

五、经济效益

20世纪70年代的砖窑厂
（2019年，李明提供）

20世纪70年代前后，村域涉足第二产业和第三产业发展，相对于农业经济，有了更好的效益。在市场经济试水阶段，企业最初基本围绕效益做文章。

1968年，丁泾大队建立石灰厂，因为石灰厂依靠重劳力，效益不高，1970年被改建为砖瓦厂。1975年，丁泾大队又在原有基础上加建一座砖窑，组成双砖窑，效益明显提高。1968年，丁泾大队创办粮饲碾米加工厂。1974年，粮饲碾米加工厂扩建。1972年，丁泾大队建立大队供应店，负责人为李良。1978年12月，丁泾大队用挂机船去花桥接冯师傅，请他主持开办油制品厂（店）。1980年12月，丁泾大队派人去常熟市西张乡学习，半年后回来开办羊毛衫厂。1985年2月，丁泾村建造水泥预制品加工厂，在创造经济效益的同时，也创造了较高的社会效益，为村民解决了一部分建房材料短缺问题，推动了农村旧房翻建的进程。

1971年，五联大队打造机帆船参与水上运输，效益高，但仅有一艘运输船，经济总量不高。为了增加收益，两年后，又打造一艘，收益有所提高。1972年4月，五联大队创办了红木家具厂，该厂与苏州红木雕刻厂联营，以加工红木算盘珠为主业，并兼营民用家具。因为是以加工为主，加上木材成本高，五联大队获利较少。1982年实行分田到户，劳动力得到解放，为创办集体企业创造了条件。1986年，五联村村民杨彩芬创办该村历史上第一家个体企业，主要生产油封、水封等密封件产品。因是个体企业，又有一定的技术含量，经济效益有了一定程度的提高，产生的社会效益也很大，从而引发了村域内新一波个体经济的快速发展。

1975年，莫家大队创办小五金弹簧厂，效益较好。

2009年前后，村域经营性资产运作逐步形成规模，标准厂房、打工楼、门面房、菜场以及其他房屋出租获得收益。标准厂房从2009年的5 953平方米到2017年的16 934平方米，增加了近2倍。门面房从2009年的2 628平方米到2017年的3 567平方米，增加了近1 000平方米。2009年还没有正规的菜场，到2017年已经建有面积2 088平方米的中型菜场，2019年因为陈旧，暂停使用，面临改造。2016年10月五联打工楼经技术部门安全鉴定为危房，2019年被拆除。2009—2019年五联村村级经营资产如表5-1-3所示。

表5-1-3　2009—2019年五联村村级经营资产统计表

年份	资产总额/万元	房屋面积/平方米	其中				
			标准厂房面积/平方米	打工楼面积/平方米	门面房面积/平方米	菜场面积/平方米	其他房屋面积/平方米
2009	2 754.3	29 301	5 953	8 336	2 628	—	12 384
2010	4 059.4	32 107	6 641	8 336	2 680	2 088	12 362
2011	4 930.5	32 414	5 953	8 336	2 680	2 088	13 357
2012	5 143.9	31 864	5 953	8 336	2 680	2 088	12 807

续表

年份	资产总额/万元	房屋面积/平方米	其中				
			标准厂房面积/平方米	打工楼面积/平方米	门面房面积/平方米	菜场面积/平方米	其他房屋面积/平方米
2013	5 156.8	31 561	5 953	8 336	2 398	2 088	12 786
2014	6 541.9	42 561	16 953	8 336	2 398	2 088	12 786
2015	7 807.5	31 561	5 953	8 336	2 398	2 088	12 786
2016	8 412.8	41 889	16 953	7 664	2 398	2 088	12 786
2017	8 405.4	24 059	16 934	—	3 567	2 088	1 470
2018	7 425.2	24 602	18 350	—	3 760	2 292	200
2019	6 662.72	31 602	25 350	—	3 760	2 292	200

第二节　乡村企业

一、村（大队）办企业

五联村（大队）　1972年4月，五联大队创办红木家具厂，这是五联大队第一家村办企业。

1971年，五联大队打造1艘机帆船，加盟昆山县联合运输指挥部，参与水上运输。1974年，根据市场需求，五联大队再打造1艘运输船。该项业务直到1978年才结束。在结束运输船业务前的1976年，五联大队购买了1台中型拖拉机加入昆山联合运输指挥部，参与公路运输，1979年该项业务也宣告结束。

1984年6月，五联村服装厂开工，有职工18人。该服装厂位于五联路北侧、村部办公室底楼。

五联村还先后创办了棉胎加工厂、大理石加工厂、绝缘材料厂、五联玩具厂、软木厂油脂车间等。软木厂油脂车间为原昆山同丰油厂联营企业。

五联电晕线厂于1978年8月投产,后来改为五联电除尘设备配件厂。1996年转资为私营企业,转入村民李玉成名下。

丁泾村(大队) 1968年,丁泾大队创办石灰厂,是该大队的第一家集体企业。1970年,根据市场需要,石灰厂改建为砖瓦厂。1975年又加建一座砖窑,组成双砖窑。

1985年2月,丁泾村在新塘河南、知青点东建造水泥预制品加工厂,主要生产水泥楼板、水泥梁等,解决村民建房材料短缺问题。1992年12月,因为调整经济结构,丁泾水泥预制品加工厂关闭,场地出租给陆杨东江村村民乔文龙,乔文龙创办个体企业,生产200吨位铁壳运输船。丁泾木盘厂,属于城北电缆厂配套企业,为其生产盘装电缆用的木盘,于1996年被城北电缆厂兼并。

莫家村(大队) 1966年,莫家大队成立建筑队,为该大队第一家集体性质的企业。该建筑队一年后被合并到城北建筑站。

1975年,莫家大队创办第一家集体企业小五金弹簧厂,厂长为徐爱生。同年,创办塑料焊接厂,徐爱生兼任厂长。1978年,莫家大队创办莫家针织厂。该厂从上海金山石化总厂采购专制涤纶、尼龙丝等,置办10多台织机,并委派村民前往常熟有关企业进行专职培训,生产羊毛衫。1986年,因为效益低下而停产。1990年,莫家村创办莫家织带厂,两年后停产。

1991年,五联村创办昆山联伟玩具有限公司,地址在五联路522—528号。该企业属于昆港合资企业,董事长为顾喜观,总经理为朱唯贤,港方为香港商人叶萍担任公司副董事长。昆山方面提供土地、房产、设备等,港方投资5万美元作为运营资金,占整个投资的49%。产品为长毛绒玩具,出口东南亚。两年后停产。

二、民营企业

1986年,五联村第4组村民杨彩芬创办该村历史上第一家个体企业,该企业主要生产油封、水封等密封件产品。

20世纪90年代后期,根据上级关于经济体制改革的要求,村办企业逐步实行产权制度改革，极大地调动了个体企业的积极性。村集体企业于 1996 年试行承包形式，1997 年全部转制为私有企业。

（一）昆山玉成环保机械有限公司

昆山玉成环保机械有限公司创办于 2002 年，法人为李明。经营项目为电除尘配件设备。主要产品有阳极板、阴极板、环保设备配件等，产品销往全国各地，并出口越南、韩国等国。公司注册资金 1 250 万元，固定资产 1 300 万元。公司位于五联村第 8 组的原五联村村委会办公楼旧址。2004 年，因为五联路拓宽，动迁至望山南路 58 号。公司占地面积约 13 000 平方米，建筑面积 10 000 平方米。

昆山玉成环保机械有限公司（2019 年，周金俊摄）

（二）昆山市玉峰电除尘设备厂

昆山市玉峰电除尘设备厂创办于 1995 年，法人是项水忠。经营项目是电除尘配件。主要产品有阳极板、阴极板等，产品销往全国各地。公司注册资金 800 万元，固定资产 1 000 万元。公司位于萧林路。2003 年，因为萧林路拓宽，拆迁至玉城中路 118 号。公司占地面积 5 999 平方米，建筑面积 2 136 平方米。

（三）昆山裕灵盾无纺科技有限公司

昆山裕灵盾无纺科技有限公司创办于 2003 年，法人是薛裕龙。经营项目是无纺布。品牌名称是"熔喷无纺布"。产品销往全国各地，并出口美国、澳大利亚、马来西亚等国。公司注册资金350万元,固定资产1000万元,年产值3000万元。公司位于花园路1222号,后因为花园路拓宽,拆迁至夏浜路20号。公司占地面积10 008平方米,建筑面积3 500平方米。

1986—2013年五联村部分民营企业情况如表5-2-1所示。

表5-2-1　1986—2013年五联村部分民营企业名册

法人姓名	企业名称	经营项目	创办时间	村别
李明	昆山玉成环保机械有限公司	电除尘配件	2002年	五联
项水忠	昆山市玉峰电除尘设备厂	电除尘配件	1995年	五联
王耀华	昆山华业机械工业有限公司	机械加工	2005年	五联
薛裕龙	昆山永安非织造无纺科技有限公司	无纺布	2002年	五联
薛裕龙	昆山裕灵盾无纺科技有限公司	熔喷无纺布	2003年	五联
陈丽芳	昆山顺华包装材料有限公司	包装材料	2010年	五联
张建华	昆山市城北飞鸽制线厂	针织棉线	1997年	五联
金伯兴	苏州德广电气有限公司	电气开关	2008年	丁泾
朱雪泉	昆山琨仕莱涂料有限公司	墙面涂料	1991年	丁泾
朱凤生	昆山市锦腾线带有限公司	线带	1997年	丁泾
陈群伟	上海岳湘实业有限公司	化工原料	2011年	丁泾
陈永明	昆山市永飞线厂	针织棉线	2002年	丁泾
陆莺	昆山市玉山镇情人结苗圃园艺场	花木	2005年	莫家
陈菊泉	城北车辆服务公司火炬加油站	汽油、柴油	1986年	莫家
徐昔文	昆山雅新涂装工程有限公司	地坪	2001年	莫家
徐建康	昆山永固化工容器有限公司	塑胶环氧设备	1999年	莫家
曹伯华	昆山市汇丰房地产开发有限公司	商品房销售	2007年	莫家

三、驻村企业

村域位于昆山高新区北部,交通便利。北门路的开通,带来了一拨驻村企业。2007年开工的昆山国际模具城部分用地征自丁泾村,为村域带来了新一拨驻村企业。村域驻村企业最多时达2 700多家。至2019年,尚有1 400多家驻村企业,项目涉及各种门类,年产值超过百亿元,其中有数家企业年产值超过3 000万元。

驻村企业不但带来可观的地方财税,还引来上万的流动人口,最高峰时近2

万人，为村域带来了拥有巨大商机的房东经济。

驻村企业——昆山迈致治具科技有限公司（2019年，周金俊摄）

驻村企业——昆山鑫泰利精密模具有限公司（2019年，周金俊摄）

第三节 配套设施

一、标准厂房

1998—1999年，五联村在小河岸路与玉城路附近创建第一幢标准厂房，面积约2 500平方米。2004年10月，五联村建造标准厂房，地点位于强安路、永丰余路西侧，丁泾路北侧，占地面积18 000平方米，建造成A、B、C 3幢厂房，其中A厂房（建成后转让给村富民合作社）面积2 367平方米，B、C厂房，每幢面积2 367平方米，总投资630万元。

2007年6月，五联村建造钢结构标准厂房14幢，地点位于大渔塘河东侧，建筑面积4 098平方米，总投资435.7万元。

2010年上半年，五联村完成莫家村老厂房改造并出租。下半年，获得五联路与大鱼塘河交界土地18亩，投资436万元，建造标准厂房7 000平方米。

2011年12月，五联村完成村域厂房招租。

2019年，五联村建成标准厂房2幢，建筑面积7 030平方米，总投资1 600万元。

二、打工楼

2001年，五联村在五联路路北、西支家庄河之南建造第一幢打工楼，面积800平方米，投入资金10余万元。

2002年12月，五联村规划筹建第二幢打工楼。地点在团结河东、五联路南，面积8 336平方米，投入资金600万元。该打工楼于2003年开工建成。

2011年，五联村完成永丰余路东、五联路北打工楼建造工程，面积

11 006平方米，共投资1 676.7万元。2016年10月，经安全鉴定发现，五联村打工楼7-1号楼和7-2号楼为危房，2018年被拆除。从2002年建造至2016年拆除的14年间，打工楼共创造经济收入1 200多万元。

第六章　五联路商业街

　　五联路位于村域中部,为东西走向,东起皇仓泾,西至莫家路,全长2 000多米,是村域通向外界的主要通道之一。它不仅是一条交通道路,还是一条商业街区道路,其东端还有著名的老乌声桥。五联路前身是一条机耕路。1970年道路建成,后由土路面改成用沥青下脚料铺设的路面。1989年,浇筑成水泥路面。2003年,道路延长,向东延伸至老乌声桥,向西延伸至莫家村村部。同时,五联村对永丰余路接通团结河5号桥所形成的弯曲路段,重新进行规划建设,裁弯取直,安装路灯。五联路的筑成为发展道路经济带来了商机,沿路的商业经济日益繁荣。此后,随着民营工业园区北部开发建设的加快,尤其是国际模具城的创立,五联路变成非常重要的商业街区。五联路商业街的发展已成为昆山乡村经济发展的缩影。

五联村志

 第一节 五联路

一、筑路背景

五联路的东端是横跨皇仓泾的工农兵桥（原名"老乌声桥"），是交通要道。五联路商业街的形成与皇仓泾，尤其是工农兵桥息息相关。

皇仓泾是昆山北部的一条主要河道。河道两岸，有宽阔的大道。河道和大道形成昆山北部的主要交通线，是陆杨、周市、巴城、石牌等地区村民前往昆山城区的必经之路，来自常熟、太仓、江阴等地的船只，也大多借道皇仓泾。村域村民外出，不管是去陆桥（今周市镇陆杨街道）喝茶，还是到昆山城里购物，也不管是行水路，还是走陆路，往往是跨过工农兵桥沿着昆北路行进。

1946年，昆山创办的轮船局有13家，县城通往各乡镇及邻县的客轮有20余艘，取道皇仓泾的客轮都在老乌声桥设站，供客人上下。

中华人民共和国成立后，昆山县结合水利建设工程，进行航道整治。1950年，新成立的昆山县船舶管理所对航线进行调整。至20世纪50年代末，实现了乡乡通轮船。1962年，成立昆山轮船站，纳入国有企业，对营运航线进行调整、延伸。在此期间，老乌声桥站一直是昆山北部皇仓泾航线的重要站点。

1970—1976年，昆山县利用水利工程堆土，兴筑昆北公路26.57千米。1971年7月1日，县境第一条县乡公路昆石（牌）线玉山镇至陆桥段建成通车，11月1日通车至石牌。随着昆山第一条县社支线昆北公路建成，农公班车逐步推广，轮船客源日趋减少，轮船相继停运；作为航道站点的老乌声桥站最终退出历史舞台，被作为汽车客运站点的工农兵桥站取而代之。陆杨线、石牌线、巴城线、陆周新线以及昆常线等在内的汽车客运线都设立了工农兵桥站，供旅客上下车。

作为五联路前身的土路（渠道、田埂并行）是通往工农兵桥（老乌声桥）的必经之路。

二、机耕路

五联路最初为村域的土路，当时用于排水灌溉的渠道与用于耕牛、人力车等通行的大路并行，东起于横跨皇仓泾的工农兵桥，另一头连接昆山北部主干道昆北路，构成丁字形路口。

1986年五联路排水沟（2019年，李介平提供）

1970年，为了方便农业机械化耕地作业以及村民出行，五联大队会同城北机电站水利规划部门进行实地勘察、丈量，在工农兵桥西堍至西支家庄河，修筑一条长约2 000米、宽约4米的机耕路。路面抬高，路基夯实，从此，改变了雨天泥泞不堪、冬季结冰路滑的状况，并且为日益增多的自行车、三轮车出行提供了方便。

水乡农村的泥土路面容易损坏，道路两边都是农田沟渠，频繁的台风暴雨导致路面损伤严重。后来村里对路面进行改造，改成用沥青下脚料（俗称"黑甲滓"）铺设的路面。用工按各小队实际情况分配，位于该路附近的五联大队第5生产队、第6生产队、第8生产队、第9生产队、第12生产队、第13生产队、第14生产队、第18生产队等提供劳动力。黑甲滓是昆山化工厂下脚料，有一定的黏性，关键是成本极低。路面铺设好后，越踩越结实，经得起风吹雨打。在乡间铺设这种路面，既经济又耐用。至此，五联路基本成型。

三、水泥路

1989年，政府出资浇筑水泥路面，东起永丰余路，西至五联村村部，全长约 300 米。

2003 年，五联村对道路进行延伸，向东延伸至工农兵桥，向西延伸至莫家村村部。同时，对接通永丰余路和团结河 5 号桥所形成的弯曲路段重新进行规划，裁弯取直。路面浇注完成后，再安装路灯，全面提高五联路的质量。一条宽阔、笔直、明亮的水泥大道出现在村域，为以后五联路商业街的最终形成打下了基础，也使五联村逐渐融入昆山北部核心区域。

1998 年 8 月 18 日，在丁泾村举行 1 路公交车延伸线通车仪式，该延伸线自八字桥始，沿永丰余路，途经胜利村、杜桥村、玉山公墓、五联村等，终点站为丁泾村村部。采用中巴车，每天发车 17 班次，极大地方便了村域村民的外出，也方便了外来务工人员的出行。

1 路公交车于 1987 年开通，最初的北部终点站设在城北大酒店。1993 年向北延伸至萧林路，1996 年再延伸至八字桥，后延伸至五联区域鞋帽总厂，最后延伸到陆杨新生村。

见证了五联路变迁的位于五联路一侧的堰泾村（2019 年，张银龙摄）

第二节 商业街

2019年，五联路商业街有经营户200家，年产值达2亿元。有小百货超市12家，宾馆、浴室、足浴店8家，通信器材商店以及维修店7家，药店6家，服饰店6家，还有网吧、理发店、五金店、电动车店等。最多的是餐饮店，达96家，占到总数近一半，其中永丰余路西不足百米有餐饮店30多家。

五联路商业街上的餐饮店（2019年，张银龙摄）

一、便民服务商业网点

五联路北边永丰余路区域，为五联人口居住密集区，学校和大队部办公场所也在此处。

20世纪80年代前，五联村村委会在路边设立了代销点，主要销售日用百

早期路边摊摊主之一——湖北麻城江女士
（2019年，张银龙摄）

货，从油盐酱醋到一般的农具。后来修建了简易的杀猪场，并有了豆制品加工场，为居民供应猪肉、豆制品，形成了初步的便民服务商业网点。

80年代早期，队办企业逐渐形成一定的规模，算盘珠厂、除尘设备厂以及早期的外来企业，引来了越来越多的务工人员，在形成一定的人气的同时，带来了一定的市场需求，便民服务商业网点已经难以满足居民的日常生活需求。

二、门面房

2001年，3村合并后，五联村在五联路修建8间简易门面房，2002年开始经营。

2005年12月，规划建造五联农贸市场。市场位于永丰余路东侧、横泾河北侧，占地面积约3 067平方米，建筑面积1 977平方米，总投资120万元。建成后即投入使用。使用两年后，进行改造，追加投资80多万元。2012年7月，完成经营期满菜场和新建农业基地的招租工作。

2006年，五联村投资建设门面房8间，位于水秀路北端、五联路北侧，总投资75万元。

2009年，完成五联路门面房报建及招标工作，工程于年底奠基开工。门面房主要分布在五联路及永丰余路等附近。

2010年，五联路中心路段分批修建门面房232套，全部用于出售。2011年，店铺出租收益达533万元。

2013年，将位于五联路北侧、永丰余路东侧的4层楼新房改造为孝仁颐养院。孝仁颐养院面积11 006.1平方米，总投资1 208万元，共有床位402张，老年人居室每间净面积约30平方米。2014年，进一步完善孝仁颐养院，增加天桥等设施。至此，孝仁颐养院全部完工，总投入3 000多万元。

五联路的总体开发由上级主管部门把关，整个区域涉及6家开发单位，整个开发工程历时10年。

随着国际模具城的创建，昆山北部形成了最具活力的经济中心，五联区域融入其中，驶入经济发展快车道，五联村的商业经济日益优化，房东经济日益发达，从而形成了五联路商业一条街。

五联村的驻村企业现有1 400多家，高峰时超过2 000家。有几家年产值超过3 000万元。这些企业为五联带来了近1万人的流动人口。

五联村的房东经济每年达600万元。现在村民人均收入为4.5万元，其中一半以上是由房东经济贡献的。

2019年五联路商业街门面房情况如表6-2-1所示。

五联路商业街（2019年，周金俊摄）

表 6-2-1　2019 年五联路商业街门面房登记表

序号	店铺招牌	业主	地址
1	盛祥超市	殷琴	水秀路 3002 号
2	8+8 发源地	毕彦文	水秀路 3004 号
3	米小奴	胡孝波	水秀路 3006 号
4	中国移动	王龙琴	水秀路 3008—3010 号
5	如意馄饨	王海峰	水秀路 3012 号
6	土家香酱饼	张园园	水秀路 3014 号
7	豪兴激光焊接	印建锋	五联路 157-2 号
8	如丰钨钢	郭小勇	五联路 157-3 号
9	蓝海广告	蒋明锋	五联路 157-4 号
10	驰诚汽修	荣康	五联路 157-5 号
11	雅迪电动车	王宝寅	五联路 157-6、7 号
12	365 火锅店	叶金鹏	五联路 157-8-1 号
13	我爱你网咖	王希文	五联路 157-8-2 号
14	海之鑫模具	周江飞	五联路 157-9 号
15	小叶五金水暖劳保	施玉香	五联路 157-11 号
16	佳诗雨超市	徐叶	五联路 167-1、2 号
17	小田园饭店	张利	五联路 167-3、4 号
18	成胜物资有限公司	谢巧洪	五联路 167-5 号
19	中国体育彩票	李静	五联路 167-6 号
20	长湘楼湘菜馆	高茂波	五联路 167-7、8、9 号
21	重庆巴蜀烤鱼	田祥文	五联路 167-10 号
22	友缘浴室	夏风平	五联路 167-11 号
23	新味餐馆	林秋华	五联路 167-12 号
24	缘聚阁饭店	程继松	五联路 251 号
25	兰州拉面	马胡泰尼	五联路 253 号
26	好望角足浴	吴杰	五联路 255 号

续表

序号	店铺招牌	业主	地址
27	星诚医药连锁	邹红星	五联路257号
28	星诚医药连锁	邹红星	五联路259—261号
29	金三峡火锅城	李想	五联路263号
30	星诚医药连锁	邹红星	五联路263号
31	凌锐电动车	徐松	五联路263号2楼
32	沙县小吃	李别武	五联路265号
33	春山龙虾馆	唐春山	五联路266号
34	咸肉菜饭骨头汤	任勤干	五联路267号
35	食运好半式快餐	胡鹏	五联路268号
36	天猫小店	胡则仓	五联路269—271号
37	映山红饭店	末孝先	五联路272号
38	红蜻蜓网吧	邵全元	五联路273号
39	侯记餐馆	侯学权	五联路277号
40	胡记川湘菜	胡久峰	五联路278—280号
41	黄焖鸡米饭	严月凤	五联路279号
42	食之仙快餐	姚青	五联路282号
43	傻子川菜	汤启奎	五联路283号
44	楚湘情鱼	黄修权	五联路284号
45	悦赣木桶饭	邹官辉	五联路286号
46	江山旅馆	毛久玉	五联路288号
47	山东水饺	陈敬六	五联路288号1楼
48	阿新洗车	李凯新	五联路288号2楼
49	康运堂大药房	马学存	五联路289号
50	立足点足浴	万国友	五联路290号
51	单县羊肉汤	杨洪鸿	五联路292号
52	五联旅馆	朱德强	五联路293号

续表

序号	店铺招牌	业主	地址
53	奥面馆	唐峰	五联路294号
54	酸菜鱼	赵俊	五联路295号
55	中式快餐	李坤	五联路296号
56	咸肉菜饭骨头汤	陈强强	五联路297号
57	松野电动车专卖	何智	五联路298—300号
58	好运旅馆	李春	五联路299号
59	湘食天下	龚丽	五联路302—304号
60	叶海芝排骨饭	项春兰	五联路303号
61	湘苏情湘菜（转出）	曹孝海	五联路305号
62	德福火锅	王明亮	五联路306号
63	黄焖鸡米饭	施宗利	五联路307号
64	孙氏海鲜烧烤	孙加仁	五联路309号
65	百佳惠大药房	易思会	五联路310号
66	小天鹅空调	王涛	五联路311号
67	恒运超市	林云权	五联路313号
68	浙江土菜馆	张力	五联路315号
69	百基拉连锁	李博	五联路317号
70	禾佳连锁	陈永洪	五联路319号
71	华思明快餐店	张健华	五联路321-1号
72	汤记烧烤	汤兆振	五联路321-2号
73	靓密码美容美体连锁	刘冰芳	五联路323号B1
74	便利客房	纪明海	五联路323号B2
75	沃4G中国联通	李成伟	五联路325号
76	藏书羊肉馆	许福泉	五联路327号
77	鹏飞五金	张云琴	五联路329号
78	沙克图斯	贺显文	五联路343号

续表

序号	店铺招牌	业主	地址
79	爱不释手男装店	徐邦	五联路345—347号
80	书报亭	余志洪	五联路348号
81	长相思宾馆	咸书正	五联路349号
82	来发百货	纪海华	五联路350号
83	富强生鲜蔬果超市	刘高云	五联路351号
84	陕西美食	邵得军	五联路352号
85	永盛平价百货	江晓春	五联路354号
86	五联门诊部	周会芳	五联路355号
87	山东手工水饺	刘长安	五联路356号
88	圣罗兰饰品	李聿塨	五联路357号
89	过桥米线	陈坤	五联路358号
90	黄焖鸡米饭	岳勇	五联路359号
91	徽兰庭牛肉汤	徐金玲	五联路360号
92	侯氏凉皮	孙启蒙	五联路361号
93	手机体检中心	潘建峰	五联路362号
94	五联平价百货	龚长义	五联路363号
95	单县羊肉汤	马波	五联路364号
96	沙县小吃	张泉	五联路366号
97	深水湾浴场	郝云龙	五联路367号
98	熊纪烧烤	方有乐	五联路368号
99	全网通手机卖场	朱钟煌	五联路369号
100	川湘食府	谢成明	五联路370号
101	安特鲁烘焙坊	蒋应宽	五联路371号
102	五星烟酒	陈国明	五联路372号
103	吉祥排档	鲁长青	五联路374号
104	标榜理发	於红牛	五联路376号

续表

序号	店铺招牌	业主	地址
105	千里香馄饨	杭正荣	五联路378号
106	千家惠服饰	黄德荣	五联路379—383号
107	老北京布鞋	袁凤棋	五联路380号
108	平江土特产	邱新良	五联路382号
109	芭比馒头	何少环	五联路384号
110	乐唛纯K	周宝宝	五联路385号
111	沙宣理发	涂春阳	五联路386号
112	傻子瓜子	陈孝兵	五联路387号
113	火锅冒菜	桂清男	五联路388号
114	中国移动	周灿明	五联路389—391号
115	湘府源湘菜馆	曹安	五联路390—392号
116	煌上煌连锁	尹海军	五联路393号
117	中国移动	李德元	五联路395号
118	馋猫食品	张业珍	五联路398号
119	福润万家	叶建华	五联路399—401号
120	淮南牛肉汤	蔡家军	五联路400号
121	黄焖鸡米饭	张波	五联路402号
122	嘎吱鸡排	魏晓明	五联路403号
123	老地方凉皮手工水饺	刘开美	五联路404号
124	沃4G鸣诚手机连锁	徐海静	五联路405—407号
125	川香园川菜馆	李启生	五联路406号
126	大胡子烧烤	邵彩兵	五联路408号
127	百佳惠大药房	崔洪鑫	五联路409号
128	刘武大排档	刘习武	五联路410号
129	美香乐蛋糕店	陈晓	五联路412号
130	纤指绣	谢梅	五联路418号

续表

序号	店铺招牌	业主	地址
131	一元起价超市	季传飞	五联路420号
132	我型我秀	崔业祥	五联路422号
133	大东鞋业	孟小敏	五联路424号
134	苏家爱华	王福珍	五联路426号
135	新一元起价超市	张叶停	五联路428号
136	百变手机	叶行泽	五联路430—432号
137	飞翔麻辣烫	胡永昌	五联路434号
138	特色手擀面	贾富钧	五联路436号
139	牛杂面馆	梁修海	五联路438号
140	高骏小吃店	高方兵	五联路440号
141	兰州牛肉拉面	马二不都	五联路442号
142	淮南牛肉汤	李占文	五联路444号
143	老张排档	徐冬梅	五联路446号
144	米线鸡米饭	张辉泉	五联路448号
145	金三峡火锅城	刘星	五联路451号
146	沙县小吃	吴巧妹	五联路453号
147	恩裳美化妆品	邓智慧	五联路454号
148	老吴川菜	吴志刚	五联路455号
149	吉平排档	伍吉平	五联路456号
150	阿香川味	潘孝勇	五联路457号
151	一桶天下	邓良平	五联路458号
152	好药师大药房	王文数	五联路459—461号
153	赛锋数码	章大宝	五联路462号
154	快速开锁	于广岭	五联路463号
155	洁丽日化	王远春	五联路464号
156	天府鱼庄	覃显义	五联路465号

续表

序号	店铺招牌	业主	地址
157	烧汁虾米饭	胡章明	五联路466号
158	家湘味餐馆	姚军	五联路468号
159	千禧饰品	杨各占	五联路469号
160	喜洋洋鞋城	薛京生	五联路470—472号
161	康明眼镜	唐娟	五联路471号
162	祖文造型	严娟	五联路473号
163	湘厨瓦煲饭	戴贵武	五联路474号
164	辣味（中式快餐）	曹丰兵	五联路475号
165	聚益堂连锁药店	胡萍	五联路476—478号
166	永东百货超市	计永东	五联路477号
167	安亲教育	付玉清	五联路478号
168	湘哥餐饮	曾庆梅	五联路479号
169	诚晟电脑商行	刘沈飞	五联路480号
170	山东手工水饺	董秋东	五联路481号
171	瓦罐煨汤	胡珍兰	五联路482号
172	老湘好湘菜馆	黄志	五联路483号
173	五联商务宾馆	姜峰	五联路484号
174	小宋川菜	宋森原	五联路485号
175	清远五金商行	杜银玲	五联路486号
176	脆皮鸡饭	刘运松	五联路487号
177	巴蜀鱼庄	屈钢	五联路488—496号
178	龙沙美食（中式快餐）	熊春梅	五联路489号
179	湖南米粉	刘志喜	五联路491号
180	德好机电维修	但德好	五联路493号
181	新丝路理发店	汪孝勇	五联路495号
182	康旭龙面馆	康旭龙	五联路497号

续表

序号	店铺招牌	业主	地址
183	中国移动	胡海华	五联路 499 号
184	河南大锅羊肉汤	李亚伟	五联路 500 号
185	宇浪沙电动车	李永亮	五联路 501-1 号
186	川福火锅	王良	五联路 501 号
187	港式烧腊	邓黎明	五联路 502 号
188	老北京炸酱面馆	李昌银	五联路 503 号
189	淮南牛肉汤	沙政林	五联路 504 号
190	张吉记小碗菜	宋凯	五联路 505 号
191	徐正芝小吃店	徐正芝	五联路 506 号
192	沙县小吃	熊水付	五联路 507 号
193	邻家湘妹	曹海军	五联路 508 号
194	小陈烧烤	陈虎	五联路 509 号
195	佳湘木桶饭	严传连	五联路 510 号
196	福万鑫百货	魏红华	五联路 512—516 号
197	台湾仔仔槟榔	李少华	五联路 518 号
198	青竹林网吧	王建良	五联路 520 号
199	福润多超市	章增福	五联路 522—524 号
200	农村商业银行	吴经理	五联路 526—530 号

注:"—"所连为连续偶数或奇数。表中信息由当地派出所提供,门面房名称以店铺招牌为准。

第七章　精神文明建设

　　五联村村民勤劳淳朴，历来崇尚中华民族传统美德。中华人民共和国成立以来，村党组织积极响应政府号召，倡导文明的乡风民俗，引导村民人人争做文明村民，自觉构建和谐社会。2008年，按照"实践'三个代表'、实现'两个率先'"的要求，创建"先锋村""文明村"，开展"文明新风户""文明家庭"评选活动。2019年，在昆山高新区管委会的指导下组织开展村域人居环境综合整治行动，并取得很大成效。随着新时代文明实践站揭牌启用，五联村的精神文明建设有了全新的平台。五联村全力打造一个覆盖社区的、满足居民文化生活所需的、集现代化与多功能于一体的五联村文化服务中心，营造五联村特有的文化氛围，创建温馨和谐的文明社区。

 ## 第一节　思想道德建设

一、思想道德教育

中华人民共和国成立初期，村域开展全民扫盲行动，创办夜校，既让村民学文化，又对其进行思想道德教育，号召村民"听毛主席的话、跟共产党走、走社会主义道路"，宣传农业合作化的优越性。从1963年开始，掀起"学雷锋做好事"和学习"老三篇"热潮，接着开展社会主义教育运动等。20世纪80年代起，普遍开展"五讲四美三热爱"（讲文明、讲礼貌、讲卫生、讲秩序、讲道德；心灵美、语言美、行为美、环境美；热爱祖国、热爱社会主义、热爱中国共产党）教育活动，评比新风户，创建文明户，村域新风户达90%以上。20世纪八九十年代，村域荣获多项表彰，包括：1985年、1986年、1989年，"昆山市文明单位"；1991年，"社会治安综合治理先进单位"；1992年、1993年，"农业双文明建设先进村"；1994年，"'六有十无'双文明村"；1996年，"一九九五年度财务管理先进村"。

2001年3村合并后，五联村大力开展社会主义荣辱观教育和实践活动，形成以环境建设、和谐社会建设、思想道德建设、学习型城乡建设、文明建设为一体的创建体系。经过全村上下的共同努力，五联村获得了多项荣誉，主要有：2001年，"二〇〇一年度双文明建设先进村""关爱农民工子女志愿服务基地"；2004年，"2004年度社会治安安全村"；2006年，"2006年度玉山镇特色文艺社区（村）""2005年度社会治安综合治理（创安）工作先进集体""昆山市农村精神文明建设先进村"；2007年，"玉山镇矫正安帮工作先进集体""'实践三个代表　实现两个率先'先锋村"；2008年，"二〇〇七年度社会治安综合治理

（平安建设）先进单位"；2009年，"实践科学发展 推进'两个率先'先锋村""二〇〇八年度外来人口管理工作先进单位"；2010年，"苏州市公共文化服务示范村""2008—2010年度昆山市零犯罪社区（村）"；2011年，"苏州市公共文化服务示范村""苏州市村级经济发展百强村""2010年度信访工作先进单位""2008—2010年度人口计生工作单项先进集体优质服务""2008—2010年度先进基层党组织"；2012年，"江苏省社会主义新农村建设先进村""昆山市文明村"；2013年，"昆山市级学习型社区""昆山高新区2012年度先进集体"；2014年，"高新区二〇一三年度学习型党组织"；2016年，"先进基层党组织"；2019年，"'五彩联心'行动支部"。

二、敬老尊老服务

村域尊敬老年人、关心老年人、爱护老年人的风气深入人心。1956年，政府对无子女依靠的孤寡老人实行"五保"，即保吃、保住、保穿、保医、保葬，经费由公益金和社会减免政策解决。改革开放以后，国家正式提出社会主义精神文明建设。其间，家中老年人是否得到关心、照顾，青年人对老年人是否有孝心，媳妇对公婆好不好，等等，这些内容成为村民争创"五好家庭""文明户"的重要标准。1982年，在城北乡老龄工作委员会的指导下，村域各大队老年协会成立，创办老年活动室。

1997年，五联村给60周岁及以上老年人发放慰问品，每人内衣1件、白糖1斤。以后每年均有慰问活动，慰问品改为慰问金。此后成为惯例。

2001年3村合并后，每逢重阳节、春节，五联村给村域60周岁及以上老年人发放慰问金、慰问品。此后的重阳节、春节，成为五联人的"敬老节"。

五联村开展敬老尊老活动（2019年，村委会提供）

2017年，五联村给60周岁及以上老人发送生日慰问金。具体为60—69周岁发放60元；70—79周岁70元；80—89周岁80元；90周岁及以上90元。2018年开始，生日慰问金提高到人均100元。

2018年、2019年，五联村对居住在村域且已纳入社会化管理服务范围的退休人员进行走访慰问，并发放慰问金，具体标准为：60—79周岁的老人，每年重阳节、春节各慰问一次，各发放慰问金200元；80—89周岁的老人，镇政府每人每月发放慰问金50元；90周岁及以上的老人，镇政府每人每月发放慰问金200元。从2018年开始，村里为65周岁以下退休人员提供体检服务；2019年，面向全村27位退休人员开展"夏送清凉"慰问活动，共发放慰问金2700元。

2009—2019年五联村发放福利情况如表7-1-1所示。

表7-1-1　2009—2019年五联村福利费用统计表

单位：万元

年份	贫困户、特困户补助	医疗卫生	拥军优抚补助	计生独子费用	老年人补助	"三老"干部补助	老年协会费用	其他福利
2009	1.11	3.42	1.87	2.31	14.39	10.6	6.47	7.28
2010	—	3.34	1.08	1.81	17.39	17.82	6.42	10.85
2011	0.90	1.15	2.26	1.95	25.52	14.78	5.15	9.03
2012	0.82	1.70	2.26	1.73	25.84	16.29	8.27	13.53
2013	3.42	0.31	0.93	2.00	29.27	14.82	7.90	—
2014	2.89	1.56	0.40	1.94	29.08	14.65	8.28	—
2015	7.01	1.53	0.20	2.00	30.53	6.71	3.76	—
2016	7.07	1.43	0.15	—	31.40	6.01	2.84	—
2017	6.63	1.49	0.15	1.13	36.84	7.22	3.00	—
2018	1.90	35.14	0.10	—	38.73	5.00	1.67	6.60
2019	1.94	36.02	0.12	1.01	38.75	5.11	1.69	5.36

第二节 文明风尚载体

一、党群服务

五联村以党群服务为抓手,全力打造一个覆盖社区的、满足居民文化生活所需的、集现代化与多功能于一体的五联村文化服务中心,丰富群众业余生活,倡导健康、文明的生活新风尚,营造五联村特有的文化氛围,创建温馨和谐的文明社区。该中心位于锦隆佳园小区北门附近,包括8个活动室和1个文化广场。8个活动室为健身室、乒乓球室、书画室、舞蹈排练室、影视厅、妇女儿童之家、党员之家、图书室等。文化广场有健身器材、门球场等文化娱乐健身设施及空间。

二、道德讲堂

按照昆山市文明办的统一部署,2017年五联村建立"道德讲堂",实行每季开讲制度。讲堂的素材来自群众,关注群众身边的新风尚、新道德、新事物,一旦发现案例,立刻组织材料,安排宣讲。"道德讲堂"开设以来,做到了有序、文明、和谐,成为村民感受道德、践行道德、彰显道德的第一课堂。

道德讲堂主要内容包括四大板块:社会公德建设,即以礼仪为核心,开展文明礼貌、助人为乐、爱护公物、保护环境和遵纪守法等方面的教育;职业道德建设,即以奉献为核心,开展对党忠诚、服务人民、奉公执法、清正廉明、勇于奉献等方面的教育;家庭美德建设,即以和睦为核心,开展夫妻和睦、孝敬长辈、关爱子女、邻里团结、勤俭持家等方面的教育;个人道德建设,即以友善为核心,开展友善互助、正直宽容、明礼守信、热情诚恳、自强自立等方面的教育。

五联村党员参加公共文明日活动（2019年，五联村村委会提供）

三、志愿者服务

进入21世纪后，五联村开始建立志愿服务机制，开展志愿服务。

五联村志愿者捡垃圾
（2019年，五联村村委会提供）

2019年，五联村积极开展志愿者服务，项目有"环境卫生护理""安全文明遵守交通规则""护理伤残老人""温暖相伴志愿服务""清理小广告""幸福从头开始""粽香传情""专项夜查""珍爱生命宣传""建军节慰问""中秋节慰问""垃圾分类""文明城市宣传""老人居家护理"等。

四、家庭评选

"家和万事兴"，进入21世纪，五联村加强精神文明建设，紧紧围绕和谐社会建设的目标任务，广泛开展"五好家庭""文明户"等创建活动，为社会主义新农村建设创造文明和谐的社会环境。

从2007年开始，五联村开展以长幼为序、家庭和睦为主题的家风教育活动，以家训促家风，以家风带民风，以民风扬社风，倡导每一个家庭都有自己良好的家风，每一个人都能恪守良好的家训。

2007年，五联村钱永林、朱文忠、包建刚、朱福林、薛凤明、郁建华、范福生、赵荣侠、徐光明、李建忠等10个家庭入选玉山镇一星级"文明新风户家庭"；五联村郁雪龙、郁卫生、朱忠明、朱雪龙、朱益民等5个家庭入选玉山镇二星级"文明新风户家庭"；五联村朱健民、张必武等2个家庭入选玉山镇三星级"文明新风户家庭"。

2009—2010年，玉山镇开展首届"文明和谐家庭"评选，五联村过洪年、朱洪兴、陈建忠、杜横然、徐月初等5个家庭入选。

2010年，玉山镇举行"十大好夫妻"评选，五联村村民邹菊明、顾惠芳夫妇进入"百对好夫妻"行列。是年，昆山高新区（玉山镇）进行星级"文明户"评选，五联村张必武、李健明等2个家庭入选。

2011年，昆山高新区（玉山镇）进行"文明和谐家庭"评选，五联村朱洪兴、杜横然、过洪年、徐月初、陈建忠等5个家庭入选。是年，昆山高新区（玉山镇）举行"十佳优秀母亲"评选，五联村村民郁琴入选。

2012年，昆山高新区（玉山镇）举行家庭评选，五联村朱大庆、顾凤珍、钱月珍、沈金媛、项秀芬、王耀华等6个家庭获"最美家庭"称号。

2013年，昆山高新区（玉山镇）举行"文明和谐家庭"评选，五联村王耀华、陈学才、朱启勤、李介平、周永良、钱纪明、包雪良、沈剑英、陈永明、徐永新等10个家庭入选。

2014年，昆山高新区（玉山镇）举行"文明和谐家庭"评选，五联村张惠忠、孙惠祖、顾凤娟、朱凤兰、王建英、朱荷妹、唐惠良、沈志刚、徐坤元、徐旭初等10个家庭入选。是年，昆山高新区（玉山镇）举行"梦想之星"评选，五联村村民郁琴入选。

2015年，昆山高新区（玉山镇）举行家庭评选，五联村包惠元家庭入选"健康之家"，张有龙家庭入选"幸福之家"。

2016年,昆山高新区(玉山镇)举行家庭评选,五联村钱永其家庭入选"友善之家",钱裕康家庭入选"幸福之家"。

2017年,昆山高新区(玉山镇)举行家庭评选,五联村薛裕兴家庭入选"健康之家",唐妹花家庭入选"绿色之家",朱玉珍家庭入选"友善之家",郁青家庭入选"礼仪之家",徐永新家庭入选"幸福之家"。

2018年,昆山高新区(玉山镇)举行家庭评选,五联村陈金凤家庭入选"礼仪之家",沈秋生家庭入选"绿色之家",李秀英家庭入选"幸福之家"。

2019年,昆山高新区(玉山镇)举行家庭评选,五联村郁小弟家庭入选"礼仪之家",沈志明家庭入选"友善之家",郁琴家庭入选"幸福之家"。

2014—2019年五联村家庭评选入选家庭情况如表7-2-1所示。

表7-2-1　2014—2019年五联村家庭评选入选家庭一览表

序号	入选家庭户主	特色家庭类别	颁发年份
1	王耀华	最美家庭、平安家庭	2014
2	张惠忠	文明和谐家庭	2014
3	孙惠祖	文明和谐家庭	2014
4	顾凤娟	文明和谐家庭	2014
5	朱凤兰	文明和谐家庭	2014
6	王建英	文明和谐家庭	2014
7	朱荷妹	文明和谐家庭	2014
8	唐惠良	文明和谐家庭	2014
9	沈志刚	文明和谐家庭	2014
10	徐坤元	文明和谐家庭	2014
11	徐旭初	文明和谐家庭	2014
12	包惠元	健康之家	2015
13	张有龙	幸福之家	2015
14	钱永其	友善之家	2016

续表

序号	入选家庭户主	特色家庭类别	颁发年份
15	钱裕康	幸福之家	2016
16	薛裕兴	健康之家	2017
17	唐妹花	绿色之家	2017
18	朱玉珍	友善之家	2017
19	郁青	礼仪之家	2017
20	徐永新	幸福之家	2017
21	陈金凤	礼仪之家	2018
22	沈秋生	绿色之家	2018
23	李秀英	幸福之家	2018
24	郁小弟	礼仪之家	2019
25	沈志明	友善之家	2019
26	郁琴	幸福之家	2019

五、"善行义举榜"

为了建立良好的道德规范，构建共有的精神家园，凝聚道德力量，从2014年起，五联村开展以社会主义核心价值体系为主线，以"四德"（爱德、诚德、孝德、仁德）为内容的"善行义举榜"评选活动。具体来说，以"爱德"为核心，围绕"关爱他人、爱护环境、奉献社会"主题，推进社会公德建设；以"诚德"为核心，围绕"忠诚事业、诚实劳动、诚信待人"主题，推进职业道德建设；以"孝德"为核心，围绕"生活保障、精神慰藉"主题，推进家庭美德建设；以"仁德"为核心，围绕"知荣辱、懂感恩、尽责任"主题，推进个人品德建设。

2014—2019年五联村"善行义举榜"情况如表7-2-2所示。

表 7-2-2　2014—2019 年五联村"善行义举榜"一览表

序号	姓名	性别	组别（社区）	类别
1	郁雪龙	男	22	爱岗敬业
2	张静	女	14	爱岗敬业
3	钱永珍	女	35	孝老爱亲
4	管学明	男	14	爱岗敬业
5	沈剑英	女	33	助人为乐
6	陆建国	男	32	见义勇为
7	陆莺	女	32	诚实守信
8	张永明	男	5	爱岗敬业
9	郁青	男	29	孝老爱亲
10	龚弟林	男	同心社区	爱岗敬业
11	张文忠	男	11	爱岗敬业
12	郁小弟	男	20	见义勇为
13	李金珍	女	7	孝老爱亲
14	唐振强	男	26	助人为乐
15	郁琴	女	33	助人为乐
16	唐妹花	女	4	孝老爱亲
17	王耀华	男	11	诚实守信
18	顾丽军	男	4	爱岗敬业

第八章 文教体卫

　　五联村的文教体卫事业随着经济社会的发展而同步发展。中华人民共和国成立前,村域的传统文化活动主要是举行庙会,耘稻时唱山歌,建房时喊劳动号子。莫家村有不少村民喜欢听书,春节前后听书活动尤为热闹。村域教育比较落后,只有几所私塾,读得起书的孩子仅为少数。医疗卫生条件也比较落后,村民看病主要依靠传统中医。中华人民共和国成立后,文化活动逐步得到发展。1956年,大部分农业社相继办起俱乐部,自编文艺节目为群众演出。"文化大革命"时期,各大队建立毛泽东思想文艺宣传队,成立篮球队,村民热心文艺、喜欢体育运动的热情不减。在学校教育方面,从扫盲班开始,教育逐步走上正轨,形成规模。在体育活动方面,改革开放前各大队都组织起篮球队,篮球成为年轻人的最爱;进入21世纪后,老年人走进门球场。医疗卫生条件也逐步得到改善,办起合作医疗,培养赤脚医生,村民看病有了保障。借助创建卫生镇、卫生村的机会,卫生工作有了较大的改观。

第一节 文化娱乐

一、阵地建设

（一）农家书屋

五联村农家书屋创建于2010年1月，设在五联村村民委员会一楼，书屋占地面积约25平方米，内设书架、电脑、空调、桌椅等设施。目前拥有1 000册左右的图书，报刊有10余种，专用电脑1台。

五联村农家书屋（2019年，五联村村委会提供）

农家书屋实施《文明公约》《借阅制度》等多项制度，实行专人管理，每周一至周六对外开放，从村委会选出一名工作人员作为书屋管理员，办理借阅手续，方便群众阅读。

五联村农家书屋每年新增图书100余册，同时不定期检查各种图书分类、登记造册、借阅登记、开放利用等情况，重点检查是否有遗失、损坏现象。

（二）老年活动室

20世纪80年代中期，丁泾村创办老年活动室，地点设在大队部旁边，后移到第7组东支家庄钱仲良住宅东边，与村卫生室相接。后因拆迁，当地农户大量迁至锦隆佳园，本地住户大量减少，原活动室停止使用，在锦隆佳园旁借用临丰房产汽车库作为活动场所。

1982年，五联村老年活动室成立，地点设在五联村第7组住宅前、五联路北边。东西连接代销店、豆制品店、面店、缝纫店等。2006年5月，因五联路拓宽，五联村老年活动室全部拆除。2009年，五联村新建锦隆佳园会所时，重新建立老年活动室，面积约150平方米，内部设施有高清电视机1台、立式空调2台、挂壁扇10多台，以及象棋桌等。活动室订阅《昆山日报》《江苏老人周报》《老人报》等报刊。该老年活动室为锦隆佳园内老年人提供服务。工作人员有张敬之、张伯安、胡玉如、张巧泉、顾关林、钱惠明、朱振球、朱启进等。

（三）文化服务中心

五联村文化服务中心位于锦隆佳园小区，2019年开始建设，主要提供文化娱乐健身服务，内部有健身室、乒乓球室、书画室、舞蹈排练室、影视厅、妇女儿童之家、会议室、党员之家、图书室等，外部有健身器材、门球场等。计划该服务中心将成为一个覆盖社区、满足居民文化生活所需、集现代化与多功能于一体的服务场所。

二、团队活动

1956年，各大队办起俱乐部，主要开展夜学"扫盲"教育和娱乐活动。

（一）毛泽东思想文艺宣传队

1968—1972年，村域各大队利用业余时间组织成立毛泽东思想文艺宣传队。从村民中选拔文艺骨干30多人组成宣传队，其中包括乐队。宣传队得到方方面面的积极支持，获拨经费，购置乐器。担任艺术指导的主要是下乡知识青年。宣传队利用晚上时间进行排练，不仅丰富了村民的文化生活，还积极配合当时的农村政治宣传。一般大队在召开群众大会时，会给宣传队安排一定时间开展宣传活动，活跃会议的气氛，宣传党的方针、政策，深受村民欢迎。有时宣传队还组织参加文艺汇演，应邀到邻村演出。

1970年前后，文艺宣传队排练样板戏，五联大队排练《沙家浜》，丁泾、莫家大队也排练样板戏。

1968年丁泾大队毛泽东思想文艺宣传队（2019年，朱阿巧提供）

（二）五联村文艺队

进入21世纪后，五联村锦隆佳园等小区有几个自发组织的健身舞蹈队，在此基础上，村委会组织引导成立了文艺队，聘请昆山市文化馆的专业老师辅导，排练《木兰拳》等舞蹈健身节目，先后举办"五联杯"新农村特色健身邀请赛、农村特色健身"一村一品"——中老年风采展演"歌舞夕阳"等活动。文艺队参加各级各类文化活动，并多次获得荣誉。据不完全统计，获得的奖项有：2005年2月，五联村木兰舞蹈队获欢庆元宵木兰系列表演赛三等奖；2006年12月，五联村舞蹈队获昆山市农村"一村一品"健身舞比赛优胜奖；2007年4月，五联村健身队在"五联杯"新农村特色健身邀请赛上获得了优胜奖；2019年1月，五联村在高新区优秀文体团队展示暨村（社区）趣味运动会上获得了第一名。

（三）五联村文化服务队

五联村文化服务队是一支以村支部书记为组长、村文化服务中心负责人为副组长、若干工作人员为成员的年轻队伍。在他们的带领下，2011年，五联村获"苏州市公共文化服务示范村"称号。

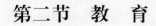

第二节 教育

一、学校

私塾 中华人民共和国成立前，村域少数富裕家庭为孩子读书自办私塾，延聘家庭教师，有的私塾顺带招收几名本族子弟，由学生家庭付给塾师学费，多少不等。大多数贫困家庭孩子因负担不起而无法得到读书识字的机会。

村域私塾有办有停，一直维持到1952年才全部停办。

全日制学校 1929年，村域丁泾盛家村、莫家溇先后开办公立小学，有学生20多人。日军占领昆山期间，学校被迫停办。1943年前后，由冯秀英校长恢复县立青墩初级小学，村域家庭相对富裕的孩子前往该校读书。

1947年，莫家村村民钱同文在同村陆仲夫家中创办莫家溇私立小学。同期，支家庄村民汪秉均与支家庄村民李鹏程在各自家中创办私立学校，在读学生均为20人左右。3所家族式学校一直维持到中华人民共和国成立才停办。

中华人民共和国成立后，党和政府重视教育事业。初期，以安稳为前提，鼓励私立学校继续开办。1951年，钱同文于自家后宅创办莫家溇小学。玉山镇人朱守仁到乡下办学，1953年借用孝仁堂（李家祠堂）创办支家庄小学。这两所民办初级小学，共有学生30多名。一年后，两校被人民政府接管。

1958年，城北人民公社创办城北农业中学，分设甲、乙、丙3个班级，其中乙班安排在村域支家庄，有学生30名。学生年龄参差不齐，其中三分之一属于超龄学生。按照农闲多学、农忙少学的原则，大多数情况下采取半耕半读的方式，即学生上午参加生产队劳动，下午到校参加学习。课程有政治、语文、算术、农业基础知识等。农校坚持办学两年左右，之后断断续续，至

1962年正式停办。

1964年秋，村域创办多所耕读小学，分为全日制、早班、中班、晚班等不同形式，教师主要由回乡知青担任。办学期间，政府贯彻"向工农开门"的教育思想，对困难学生给予减免学费的照顾，鼓励儿童入学。随着生产不断发展，人民生活水平日益提高，学龄儿童相继入学，学校教育事业随之扩展。

1966年，"文化大革命"开始，该年冬，学校停课。1967年春，复课，但无统一课程，由学校自定，无统一教材，由教师自编，学校勉强维持教学工作。1968年，根据上级贫下中农管理学校的指示，学校托管给所在地的大队革命委员会，大队指派大队贫下中农协会主任具体分管。改革学制，小学改为五年一贯制；招生、升留级时间由夏季改为春季；考试升级升学改为贫下中农推荐升学。一年后，课程逐步完善，开设了政治、语文、数学、唱歌、图画、农机、劳动等课程。

1969年，丁泾、莫家初级小学升格为完全小学，学制为五年。

1972年开始，村域执行昆山县颁布的教学计划。1982年秋，执行教育部颁《全日制五年制小学教学计划（修订草案）》，政治课改为思想品德课，语文课课时略减，另外安排专门的写作课。

1972年，五联小学扩大办学规模，建立初中部（俗称"戴帽子初中"）。村域初中生全部安排在初中部就读，学制为2.5年。20世纪70年代前期，五联小学保持7个年级（小学五年制、初中两年制），每个年级一个班，每班学生在30名左右。全校共有学生近200名，教职员工15人左右。

1978年，村域丁泾、莫家完全小学的四、五年级合并至五联小学。两校各保留初级班1—3年级学生，每个学校有2名教师、30多名学生。

20世纪90年代初，随着独生子女政策的全面落实，学龄儿童减少。城北镇调整学校布局，逐步撤并初级小学、"戴帽子初中"。村域丁泾、莫家初级小学撤并至五联小学，五联小学初中部撤并至城北中学。当时，五联小学共有学生150多人、教师8人。1998年，五联小学撤并至城北中心校。至此，村域无公办学校。

2004年，高玉泽等人创办昆山市五联小学，该校属于民办公管性质学校。由于学校地处五联村域，昆山市民政局将其命名为"昆山市五联小学"。校址为水秀路 2021 号，地处五联村中部，校园范围东起永丰余路，西至水秀路；南起包家桥路，北至五联路。学校占地面积 7 563 平方米，校舍面积 4 053 平方米，有教学楼 2 幢、教室 60 间、实验室 3 间、图书阅览室 1 间。该校创办以来，规模不断扩大，2019 年有 6 个年级 37 个班级 2 167 名学生，有教师 65 名，均具有小学高级教师职称。主要生源为新昆山人子女。该校的创办解决了村域范围内外来人口子女入学的问题，而且陆杨区域部分外来人口的子女也被送到该校学习。

位于水秀路的昆山市五联小学（2019 年，周金俊摄）

2007 年，福娃幼儿园创办于锦隆佳园，隶属昆山高新区娄江街道，属于集体性质学校。该校占地 10 000 多平方米，建筑面积 4 230 平方米，包括教学用房 12 间，生活用房 12 间，活动场地 6 800 平方米。固定资产为 50 多万元。开设小、中、大 3 个年级 10 多个班级，入学幼儿 383 名，教师 29 名，保育员 12 名；教职员工工资由财政拨款。该校购置毛巾、杯子等生活用具，各种玩具、活动器具，以及电唱机、录音机等教学设备，开设语言、计算、常识、美术、音乐、体育等课程。

位于锦隆佳园的福娃幼儿园（2019年，周金俊摄）

2005年，昆山高新区管委会创建中共昆山高新区工作委员会党校（简称"昆山高新区党校"）和昆山高新区社区教育中心。学校位于望山南路336号，校园范围东起望山南路，西至玉城中路，北至五联路。校园占地面积8 333平方米，建筑面积3 507.21平方米，建设资金投入1 915.36万元。该校包括昆山高新区党校、昆山高新区社区教育中心等。2019年，该校有专用教室7间，以及多媒体室、微机室、电工实验室、电焊实验室、电子阅览室、图书阅览室、活动室和会议室，其中图书阅览室有图书5 000多册。

位于望山路的昆山高新区党校（2019年，周金俊摄）

二、教育教学

(一) 扫盲

中华人民共和国成立后,党和政府十分重视提高人民群众的文化水平。在成人中,办冬学、设夜校,开展识字教学,进行扫盲,不断提高农民文化水平。1953年冬,利用冬季农闲时期的夜晚,把农民集中起来学习,被称为"冬学""夜校"。识字教材由上级部门根据乡土实情编写,内容大多以农村生产、农民生活为重点。农民腾出房,凑集经费,购置黑板、油灯,学习文化。1954年,县、区分别训练扫盲教学教师,进一步推动境内"冬学"活动。根据"学以致用"的原则,编写记事、识字课本,做到"社社(时为初级农业生产合作社)有民校,人人有课本",农民学文化的积极性空前高涨。除农民晚上在民校学习外,还发挥所有识字人的力量,扩大扫盲骨干队伍,采取分散教学形式,建立以互助组为基础的学习小组,根据不同的生产情况和学习条件,在田头进行读报活动;利用小黑板、方块字、识字卡、墙头诗,扩大识字范围。识字联系生产实际,如"合式秧田""落谷稀""盐水浸种""莳秧""割麦"等,既能使农民提高文化水平,又推广了农业技术。1956年年初,中共中央发出了《关于扫除文盲的决定》后,江苏省派出扫盲工作团,工作团到达城北乡,协助成立了乡扫盲协会,组织了青年扫盲队,培养扫盲骨干力量,进一步推动了村域扫盲工作。

(二) 幼儿教育

1980年,五联大队利用原先的知青住房创办村域第一所幼儿园。名义上为幼儿园,实际上与先前的生产队托儿所差别不太大,保育员为钱香妹、李佩珍。1984年,五联幼儿园得到质的提升,第一任教师为顾雪娟、顾培菊。同年,丁泾村创办丁泾幼儿园,教师为朱叙英;莫家村创办莫家幼儿园,教师为钱芬芳、徐文珏。

20世纪90年代,村域学龄儿童全部进入五联、丁泾、莫家3所幼儿园,3所幼儿园各有一个班。2007年,五联幼儿园撤销,并入福娃幼儿园。

(三) 教育方式

中华人民共和国成立前,私立学校的教学重点为"孝悌忠信",同时教学生读书，写毛笔字。教材大多为《百家姓》《三字经》《幼学琼林》等。20世纪80年代开始，进行"五讲四美"（讲道德、讲文明、讲礼貌、讲卫生、讲秩序；心灵美、行为美、语言美、环境美）、"三个面向"（面向现代化、面向世界、面向未来）的教育，培养学生成为"四有"（有理想、有道德、有文化、有纪律）人才。90年代进行社会主义精神文明建设方面的思想教育。

民国期间主要采取"注入式"教学，要求学生死记硬背。中华人民共和国成立后，进行教学改革，开展启发式教学。20世纪80年代，提出"打好基础，培养能力，发展智力"。90年代，强调素质教育，重视发散性思维、动手能力等的培养。

三、教师队伍

（一）教师构成

民国时期，公立学校教师均由上级委派，大多受过师范教育，师资水平尚可。私立学校教师、塾师则就地聘请，师资水平参差不齐。村域私塾老师有钱同文、陆洪斌、洪澄清、陆纪良、钱浩如、汪秉均等。其中，钱同文在中华人民共和国成立后离开家乡前往上海市从事教学工作。

中华人民共和国成立后，随着教育事业的发展，教师队伍日益壮大。村域幼儿教育、小学教育事业不断发展，依靠上级分配师范毕业生担任教师已不能满足需求，学校部分吸收当地农村知识青年及下乡插队知识青年担任民办教师。1998年起，村域无公办学校，教师全部调往城北中心校等学校。

（二）教师待遇

抗日战争前，公立学校所需经费由政府财政拨款，教师工资按月发放，教师生活较为稳定。抗日战争爆发后，学校停办。后村域办私立学校，其经费及教师薪金依靠家长筹集，勉强维持。

中华人民共和国成立后，政府重视教育事业，教师的各项待遇不断得到改善和提高，教师工资得到保障，收入不断增加。公办教师工资由政府按月发放。民办教师的工资，20世纪50年代依靠学费及国家补助。60年代由大队按月发放，另外大队在公益金项下每人每月补贴17元。70年代改工资制为工分制，教师工资由国家补助、学费收入、本人劳动收入和集体补助4个方面组成。根据教师的工作态度、教育质量、出勤天数以及完成全年劳动 30 天的情况对其进行分配，其工分可相当于或略高于其所在生产队正劳动力平均值。各大队之间分配有差别，即使同一大队亦有差异。1980 年起，对民办教师进行定级，开始实行全公社统筹，教师工资由国家和集体补贴两部分组成。1985—1987 年，集体部分由校办厂承担。1988 年起，民办教师工资参照公办教师工资全由乡政府年终支付。2000 年前后，民办教师分批转正为公办教师，领取财政工资。

第三节　群众体育

一、场地设施

"文化大革命"期间，村域各大队一般都有几处篮球场地供村民进行体育活动，并采用走出去、请进来的方式举办篮球友谊比赛，后篮球场逐渐减少，只有五联学校内有篮球场及乒乓球室。

2001 年以后，五联村利用原幼儿园教室，逐步添置乒乓球桌、羽毛球等各种健身器材。2003 年，昆山市慈善基金会赠送一部分健身器材，安置于五联村合作医疗室门前场地。2007 年，昆山市体育局赠送一部分体育健身器材，安放在锦隆佳园。2015 年以来，"15 分

锦隆佳园健身场地（2019 年，张银龙摄）

钟体育健身圈"得到推广，各村、小区建起健身场地，配置健身器材。

五联村有健身室、乒乓球室、舞蹈排练室；有室外专门健身场地，安放高低双杠等健身器材，还有门球场等健身设施。

2019年五联村锦隆佳园体育健身器材如表8-3-1所示。

表8-3-1 2019年五联村锦隆佳园体育健身器材一览表

序号	器材名称	单位	数量
1	天梯	架	1
2	2人牵引器	副	1
3	高低双杠	副	1
4	蹬腿器	个	5
5	健骑机	个	4
6	伸背器	个	1
7	腹肌仪	个	1
8	3人扭腰器	副	2
9	太极云手	个	2
10	双杠	架	1
11	按摩器	副	2
12	多功能锻炼器	套	1

二、体育团队

（一）篮球队

1966年前后，村域掀起篮球运动热潮，至1972年，五联、丁泾、莫家3个大队均成立了篮球队。队员们利用农闲时间坚持训练、比赛。球队也曾受邀前往陆桥和城北其他大队进行比赛。在村域3个球队中，莫家大队篮球队的实力相对强一点。有时，该篮球队还聘请在外工作的教师回原籍助阵，曾获得过较好成绩，并多次被评为先进球队。篮球队活动一直坚持到"文化大革命"结束。

（二）拳操队

2004年，五联村拳操队成立，成员有过洪年、张企唐、唐阿娥、钱金凤、陆引娣等9人。拳操队成员多次参加市镇两级大型活动。2005年2月，参加欢庆元宵木兰系列表演赛，获得三等奖。

（三）门球队

五联村门球队创建于2005年年初，队员均来自五联村老年协会，是五联村老年体育爱好者自发性群众体育组织。多年来一直保持10名以上队员。每周一、三、五为门球队健身活动时间，每月进行一次"北片8村练习赛"。成立15年来，五联门球队

五联村门球队在训练（2019年，张银龙摄）

先后参加100多次活动和比赛，6次获得过较好名次。2005年9月，五联村门球队获昆山市门球联谊会组织的第二届村级"横漕杯"门球联谊赛季军；2006年9月，五联村门球队获第四届"五联杯"村级门球联谊赛"体育道德风尚奖"。2006年3月，五联女子门球队成立，当年获昆山市庆祝三八妇女节女子门球赛优秀奖。

（四）舞蹈队

五联村舞蹈队于2005年成立，成员有徐凤英、过洪年、唐阿娥、钱金凤、蒋雪琴、陆引娣、张企唐、钱玉珍、王明珍、王明花等。队长先后由张彩娣、徐凤英担任。表演项目有扇子舞、腰鼓舞、民族舞，还有说唱、演唱民歌等。

第四节 卫生保健

一、私人诊所

村域位于城北乡北部，谓偏僻乡村，医疗水平有限。20世纪40年代初，支家庄李鹏云、李鹏图兄弟分别外出学习中医内科、中医外科，学成返乡，挂牌开门诊，并在陆桥、周市、石牌、巴城等地开设定期门诊。中华人民共和国成立后，李氏兄弟定点在陆桥镇上开设门诊。1960年，与政府有关部门创办联合诊所。

20世纪50年代，昆山县医疗部门委派刘叔豪医生到五联大队第4生产队顾喜观家开设医疗门诊，为村民进行医疗服务。"文化大革命"初期，刘叔豪调回小河岸青墩庙诊所，大队诊所由大队赤脚医生接管。

二、血吸虫病防治

（一）查灭钉螺

村域地势低洼，河沟纵横，荒滩、芦塘、溇潭星罗棋布，气候环境适合钉螺孳息。1951年，昆山县成立血防站，到基层查病、治病，并派出专家、医疗队来村指导查螺、灭螺工作。村域环境复杂，钉螺分布广、密度高。村域河道、水沟、溇潭、芦塘、荒滩等面积占总面积的40%。1954年，进行螺情调查，平均每平方尺有螺数为：河边5.6只，水沟9.95只，稻田0.75只，溇潭0.33只，荒滩6.7只。1956年开始全力查灭钉螺，对钉螺密度高的内河、荒滩等采用铲土和药粉土埋法灭螺。1958年，对水沟采用"五面光"灭螺法灭螺。1959年，对荒滩、芦塘、河道采用药物喷洒法灭螺，在有螺的潭、塘、沟、渠，喷洒药物,灭螺效果均在90%以上。1965年5月22日至6月25日,在丁泾大队第8生产队做氨水稻田灭螺试验,共试稻田11.6亩、20米水沟1条。在每亩投放氨水40~60斤条件下,钉螺死亡率均为100%,村域钉螺密度较10年前大为降低。其时,灭螺工作多管齐下,在普降村域所有内河水位、开挖"灭螺沟"、修筑"灭螺带"的前提下,采用多种方法灭螺,主要有铲草皮土埋法、走底火烧法、火焰喷杀法、氨水灭螺法等近10种。至1970年,村域有螺面积减少80%左右。自1970年起,灭螺与兴修水利紧密结合,开挖新河新渠,拆老坟,填沟潭,对有螺地段反复查灭,至1976年,村域有螺面积减少99%。1982年,进行全面复查,推行查灭螺责任制,即螺点范围小的承包到户,螺点范围大的承包给专业组,达到有螺点、有螺面积全部清零。1986年4月,昆山县血防机构到村里查螺,未查到一只活螺。1989年春,对怀疑有螺地段再次复查,仍未查到活螺。

(二) 血吸虫病治疗

20世纪50年代,村域血吸虫病患病率高达70%以上,几乎家家有病人。患病初期,病人面黄肌瘦,四肢乏力,好吃嗜睡,劳力殆尽;晚期则腹大如鼓,骨瘦如柴。对此,民间有极为形象的描述:"头像西瓜,脸如黄瓜,颈似丝瓜,肚是冬瓜,两手犹如拉(lǎ)扒,两腿恰如铪(hā)柴棒。"1957年,城北人民公社设4个血吸虫病治疗点,其中包括村域支家庄。推广使用1%酒石酸锑钾针剂(简称"锑剂")静脉注射20天疗程法,疗效甚佳。1970年,掀起了大规模的血吸虫病防治群众运动。丁泾大队的血吸虫病人由城北人民公社卫生院收治,五联、莫家大队成立治疗组,收治早中期血吸虫病患者和部分夹杂症病人。经过治疗,血吸虫病感染率大幅度下降。建立合作医疗,赤脚医生经过培训进行血吸虫病治疗。利用春、秋、冬农闲时节,对血吸虫病患者进行大规模治疗,治疗药物为锑-273片剂。对晚期血吸虫病人采用中西医结合疗法。在青少年和成人中,做蛇床子、蛇莓、柏树叶、马鞭草、扁蓄、贯众、苦楝叶和苦楝子、白花蛇舌草、半边莲、蜀羊泉、预知子、泽泻等中草药治疗血吸虫病试验,有效率在40%以上,高的达70%。至1976年,患病率由中华人民共和国成立之初的71%降至1.9%。1977—1982年,村域血吸虫病患者人数逐年稳步下降。1987年,村域血吸虫病患者经治疗后全部康复。

（三）粪便管理

没有卫生设备前使用的马桶
（2019年，陆振球提供，张银龙摄）

血吸虫病患者的粪便中，有大量的血吸虫卵。农家粪缸大多设于河边、沟旁，每遇暴雨，粪水四溢，血吸虫卵亦随粪水流入江河。为杜绝血吸虫卵四散，须加强粪便管理。1954年，动员群众自愿结合，小型集中，对粪坑搭棚加盖，定期封存粪便，以杀灭血吸虫卵，切断传染源。1955年，对粪缸进行集中管理，搭棚加盖，杜绝在河中洗刷马桶，并增设粪缸。1965年，再次强化粪便管理，安置粪缸做到"三便一远"，即便于大小便，便于倒马桶，便于挑粪，远离河浜、水沟。对于刷马桶用水，则在粪缸集中处开挖深潭，或设置清水缸。1973年后，粪缸逐步归社员自管，但洗刷马桶仍由生产队专人负责，也有的队由妇女轮流刷洗。1983年，实行家庭联产承包责任制，粪缸、马桶均由社员自管。

三、卫生站

（一）赤脚医生

村域历来缺医少药，从前村民生病，不是去陆家桥找私人开业医生就医，便是雇船到昆山城里求诊。妇女生产，大多找有经验的接生婆接生，若遇难产，就难免出事。虽然偶有城里医生乘船下乡来治病，但收费高且大多医术不精。农民限于经济条件，往往有病不去治，轻病拖成重病，重病听天由命，不少人枉送生命。

1964年，五联、丁泾、莫家大队分别选派村民管学明、徐光明、钱裕康等前往昆山人民医院脱产学习，学习地点在昆山县一中，组织培训的是昆山县卫生局。1966年，学习期满，三人回到各自的大队成立大队医务室，并担任赤脚医生。1969年，3个大队再次选派钱水妹、张惠芬、郁金珍等到城北卫生院培训，培训期满，三人回到各自的大队医务室工作。

1969年，农村实行合作医疗制度，各大队配有一两名保健医生，当时称为"赤脚医生"。这些赤脚医生经过不断的调整培训考核，都达到医师的水平，统一改称为卫生员。各个大队的合作医疗在防病治病和贯彻预防保健等方面，发挥了一定的作用。农村各种传染病计划免疫的疫苗接种任务，经防疫站统一安排，也是由赤脚医生完成，使小儿麻痹症、白喉、百日咳、麻疹等常见病提前达到卫生部要求的控制指标。

20世纪70年代，昆山县卫生局设专职管理干部，加强对赤脚医生就农村常见病、多发病防治知识的培训，努力提高这支队伍的业务水平。经江苏省卫生局统一命题考试考核合格者，可获得赤脚医生证书，享受大队副职干部的工分补贴待遇。

此后，大队的赤脚医生经多次调整和培训，具备了独立工作能力。1985年2月，国家卫生部决定，凡经过考试达到医士水平的，称为"乡村医生"，达不到医士水平的称"卫生员"；大队医务室统一改称"村卫生室"；"赤脚医生"后来改称"乡村医生"，现为"全科医生"所替代。

（二）合作医疗

中华人民共和国成立后，政府从关心人民群众的健康出发，为改变农村缺医少药的状况，大力发展医疗卫生事业，先后在乡镇建立医疗网点，由乡卫生院指派医生到各医疗点进行业务指导，并坐堂门诊。1966年，建立医务室。1969年，兴办合作医疗，配有赤脚医生。合作医疗最初为生产大队管理，资金由社员、生产小队、生产大队三方筹集，不足部分由大队承担。后由公社联办，共同管理。昆山县城也组织医务工作者来五联巡回医疗，并进行指导，提高了赤脚医生的业务水平。

1999年，村域农民90%以上参加了合作医疗。

2004年，昆山市推行新型合作医疗，促进农村社会经济的协调发展。依照逐步实现农村合作医疗向城镇职工医疗保险并轨过渡的思路，以解决农村老年人口和住院病人的基本医疗保险为重点，全面实施新型农村居民基本医疗保险制度。费用由市、镇、村、个人四级负担，其中村集体每年负担人均20元，参保农民个人每年负担50元。向老人和大病倾斜，保险基金为60周岁及以上参保老人办理个人账户，每人每年汇入150元用于农村社区卫生服务站的医疗保健。

村办乡管合作医疗医疗卡
（2019年，陆振球提供，张银龙摄）

在社区医院产生的门诊费用，可按15%的比例获得补偿。新型合作医疗推行后，参与的农民逐年增多。2017年1月起，昆山市居民基本医疗保险筹资水平由每人每年800元提高到1 000元，其中个人承担200元。对患有高血压、糖尿病、脑卒中、冠心病、恶性肿瘤等纳入慢性病管理疾病且与社区签约的居民基本医疗保险参保人员，门诊统筹额度增加1 000元。2019年年底，参与新型合作医疗的村民为454人，参加社会医疗保险的村民为522人。

第九章 村民生活

　　五联村域历史上曾为昆山落后的乡村,村民生活贫困。风调雨顺时,村民尚能勉强度日,遇到天灾战乱,只能外出乞讨。中华人民共和国成立后,村民依靠集体力量,生活发生巨大变化,衣食住行、通信都有了质的改变。尤其改革开放后,村"两委"抓住机遇,大力发展村级经济,增加村民收入,促进农村稳定。土地规模经营后,"大农户"应运而生,也促成了"万元户"的诞生,村民买商品房、翻建别墅等,让人刮目相看。进入21世纪,村民的生活水平和生活质量都有大的提升,村民社会养老、医疗以及困难和弱势群体扶持、救助等方面的社会保障得到全面覆盖。五联村凭借区域优势,促进了"房东经济"的发展。

五联村志

 第一节 村民收支

一、收入

五联村域历史上为昆山农村偏远地区，居民大多为贫苦农民。中华人民共和国成立前，村域农民大多没有自己的耕地，靠租种地主家的田地糊口，扣除地租、债利还要上缴捐税，收入所剩无几。庄稼青黄不接时，村民要靠"借黄米"度日。遇到荒年，外出讨饭的村民不在少数。

中华人民共和国成立后，分田分地，农民在自己的田地里耕种。所收获的粮食交完公粮、留下口粮，还有部分剩余，可以拿到集市上出售，或者以物易物。因为生产力水平低下，粮食剩余非常有限，农民的收入依旧很低。

农业合作化期间，除去公粮和种子，余粮按入社时贡献大小分配，贡献大的，收入自然也多。人民公社化后，所获粮食除了留足口粮、种子外，对于卖给国家获得的粮款以及其他副业收入，按照劳动日制定方案分配到户，农民生活有所好转。20世纪五六十年代，村域农民人均年收入尚不满百元，1962年为78.6元。直到"文化大革命"后期，农民的人均年收入才开始达到3位数，1975年村域农民人均年收入为121.3元。1983年，实行家庭联产承包责任制，生产力获得极大解放，村域剩余劳力进入工厂，不少家庭获得了非务农收入，有部分农民利用农闲开展养育珍珠、养鱼等副业，甚至经商，农民人均年收入持续性增长。1980年，村域人均年收入为225.7元，1986年达到805.7元，到1990年村域人均年收入为1 314元。3村合并以后，农民收入再次提升，2004年农民人均收入达到8 768元，2005年农民人均收入达到9 688元，2006年人均收入达到12 462元。

236

万元户 1984年10月,丁泾村第13组村民杨宏根承包50亩土地,成为村域第一家"大农户",此后陆续出现了30多户"大农户",如五联村的邵惠明、张惠明、钱吉林、陆胜昌、朱洪兵、陈凯、钱耀祖、汪长来、项松平、陈广庭、稽仲来、胡相云、朱伯良、薛凤明、胡小弟等,莫家村的曹伯泉、束克权、徐虎根、徐坤元等,丁泾村的王来兵、唐雪华、郁伯良、薛定山、胡德华、胡德夫、李友兴、朱启云、顾凤明、赵银龙、瞿巧洪、朱启勤、朱伯金等。这些"大农户"普遍跨入"万元户"行列。

主要代表人物:其一,时任丁泾村经济合作社社长朱启勤。他与两个小队长和两个拖拉机手共5户家庭一起承包了220亩土地,前后共经营了15年。第一年摸索,效益不是很好;第二年开始,效益马上提高,年收入均在4万~5万元;后来成本增加,效益下降。其二,朱洪兵夫妻。1994年,夫妻俩承包100亩土地,前后种了6年,每年收入在5万元左右。其三,汪长来夫妻。他们是安徽庐江人。1991年,他们在五联村承包土地116亩,前后一共当了8年"大农户"。1994年,年收入达七八万元。

房东经济 五联村位置特殊,外来人口不断增长,为村民带来了"房东经济"。2019年,在五联村523户家庭中,有财产性收入的为514户,占比为98.28%。家庭平均年收入为109 897元。有接近一半家庭的"房东经济"平均年收入达到5万元以上,其中60户家庭的"房东经济"平均年收入超过10万元。

1961—1999年五联村域农民人均年收入情况如表9-1-1所示。2009—2019年五联村农民财产性收入及结构相关情况如表9-1-2所示。

表9-1-1 1961—1999年五联村域农民人均年收入调查表

单位:元

年份	五联大队(村)人均年收入	丁泾大队(村)人均年收入	莫家大队(村)人均年收入	平均
1961	72.9	63.4	58.9	65.07
1962	92.6	87.6	65.19	81.80
1996	4 106	3 734	3 930	3 923.33

续表

年份	五联大队（村）人均年收入	丁泾大队（村）人均年收入	莫家大队（村）人均年收入	平均
1997	4 430	4 284	3 935	4 216.33
1998	4 483	4 380	4 274	4 379
1999	4 556	4 921	4 309	4 595.33

表9-1-2　2009—2019年五联村农民财产性收入及结构统计表

年份	调查总户数/户	有物业收入户数/户	有物业收入户占比/%	家庭平均年收入/元	其中				
					5 000元以下户数/户	5 000~10 000元户数/户	10 000~50 000元户数/户	50 000~100 000元户数/户	100 000元以上户数/户
2009	476	470	98.74	40 149	0	69	340	34	27
2010	476	470	98.74	45 691	0	68	350	25	27
2011	524	518	98.85	45 637	0	46	415	28	29
2012	524	518	98.85	53 880	0	46	415	28	29
2013	524	515	98.28	65 126	8	25	235	176	71
2014	523	514	98.28	73 619	7	25	235	176	71
2015	523	514	98.28	83 093	7	23	233	178	73
2016	523	514	98.28	87 626	7	24	230	180	73
2017	523	514	98.28	96 070	7	22	234	178	73
2018	523	514	98.28	106 226	6	23	265	160	60
2019	523	523	100	109 897	6	22	255	171	69

二、消费

中华人民共和国成立前，村域农民的消费非常有限，因为生活贫困，大多数人温饱都成问题。中华人民共和国成立后，农民收入增加。人民公社化时期，村民生活水平有所提高，逐渐达到温饱水平，个别子女少、家底好的家庭，消费水平有比较大的提高。部分富裕家庭开始购买自行车、手表、收音机等。1978年，中共十一届三中全会后，党和政府工作重心转移到经济建设上来。至1990年，村域村办集体企业发展迅速，随着收入的提高和物资供应的充足，村民开始购买电器商品，如录音机、彩色电视机、

1976年翻建的农居（2019年，李介平提供）

冰箱、摩托车等，住房开始从平房向楼房发展，私人造房、购买商品房的村民越来越多，投入的金额越来越大。

2019年，随着动迁工作的进一步深入，村域农民80%以上住进多层、小高层楼房，有部分农民盖起了别墅。

1990年五联村域村民主要耐用消费品拥有量情况如表9-1-3所示。

表9-1-3 1990年五联村域村民主要耐用消费品拥有量统计表

村	总户数/户	总人数/人	电视机数量/台	冰箱数量/台	洗衣机数量/台	收音机数量/台	录像机数量/台	电话数量/台	自行车数量/辆	摩托车数量/辆
五联	262	1 042	224	40	86	57	3	5	620	7
丁泾	198	791	180	50	58	60	4	3	394	8
莫家	147	552	130	11	35	21	2	2	330	0

第二节 衣食住行

一、住房

中华人民共和国成立前和成立初期，村域村民住房非常简陋，茅草房占到一半以上，不少人家没有钱砌砖墙，只能垒泥土墙。20世纪60年代至70年代初，青年人成家流行"三间一转头"，即3间"五路头"加1间小房子。70年代后半期至80年代，成家标准提高到了4间"七路头"。1975年，莫家大队村民支阿祖家庭翻建二上三下200多平方米楼房一幢，成为莫家村历史上第一个住上楼房的家庭。1982年2月，五联大队第5生产队村民顾关林家庭翻建三下二上220平方米楼房一幢，为五联村历史上第一个翻建楼房的家庭。该楼房于2004年拆迁，顾关林家庭入住锦隆佳园。

1986年使用茅草泥墙的农居
（2019年，李介平提供）

1990年前后的楼房、平房
（2019年，李介平提供）

20世纪80年代后期至90年代初，村域楼房逐渐增多。2000年，建房户数为360户，间数为2 514间，建筑面积达73 400平方米，投资金额为1 725万元。买商品房的农户也明显增加，144户家庭购买商品房，面积达12 760平方米。

2000年五联村域农民建房、购房情况如表9-2-1所示。

表9-2-1　2000年五联村域农民建房、购房统计表

村	建房				购房			
	建房户数/户	建房间数/间	建筑面积/平方米	投资金额/万元	购房户数/户	购房套数/套	建筑面积/平方米	投资金额/万元
五联	200	1 400	40 000	1 000	80	80	7 200	800
丁泾	112	784	22 400	560	42	42	3 360	294
莫家	48	330	11 000	165	22	22	2 200	230
合计	360	2 514	73 400	1 725	144	144	12 760	1 324

二、饮食

中华人民共和国成立前，村域绝大部分农民终年在田里辛勤耕作，缴纳租税后，收入所剩无几。村民"夏吃麦糍，秋食糙米"，"忙时瓜菜饭，闲时吃稀饭"，只求饱腹。少数贫苦人家平时一日两餐，遇荒年则乞讨度日。中华人民共和国成立后，农民生活有了好转。主食以米为主，面粉为辅，南瓜、山芋、蔬菜、豆类为代食品。20世纪60年代初，粮食供应不足，村域有个别生产小队人均口粮不满300斤，最少的生产队人均口粮仅有255斤（主粮），村民只好以南瓜、黄萝卜等代粮充饥，过着半饥半饱的生活。中共十一届三中全会以后，人民生活水平日益提高。1983年，实行家庭联产承包责任制后，家家有余粮，不但能够吃饱，而且讲求吃好。桌上常有鱼、肉、鸡等荤菜，逢年过节、家逢喜事都有冷盘、热炒、点心、大菜，还配有酒、饮料、水果等，农民生活逐步迈向小康。进入21世纪，村民逐渐注重养生保健，饮食开始讲究营养全面、绿色健康、荤素搭配，提倡多食杂粮、蔬菜、水果、奶制品，少吃油、盐、荤菜。

（一）传统小吃

糯米糕 在糯米粉（可以加10%左右的粳米粉）里加红糖水或白糖水拌和后，放在蒸糕垫上，在铁锅里蒸熟，出锅就可食用。一般在农历十二月二十四日开始张罗，淘米，在石磨上碾磨成粉状。小年夜开始蒸糕，一直吃到第二年的阳春。可以添加豆类，制成红糖赤豆糕，用黑豆、红豆均可，事先要把豆煮熟。可以添加事先加工好的猪油，制成猪油白糖糕。若考究一点，还可以添加红枣、蜂蜜、果仁等。豇豆麦糕，属于糯米糕的一种，制作方法比较简单。以糯米粉为原料，加红豆、红糖拌和，揉成面饼状，铺在玉米叶或高粱叶上，蒸熟即可。玉米叶香、红豆香、红糖香、糯米香混合在一起，令人食指大动。也可以添加艾草，以及牛奶、炼乳、南瓜等辅料，制作成花色麦糕。

红糖赤豆糕（2019年，张银龙摄）

豇豆麦糕（2019年，张银龙摄）

饼 以米粉或面粉为原料，加水拌成软硬适中可以揉捏成形的状态，再根据需要制作出各种各样的饼。镬戤饼，原料以粳米粉为佳。在烧粥时，等水开了及时将饼贴于粥镬四周，经过米汤浸润后，饼又香又甜。番瓜饼，把糯米粉烧烂的南瓜拌和在一起做成饼状，煎熟即成。菜脑子饼，用粳米粉或者糯米粉混以煮熟的青菜做成饼，煎煮即成。酒酿饼，用糯米粉和酒酿做成饼，煎熟即成。

团子 以米粉为原料，加水拌成软硬适中可以揉捏成形的状态，再根据需要制作出各种各样的团子，下到滚开的水里煮熟即可。根据米粉不同，可以是糯米团子，也可以是粳米团子。根据馅的不同，可以是肉心团子、菜心团子、豆沙团子，没有馅的则称为白眼团子。个儿特别小的，叫小团子。最有名气的是青团子，是加入一种浆麦草的汁液拌和而成的，青团子一般以豆沙为馅，考究一点的可以放入红枣、猪油等。

面食 为五联村域主食之一，主要为挂面和馄饨。此外，民间还有一些特殊做法。面穿（串）条，与挂面做法类似，只是在制作胚子时，面皮厚一点，等镬子里的水开了，把搁板靠在镬子边上，再把面皮切成条状抛到镬子里。面老鼠，把面粉调成糊状，一勺一勺下到镬子里，貌似老鼠，一般与番瓜粥、米粥、漾粉糊搭配。摊面衣，把面粉调成糊状，待镬子加油烧热后，把面糊下到镬子里，用铲刀摊匀，快烤熟前，撒一点糖摊匀，会更加可口。如果用的是米粉，那就是摊粉。

麻叶 以面粉为原料，加白糖拌匀，做成与馄饨皮差不多的形状，把芝麻撒上去并压实，再在中间切一条口子，将一角从口子中穿过，绞成结状。最后下油锅炸成金黄色，出锅即可食用。

粽子 为端午节传统美食，在五联村域一般用芦苇叶子包裹糯米制成。除了就地取材、口感清香的优点外，还有耐饥、方便携带等好处，插秧季节很受村民欢迎。

麻叶（2019 年，张银龙摄）

米酒 村域农民家家有自酿米酒的传统。家酿米酒是独具风味的地方特色酒，长期饮服有理气活血、清胃助消化、强筋骨、补身体等功效，为江南一带人们喜爱的温性酒。品种有"十月白"（农历十月酿制）、"冬酿酒"（农历十一月以后酿制）、"菜花黄"（春天菜花盛开时酿制）等。

（二）水产

黄鳝 村域属纯稻区，适宜黄鳝繁殖生长。每到田间上水，黄鳝就开始寻食，白天藏于田岸边洞中，夜间出洞在稻田游动。捕捉黄鳝有 3 种方法：一是用钩子装上诱饵钓；二是夜间用手电筒照，发现后用夹子捕捉；三是把篾笼放入水稻田里诱捕。黄鳝是村域又一美味佳肴，烹饪方法有炒鳝丝、炒鳝片、红烧鳝筒、白蒸鳝筒等。尤以小暑时节黄鳝最为营养，被誉为"赛人参"。

野鲫 俗称黄板鲫鱼，主要生长在内河池塘，大的重0.5公斤以上，小的重0.25公斤左右。鲫鱼是滋补身体的佳品。村域池塘多，鲫鱼一年四季可捕捉。

甲鱼 也称鳖。近年身价倍增，每公斤达400元左右，生长在池塘内。一般用缝衣钢针穿上新鲜猪肝诱其上钩即能捕获。品食甲鱼以春天油菜花盛开时为最佳，称"菜花甲鱼"。甲鱼可清蒸，也可红烧，甲鱼板中间的脊髓营养价值最高。

花鲢 为鲢鱼品种之一。鱼鳞呈黄灰色，鱼头特别大，主要为内河养殖，一般放养两年每尾可达3公斤左右，一年四季可捕获。花鲢鱼头汤，味鲜、有肥感，是村域一道特色菜。

水红菱 村域河流、池塘多，农家普遍利用河面放养水红菱。塘市水红菱，呈大红色，鲜艳夺目，俗称四角菱。肉嫩爽口，鲜甜多汁，刚采摘的红菱煮熟吃，香甜细腻。红菱既可当水果，又可做菜，农家常用红菱与肉类同煮，别有风味。中秋前后是水红菱上市时节。

三、穿着

1900—1949年，村域农家穿着以土布为主，对款式、色彩不予讲究。夏天，有的孩子光着上身，束一块腰裙或穿一条夏布短裤。冬天人们一般上身穿一件棉袄，下身穿一件棉裤，贫苦人家下身穿一件单裤。1950—1978年，随着生活条件的改善，穿着从旧式服装改为中式棉衣、中山装、西装等。一般外出穿新衣，平时穿补丁旧衣。村域流行"新三年，旧三年，缝缝补补又三年"。改革开放后，服装从单调、低档走向多样化、高档，人们对服装的色彩、质地、款式、品牌愈发讲究，追求新颖时髦、舒适大方。旧时，村域大部分农家穿的鞋都是白底布鞋、圆口鞋、松紧扣鞋等。雨天大多穿钉鞋，夏天穿自制拖鞋，冬天穿棉鞋或芦花蒲鞋。现在以布鞋、运动鞋为主。

20世纪50年代，男装颜色以青、灰、棕、白为多，女装颜色以蓝、青、白居多；80年代中期花色品种增多，布料不断更新。50年代，布料以卡其为主；60年代中期，流行"的确良"；70年代，以"中长纤维"为主；80年代，以化纤、呢毛、丝绸为主。进入21世纪，人们追求棉、麻一类透气型服饰。

20世纪50年代，男装有中式对襟衣裤、夏布背心、腰裙，少数穿中山装、列宁装等。女装有大襟衣、束腰、褶裙、半长裤等。六七十年代，男装有中山装、列宁装、对襟暗纽中式棉袄等。女装有列宁装、两用衫、小开跨对襟包纽中式棉袄等。80年代，男女都流行呢大衣、风衣、西装、夹克衫等，款式越来越多，以轻便、舒适为主。

（一）传统服饰

肚兜 肚兜用一尺见方的花布或单色布做成，穿在贴身短衫里，用红绒线或银链条系在颈上垂于胸前。夏季，农村妇女在家劳动或乘凉、休息时，上身只穿肚兜。现今基本不见。

计划经济时期使用的布票
（2019年，李介平提供，张银龙摄）

包头 农村妇女常扎包头，包住额头和头部，外呈三角形，称"三角包头"。一般包头有单的和夹的，用两色拼成。包头主体通常为青色、深蓝色、黑色布，两端以月白、浅蓝、翠蓝、素花布贴角。现今农村仍有少量老年妇女扎包头。

褶裙、束腰 褶裙、束腰是农村妇女特有服饰（旧时也有男子穿褶裙者）。褶裙一般用两幅宽的蓝士林布或单色棉布前后叠压而成，长度及膝，上窄下宽，两侧多折裥，一般有顺风裥、栀子花裥等，裙边用浅色或黑色正面绲边，背面贴边。腰间两端有裙带，称"穿腰"。束在褶裙外的叫束腰，用两种颜色的布分三块拼成，两端各系丝织编带，用纽扣与穿腰相接。束腰一般缝有较大的口袋，可放东西。现今基本不见。

佩饰 圈棚头是农村妇女特色发式，呈椭圆形，上插发钗、如意、压发、银梳、银挖耳勺等。未成年的孩童佩戴长命锁、项圈、手镯、脚镯，有的手镯、脚镯上装响铃等银饰品。中老年男子戴烟毡帽、汤罐帽；孩童有"和尚帽""狗头帽""乌兜帽"，上有银制的寿星、罗汉图像，银字有"长命富贵""百吉"等。女孩子有戴耳环之习俗。现今除少数老年妇女外，不再有梳圈棚头的了，各种老式佩戴饰品已很少见。

（二）鞋子

草鞋　一般用稻草编织，也有人用布条编织。编织的时候，先用木锤在石头上把稻草打熟，搓好经绳，绕在九齿架上一边搓一边编，俗称"来回绳"。编好鞋底，穿一个丁字形的佩。这种鞋子制作简单，材料简便易得。

蒲鞋　用打熟的稻草编鞋底，蒲鞋底比草鞋底厚得多，并编有鞋帮，鞋帮能保护脚指头。夏天穿席草编织的蒲鞋，平滑、凉爽。冬天用芦苇花穗编蒲鞋，鞋帮编得特别高，穿着舒适、暖和，能御寒。蒲鞋下面钉上两块木板，俗称"草桥湾"，适合雨天穿。

钉鞋　一般用布做成。鞋底半寸至一寸厚，鞋面鞋底都要漆生漆或桐油；有的鞋面用牛皮做，再漆上生漆，更加牢固，鞋底钉有鞋钉。高帮的钉鞋俗称"钉靴"。

耕田鞋　用厚实的粗布做成。鞋帮高且针脚细密，上面连着袜子，一直到膝盖。穿着耕田鞋耕田不会划破脚底，而且能防蚂蟥和蛇咬。

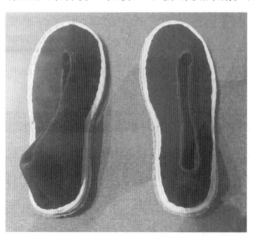

单鞋（2019年，李介平提供，张银龙摄）

单鞋　种类很多，按照鞋面式样分，有方口鞋、小圆口鞋、大圆口鞋、鸭舌头鞋和搭襻鞋等。鞋底也有不同的做法，如硬铺底、水糊底、软铺底、百叶底、牛皮底等。人们大都用水糊底，用布最省而且制作简单：先把旧布洗净，晒干，再用面粉调成糨糊涂在布上，层层相叠，一般要铺二至三层，晒干后即成硬衬。将硬衬剪成鞋底样子，再铺约半寸厚的碎布头，最上面一层用整块布，然后扎鞋底。也有的人用干铺底，在硬衬上铺好旧布，中间抹一些菜油，外面再包上一层新布。百叶底比较考究，通常用新布。每四层布用新布包好作为一层，共四层，叠好做底，或者用四层硬衬做底。

棉鞋　主要有3种式样：蚌壳棉鞋、船型棉鞋、结带棉鞋。棉鞋底比单鞋底多一层棉花，上面再铺绒布。鞋面则糊在硬衬上，再照样剪层绒布，然后把两片鞋面缝合在一起,中间铺上少量棉花,最后绱上鞋底。棉鞋十分柔软、暖和。

绣花鞋 可分为3类:布面绣花鞋、绸面布底绣花鞋、绸面皮底绣花鞋。心灵手巧的姑娘有的绣雍容华贵的牡丹、淡雅清秀的菊花、高洁孤傲的梅花,也有的绣凤凰、喜鹊、蝴蝶、猫、虎等动物花样,还有的绣上"寿""福""如意""双喜"等字样。

拖鞋 通常制成绸面布底、绸面皮底的式样。鞋面有绣花的,也有素色的,鞋底比单鞋略薄。拖鞋穿着简便、轻巧。

童鞋 孩子出生前,外婆要在催生包中放两双软底小鞋。出生后,孩子穿软底鞋。端午节,外婆或舅母要送虎头鞋、猫咪鞋。孩子满周岁,外婆和舅母要送纪岁鞋。会走路后,孩子先穿半硬底鞋,逐渐过渡到穿硬底鞋。

喜鞋 新娘穿自己做的绣花红包底鞋,新郎穿青包底鞋子。新郎父母双全时,鞋子由母亲做,假如父亲或母亲亡故了,就请夫妻双全而且有儿有女的亲戚代做,若由未婚妻做是最吉利的。新娘出嫁那天,喜鞋外面套上父亲的旧鞋子,一直走到花轿前面才脱去旧鞋。新娘婚后一个月就不穿喜鞋了,直到生孩子坐月子,再拿出来穿。

丧鞋 人亡故以后,其子女、儿媳妇、女婿等都要穿白鞋子。白鞋子前面钉一块麻布片,当中用红布或红线缝一个结,俗称"红灯";鞋后跟缝上一块白根布,表示子女们披麻戴孝。孙子孙女的鞋子除了前面有红灯,后面还要缝一根红布条。若亲人已经亡故,而鞋子还未做完,这双鞋子便只能在座台边上续做。有的人家在亲人亡故时毫无准备,就在平时穿的鞋面上缝一块白布代替白鞋子。家人取一双逝者生前穿过的鞋子,放在座台底下,鞋子里塞满纸钱和元宝。逝者穿的鞋子不扎底,用新布包着,俗称"包底鞋"。绱鞋,针脚必须一律向前,不能用来回针。

此外,穿鞋、做鞋还有许多特别的习俗。如不能穿鸳鸯鞋;做童鞋一定要当天绱好,不能隔夜;平常睡觉前,鞋子要并排放整齐,鞋头朝外;大年夜晚上,要把所有穿过的鞋子都翻过来,底朝天,睡觉脱下的鞋子也是底朝天放,俗称"歇年"。

四、出行

1960年前普遍使用的雨具
（2019年，陆振球提供，张银龙摄）

中华人民共和国成立初期，村域道路几乎全是弯弯曲曲的泥土小道，雨天路面泥泞，雨后天晴，路面仍是高低不平，农民出行极为不便。20世纪60年代中期前，农民往来昆山，一是靠步行，二是靠坐轮船。1970年，昆北公路修建，途经皇仓泾东岸，并在工农兵桥设站，给村域村民外出带来极大方便。90年代，北门路不断向北延伸，村民开始拥有自行车、摩托车，可以沿着北门路进城，极为方便。2000年前后，1路公交车向北延伸至陆杨新生站，从而开始了村域交通四通八达的年代。进入21世纪，村民开始购买轿车，至2019年，村民平均每户拥有轿车1辆以上。

第三节　社会保障

一、养老保险

2003年，昆山市在全省率先推行了农村基本养老保险，目标是"人人参加保险，个个享受养老"，特别是对男满60周岁、女满55周岁的农民，实行"无门槛投保"，只要其子女参保，不需要缴纳一分钱，其就能每月领取100~130元的基本养老金。

2006年1月,昆山市打破户籍限制,允许农民通过灵活就业参保平台参加"城保",同时,对参加"城保"的原农保人员,仍按原农保缴费市镇两级财政的补贴标准予以补贴。

2009年,五联村有917人参加社保,享受到更高水平的社保待遇,而参加农保的人数降低到101人。是年年底,昆山市又实施补足最低缴费年限参加职工社会保险工程。

2012年,昆山市农村养老保险缴费标准为1 800元,按照"三三四"的比例缴费,其中市镇两级财政补贴1 080元,个人缴纳720元,低保、低保边缘、三无、五保、特困、重残人员等救助对象,个人只需缴纳180元。

截至2019年年底,五联村参加社保人数976人,享受最低生活保障人数3人。

二、医疗保险

1965—1968年,村域各大队全部成立大队保健室,凡是治病者,医药费记账,年终分配时扣除。

1969年,为贯彻中央"把医疗卫生工作的重点放到农村去"的指示精神,改变农村长期缺医少药的局面,在上级的统一部署下,村域开始建立合作医疗制度,其形式为"队办队管",即由大队自筹资金、自己管理。基本金核定为每人每年2元,从公益金中提取。医药费支付标准为:凡是在大队合作医疗室就诊的,医药费全额报销。转外院诊治的必须经过赤脚医生同意,并根据其开出的特约单到指定医院就医,可报销50%~70%的药费;如果转县级以上医院就诊,报销额度为30%~50%。擅自外出就医,药费自理。

1976年,城北人民公社筹建合作医疗管理委员会,实行队办社管,合作医疗基金统一上缴医管会。医管会以各大队实际用药费用进行结算,多退少补。该制度沿用了近20年,其间合作医疗基金有小幅增长:1976年人均3元;1981年人均4.5元;1984年人均5元;1986年人均6元;1987年人均8元;1988年人均10元;1990年人均15元。合作医疗基金的比例按集体和个人"三七开",即个人负担30%。1987年开始,五联村实行合作医疗基金由村里全额支付的办法。

与合作医疗基金小额递增相应的是报销额度的递增，1977—1980 年，年报销额度为 60 元；1981—1987 年，年报销额度提高到 80 元；1988—1990 年，年报销额度增加到 100 元。超出部分，由个人自理。

1995 年，昆山市开始推行"大病风险基金"，村民年医药费在 500 元以上的，其超额部分可以由"大病风险基金"报销 5%，最高可以报销 6 000 元。此后不断完善，提升报销额度并扩大报销范围。

五联医保定点门诊部
（2019 年，张银龙摄）

2003 年下半年，为了提高人民生活水平，解决部分失地农民养老的后顾之忧，政府推出服务农民的农村养老保险新举措，简称"农保"。参加对象为全体农民，享受条件为 60 周岁及以上老人，每人每月领取 100 元"农保退休金"。家有子女的，要一起参加"农保"，子女不参加"农保"的家庭，老人不得享受"农保退休金"。每年所缴费用由政府、所在村、个人三方共同承担。据统计，当年五联村的参保率在 80% 左右。

2017 年 1 月起，昆山市居民基本医疗保险筹资水平由每人每年 800 元提高到 1 000 元，其中个人承担 200 元，昆山市财政负担 400 元，区镇财政负担 370 元，村集体负担 30 元。60 周岁及以上参保居民和社会医疗救助对象的个人缴费分别由市镇两级财政和医疗救助基金承担。至 2019 年，村域参加居民医疗保险人数 528 人，参加社会医疗保险人数 560 人；曾经参加农保的居民，现全部参加保障力度更强的社保，总人数为 560 人。享受最低生活保障的人数为 3 人。

2009—2019 年五联村社会保障工作情况如表 9-3-1 所示。

表 9-3-1　2009—2019 年五联村社会保障工作情况表

单位：人

年份	参加居民医疗保险人数	参加职工医疗保险人数	参加城乡居民基本养老保险人数	参加职工基本养老保险人数	享受最低生活保障人数
2009	980	1 134	101	917	45
2010	656	1 685	209	1773	33
2011	576	859	35	859	61
2012	552	851	160	1079	59
2013	543	1 568	8	982	60
2014	533	1 568	8	413	10
2015	518	354	0	413	10
2016	480	553	0	553	4
2017	511	560	0	560	4
2018	506	470	1	470	3
2019	454	522	74	976	3

第十章 村落文化

五联村为昆北地域文化中心之一，村域传统文化与现代文化融合发展。村域内有古迹近10处，但基本没有保存下来。从一些历史遗留的庙堂、桥梁等的名称上可以看出村域特有的文化底蕴，更可以从一些新路名上看出村域村民对美好生活、乡村振兴的追求和向往。流传的民歌民谣、儿时的游戏，常能唤起村民的记忆。方言俗语也都有着五联传统文化的底蕴和地域特色，虽然有些细微差别，个别字词含义也不完全相同，但这些都已经融入了五联村村民的日常生活中。改革开放后，随着大量新昆山人的涌入，说本地方言的人越来越少，保留方言俗语，唤起曾经耳熟能详、亲切温馨的乡音记忆，显得尤为重要。

第一节 地名文化

一、庙堂名

孝仁堂 又名李家祠堂。始建于清末，地址在原五联小学，即永丰余北路999号。据说，由李氏家族出资修建，作为李氏宗族举办婚丧喜事时进香、朝拜之所。在传统的节日，如清明节、十月朝、中元节等，向李氏家族成员开放，不对其他姓氏开放，甚至同样姓李的人家，如果没被列入族谱，也不予接待。祠堂内还存放着一些棺木，以接济族内的贫困人家，甚至代为操办葬礼。

1953年，孝仁堂改造为支家庄小学。随着本地学龄儿童的增加，1980年改造扩建为五联小学。

孝仁堂庙 又名猛将庙。孝仁堂庙原址在支家庄河东端与孝仁塘河交界转弯处，当地人称之为"庙堂子角"。该庙为三间正朝南砖木结构房子，周边有围墙，形成院子。孝仁塘河在五联小学东侧向南，穿过原五联村第9组向南。孝仁塘河于1974年开挖团结河时被填埋，现在已经消失。孝仁堂庙有过两次搬迁，第一次搬迁到五联路，即现在孝仁宾馆位置；第二次搬迁至五联村第12组。

二、道路名

包家桥路 因该道路位于五联村包家桥自然村而得名。

北门路 因该路地处昆山老北门的北面，故取名"北门路"。

成功路 以"向成功之路迈进"之意而取名"成功路"。

成明路 意指"成功光明之路"。

创新路 为体现镇政府对科技创新的重视而取名"创新路"。

丁泾路 因地处原丁泾村范围内而取名"丁泾路"。

都市路 因紧靠昆山市民营科技工业园创办的"都市工业园"而取名。

富宏路 取"致富奔小康，大展宏图，共同富裕"之意而命名为"富宏路"。

华富路 取"中华富强"之意命名为"华富路"。

寰庆路（又名环庆路） 改革开放后，为满足交通运输发展之需，市镇两级新筑而成，其名称寓意"普天同庆"。2003年，由于开发需要，该路从339省道向北延伸，因该路的新塘河南段名为"环庆路"，故该延伸段仍取名为"环庆路"，五联村域写作"寰庆路"。

进发路 因方便企业的进出和联系而取名"进发路"。

莫家路 因地处原莫家村范围内而取名"莫家路"。

牧野路 因靠近牧野机床（中国）有限公司而取名"牧野路"。

强安路 寓意"富强平安、一帆风顺"。

水秀路 寓意"山清水秀"。

望山路 取与马鞍山遥遥相望之意而命名为"望山路"。

五联路 因在五联村内而取名"五联路"。该路以前是一条不足4米宽的砂石路，改革开放后翻建拓宽。

驻村企业集中地之一——强安路
（2019年，张银龙摄）

亿升路 取财源广进之意而命名为"亿升路"。

迎宾中路 以"欢迎各地宾客到来"之意而取名"迎宾路"。

永丰余路 原名团结路，1995年因永丰余纸业有限公司在此设厂，更名为"永丰余路"。

优德路 因优德精密工业（昆山）股份有限公司在此设厂而取名"优德路"。

玉城路 以玉山、城北乡镇合并而命名。

志圣路　因志圣科技昆山分公司设在此处而取名"志圣路"。

三、桥梁名

丁泾河桥　是连通永丰余路、横跨丁泾河的交通桥梁，也因横跨丁泾河而取名"丁泾河桥"。

工农兵桥　属五联村域桥梁，原名老乌声桥。该桥在中华人民共和国成立前曾是一座又破又窄的木板桥，农民过桥十分危险，后大约在1965年第一次翻建成拱桥，并更名为"工农兵桥"。

寰庆路桥　是连通寰庆路、横跨新塘河的交通桥梁，也因连接寰庆路而取名"寰庆路桥"。

强安路桥　是连通强安路、横跨丁泾河的交通桥梁，也因连接强安路而取名"强安路桥"。

四、站闸名

丁泾河站闸　昆山高新区水利站依据该泵站位于丁泾河而名之为"丁泾河站闸"。

东风站闸　昆山高新区水利站依据该泵站位于东风河而名之为"东风站闸"。

莫家河站闸　昆山高新区水利站依据该泵站地处原莫家村莫家河（该河已填）而名之为"莫家河站闸"。

团结北站　昆山高新区水利站依据该泵站位于团结河北面而名之为"团结北站"。

五联排涝站　昆山高新区水利站依据该泵站位于五联村东部而名之为"五联排涝站"。

 ## 第二节 文化遗产

一、古迹

（一）古建筑

钱家祠堂，位置在北窑。北窑烧制石灰，建于1912年。20世纪50年代曾经被临时借用为治疗血吸虫病的病房。60年代被拆除。

李家祠堂位于支家庄，建于清末。共五开间加两边侧厢，中间为天井。窗格有雕花图案，镶嵌蛤蜊片。1953年，被临时当作学校，即五联小学。20世纪60年代被拆除，在其原址上翻建支家庄小学。

（二）石牌坊

李门卞氏贞节牌坊，位于支家庄，立于清乾隆年间（1736—1795），高8米多。悬有牌匾一块，中间两个镀金大字为"圣旨"，大字下方有"李门卞氏贞节"六字。其主人是李家的媳妇，该女子娘家姓卞。牌匾底色为深蓝，周边雕刻小龙。牌坊两边各有一方石柱，石柱上各摆放1.5米高石狮一个。该牌坊于1953年被拆，一对狮子后被放置在原五联小学门口。

（三）古银杏树

莫家村第5组老坟基上有一棵古银杏树，两人才能合抱，枝繁叶茂，硕果累累。"文化大革命"期间，古树被砍掉，坟基被平掉，被改造成生产队的打谷场。

李家祠堂天井里也有一棵银杏树，超过百年历史。树高10多米，两三个成年人才能合抱。20世纪60年代，该地翻建支家庄小学，古树被砍掉。

（四）古桥

包家桥，为单孔石板平桥，位于五联包家桥。长6米，宽1.4米，高于水面2.5米。清光绪三年（1877），里人包氏宗亲筹资建造，故取名"包家桥"。后包家桥旁边的村也被村民叫作"包家桥村"。1985年前后，农业规模经营，为方便机械化耕种拆除包家桥。

年界桥，为全木结构平板桥，架设于东支家庄河，位于李家祠堂东南面、孝仁塘庙北边。桥面宽1.5米左右，桥长15米。桥桩用木材，桥面用木板铺设。桥面一侧用木棍做护栏。该桥于20世纪60年代初随着李家祠堂的拆除而被废弃。

（五）古渡

新塘河中段有一古渡，于1937年建成，为两岸村民来往提供方便，尤其是渡口旁边的莫家村居民，有60多亩农田位于新塘河北岸，渡口的建立方便了他们的农业生产。当地士绅为渡口捐助船只，并在新塘河北岸盖有两间房子，供渡工居住。该渡口先后有4任渡工，第一任为陆桥横江村范小坤，第二任为周市永共西南村蒋某某，第三任是陆桥东江村戴某某，第四任是村域莫家村王进福。该渡口直到20世纪60年代末才停摆。

（六）古墓

昆山地方志记载："赠太常卿王棠墓，在城西北丁泾菜圩。"太常，是中国古代朝廷掌宗庙礼仪之官，主要掌建邦之天地、神祇、人鬼之礼，吉凶宾军嘉礼以及玉帛钟鼓等威文物的官员，即唐虞的秩宗、周朝的宗伯、秦朝的奉常，位列汉朝九卿之首，地位十分崇高，兼管文化教育、陵县行政，也统辖博士和太学。王氏家族是江南望族。王棠，字匀蓠，一字友泰，祖籍安徽歙县，清康熙年间人，著有《燕在阁文集》《诗集》《汉乐府古诗十九首笺》《世说新语解》《离骚天问注》《陶诗集注》等。史书上记载的王棠是否就是墓主，还有待进一步考证。

二、工艺

（一）夏布

夏布是民间手工纺织而成的一种土布。

夏布的原料主要为苎麻。苎麻种植于房前屋后、荒滩野地，管理成本极低。

夏布的织造主要分为3道工序：一是制麻丝（俗称"绩缏"）；二是制缏锭；三是织布匹。其织造工具主要有缏桶、锭子、木制布机、刷帚、经床等。制作方法和所需的工具都比较简单。随着化纤产品的产生并逐渐取代了传统的棉麻织品，20世纪60年代夏布生产销声匿迹，现在已鲜为人知了。

夏布的用途比较广泛，可制作蚊帐、叉袋，以及滤布、筛布、衬布等，也可以制作各式服装。夏布牢固耐用，为当时生活实用之物，深受劳动人民喜爱。乡间就流传有"一套夏布衣裳可穿几年，一顶夏布蚊帐可用一世"之说。

村域夏布，丝条布眼匀称，织工精细，穿着凉爽舒适，耐用且美观。附近农民都以纺织夏布为副业，农闲时男织女缏（将原料制成织布用的丝条）。鸡鸣时，布农挑布上市，布商则忙于收购。村域离周市比较近，所以中华人民共和国成立前后从事夏布生产的村民不在少数，尤其是中老年妇女，常点着煤油灯绩缏，成为夏布生产的主力。

用夏布缝制的衣服
（2019年，朱阿巧提供，张银龙摄）

织夏布用的织布机
（2019年，朱阿巧提供，张银龙摄）

（二）针结花边

新型的手工艺品，1970年前后比较流行。村域妇女用钩针将花线钩成各种图案，有整洁、雅致、纤巧、柔和的特点。用于五斗橱、夜壶箱、八仙桌的装饰，也可以制作成盛放物品的袋子，便于出门携带。

三、地名传说

（一）老乌声桥

老乌声桥，位于五联路东端，宽约 2 米，长约 15 米，横跨昆北重要河道皇仓泾，桥东堍与昆山北部重要交通通道——昆北公路相接。老乌声桥，民间又称为"老猢狲桥"。乌声，即乌鸦的叫声。民间视乌鸦为不祥之物，一旦听到乌鸦"哑——哑——"的叫声，便认为不祥。以不祥的乌鸦叫声命名一座桥，是有原因的。

据说，早先这一带住着一户人家，主人名何淮。有一天，其妻子生产，有许多乌鸦在村子上空一边盘旋，一边"哑——哑——"叫个不停，直到其妻子顺利生下一个女孩儿，这些乌鸦才纷纷散去。女孩儿长大后，竟然被立为皇后。百姓想起当初的乌鸦叫胜似吉祥喜报，于是就把该村叫作"老乌村"，而把村口的这座桥命名为"老哑声桥"，后来叫作"老乌声桥"。时间一长，又演变成了"老猢狲桥"。

另外还有一个说法。当年住在皇仓泾西岸的村民因为出行不便，便合计着造一座桥。全村人出钱的出钱，出力的出力，并请来作头师傅，随着几声炮仗响，没几天就把框架建造得差不多了。合龙的这一天终于来临，作头师傅看着时辰已到便一声令下，大家把最后一块木板推上去，却怎么也无法合龙。无奈，只好再丈量、计算，却依然无法合龙。眼看着太阳快要下山，作头师傅大汗淋漓，大家心急如焚。正在这时，突然从天空飞过一群老乌（乌鸦），随着几声"哑——哑——"，有人趁机把木板一推，居然一拍抿缝。为了纪念这件事，作头师傅提议把这座桥命名为"老乌声桥"。从此，在昆北一带，"老乌声桥"的名声传播开来。

（二）三家湾

三家湾是一处河湾的名字，在这个地段，小河湾连着大河湾，大河湾环绕着村庄。该河湾的北面是徐家村，南面是包家桥，东面是支家庄，三家湾之名由此而来。相传，古时候有一个外地来的人，摇船从北面来到三家湾，被眼前大大小小的河湾搞昏了头，抬头看到徐家村村口河滩边的石条上坐着一位长者。长者一手拿了一只饭烧箕，一手拿了一把铲刀，正准备洗刷。因为铲刀上有饭粒，长者不舍得浪费，准备用牙铲（啃）刀。外来人见了暗自发笑，就随口问道："牙铲刀老伯，我要摇船到昆山大西门，怎么走？"长者一笑，随手一指："喏，嫩（你）朝前摇，见湾推梢。"外来人照此摇船，见一个湾推一次梢，连推了四次梢，抬头一见，还是那位长者坐在河滩边的石条上。外来人一看，心里有数，连忙恭恭敬敬地招呼："老伯……"话音未落，长者接过话："你早一点礼貌地喊老伯就不用摇这冤枉路了。"外来人面露愧色。长者站起来，指着前方："嫩朝前摇，过了第一道湾就是包家桥，过了包家桥再一直朝南摇，就能到昆山大西门。"外来人连声感谢而去。从此，这个故事在昆北地带随着三家湾这个地名而传扬开来。

在 1976 年开挖东风河时，三家湾部分被填埋。后来，东风新村居民搬迁到锦隆佳园，该地被征用，建造了厂房，从此三家湾彻底消失。

四、民歌

山歌好唱口难开

山歌好唱口难开，杨木桃好吃树难栽，白米饭好吃田难种，鲜鱼汤好吃网难张。

山歌勿唱忘记多

山歌勿唱忘记多，唱歌人肚里苦处多，三间草屋无柴盖，木头椽子全晒枯。

山歌越唱越鲜鲜

山歌越唱越鲜鲜，木樨花底下种凤仙，木樨花落在凤仙花花叉里，花上加花越少年。

啥格开花开得高

啥格（什么）开花开得高，啥格开花开到梢，啥格开花会长刺，啥格开花会长毛？

芦苇开花开得高，芝麻开花开到梢，茄子开花会长刺，冬瓜开花会长毛。

耘稻要唱耘稻歌

耘稻要唱耘稻歌，两膀弯弯泥里拖。眼关六棵棵里稗，双手扒泥出六棵。

拔根芦粟甜甜嘴
拔根芦粟甜甜嘴，桥头乘凉风吹吹，月亮照进桥门洞，大镜套牢小镜子。

荠菜开花结牡丹
荠菜开花结牡丹，勿好只望铜钿眼，瓦爿也有翻身日，鸡窝飞出锦凤来。

拔出萝卜带出泥
拔出萝卜带出泥，竹打家鸡着地飞，采仔野花大肚皮，小白鹅变成老婆鸡。

炒熟黄豆勿做种
炒熟黄豆勿做种，传侬田产有何用？三春勿见绿芽芽，秋里收成一场空。

做人勿做爬泥虫
做人勿做爬泥虫，十家种田九家穷，场上摊满黄金谷，镬里盛咯浪一蓬（一点点）。

铜钿眼里穿跟斗
铜钿眼里穿跟斗，阿毛吃着靠噱头，三斤打在二斤上，新顾客骂来老顾客走。

螺蛳壳里做道场
螺蛳壳里做道场，东村阿五有肚量，酒盅当仔七石缸，叫花子上门眼睛横。

一路哭来一路行
一路哭来一路行，回头叔叔伯伯两三声。
总把头钥匙交代嫩（你）叔叔伯伯处，阿侄、孙囡生活伲（我）包场。
一路哭来一路行，回头姑娘两三声。
藤匾剪刀交代嫩姑娘处，阿侄鞋子嫩包场。
一路哭来一路行，回头乡邻两三声。
囡淘里淘气拉拉开，譬如杭州去烧香。

车水
东天日出天刚亮，男男女女车水忙。
毛竹车杠当扶把，脚踏榔头路程长。
斗板岳膝循环行，车轴飞转水涌浪。
赤日炎炎当空照，用力"车水"救禾苗。
风吹腰裙翩翩舞，水花湿衣不停飘。

赞水利

昔日一片水汪汪,今日遍地稻金黄。
谁使农产来提高,感谢中国共产党。

工地群英烈

工地群英烈,老将逗英豪。
干活打头炮,干劲冲九霄。
壮年力气大,青年志气高。
事事打冲锋,地动山也摇。

舞动铁搭扛起箩

舞动铁搭扛起箩,大家筑渠又开河。
千万银河转眼成,敢笑禹王不如我。

抽水机船真灵巧

抽水机船真灵巧,哪里要水哪里摇。
降低水位灭钉螺,水利灭螺结合好。

五、民谣

阿梅姐

阿梅姐,实在咖,会捉螃鲅会捉蟹,做件衣裳勿到夜,爷娘拿伊配夫家。初七行盘初八嫁,初九养个小娃娃,初十领到外婆家,外婆笑断裤子带,娘舅笑得嘴也歪。

二度娘娘学揉面

二度娘娘学揉面。揉的面,牛舌头;切的面,锈钉头;下到镬里田鸡头,捞在碗里癞团头,吃到嘴里烫舌头,吐出来烫痛脚背头。一拳头,两拳头;拿格二度娘子打到灶前头,两只眼睛打起乌青块。

隔壁有个小姐妮

隔壁有个小姐妮,眉毛弯弯像我妻,今年吃仔娘家饭,开年脱(和)我成夫妻。

兰凤姐
兰凤姐呀兰凤姐，初一担盘初二嫁，初三养个小娃娃，初四领到外婆家，娘舅笑得嘴也歪，外婆笑断裤子带。

阿和尚
阿和尚，苦恼子，三十六岁讨娘子，爷叔伯伯抬轿子，姆娘婶婶做鞋子。

弟弟长
弟弟长，弟弟短，弟弟头上有只碗；弟弟头，弟弟脚，弟弟裤子颠倒着。

陆三宝
陆三宝呀陆三宝，买鱼买点烂穿条，买肉买点猪尿泡，种田种点三角草，一到家里双脚跳，有啥事体喊嫂嫂。

萤火虫
萤火虫，夜夜红；照到西，照到东；红绿灯，水落统；娘接祭，盘灯笼；爷挑水，浇胡葱。

冬瓜缠在茄门里
冬瓜缠在茄门里，新娘娘三朝大肚皮，勿是大肚皮，壳笼棉袄风吹起。

新箍马桶三日香
新箍马桶三日香，赤膊困在石条廊，昨日牵水一黄昏，今朝困到大天亮。

六十岁，小弟弟
六十岁，小弟弟；七十岁，多来兮；八十岁，勿稀奇；九十岁，才稀奇。

吃着城里人的饭
吃着城里人的饭，屁股坐得烂；吃着乡下人的茶，脚要立得麻。

出工像背牵
出工像背牵，收工像射箭；垄田像站岗，挑担像换糖。

爷有娘有，不及自有
爷有娘有，不及自有，丈夫有不及袋袋有。

单身苦

单身苦,单身苦,衣裳破了无人补。东缝缝,西补补,穿了像只花老虎。

九九歌

头九暖,二九寒,三九廿七,杨树头冻笔立。四九三十六,摇行船沿路宿。五九四十五,刀枪不入土。六九五十四,杨树青紫紫。七九六十三,棉花胎二分开。八九七十二,猫狗躺荫地。九九八十一,穷人家出罪日。

受水旱灾害苦

三千六百亩林家潭,三滴一落就要满。只见秧船去,不见稻船回。

十年九荒

低田地方,十年九荒。一靠船网(捕鱼捉虾),二靠篮棒(逃荒要饭)。

小雨水汪汪

小雨水汪汪,大雨白茫茫,

饥餐草根度光阴,衣衫单薄难过寒。

 ## 第三节 儿时游戏

一、集体游戏

(一)弹弓

弹弓,亦称"崩弓子"。用铁"豆条"弯成叉形做弓身,两小环处各系一根长短相等的皮筋,皮筋另一端连在一块长方形兽皮之两端。也有用小树杈做弓

玩弹弓(2019年,孙清予绘制)

身的。玩时一手握手柄，一手捏夹小石子的小兽皮，瞄准目标，向后一拉后松手，将石子射出。小孩子玩弹弓总想射中小鸟或气球，但射中者少。如今玩弹弓者少见，弹弓为各式玩具手枪、气枪所代替。

（二）拈石子

拈石子亦称"抓子"。先把五粒石子握在手中，将其中一子抛到上空，同时将其余四子掷于桌面或地上，俗称"放子"。而后开始拾子，即抛出一子，继而俯拾一子，再抛出一子，继而俯拾二子，依次拾完；再把四子都掷在桌上，抛出一子，继而俯拾全部四子；最后把四子全部掷在桌上，抛出一子，继而先俯拾对方选定二子，然后把其余二子叠高，再俯拾之。按以上程序顺利完成者为赢。所玩之子，后有人改用内装沙子的小布袋。如今这一游戏很少有人玩耍。

（三）老鹰捉小鸡

老鹰捉小鸡为民间儿童集体游戏。由数人组成，首先由一人自称"老鹰"，其余人排成纵队，最前面的人伸开双手挡住"老鹰"，从第二人开始，后面的人依次双手拉住前面一人的衣服，然后由"老鹰"来抓最后的那人。玩时忽前忽后，时左时右，直至抓住最后的人为胜。如今仍有小孩子喜欢这一游戏。

老鹰捉小鸡（2019年，孙清予绘制）

（四）伴夜猫

伴夜猫为民间儿童集体游戏。先由数人手拉手围成一个圆圈，其中一人用手帕蒙住双眼，另有一人将一只手绑在腿上。游戏开始时，绑住手和腿的人在圈内边吹口哨边跳动，蒙住双眼的人顺着哨声扑捉，捉住前者即胜，可换另一对人上场。如今很少有小孩子玩这一游戏。

（五）挑小棍

树枝、长火柴、冰棍儿棒、筷子等，都可以拿来玩挑小棍游戏，后来逐渐有了游戏专用的细长木棍，其长短不同，尖头、平头不同等，表示不同的数量。具体的玩法是，每个人在预测对手的木棍数量之后，拿出一定数量的木棍，数量多的先玩。把几人的木棍合在一起往地上一撒，然后用一根木棍把相互压住的木棍挑开。只能一根一根地挑，而且挑起来的木棍不能落下来砸到其他的木棍，被挑出来的就是战利品，但如果触动了下面的木棍，就只能让下一个人玩。一直到挑完最后一根。最后以手上木棍的多少决定胜负。

挑小棍（2019年，孙清予绘制）

（六）丢手绢

丢手绢适合6个以上的人玩，人越多越好，工具是一条手绢。孩子们蹲在地上围成一个圈，用"剪刀、石头、布"的方式选出第一个丢手绢的小朋友A。A拿着手绢在圈子外面跑，其他孩子唱儿歌："丢，丢，丢手绢，轻轻地放在小朋友的后面，大家不要告诉他……"A要找机会把手绢丢在某个小朋友B的身后，B发觉后立即去追A，而A要在被追上之前跑到B原来的位置蹲下。然后，由B丢手绢，游戏反复进行。

（七）车铁环

孩子们手持一根顶端有弯钩的铁棍，推一个直径一尺左右的铁环向前飞跑。玩者多为儿童，尤其是男孩子，经常在晒谷场比赛，看谁滚动的时间最长。如今很少有人玩此游戏。

（八）坐轿

坐轿玩法是三人一组，两人抬轿一人坐轿。抬轿的两人各自用左手掌握住右手腕，然后再互相用右手握住对方的左手腕，形成一"口"字形。坐轿者双脚分插进抬轿者双手形成的环中，坐在手形成的"口"字上。玩时各组侧向疾跑，快者为胜。坐轿者、抬轿者轮换角色。

车铁环（2019年，孙清予绘制）

挑绷绷（2019年，孙清予绘制）

（九）挑绷绷

二人玩耍，选一根细线绳，两端连接，先由一人用双手撑开构成一种几何图形，然后由另一人用挑、穿、勾等方法改变原来的图形，这样二人轮流解绷，巧妙地绷出各种图形，能者为胜。玩者女孩儿居多。

（十）骑竹马

将一支1.5~2米长的竹竿作为"竹马"，骑者坐在竹竿上，左手握住竹竿的一端，使竹竿另一端拖地，右手做持马鞭状。玩时喊"嘿、嘿、嘿……"向前奔跑。多人玩时同时奔跑，快者为胜。

（十一）挤牙膏

寒冷的冬天，几个儿童靠墙而立，用肩部的力量向中间挤，被挤出的人向旁边去，再向中间挤，如此反复进行。如果让儿童边念儿歌边游戏，更能增添乐趣，亦可培养协作精神。

二、时今童趣

跳房子（2019年，孙清予绘制）

（一）跳房子

跳房子要先在地上画六个方格，每一方格约两尺见方。玩时先把一块小瓦片或一物掷向格内，后单脚跳入此格，把瓦片踢入其他格内，先跳完所有方格者为胜。其间，不得将瓦片踢出格外或触及每格边界线，违者要停跳，让其他人跳，等到下一次轮到自己时，从前次停住的方格开始跳。胜者打败者的手掌。

（二）炒黄豆

炒黄豆玩法为两个幼儿相对站立，手拉手，左右摇动，同时念儿歌："炒，炒,炒黄豆,炒好黄豆翻跟斗。"念完后立即高举一手,两人的头向里钻,同时转体成背对背(转体时要钻过举起的手,相背时两手高低交换),游戏反复进行。

(三) 手推车

手推车玩法为三人猜拳决胜负,胜者先趴下做"车",其余两人分别把胜者的小腿抬起,将其夹在身体的一侧,做推"车"的人。推"车"的人不能过分用力,做"车"的人要双手撑地走。一般选择平整而清洁的地面进行此游戏。

(四) 孵小鸡

游戏者中一人当"鸡妈妈"坐在凳子上,凳子下放几个"蛋"(可放石头代替),表示"鸡妈妈"正在"孵蛋"。其余游戏者做"耗子","耗子"在"鸡妈妈"身边钻来钻去,伺机取"蛋"。"鸡妈妈"可以自由转动,来保护凳子下面的"蛋",但不能离开凳子。"耗子"伸手取"蛋"时,"鸡妈妈"要迅速拍"耗子"的手臂,被拍到的就不许再取"蛋"。游戏可玩到"蛋"被取完为止。

粘知了(2019年,孙清予绘制)

(五) 粘知了

盛夏来临,烈日当空,酷暑难当,树上的知了鸣叫不停,孩子们自己动手,用一根竹竿,把一头用铅丝弯成圆圈,缠上几层蜘蛛网,结伴守候在大树下,仔细寻找歇息在树上的知了。一旦发现目标,就用蜘蛛网粘住,捉回家,后饲养数天乃至数周。有谚语:"知了知了,今年养了,日后百了(无事缠身意)。"

(六) 掼包子

掼包子又名"掼幅头"。包子(幅头)为用香烟壳、报纸或者一般纸张等叠成的三角形、四角形或者六角形的扁平纸包。玩时,一方预先把包子放在桌子上或地上,由对方

掼包子(2019年,孙清予绘制)

用其包子用力掷打,如果扇起的风能把对方的包子打翻身,即为胜,这翻身的包子就归胜者所有。或用力把长方形的包子从桌子的一端打向另一端,比打得远近,被打落桌者为输。

(七) 斗蟋蟀

斗蟋蟀亦称"斗促织""斗蛐蛐"。斗时在台上两造认色,或红或绿,曰"标头"。台下观者,即以台上之胜负为输赢,谓之"贴标"。斗分筹码,谓之"花",以制钱一百二十文为一花,一花至百花、千花不等,凭两家议定,胜者得彩。

(八) 放风筝

风筝亦称"纸鸢""风禽"等,历史悠久,流传甚广。一般制法:先用细竹片扎成骨架,模拟禽、鸟、鱼、虫形状,如蝴蝶、蜈蚣、凤凰等,糊上皮纸或薄绢,上绘图案。玩时用麻线牵引,利用风力,放上天空。牵引线上可悬挂有滑轮的小灯,随风飘上,星夜望去,似一串星星;在风筝上安上琴弦,风吹琴弦,嗡嗡作响,称"鹞琴"。风筝是小孩子喜爱之物,每到春暖花开时,他们成群结队争放风筝。该活动流传至今。

(九) 打地黄牛

打地黄牛(2019年,孙清予绘制)

打地黄牛古称"抽陀螺",又称"打地老鼠"。用小杂木削成牛角的形状,长两寸左右,当作角螺。玩者手持一根系着布巾的小竹竿,先用布巾缠住木角螺,放在地上用力一拉,角螺在地上按顺时针转动(左手持杆则为逆时针),玩者不时用布巾抽打角螺,也可由二人相对抽打各自的角螺,使两个角螺相撞,转得久的人获胜。

(十) 剪刀、石头、布

按照习惯,握拳为"石头",伸出手掌为"布",只伸出并叉开食指和中指为"剪刀"。"石头"可以砸"剪刀","剪刀"可以剪"布"。"布"可以包

"石头",被砸、被剪、被包者为败。败者常被胜者打手掌。儿童在游戏中决定次序时也使用此游戏。

(十一) 折纸

为了发挥想象力和创造力,儿童常用纸折成各种器具和动物的形状,如帆船、衣裤、帽子、飞禽等。尤其是儿童在学前班就读时,老师常教他们折纸、剪纸,挑选优秀作品展示,以资鼓励。

扔纸折飞机(2019年,孙清予绘制)

(十二) 斗鸡

斗鸡者,抬起自己的一腿,双手抱脚,膝头为角,相互顶斗。可两人单斗,也可多人群斗。被斗倒或所抱腿脚落地为输,不可用手去推对方,最后胜者为将军。斗鸡是一种锻炼身体平衡及耐力的活动,热闹激烈,过去很受青少年喜爱。

斗鸡(2019年,孙清予绘制)

(十三) 剪纸

剪纸古称"剪彩"。从用途上,剪纸可分为窗花、墙花、门笺、顶棚花、灯笼花、喜庆花、衣饰绣样等。纯供欣赏的剪纸有单色剪纸、分色剪纸、衬色剪纸、点色剪纸、拼色剪纸、勾画剪纸、木印剪纸等。益阳剪纸在民间广为流传,每逢过寿、嫁娶等喜庆日子,分别剪"寿"字、"双喜"字样、窗花或花卉、鸟兽、虫鱼等。礼品上常贴蛋花、帽花、鞋花以及其他装饰。剪纸技术一般是言传身教、世代传承,尤其是很多女孩儿从小就学习剪纸,做剪纸游戏。

(十四) 养蚕宝宝

村域习惯饲养春蚕。农历三月二十八日"换蚕种",蚕娘摸神像左手,以祈饲蚕顺利兴旺;家中敬蚕神,贴蚕猫图(寓"发财"之意)。孵蚁蚕时,蚕娘身穿棉袄,将蚕种焐在胸口孵化,谓"暖种";蚕娘要清除杂念,已婚妇女孤眠净身。眠蚕称"蚕宝宝"。出蚁蚕前后,蚕家闭门谢客,蚕房门上套红纸印成的

"蚕花榜"告诫旁人。蚕进入二眠期间,蚕家有八忌,即忌陌生人闯入,忌开油锅(讳油头亮蚕),忌食韭菜,忌在蚕室四周锄草,忌说"死"(凡发现死蚕只能悄悄捡出不能言说),忌"姜"(避"僵蚕"之讳),忌"龌龊"(脏污),忌"葱"(以免犯冲)。蚕进入三眠后,蚕家用米粉制成实心、茧状的团子蒸食,寓意"收成到手"。上簇后,蚕家恢复串门,互相祝贺,称"望山头"。探茧后,蚕家门户洞开,俗称"蚕开门""开门见山"("有人往高处走"的吉利之意)。

(十五)养"叫哥哥"

初夏之际养"叫哥哥"。"叫哥哥",形似蚱蜢,产自山东、安徽。每年初夏之际,从产地被贩运来此,老少争相选购。当地人认为此物发出的响声可以催眠,也可以给平静的家庭生活增添乐趣。村域先辈有传,其叫声"哥哥"在暑天能为婴儿"散暑避痧",故其颇受青睐。其饲养方法简便,每天只需添加一粒长豇豆或毛豆,即可维持其生命,且价格便宜,到农时"白露"过后自行消亡。

第四节 方言 歇后语 俗语 谚语

一、方言

俄:我。

嫩:你。

伊:他。

俄俚:我们。

嫩特:你们。

伊特:他们。

啥人:谁,什么人。

啥事体：什么事情。

作啥：什么事。

该搭、该浪：这里。

该能：这样，如此。

等脱歇：等会儿。

该模样：这个时候。

前一呛：前一段时间。

老底子、老里八早：从前。

后首来：接下来。

有常是：有时。

一来兴：很短时间。

眼门前：眼前，跟前。

太太：父亲和母亲的祖父或祖母。

爹爹、阿伯：父亲。

姆妈：母亲。

夫夫：姑父。

妈妈：父亲的姐姐、嫂嫂。

姆娘：父亲的姐姐、妹妹。

慢爷、慢娘：继父、继母。一般与亲生父母一样叫爹爹、姆妈，也有的叫爷叔、阿姨。

男人：① 指男性；② 和人交谈时，指自己或别人的丈夫。

女人：① 指女性；② 和人交谈时，指自己或别人的妻子。

俄俚屋里：男性说的话，专指自己的妻子。

新妇：儿媳妇。

阿哥：哥哥。

大老倌：① 哥哥；② 对年长于自己的男性的尊称。

连襟：指两姐妹丈夫之间的关系。

倪子：儿子。

囡姆：女儿。

伯姆道里：妯娌，指弟兄妻子之间的关系。

老老头：老年男性。

老太婆：老年女性。

老头子、老太婆：老年夫妻之间比较亲近的互称。

老娘家：泛指老年人，不分性别。

老鬼（jú）[1]：办事精明、周到的人，或处理某种事有特殊方法的人。

小猢狲：比较顽皮、头脑灵活的小孩子。又称青肚皮猢狲，意思是没有记性。

勿（wèn）：没有。

覅：不要。

勿（弗）：不。

潽（pū）：液体沸腾溢出。

撳（qǐn）：按。

囥（kàng）：藏。

拗（āo）：折。

丢（duō）：扔。

晾（lǎng）：晾（衣裳）。

焐（wǔ）：用热水暖热。

跍（jǔ）：跪。

煠：煮（蟹）。

咪：同"呷"，小口地喝。

杭：支撑，忍受。

搲（ō）：用手抓取。

逋（bǔ）：蹲。

忒（tè）：太。

艮：性子犟，说话生硬。

皴（cūn）：皮肤因受冻或受风吹而干裂。

---

[1] 本章中拼音按村民日常读音标注。

乖（guā）：① 听话，不任性；② 有心计。

丘（qiū）：不好，程度比坏轻一些，通常指人的脾气或品行。

骚：言行举止轻佻下流。

狠：厉害。

刁：① 阴险；② 要求高。

煊红：通红。

坍宠：难为情，丢脸。

索性、索格：干脆就。

搭酱：做事粗糙，引申为做人不正。

来三：能干。

筋骨：筋肉和骨头，也指体格。

吃香：受器重，受追捧。

闹猛：热闹。

㩗（lá）皮：无赖的作风和行为。

辣手：指狠。

懊糟：心里郁闷、难受，不痛快，也指事情没办好。

吃价：身份地位与众不同，高人一等。反之，"不吃价"。

上路：做事讲道理，有分寸，有人情味。反之，"不上路"。

乐惠：舒服，愉快。

惹气：引起恼怒。

灵光：好，灵巧。

黠（xiā）哑：聪明。

瞎悄：言行不当，有失规范。

枉（wāng）崩（bāng）：不讲理或讲不通道理。

出客：漂亮，好看。

登样：长得好看，帅气，也指穿着打扮得体。

像心：称心。

焐（wū）心：开心，愉快。

迷心：开心，且带有一定的迷恋。

结足：① 人长得结实；② 物件包裹得严实。

上路：做事、说话合乎情理，为人够朋友、讲交情。

煞渴：很解渴。

煞博：厉害。

把细：仔细，小心。

拆蚀：① 吃亏；② 本应让人得利，没想到反而失利。

痤腻：脏，让人反胃。

恶掐（kà）：阴险，刁滑。

独幅：自私，小气。

触气：令人讨厌。

烦难：很麻烦，很棘手，耗时较长。

嗨还：多。

苦恼：① 生活有困难；② 受病痛折磨。

识相：知趣。

着肉：亲近、亲密，通常指子女和父母的关系。

硬张：① 牢固；② 为人处世经得起检验。

硬柱：① 真材实料、货真价实，不怕检验；② 硬气霸道。

强横：蛮横，不讲道理。

豪燥（sào）：催促别人快点。

舒齐：事情结束。

蹬食：因吃得太多、不消化而停食。

批拓：批评（比较刻薄，带有讽刺）。

撩事：惹是生非。

弄怂：作弄。

吭清头：年轻人屡犯错误或偷懒。

宿毒气：陈腐的气味。

寻吼思：寻衅闹事。

煞掷清：十分清洁、清爽。

勿壳张：意想不到。

勿入调：原指唱歌或唱戏入调门。引申为做人不守规矩，不正派。

勿连牵：靠不住，不像样。

勿色头：倒霉、晦气。

两差差：双方各自做出让步，以求得一个适中的结果。

陀牌头：指有靠山，倚仗权势。

发嗲劲：撒娇的样子。

望张张：热切盼望。

吃功夫：耗费时间、精力特别多。

塌招势：出丑，丢面子。

鸭屎臭：本来想做好事，结果却不尽如人意，出丑了。

鸡头混：做事无头脑，遇事一时无措。

横竖横：横下心来，什么都不怕。

白搭搭：带点白色。

紫微微：带点紫色。

青其其：带点青色。

黑测测：有点黑。

灰拓拓：同"灰扑扑"。① 带点灰色；② 脸色不健康。

酸济济：指食品带点酸味，味道极好。

咸塌塌：指食品带点咸味。

阴角角：为人阴险，有阴阳怪气之感。

献嘎嘎：好参与，好表现，好出风头。

戆喙喙：傻里傻气。

老嘎嘎：爱插嘴，不懂礼貌，一般指小孩子或年轻人在长辈或陌生人面前不知谦逊。

热吼吼：稍微有点热，快要出汗的状态。

胖笃笃：指人的体型有点胖。

甜咪咪：味道有点甜。相当于普通话里的"甜津津"。

扁塌塌：有点扁。

一滴滴、一笃笃、一咪咪、一眼眼：很少。

湿嗒嗒：潮湿。

干扭扭：有点干，没有全干。

气鼓鼓：生气时的一种神态。

险凛凛：差点碰到危险。

灼辣辣：夏天阳光照射强烈。

福得得：胖乎乎，俗称弥陀形，有福相。

重墩墩：分量较重。

厚得得：有点厚度。

蜡蜡黄：鲜明的黄色。

炫炫红：鲜明的红色。

碧碧绿：绿得很深、很鲜明。

生生青：一般形容果子或瓜类没有成熟，为很明显的青色。

墨墨黑：非常黑。

雪雪白、煞煞白：洁白耀眼。

锃锃亮：雪亮。

绝绝细：非常细。

绝绝嫩：非常嫩。

勿勿少：很多。

老老远：很远。

喷喷香：香味浓郁。

噱噱叫：食物变质，味道难闻。

冰冰阴：非常冷。

喷喷香：香气浓厚。

上昼：上午。

下昼：下午。

日里向：白天。

老里八早：清早。

大清老早：一大早。

夜快点：傍晚。

隔夜头：昨晚。

今朝：今天。

明朝：明天。

开年：明年。

年头唧：年初。

年夜头：春节时期。

日脚：日子。

上阴天：阴天。

旸（yáng）日头：阳光灿烂的天气。

溇潭：小池塘。

坟窠庐：乱葬岗，即多个坟墓聚在一起。

抱被：用来包裹新生儿的棉或夹棉的小被子。

短出手：短袖衣服。

长出手：长袖衣服。

头绳衫：毛衣。

蚌壳棉鞋：有左右两个形似蚌壳鞋帮的棉鞋。

套鞋：雨鞋。

蒲鞋：四边不镂空的草鞋，供田间劳作用。

芦花蒲鞋：用稻草和芦花做的蒲鞋，保暖性能好，在冬天穿。

饭糍：锅巴。

塌饼：用米粉做成的实心饼。

大草：金花菜。

谢菜：荠菜。

苦草：益母草。

蒲桃：核桃的总称（有大小之分）。

勃萄：葡萄。

爆炒米：爆米花。

夜壶水：酒（贬义）。

饭糵粥：锅巴加上水烧成的粥。

胶菜：大白菜。

鸡毛菜：小青菜。

香瓜：甜瓜。

番瓜：南瓜。

番麦：玉米。

酒酿饼：以面粉和酒酿为主要原料制作成的传统甜点。

鱼腥虾蟹：水产品的统称。

客堂间：客厅。

灶屋间：灶间。

户槛：门槛。

户齿：控制两扇大门开、关的门框中的柱子。

1996年的灶屋间（2019年，李介平提供）

大碗：较大的碗，一般用来盛菜。

宫碗：比大碗小，一般用来盛饭。

汤碗：比大碗大，一般用来盛汤。

癞团：蟾蜍。

老乌：乌鸦。

在绩：蟋蟀。

促蟮：蚯蚓。

跳壁虫：硬壳小虫，翻身后朝天能弹跃一尺多高。大约在夏至前后出现。

百脚：蜈蚣。

菊珠：蜘蛛。

铁拉：用来垦地翻土的农具，有四个齿，呈扁平状。

镗扒：柄略长，四齿尖。

撅子：镰刀。

缠条：用竹篾编成的席子状物品，盘旋着围起来盛放粮食。

升箩：度量的容器。

斗：度量的容器，10升为1斗，10斗为1石。

箷：放水中用来捕鱼捉蟹的工具。

垩雍：肥料的泛称。

家生：家具及其他用具的总称。

兀（杌）子：四边有框的方凳子。

毒头毒脑：比较固执的人。

极形极状：形容惊恐或着急的样子。

赤括拉新：极新，全新。

花里八拉：衣服的颜色杂。

杂个隆冬：杂七杂八。

神知糊知（神志无知）：① 糊里糊涂；② 忘乎所以，肆意妄为。

行情行市、交交关关、海海还还：很多。

结格罗多：数量特别多。

横冷横冷：高声喧哗。

享棚（白）冷打：全部。

花好稻好：样样好。带有贬义。

稀奇勿煞：不要自鸣得意，没有什么好稀奇的。带有贬义。

几几花花：很多。

一天世界：摊放得杂乱，满地都是。

跷七跷八：引申为家庭或团体的不和、不团结。

脱头落襻：形容做人、做事等不到位。

勒煞吊死：在人情方面呆板，不通融，且特别吝啬，舍不得花钱。

七勿牢牵：形容做事情不靠谱。

小家败气：指忒吝啬。

抓抓出出：撩拨个不停，使人厌烦。

吭要吭紧：慢性子，做事没有紧迫感。带有贬义。

吓人倒怪：指做的一些事情不可理喻。

七荤八素：指场面大，引申为乱糟糟，搞得人晕头转向。

滴粒滚圆：形容很圆。

齷里齷齪：形容特别脏。

夹缭丝白：形容脸色苍白。

艮头艮脑：脾气倔的人，不怕所说言语刺伤他人的人。

头毛捌光：焦头烂额，束手无策。

吁求苦恼（吁磨求苦）：苦苦哀求。

刹生头里、辣陌生里：很突然，让人毫无心理准备。

吭轻吭重：指言行、行为鲁莽、无分寸。

眼眍落潭：形容人瘦得走形。

吊儿郎当：形容仪容不整，纪律散漫，态度不严谨。

勤扒拉扒：很勤奋，很认真，很辛苦。

嗯阿唧喳：哼哼唧唧。

噢噢应应：很听话，连声答应。

缫拳勒臂：卷起衣袖，露出臂膊、拳头，准备干活或打架。

方方仄仄：正方形或长方形。

眼瞎勒搭：贬义词，形容粗心之人，如物体就在眼前，可他就是看不见。

毛体溻拖：表面不光洁、不干净。

灰毛落拓：① 色彩不鲜明；② 人灰头土脸的样子；③ 人垂头丧气的样子。

碧绿生青：形容绿得十分鲜明。

蜡赤焦黄：黄颜色非常鲜明，大多形容烧的鱼的颜色。

五赫楞墩：人高马大、腰圆膀阔，很壮实，但不耐看。

松勃搂吼：松松垮垮，不结实。

直格隆咚：杂乱且多样的物体，可要可不要。

稀零光冷：稀稀落落。

转弯抹角：引申为讲话的策略，有的事不直讲，只是旁敲侧击。

淘伙淘里：同伙之间。

吭手撒罗：不知所措，毫无办法。

私弊夹帐：营私舞弊。

莫知莫觉：毫无知觉，毫无觉察。

挨一挨二：① 数一数二；② 按顺序来。

热天热暑：形容天气非常炎热。

疑心疑惑：疑惑。

敲钉转脚：比喻说话做事妥帖、牢靠或紧追不放。

滴沥笃落：象声词，形容水滴或零星杂物落地的声音。

七更八调：对他人处理事情总是不满意，挑三拣四。

小八腊子：地位低而微不足道的人。

脱底棺材：指有钱就花光，不管以后如何过日子的人，或工作极不负责任的人。

贼骨牵牵：贼头贼脑的样子。

贼形怪状：指搞怪，引人发笑。

赤脚地皮光：形容一无所有。

拆空老寿星：遇到失望的事时说的一句话，指事情落空，情况坏得很。

碰鼻头转弯：到底才拐弯，不懂得灵活应变。

盐钵头出蛆：比喻说假话，承诺根本实现不了的事情。

青肚皮猢狲：容易遗忘，记不牢。

水到下缺口：指事情发展到了难以挽回的程度。

一个突头呆：一时间来不及做出反应。

一个勃乱花：一会儿，一瞬间。

嘴翘鼻头高：指生气的表情。

横竖横拆牛棚：形容豁出去了。

勿要气只要记：出了问题不要一味生气，一定要记住教训。

若要好老做小：想要家庭和睦，长辈有时也得受点委屈，多听小辈的话。

哭出呜啦笑嘻嘻：似笑非笑，似哭非哭，一副尴尬相。

年纪活啦狗身啷：骂人话，指白活了那么大年纪。

拉勒篮里就是菜：指待人、处事不分好坏、不加挑选。

癞子勿癞花头多：主意多，含贬义。

万宝全书缺只角：指人总有不足的地方，一般用来调侃他人。

铜钿眼里千跟斗：指一心只想钱财。

千年难得虎瞌冲：没看见过老虎打瞌睡。意指极少出现的现象。

老虎头啷（láng）拍苍蝇：形容胆大包天。

三只节（jié）头拾田螺：意指轻而易举，唾手可得。

冬瓜缠拉茄门里：指把原意完全搞错了。

乡下狮子乡下调：做事要考虑适合当地的各种情况。有"入乡随俗"的含义。

公要馄饨婆要面：难于做人，即指难以满足各方需求。

逃脱鳗鲡臂膊粗：指有意夸大失去东西的价值。

破扫帚相对额畚箕（蟑螂搭灶鸡）：人与人、物与物很相当、很般配。带贬义。

好曲子不唱三遍：说话不要多次重复。

外甥不出舅家门：指人面相三代不出舅家，人有遗传基因。

临时上轿穿耳朵：比喻事到临头做准备。

有吃勿吃猪头三：有东西吃不吃是傻瓜。

坐吃三年海要空：不劳动，无收入，再厚的家底也会败光。

面皮一老，肚皮一饱：指不知羞耻，只要有好处就做。

虱多勿痒，债多不愁：欠别人的钱多了反而不着急。指因"不利"的因素太多而麻木了。

一夜勿困，十夜勿醒：一定要保证睡眠充足，否则会好几天打不起精神。

额骨头碰着天花板：形容运气好。

勿识相要吃辣火酱：① 给人警告；② 仗势欺人，有欺压之意。

吹牛皮只怕上真账：喜欢说大话的人只怕顶真的人和事。

七搭八搭，蒲鞋着袜：十分不匹配、不相称。

盐钵头打翻酱缸里：在一起没有损失。

眼睛一眨，老逋鸡变鸭：变化太快，太突然，让人猝不及防。

黄牛角水牛角各归各：分道扬镳，谁也不管谁。

冷镬子里爆出热栗子：意想不到，爆冷门。

食多屎多，烂稻柴灰多：意指大话、废话多，使人讨厌。

日日讨娘子，夜夜一杆子：指天天想着讨媳妇，但实际还是一个人生活。

一洗帚打杀十八只蟑螂：指扩大了打击面。

大鱼吃勿起，小鱼嫌腥气：做小事嫌小，不愿意做；做大事，没本事，不会做。

白脚花狸猫，吃仔朝外跑：比喻人不作为，对家事漠不关心。

揩台揩四角，扫地扫壁角：做事要考虑周到，照顾方方面面。

五样六样，不及螺蛳炖酱：一个普通及平常的点子解决了问题。

只有千夜做贼，没有千夜防贼：防贼难防，不能单靠防，必须要治。

牛吃稻柴鸭吃谷，各人头上福：每个人的命运不同，随遇而安。

新箍马桶三日香，过之三口臭棚棚：指办事前面认真，后来松劲，或干脆不做了。

斧头吃凿子，凿子吃木头，一木吃一木：指办事要有责任心。

乡下大姑娘，好吃难看相：指东西的卖相（外表）不好，但很有用，或很实惠。

二、歇后语

张公打鸟——死多活少。

石头唧掼乌龟——硬碰硬。

瘌痢头上拍苍蝇——来一个死一个。

造屋请箍桶匠——不对路。

弄堂里拔木头——直来直去（直拨直）。

螺蛳壳里做道场——兜勿转。

驼子困唧田横头——两头不着实。

冬瓜缠拉茄门里——瞎搅。

热水袋放在心口头——焐心（指开心）。

宜兴夜壶——独出只嘴。

汤罐里笃鸭——独出一张嘴。

橄榄核垫台脚——活里活络。

驼子背纤——无力有样。

斧头吃凿子——一码吃一码。

叫花子撒烂污——穷祸一场。

花好稻好——样样好。

瘌痢头倪子——自家好。

船头嘟跑马——兜不转。

三两棉花——谈（弹）不上。

三、俗语

学好三年，学坏三天。

跟着好人学好人，跟着老虎会咬人。

酒杯虽小淹死人，筷子不粗打断腰。

不怕虎生三只眼，就怕人有两样心。

天上无云不下雨，江里无风不起浪。

要养春蚕先栽树，要吃鲜鱼先挖塘。

田要近种，囡要远送。

人生好似一场戏，气出病来没人替。

骨肉亲，最最亲，十个手指连着心。

木偶登台手足舞，幕后必有牵线人。

廿年媳妇廿年婆，再歇廿年做太婆。

鸭子虽死嘴巴硬，韭菜割断根还在。

三层高楼结牡丹，看花容易采花难。

要打当面锣，莫敲背后鼓。

下棋下得好，先摆当头炮。

赚钱好比针挑土，用钱就像水推沙。

雪中要学山上松，风前不做墙头草。

宁在囤尖留，不在囤低愁。

人误地一时，地误人一季。

树在土在，人在福在。

水退石头在，好人说不坏。

心直口快，招人见怪。

笨鸟早出林，笨人先下地。

看看不稀奇，做做不容易。

鱼急穿网，狗急跳墙。

造屋请了箍桶匠，买眼药错进石灰行。

相打道里供拳头，和尚寺里借木梳。

把风说成雨，砻糠当白米。

吃遍天下，不如回家。

浇树要浇根，帮人要帮心。

将心比心，便是佛心。

灯不点不亮，理不说不明。

火到猪头烂，功到石头碎。

鬼迷张天师，有法无处使。

痴有痴福，烂泥菩萨住大屋。

人到事中迷，就怕没人提。

大风吹不倒连根树，快刀割不断百年亲。

不痴不聋，难做家翁。

家有梧桐树，招来凤凰住。

穿破才是衣，到老才是妻。

端人家碗，受人家管。

知恩不报恩，枉为世上人。

千般易学，一窍难通。

一团和气，大家欢喜。

花无百日娇，人无百岁春。

天下世界三样苦，摇船打铁磨豆腐。

常将有日思无日，莫把无时作有时。

勿吃一滴亏心酒，勿贪半分落地钱。

莲花出水不沾泥，毛蟹出洞打横走。

一天学得一招，十天就会一套。

宁吃好梨一个，不贪烂杏一筐。

勤剃头，勤刮脸，有点倒霉也不显。

四、谚语

早西夜东风，日续好天公。

东风急溜溜，难到五更头。

六月西风水凄凄。一日南风，三日关门。

九月南风二日半，十月南风当日转。苟里东北（风）常常雨，苟里西南（风）日日晴。

梅里西南（风）苟里雨，苟里西风满天晴。

五月南风下大雨，六月南风海也枯。

夏雨北风生，秋雨南风起。

夏雨北生，勿落雨也风凉。

秋来北风多，南风是雨窝。

秋后南风当日雨，秋后北风地干裂。

冬至西南百朝阴，半晴半阴到清明。

入伏北风当日坏。

早晚烟扑地，苍天有雨意。

东北风，雨太公。

早看头顶穿，夜看四脚悬。

早霞不出门，晚霞行千里。

云行东，车马通；云行西，雨凄凄；云行南，水连天；云行北，好晒谷。

一块乌云在天顶，再大风雨也不怕。

乌头风，白头雨。

天上鲤鱼斑，明朝晒谷不要翻。

早看东南黑，雨水午前急。

云行团团块，必有台风雨。

早看东南，夜看西北，若天明，来日晴。

早阴阴，午阴晴，半夜阴天不到明（有雨）。

上昼薄薄云，下昼晒煞人。

日出一点红，不是雨来便是风。

雪等伴，再落一尺半。

年纪活到八十八，未见东南阵头发。

小暑一声雷，倒转作黄梅。

雷公先唱歌，有雨也不多。

雨中闻蝉叫，预告晴天到。

春雨贵如油，下得多了也发愁。

春霜不隔夜。

阵头雨好过，蒙花雨难煞。

开门落一场，关门落一夜。

西南阵，掠过落三寸；东南阵，煞煞泥蓬尘。

一落一只钉，落去不肯停；一落一个泡，落过就天好。

春雨贵如油，夏雨遍地流。

上看初二三，下看十六七。

云头上雨雨块小。

夏雨隔田生。

春天小囝脸，一日变三变。

四月初八落仔雨，蚕豆小麦像个鬼。四月十六落大雨，一年不用牛打水。

六月初三落仔雨，上昼耘稻下昼困。

老和尚过江，不是风就是雨。

三朝雾露发西风。

无风起长浪，必有大风起。

夏夜风稀来日热，夏夜星密来日热。

一场春雨一场暖，一场秋雨一场寒，十场秋雨穿上棉。

白露秋分夜，一夜冷一夜。

冬暖防春寒。

日高三丈下露水。

若要暖，要过二月半。

二月廿八，老和尚过江。

清明断雪，谷雨断霜。

热在大伏，冷在四九。

雨天知了叫，晴天马上到。

燕子（蜻蜓）低飞，蛇挡道，牛舐前蹄，雨就到。

雀声发愁，大雪纷飞。

蚊飞聚堂着蓑衣，蚂蚁筑坝雷风雨。

蚂蚁成群明天勿晴，蚂蚁迁居明天将雨。

鸡早宿天必晴，鸡晚宿天必雨。

田螺（螺蛳）浮水面，雨天也不远；蚂蟥沉水底，晴天在眼前。

河里鱼打花，天天有雨来。

鱼塘翻水要发水，鱼塘起泡有雨到。

空山回声响，天气晴又爽。

磨子还潮，阵头要到。

一年之计在于春，一日之计在于晨。

立夏秧田光。

娘好囡好，秧好稻好。

芒种忙忙种。

白露白迷迷，秋分稻秀齐，寒露无青稻，霜降一齐倒。

十五、六，月上两头红（农历十五、十六，月亮与太阳同现天空）；十七、八，月上杀只鸭（农历十七、十八，晚饭后大约杀只鸭子的时间才见月亮）；廿二三，月上半夜天。

小暑发棵，大暑长粗，立秋长穗。

夏至种秧不算晚，铁扁担挑稻两头弯。

先种黄秧先黑稻，先养儿子先出道。

立秋不落稻，处暑不耘稻。

处暑肚里一粒谷。

闰年不种十月麦。

麦怕清明连日雨，稻怕寒露早下霜。

秋分早，霜降迟，寒露种麦正当时。

麦怕三月寒，稻怕秋里干。

三月沟底白，莎草也变麦。

伏里西风多秕谷。

麦莠寒，冻煞看牛囡。

麦田白三白，一亩收三石。

麦莠风来甩，稻莠雨来淋。

千遍万遍，比不上头遍。

山歌勿唱忘记多，好田不做变草窝。

一日养草，十日拔草；要拔草芽，勿拔草爷。

稻稠黄秧草稠芽。

黄秧搁一搁，到老不发绿。

秧搁谷，稻搁伏。

夏至地头草，赛如毒蛇咬。

麦田一条沟，从种抓到收。

一尺勿通，万丈无用。

大水耥稻，赛过粪浇。

开店容易守店难，莳秧容易管理难。

捉狗尿种田，穿新衣过年。

人靠饭撑，田靠肥壮。

春天粪满缸，秋后谷满仓。

以肥养肥，一本万利。

田要肥养，稻要肥长。

肥田不如先肥秧。

种子年年选，产量节节高。

好种出好苗，好苗长好稻。

什么种子长什么苗，什么花结什么果，什么葫芦结什么瓢。

种子调一调，等于上肥料。

稻看平，麦看墩。

种子纯一纯，产量增一成。

三年不选种，混杂一笼统。

麦要抢,稻要养。

麦熟过顶桥。

三春不如一秋忙,抢到手里才是粮。

秧要日头麻要雨,做天难做四月天;公要馄饨婆要面,做人难做半中年。

第十一章　习俗礼仪

　　五联村域的习俗礼仪丰富多彩，是无数先人在生产生活中逐步形成的，并在生产生活中不断完善。这些民间习俗礼仪主要体现村域居民传统的道德礼仪、为人处世准则，同时也隐含着一定的科学道理。有些习俗礼仪虽然受到时代、社会、生活的限制，略带一些信仰成分或带有一些封建色彩，但这些习俗礼仪大多能从不同的侧面反映出劳动人民对美好生活的追求。

第一节　岁时习俗

一、春节

（一）除夕

农历十二月最后一天，俗称"除夕""大年夜"，前一天则称小年夜。民间至为看重，家家团聚。大门上贴门神、春联，宅内贴年画。年夜饭特别丰盛，有冷盆、热炒、暖锅、鱼、肉，其中必有肉圆、蛋饺（象征团圆、元宝），菜名均有吉祥之意，如"长庚菜"（青菜）、"如意菜"（黄豆芽）。饭前要设酒供饭菜，焚香点烛，焚烧锡箔祭祀祖先、祭拜家堂，俗称"摆年夜饭"。吃年夜饭时长辈朝南坐，最后上鱼，鱼不能吃完，称"吉庆有余"。白米饭也要剩些置于新饭箩中，上置红橘、乌菱、荸荠及糕元宝，插上扁柏、甘蔗、秤杆，寓意"称心如意""节节高"，陈列中堂。米饭及年菜放些在床下给老鼠吃。饭后，合家分吃炒货、水果等，长辈们给儿孙"压岁钱"。妇女给儿女洗脚，更换干净内衣，准备年初一穿的新衣裳。晚上当家人要守岁，临睡时要燃放爆竹，称"关门炮仗"，大门、后门关好后要撑铁器、扫帚，小孩子穿的鞋子要鞋底向上放等，第二天清晨还要赶早去烧头香。进入21世纪，随着生活水平的提高，年

压岁包（2019年，张银龙摄）

夜饭更是丰盛，除摆年夜饭、守岁等习俗仍保留外，祭拜家堂等习俗已消失。晚上全家聚在一起看春节联欢晚会已逐渐成为除夕的一项娱乐活动。

（二）大年初一

正月初一，俗称大年初一，家家争放"开门炮仗"，人人穿上新衣裳。早晨小辈向长辈拜年，可向长辈讨拜年钱（有别于除夕的压岁钱），邻居间互贺新年。早饭由夫代妇上灶，有糕、团。男人去茶馆喝茶，妇女去寺庙烧香，争烧头香。大年初一不讨账，不借贷，不赊欠，不扫地，不刮锅，不动刀、针，不出灶膛灰，不吃淘汤饭，不点灯吃晚饭，不打水，不倒水，不回绝讨饭，不杀生，不坐门槛，不争吵，不骂人，不说不吉利的话。

（三）正月初五接财神

春节放礼花（2019年，张银龙摄）

民间传说正月初五是财神的生日，因此村域有年初五迎财神的习俗，比较重视这一习俗的主要是一批手艺人。进入21世纪后，村域商贸经营环境逐步形成，开公司办企业的人越来越多，接财神风气也越来越浓。尤其是信奉关帝圣君的商家，在正月初五要为关公供上牲醴，鸣放爆竹，烧金纸膜拜，求关帝圣君保佑一年财运亨通。

（四）正月十五闹元宵

正月十五为元宵节，是中华民族最具特色的传统节日之一，又被称为"上元节""元夕节""灯节"，正月十五闹元宵是春节后又一个节庆高潮。

元宵节夜间，有点田财的风俗。人人手里拿一扎柴草点燃，高高举起，边烧边奔边喊："汰汰田角落，开年牵耷要牵三石六，人家场上莕荠萝，自家场上大柴萝。人家圈里臭铁猪，自家圈里大肉猪。人家田里三角草，自家田里黄金稻。人家常吃糠咸菜，自家吃鱼吃肉白米饭。"该风俗流传时间较长，其目的在于通过烧田旮旯，把蛰伏的病虫烧死。

元宵节传统食俗为吃元宵，寓意团圆、吉祥，意在祝福全家团圆、和睦，在新的一年中康乐、幸福。闹花灯是元宵节日庆典规模最大、喜庆气氛最浓的一种习俗，同时还有人表演舞狮、舞龙、踩高跷、扭秧歌等。20世纪50年代末至70年代中，该习俗淡化，甚至一度消失，80年代后逐渐恢复和发展。

二、二月二

农历二月初二，相传是土地公的生日，民间祭祀社神，有"二月二，龙抬头"之说。因其时雨水渐多，故又称这天为"春龙节"。家家有吃"撑腰糕"之俗，传说吃了"撑腰糕"，弯腰干活不会腰疼。

土地公（2019年，张银龙摄）

三、清明

旧时清明上坟，家家户户在室内点燃香烛，敬备酒菜祭拜祖先，焚烧箔锭；同时要给祖坟添土，在坟头挂一串白纸，俗称挂墓。新婚夫妇要去上坟祭祖，称为"上花坟"，此为古代庙见之遗风。农家还在各自屋前插柳条，种植各种树木。中华人民共和国成立后，祭祖扫墓之风依旧，除新坟要在清明日祭扫外，其余在清明日前后都可。清明前后，外出踏青旅游、祭扫烈士墓已成新俗。

四、立夏

立夏，村域有尝"三鲜"之习俗，即吃甜酒酿、粽子、咸鸭蛋。旧俗每家都要祭祀祖先，用大秤称人体重，让小孩子吃"绿豆汤""七家茶"和烧饼，据说吃了可以免除疰夏。"绿豆汤""七家茶"是当天煮的，而烧饼却很有来头。此前的清明当天，老人上街为小孩子购买烧饼，用杨柳条穿好吊在房梁上，在立夏当天取下来，发给孩子们吃。

五、端午

农历五月俗称毒月，端午节在五月初五，故旧俗多与避邪防毒有关，家家门悬菖蒲叶、艾草、蒜头,张贴钟馗像,小孩子戴虎形帽,穿虎纹衣(俗称"黄老虎衣裳",印有"五毒")、虎头鞋,额上用雄黄水写"王"字,门梢床头贴"五毒"符,庭院洒雄黄水,儿童、妇女挂雄黄香牌、香袋,亦有挂用五色丝线裹成的小彩粽的。现今,端午吃粽子,门悬蒲剑、艾草、蒜头之俗犹存。

六、乞巧

农历七月初七(七巧日),夜为"七夕"。传说牛郎织女是夕在银河鹊桥相会。有向织女乞求智慧和技艺的乞巧之说。是夕闺中女子焚香礼拜织女,请求帮助提高刺绣技巧。是日,人们还吃用面粉做成的油氽食品,即巧果。未成年人,由外婆或者长辈送童子鸡一只,要当天吃光,这样就可以避邪,确保出入平安。农村年满13岁的女孩儿"留头发",亲戚好友要送衣料等礼物来庆贺。妇女们用捣烂的凤仙花染红指甲。现今"留头发"之俗犹存,但不限在七月初七庆贺。

七、七月半

农历七月十五为中元节,俗称"七月半节",又称"鬼节"。旧俗忌走亲访友。一般人家,在七月半前几天祭祖、烧纸;若先人新亡,祭祀要在七月半当天举行。五更天用素菜祭祖,焚化纸钱锡箔等。农家将粉团、瓜、蔬菜等物置于田岸交错口祀田神,称"斋田头"。现今祭祀新亡人之俗犹存。

七月半祭祖(2019年,陆振球提供)

八、中秋节

农历八月十五为中秋节,俗称"八月半",旧时出门在外的人都要赶回家团聚,故又称"团圆节"。晚餐家家吃糖芋艿。晚上户户在门口设桌子,摆上红

菱、嫩藕、石榴、柿子、栗子、白果、素月饼、糖芋艿等供品，焚香点烛；富户供香斗、香升"斋月宫"，直到香烛燃尽。家人团聚一起赏月，吃月饼、菱藕、南瓜子、发芽豆，称"赏中秋"。旧时有妇女三五成群出门"走月亮"之习俗。现今中秋节前亲友多以月饼相馈赠。

九、重阳节

农历九月初九为重阳节，也称"重九"。旧时这天父母必把已出嫁的女儿迎回家中，吃五色粉制的重阳糕。这一天还有登高的风俗。现今，吃重阳糕习俗尚存。近年来，"重阳节"已成为"老人节"，地方政府和单位派人慰问老年人，发放慰问金。

十、冬至

一年中冬至这天夜最长，民间有"冬至大如年"的说法。冬至前夜为"冬至夜"，全家团聚吃冬至夜饭，喝冬酿酒。旧时，已嫁女儿须在夫家过节，以"冬至团"祭灶。吃冬至夜饭前有祭祖，菜要回锅以及"拜冬"等习俗，并有"冬至夜，有钱人家吃一夜，无钱人家冻一夜"之说。现今尚有冬至夜喝冬酿酒的习俗。

十一、廿四夜

农历十二月二十日过后，各家各户在室内掸檐尘，有"掸三，不掸四"之俗。十二月二十四日，称"廿四夜"，以糯米粉团子祀灶，据说可以粘住灶神的嘴巴，使其无法在玉帝面前说人坏话。祭后，要将供在灶座神龛内的灶神像、灶帘及小纸竹轿送至门外焚烧，送灶神上天。廿四夜户户合家吃团子。现今尚有"掸檐尘"、吃廿四夜团子的习俗。

第二节 人生礼仪

一、婚礼

（一）婚前

攀小亲　旧时农村盛行"攀小亲"的风气，认为男孩儿不能早攀到亲是做父母的耻辱，会受人奚落。又认为"女儿落地就是外头人，早有婆家早放心"。因此，孩子在三四岁时就由"父母之命，媒妁之言"定下他们的终身大事。

纳采（说媒）　央媒说合，求亲出帖，是古时婚俗六礼之首，称"纳采"。水乡农家之子女若到了七八岁还未接帖和出帖，其父母便东托姑、西央嫂地寻找门户相当的人家，俗称"央媒"。媒人除了嘴会讲、脚肯跑外，多少和其中一方有一点沾亲带故的关系，这样才能说得上话。

男家行媒到了女家，媒人得对男家的田房财产、父母性情、男孩儿状貌，以及内亲外戚的家境、社会地位做详细介绍。媒人在介绍时难免会有点炫耀，故有"花嘴媒人"之称。若女方认为可以，就请人写年庚八字。写年庚必须斟酌字数，从上到下要凑成双，如"坤造年八岁十一月初六日午时生"。如逢单字，则在"生"字前加一"建"字。庚帖的正面写上"吉庚"或"某宅吉庚"，背面写"全福"两字。

媒人拿了年庚返回男家，径直到厨房把年庚放于灶山，用香炉压住，点上三支香祈求保佑平安吉庆。有的人家能接到好几位姑娘的庚帖。如三日内家中没有发生诸如突然鸡死、猪病、蛇出现等情况，便视为"太平"。男家父母经过摸底打听，从中挑选出一位合意的姑娘。

问名（算命）　算命卜吉，星家合婚，是古时婚俗六礼之二，称"问名"。

选一个吉日或凑初三、廿七（这两天被认为均不是凶日），把庚帖送到星相者家中，请其排八字、算命宫。经过算命者排算后，合者称为"占应"。"占不应"者，将八字退还，叫"还帖头"。女方主动向男方要回庚帖，叫"讨帖头"。

纳吉（定亲） "传红"定亲，是古时婚俗六礼之三，称"纳吉"。经过一段时间，双方都无异议后就择吉"传红"。"传红"要有礼帖，把媒人帖、"传红"喜帖等装进用红毡包裹的拜盒里，还放上两匹靛青色土布，中系红绒绳，加上茶叶、现钱等，表示红线联姻。姑娘受茶后不再更改。女方接受后也要以礼帖具谢。

纳礼 择吉行聘，金求玉允，是古时婚俗六礼之四，称"纳征"，又称"纳礼""纳成""求吉"。经过"传红"后，男方要向女方下聘，俗称"担小盘"。送盘前男方必须下书预告女方，称"道日帖子"，使女方有所准备，可以邀几家主要亲眷喝受盘喜酒。

是日饭后，男方在厅堂中间拼好方桌，点起香烛，桌上安放着六个长方形木盘，俗称"帑盘"。盘中整齐地放着银镯、银簪、银钗、布匹、钱钞、葱菖、发禄袋、茶叶、"求"字金帖。每盘四角安放着四只用红绿彩色纸糊成的、四边贴金纸的小果盒，叫"对果"；每只盒上插一朵小缎花或小绒花，盘里满铺桂圆、桃枣和米、麦、绿豆。男方的族长和媒人并立朝里对盘三作揖，俗称"唱喏"。礼毕，把帑盘搬到船上，媒人拿着用红毡包裹的拜盒由本家主人相送，在铜锣声和爆竹声中解缆开船。这种船叫"盘船"，也叫"礼船"。

迎新娘花轿（2019年，张银龙摄）

盘船靠近女宅必以锣声、爆竹声敬告，女方的媒人（俗称"坐媒"）闻声出门至河边相迎，把礼盘捧入女宅堂中安放整齐，点燃香烛，媒人在女方主婚者对盘作揖后，交付聘金。

女主婚者逐件过目，称为"相盘"，口中要说上几句吉利话："野好野好（好的好的）。"此刻邻里孩子、妇女争抢吃果，但不能抢尽，要适可而止。小红花被视为吉祥物，都送给年老婆婆插戴。

女方回盘是一个描金"允"字红帖和一只"发禄袋"。男方将发禄袋悬挂在堂中柱上，以示千年发禄。外人一见发禄袋便知这家孩子早定亲了。

担小盘只是一种定亲仪式，临近结婚还得再送大盘，礼节相同，只是增加礼品而已。

旧时的水乡农村还有早婚的陋俗。经济条件略好的人家，男孩儿到了十四五岁就要为他操办婚事。姑娘到了十四岁，父母除了有丧期未满或本人有病等特殊情况外，都无理由推迟婚期。男方在婚前除了"行聘"（俗称"送大盘"）外，还要备帖相请女方的新亲、尊长和媒人。早婚现象今已绝迹。

请期（定婚期）　结婚必须择定婚期，先送道日，称"请期"。这是古时婚俗六礼之五，称"请期"。经过卜吉者排出迎娶新娘的日期，并指定某时发轿、某时迎娶、某时拜堂，然后男方请媒人把既定的结婚日期通知女方，称为"送大道日"。媒人向女方讨取新娘舅父、姑父、伯、叔、父母及寄父母名单，此称"讨客目"。如果尊长夫妻双全，女方尊长在客目的名字下注明"双"字；缺一则在名字下写"单"字。男方据此出请帖：双者双帖，单者单帖。

出嫁饭　姑娘出嫁之前得前往各尊长家中吃饭，这叫"吃出嫁饭"。留饭者必须特备"荷包煎蛋"给出嫁者吃，意为蛋蛋（代代）相传。

（二）婚庆

迎亲（正日）　堂船彩轿、三请新人，是古时婚俗六礼之尾，称"迎亲"，俗称"正日"。这天，男女两家的场院上都搭起挡风蔽日、雨雪不漏的大棚，从棚里到堂中排列着整齐的桌椅，挂灯结彩，一片欢乐气氛。专事敬客的茶担炉子燃起熊熊火焰，

迎亲（2019 年，李介平提供）

烧水沏茶；厨房里刀勺叮当，烧鱼切肉，扑鼻喷香。吹鼓手奏着"一枝梅""柳腰舍"等乐曲；亲友们捧糕提肉，贺喜出礼；喜房师爷敬烟递茶号记人情物礼。

铺床 铺床在水乡农村婚俗中是一件大事。俗话说，"先嫁床，慢嫁郎"。铺床得由尊长，一般是一对身体健康、家庭和睦的"花烛夫妻"进行，通常是舅舅和舅妈。正日上午，先将新房打扫干净，在床板上铺一层糯稻草，喻为"和和糯糯"；两条新草席对合地铺在上面，称"和合席"。向家庭和睦的"花烛夫妻"借两条棉被，称"和合被"；折叠好安放在里床，被上供放两盘一样的圆糕，称"铺床糕"，这糕须由同样是"花烛夫妻"的舅父母或姑父母蒸做。靠被的席上一颠一倒放上两柄齿锄（俗称"铁搭"）、两根木扁担、两把搔蒲草用的榔槌、两根木秤、两根甘蔗，象征农副业生产"称称心心""节节高"。每件东西都贴上红纸圈。床口两面席上各放一盆肉馅糯米粉团子，称"铺床团子"，意为"团团圆圆"。床前方杌上安放香烛，铺床的夫妻俩点燃香烛后，并立着对新床三作揖。

正日上午，女方把嫁妆全部搬到场院，喜娘忙着粘贴用红纸剪成的吉祥图案，挂红绿布条。在整套嫁妆中，"被子"和"子孙桶"为必备之物。

"被子"也叫"和合被"。缝被子、打铺盖都要由一对"花烛夫妻"进行，否则视为不吉。打铺盖在中堂内进行，将两条被子对折，内放"红蛋"五个、红信封两个（每封两枚铜币）、糕两块，意为"代代双全，代代高"。捆扎之绳要用彩色丝绞成，俗称"绿索子"，意为"禄星送子"。

"子孙桶"，即宽口的新马桶，桶内安放五只用红纸包的红蛋和一些枣子，意为"五子登科""早生贵子"。桶盖上覆印花蓝布包袱或靛青色大襕裙，用带系紧，放在浴盆里面。

嫁妆 中等人家一般是梳妆台、箱橱、大箱、中箱、小箱、官箱、方杌子、铜脚炉、铜面盆、铜茶壶、铜花扦、铜掇炉、锡蜡扦、锡手照、锡茶壶、锡酒壶、锡掇、马桶、大小脚桶、浴桶、套桶、倒档桶、䋹桶、提桶、饭桶、鞋桶等。

运送嫁妆的船，叫"行嫁船"。行嫁船不到，厨师不能发桌开饭。摇船者不能是新婚夫妇的长辈，必须是平辈。行嫁船到男宅，首先搬上岸的嫁妆就是子孙桶。嫁妆临门，点燃"三灯火旺"，即将一把稻草等分为三份，各贴红纸圈，三把竖在一起，形如三角撑。在爆竹声中，由一对"花烛夫妻"主婚，他们站在门槛里各用双手接过子孙桶，在中堂内绕一圈，然后搬进新房。接着送"饭山""被子"进新房。房内邻里亲朋人声鼎沸，争抢子孙桶和被子里的红蛋，俗称"抢红蛋"。随后，各件嫁妆陆续被搬进新房。

迎娶发轿 男方主婚者和媒人先要在轿前叩头浇酒，俗称"上马背"。地上放一捆稻草做拜垫，上披红毡，形如马鞍，意在冲开恶鬼驿马星，祈求太平无事。轿内座位上铺棉被，放上脚炉，名"焐脚"，意为"暖烘烘"。由四个和新郎同辈而又夫妻和睦的青年抬轿，轿要抬平抬稳，走时轿脚不碰地、不撞门槛。轿前用篾爿火把开道，俗称"篾笪火"，梅花灯笼紧照轿前，乐工鼓手吹奏《扬州傍妆台》，徐徐登船。

船到女宅所在村中必须"打照"，即在河中来回摇几次，俗称"打圈势"，也叫"认河滩"，以防停错地方出纰漏。等到女方媒人出门招呼方可停船，抬轿上岸。

热闹的娶亲队伍来到女方堂屋门口，女方故意紧闭大门。乐工鼓手在门外进行三吹三打，俗称"吹开门"。屋内喜娘为新娘开面，即用绢线拔去脸部汗毛，俗称"头光面滑"。而后新娘叩别祖先，俗称"祭祖"。新娘换上新郎家送来的"五事衣"，外穿婚礼喜服——凤冠霞帔，俗称"花衣花裙"。良辰将近，大门开放，一青年手提系着红绿布条的公鸡、母鸡，奔进堂内急打一转才出门，以驱眚神。接着一人提两盏梅花灯笼在堂内转一圈，以震慑名叫"花粉煞"的邪神。媒人到堂内和女方主婚者在神像前作揖，交付礼帖，打发"开门钱"。此刻，出嫁之女须放声大哭，以驱赶恶煞"丧门星"。继而母女齐哭，姑母、姨母等尊长陪哭。

接着女方收去盘礼，喜娘则把一块名叫"肚皮痛"的猪肉藏进篮中，自己收下，俗称"外块"。男方帮忙者端着"花笋花幡"盘、礼盘，拿着新娘的特制踏糕鞋、梅花灯笼朝中堂一转，俗称"梅花灯笼挽轿"。接着他们在轿前照行，前呼后拥地下船，乐工们接了送亲的新娘的姑表伯叔家的兄弟和亲兄弟后，喜娘则捧起"千年饭"一起随轿下船。

娶亲船回到男宅所在村落，必须在村河中来回摇几次，以摆脱邪神恶煞，也预告新娘即将登门，俗称"上亲"。这时男方家人赶快点三灯火旺，放炮仗，主婚人下河边"抢水"。其形式是男方家的老相公提着一式的两只木桶,桶内各插无锤的木秤杆一根(有放甘蔗的),在即将靠岸的娶亲船船头前的水中各舀半桶水,俗称"抢水",之后径直回身倒进厨房水缸里。接着厨师高呼:"饭馈潽哉!饭馈潽哉!"讨像河水一样"满""发",吃用不尽的口彩。彩轿进门,停在已铺好柴草的中堂门下,新郎将新娘抱进婆房,俗称"暂宿老房"。

结亲 "结亲"是民间既庄严又隆重的仪式,结亲时忌怀孕、服孝和患病之人观看。点、照龙凤花烛的人必须是新郎的同辈而且是夫妻和睦的青年,插花烛的铜扦上各套一只红橘,意为"花烛夫妻早结子"。吉时将到,照烛者洗脸洗手,细心点燃花烛,乐工双笛高奏悠扬悦耳的乐曲。司礼者朗声唱赋三请。

入洞房(2019年,李介平提供)

入洞房 入洞房时,新郎、新娘牵住红绿牵巾,以男退女进的方式徐徐进入洞房,俗称"宿房"。帮忙者把麻袋一个接一个传过去,新郎、新娘走在上面,称为"传代"。新郎、新娘一直退至新房门外,这时有好些青年守住了房门(俗称"戤门肩"),向新郎讨香烟、橘子取乐。移花烛者累得双臂酸麻,额头冒汗。众人耍笑一阵,才让新郎、新娘入洞房。

挑方巾 "挑方巾"在婚俗中是一个极为重要的礼节。据传新娘兜红方巾是为了克制"天煞恶星",要挑开方巾必须要有制服力。据说"秤"是历代帝皇御封的,能驱恶星。挑方巾时,女方主婚者拿着缠绕红纸的两杆木秤、两根甘蔗来到新房,将甘蔗的梢尖插进大红方巾,由喜娘确定方位,女方主婚者就势揿下根部,梢部向上一抬便把方巾挑起。喜娘便道:"方巾挑得高,养出儿子做阁老。"若把方巾挑得很远,喜娘就说:"方巾挑得远,养出儿子做状元。"而女方主婚者挑去方巾后径直出去,据说此举可避婆媳之间的"逆面冲"。喜娘则把秤和甘蔗插进床顶,以示吉利。

喝交杯酒 新郎、新娘进入洞房后，按男东女西的位置并坐。相传，新郎先坐到床口就不惧内，新娘先坐下就不怕丈夫。所以，新娘跨进新房后，喜娘急领新娘先坐。夫妻坐定后，司礼者和茶担师傅托着小木盘，上有两只小酒杯，走至新郎、新娘面前。两人取过杯子，手臂交叉，喝酒。

闹新房 "闹新房"，被认为是"闹发，闹发，越闹越发！"民间素有"三朝无老少，大家都好闹"之说。旧时认为，结婚之家邪神恶煞最多，闹新房是以旺盛的阳气来驱压邪魔。再者，如果无人闹新房，也就是看不起新郎、新娘，新婚洞房会变得冷冷清清，毫无喜庆气氛。所以闹新房时，欢声笑语接连不断。

（二）婚后

回门 "回门"有双回门与单回门。若要新娘和新郎双双回门，必先备帖相请，由女方父母出面，称"言归"。新郎、新娘穿戴婚服，备盘双双回娘家，称"归宁"。新郎、新娘回家时，新娘娘家要做回门团子，以便让新郎、新娘回家后，分派给众亲友。

单回门，又称"走三朝"。新娘娘家盼咐新娘的嫂子或姐妹到婆家接新娘，称"候三朝"。新娘穿戴婚服、婚饰，打一花包裹，候者手拿两根甘蔗与新娘一同回去。傍晚，新郎到岳家接迎新娘，不过要到天黑时才回，因为新娘"走三朝"回家时不能看见烟囱，说是望见屋脊便撑不起这个家，被视为不吉利。

旧时，新娘婚后不满月只能进娘家大门和夫家大门，不能走亲串戚，偶有不慎走错门户，必须在该家的家堂前装香点烛，叩拜祈安。

拜土地公 婚后还有一个重要的礼节就是去土地庙拜土地公，祈求以后的日子能够平平安安。

二、生育

孕期 怀孕俗称"有喜"。女方娘家得知女方怀孕后，便开始准备孩子尿布、抱裙、四季衣衫等。根据孕妇孕期嗜食的情况，民间有"酸儿辣女"之说。旧时孕妇有很多禁忌：不能视恶色、听淫声，要多看漂亮画像；夫妻不能行房事；不能进庙宇；不能看新娘及死人入殓；不能跨沟坎；不宜吃公鸡、鸽子、田鸡、兔肉、猪头肉等，否则生的孩子会夜啼、斜视、豁嘴、害疮疖等。现今孕妇更讲究胎教，例如听音乐等。

小孩子的坐车
（2019年，朱阿巧提供，张银龙摄）

催生 旧时足月待产，娘家要将装有小孩子四季衣衫的包袱（俗称"催生包"），连同益母草、红糖、干菜、陈米等物送到女婿家。来人进门不打招呼，径至孕妇床前，将包袱（催生包）往床上一扔，然后将包迅速打开。有的娘家还要送两碗催生面，给女儿、女婿吃。催生的人不能坐，否则会被认为孩子生得慢或难产。临产时，婆婆或丈夫要到观音堂、娘娘庙去祈求催生娘娘和监生娘娘保佑生养顺利、母子平安。现今孕妇在围产期后期通过B超检测胎位，若胎位不正，可提前到医院待产，遵医嘱加强调理，无须偏劳所谓催生娘娘和监生娘娘了。

接生 旧有"借死不借生"之说，故生养孩子一般在家中，请专事接生的"老娘"前来接产。产妇坐在陪嫁来的"子孙桶"上，身穿大围裙，接生婆双手伸进接产。民间还有"七上八下"和"冲生"的说法，认为七个月的早产儿反而比八个月的早产儿容易养活。谁第一个见到婴儿就是谁"冲的生"，以后孩子的脾气就像谁，因此，生人不能随便进产房。胎盘俗称"衣包"，民间视之为孩子的命根子，男孩儿的衣包须埋在屋后。20世纪60年代后，生孩子均在医院，胎位不正者要做剖宫产，胎盘一般家属并不顾问。

坐月子 本地称产妇为"舍姆娘"。旧时产后要喝苦草汤（益母草），几个小时内（热血期）身边不可缺人。月子里产妇不能被风吹，不沾冷水，不能受气流泪，否则容易得病。产妇不可串门。一般人不能随便进"血房"（产房）。三朝内，外人及与婴儿属相相冲的人均不能靠近婴儿，最多隔着门槛远看。亲友多在月子里前来送物品探望。产妇吃苦草汤、陈米饭、红糖炖干菜、粉皮汤，且偏清淡。现今产妇吃鲫鱼汤、白笃蹄髈等高蛋白催乳食物。产后第一个星期产妇在医院里度过，由医生指导饮食起居，室内要通风，产妇要及早下床活动。

出院后，有的产妇直接住到娘家，多数产妇满月后，带孩子到娘家小住一段日子。产妇和孩子回婆家时，娘家要做糯米粉团子，俗称"邋遢团""粳团"，他们高高兴兴回家，把团子分给亲朋好友。有的人家还要送红蛋。

开奶　给婴儿喂第一顿奶称"开奶"。旧时，要在婴儿出生三天后开奶，开奶前还给婴儿吃"三黄汤"。汤药由犀黄、大黄、黄连煎成，味极苦，有清火解毒之效，含"吃得苦中苦，方为人上人"之意。现今提倡早喂"初乳"。

满月　村域民众十分重视婴儿满月剃头，这是初生婴儿第一件大事。旧俗，剃头那天要请堂名、宣卷等艺人来家说唱。要办"满月酒"，吃"满月面"。男孩儿要做"双满月"。满月仪式不一定在满月或双满月的正日。正月一般不给小孩子剃头，"正"谐音为"蒸"，怕正月给小孩子剃头，以后成"蒸笼头"。二月初满月多在二月初二这天做，因有"二月二，龙抬头"之说，十分吉利。五月为毒月，也忌剃头。十二月是腊月，"腊"谐音为"癞"，给孩子剃头怕将来他要成为"癞痢头"，故也不举行剃头仪式。亲友多给婴儿送"剃头礼"，有项链、锁片、手镯、脚镯、项圈，以及镶嵌精巧的小算盘、小如意等。物品上往往有"长命富贵""长命百岁"等吉祥祝福字样。举行剃头仪式时，厅内点红烛、寿字香，供寿星轴子或星官马，桌上放着供品及亲友送来的礼物。舅舅抱着婴儿坐在厅内，理发师给婴儿剃头，舅舅出赏钱特别丰厚。婴儿的头发剃得长短不一也无关紧要，称作"毛毛头"。头顶留一撮桃子形的头发称"桃子头"；头顶周围留一圈头发，名"刘海箍"；后脑勺留一缕头发为"小米囤"。剃下的胎发不能乱丢，理发师将它揉成一团，用红绿丝线串起来，有的下面还系着红绿飘带，放在婴儿的床上压邪。剃头后，母亲将婴儿交给亲友抱。有的孩子戴上帽子后，身上放本皇历，角端用红绿丝线串一枚"太平"铜钱，由姑母抱着撑一把新油纸伞，走过三座桥，意为"太平""吉利""状元"。如今独生子女多，婴儿满月剃头更为隆重，"喝满月酒""吃满月面""发红蛋"之俗也盛行不衰，只是繁文缛节已不再讲究。

百日　旧时民间有为婴儿"做百日"之俗，含有祝其健康长寿之意。百日礼有送百家衣、百家锁的习俗。现今拍摄百日照留念较为普遍。

做周岁　旧时孩子满一周岁，要"做周岁"，俗称"搭期"，要备酒宴请亲友。有"抓周"之俗。此俗现已少有人信，偶或行之，多寓游戏意味。

寄名 旧时为了祈求孩子免遭夭折，往往将孩子寄名给多子女或五行合适的人家。寄名要择吉日，主家备酒席送到寄父母家。寄父母家门口立一张木梯，生母将孩子从木梯空格间递给寄母。寄父母另备一只红绸袋，里面放着寄儿的生辰八字帖及寄名文书，系上万年青，挂在家堂高处。寄父母要给寄儿见面礼和其他礼品，还要给寄儿取个寓意吉祥、长寿的名字，或"阿猫""阿狗"等贱名。从此，每逢过年寄父母要给寄儿送年夜饭、压岁钱，两家各有馈送往来，以三年为"满年"，第四年称"余年"，直至寄儿成婚才将寄名袋取回，叫"拔寿书"。也有寄名神佛的，一般多为观音，与前者不同的是，这种寄名仅将寄名袋挂在佛龛角上，年夜饭由庙祝准备。现仅保留送年夜饭及逢年过节互相馈送的习俗。

成年 晚清以后，始有成年礼仪习俗。孩子到了上学年龄，由娘舅家备书包等学习用品，做上学堂团子，送外甥上学。孩子长到13岁，父母要为之"斋星官"，男孩儿在农历七月初六日"留头顶"（也有男孩儿在6岁"留头顶"），女孩儿在农历七月初七日"留头发"，以示成年。亲友送衣裳、布料、绒线等物，表示祝贺，父母要办酒席宴请亲友。如今"留头发"之俗依旧流行。

三、寿诞

旧时，村域十分重视过生日，每逢诞辰，必吃寿面，祈求健康长寿。年龄整十的生日为"大生日"，其他为"小生日"。男子最重视30岁的生日，有"三十不做，四十不发"之说，但实际上是"做九，不做十"，古时29岁即由岳父母操办寿宴。年近60岁过生日称为"做寿"。旧时做寿，有的人家大堂当中还设寿堂，张灯结彩，寿香寿烛高烧，中堂挂"寿"字或"八仙上寿"之类画轴寿屏，并供寿星神马，设面蔬斋供。子孙亲友送寿糕、寿桃、寿烛、寿面等前来祝寿拜寿，寿糕、寿桃的数目要和寿星的年龄相同，上面往往饰有"松鹤延年""老寿星""梅兰竹菊""岁寒三友"等图案，寿礼都要摆供。寿星家要摆寿宴，请吃长寿面、喝寿酒。富贵人家讲究排场，要请堂名、宣卷艺人到家里吹打助兴，通常宣卷调唱"八仙上寿"。做寿的人称"寿星老"。60岁后做寿较为普遍。老人66岁生日，女儿要送66块红烧肉，表示过关大吉。现今民间做寿时，祝寿之俗仍盛。"小生日"在家吃面或买生日蛋糕庆贺。小孩子周岁及成人

"大生日"也有开寿筵的。祝寿蛋糕上插着与寿星年龄相同的彩色数字蜡烛，合家欢聚时点燃，由寿星吹灭，大家齐声合唱生日快乐歌。最后还要吃长寿面、生日蛋糕。年轻一代庆贺生日更趋现代化，寄生日贺卡，在电台、电视上点播祝福歌曲，寄送小巧精致的生日礼物等。另外过去老年人做寿材、寿衣也是一件大事。一般人家仅做寿衣，富者则备寿材。殡葬改革后，寿衣则剪布请人缝制，或干脆到寿衣店购置。古时，人死了以后做寿叫"冥寿"，多假寺院举行，寿堂一如阳寿，做冥寿一般10年一次，不收贺礼。做冥寿之俗，在中华人民共和国成立以前就已不多见了，现更已绝迹。

四、丧葬

旧时，家中有人去世以土葬为主。20世纪60年代后期逐步推进"平坟"整地运动，70年代开始推行火葬，土葬终止。不过许多丧葬礼仪还有所保留。

送终 民间向来有"送终"之俗。人将逝，家人须日夜侍守在侧，远在他乡的亲人也得归家。人气绝后，家人一面号啕大哭，一面立即除去死者蚊帐，抛到屋顶上，焚去死者单夹衫裤、棉袄棉裤等，名为"烧下床裤"。接着子女用净水为死者"揩身"，并为死者穿好单衣单裤，后从内寝室起至大门口，每越一门槛，在地上点一支"地灯蜡烛"。又在门口场上焚烧锡箔和草鞋两双，焚草鞋称"外六斤四两"，烧锡箔称"内六斤四两"。将死者床上草席在大路口烧掉。人死后，家属飞速报丧。亲朋好友有的连夜前来吊唁、守夜。孝子要去理发，因有在"七七"中不得剃须理发之习俗。

移尸 子女或邻居将死者抬进客堂，先触地，意为"入土为安"，再抬到正厅停尸门板上，"头南脚北面朝天"，头南挂白幔成"孝堂"。将一枚银菱或零碎银子安放在死者口中，称"含口银子"。家人要请理发师为死者整理容貌、头发，若死者为女性，则多由女儿为其梳理头发，整理遗容。

成服 死者穿寿衣前儿子应先穿。孝子前襟朝后，将死者寿衣一件件穿在自己身上，称穿"筒衣"。然后脱下，带到场角"称衣裳"。有人问"这是谁的衣裳？"孝子即应以死者的姓名及对其的称呼，旋即给死者穿衣。一般是衣裤七件，也有男五件、女七件的，有"五事件、七巧衣"之说。穿好后，孝子跪着在寿衣角上烫香洞、咬牙齿印。死者脚上套一只斗，头枕是倒放的升箩，意为

"脚踏北斗上西方"。死者头畔置一盏油灯,昼夜不熄,称"幽明灯"。

斋醮 入夜,请道士前来斋醮。道士一到,先按死者的年庚、死日等推算死者"小殓"、"大殓"、"接眚"(俗称"匹青")、"五七"的时间与禁忌,并详细写在黄纸上,覆盖在尸面上,称"批书"。供桌上挂起元始天尊像,斋祭时,众道士绕行死者数匝,子女主亲手拿安息香,随行其后,俗称"转殓",进行两次。死者的长辈不戴孝,小辈及平辈要戴孝。孝子头戴麻布"风凉帽",身穿白布长衫,白鞋子蒙麻布条,腰束一条反搓的稻草"左手绳"。女性头扎长条白布巾,拖至脚跟,老辈中若还有一人健在,则白布巾长短不一。玄孙辈袖上有小块红布。丧家要向死者同宗、亲属散发白布。丧家将小白布,俗称"利市布"(现已改用黑布臂章)扔在地上,由吊唁者自己捡起,忌迎面用手传递,否则传来传去不吉利。

白礼 亲友邻里出"白礼",多为被面或钱,如单丧,钱必为单数。若死者年事已高,谓丧事当喜事办。现在送花圈吊唁的也较多。

点主、开吊 点主,又称"成主",这是死者的安魂仪式,一般在开吊前举行。先在死者的牌位上题写生卒时日、姓名、字号,后面"神主"两字的"主"字,暂不加点,写作"王"字,要到斋祭仪式时再加上去。古时,一般人家是由孝子跪在灵前,针刺中指,以血点主。开吊一般与出殡同日。孝堂布置庄严,灵前挂白幔,悬死者遗像。开吊时,一有客来,道士便奏哀调迎客,吊客致祭时,幔内家属哭声阵阵,女客站死者旁痛哭一场,孝子全身着丧服致谢。

入殓 人死后二三日即大殓入棺,热天则先小殓,后大殓。装殓前,要在棺内置石灰及炭屑等做垫衬,以死者生前心爱之物做陪葬品。尸体由死者长子捧头纳入,置于内装石灰的菱形枕上,用水抹尸面,喂米饭、酒于死者口中,然后上棺盖,小殓先不上棺旁的定榫(木楔),棺钉留尾,不合缝。大殓才加定榫,敲钉合口。棺尾有一长钉,称"子孙钉",上结小红布条,先由长子轻敲三下,然后由帮忙的人用力敲牢。丧家要备宴招待来吊唁的亲友,其中必有豆腐,故称"吃豆腐"。

出殡 殡葬在古代有多种形式,一般入殓后3天内殡葬,也有搁置到"六七"后才殡葬;大户人家,有的入祠停柩三年,而后殡葬。殡葬时间、地点均由风水先生确定。出殡那天,丧家大门口钉麻幡,上剪三四个小洞。将棺木抬出家门时，要在门口砸碎一碗或瓮甏。先停放在大门口场上，头东脚西，进行祭祀，主亲身穿素服，女性号啕痛哭，手执安息香随道士绕行数匝。出殡队伍中，灵柩在前，接着是道士、乐队，后面紧跟孝子，托着放有米、麦、绿豆、酒壶和死者牌位5样东西的木盘，其后是其他亲友。灵柩以孝子锦被覆盖，由六人或八人抬，抬棺者不可喊"重"，也不可回头。若用船载灵柩，则船到岸时要倒停（船艄靠岸）。灵柩过桥时，孝子必出"功布"拜接，称"接桥"。在送葬路上丢纸钱，名为"买路钱"。穷人家出殡，往往在破晓时招几名鼓手和扛夫，由孝子手捧灵位送葬，称"偷葬"。

安葬 出殡前先请风水先生选好墓地，定好方向。落葬当天清晨开穴。坑内要烧一把稻草，叫"暖坑"。用脚踏结实坑穴，焚香敬告"后土"，然后由坟客"接扛"抬棺入穴，称"登位"。坟堆成丘状，名为"圆顶"，上植"千年茁"。墓前立墓碑，上书死者生卒年月及后裔名单。烧纸钱后回家，路上不许回头望，忌走回头路。到家门口时，送葬人要跨过用稻草扎成"个"字形的"三灯火旺"。孝子依旧托盘回家，将牌位等置于灵台上。送葬结束后，丧家再办"回丧饭"，招待诸亲好友。

做七 在"五七"前，每天清晨，死者家属要出声痛哭一场，叫"祀饭"。葬后三天丧家按例须再到坟上烧纸钱哭丧，名为"复墓"。人死后，每隔七日祭祀一次，称"做七"。共有"七七"。旧时逢"七"时，全家聚集在灵前，设食供奉。民间有"哭七七"调，声甚凄婉。

接眚 在死后"三七"（21天）前后，择日"接眚"，又称"匹青""回煞"。道士按原批书上所定"接眚"日，不请自来斋醮，举办仪式。"接眚"那天，家中尖锐铁器如秤钩、钉头等要贴一片小红纸。又将死者衣服铺放在死者床上，并放上一个完好的剥壳白蛋，挂起眚神轴子，用三牲祀之。

五七 民间重做"五七"（35天）。"五七"那天天亮前，死者子女哭喊对死者的称呼或死者的名字。道士前来吹打，称"闹五更"。那天所供菜肴都由女儿备齐，称"五七羹饭"。亲友出"白头情"，前来悼念。道士做"道场""书述"等法事活动，如烧纸库、穿大桥、解结、起灵台等。民间有"五七"那日诸亲好友一概不能在丧家过夜之习俗。

禁忌 旧时未过"七七"，死者家属还有许多禁忌。如：不得剃头、理须，

酒席上不坐首席等。死后27个月即"禫祭"之后才可除去灵座，子孙辈脱掉素服，穿上常服，俗称"去服"或"满孝"。每逢清明及死者忌日，均要祭扫坟墓。古时，民间还有10年一次在死者诞辰做"阴寿"之俗。

20世纪70年代逐步推行火葬。进入21世纪，人们普遍开始把骨灰盒放到公墓。人死后，家属即与火葬场联系，届时灵车来接尸体。送葬者戴黑纱佩白花随车前往。将遗体送至火葬场后，先向遗体告别，然后火化，骨灰盒由子女带回。有的子女将骨灰放置在家中一年后，送到公墓。2010年开始直接送到公墓，称为"热葬"，丧家仅在家堂上方悬挂死者遗像。死者家属大多依旧恪守守孝期的种种禁忌，但每年清明节的祭奠仪式较为简略。

第十二章 人物·荣誉

五联村村民历来重视文化教育和道德品质教育，尚文崇教，村域出现了不少乡贤式的人物，更不乏享受国务院政府特殊津贴的中西医结合方面的领军人物。村民聪明勤劳，涌现出一批能工巧匠。进入21世纪后，村民具有根深蒂固的"书包上翻身"观念，这又促成了一批大中专学生毕业后返乡工作，从整体上提升了五联村村民的素质。

第一节 人物传略

朱旭初 （1900—?）丁泾村（现五联村第23组）人。1927年，由昆山县国民党党部推荐到毛泽东、邓演达主办的中央农民运动讲习所受训半年。后来经上海交通大学校长胡宝凤介绍，进入上海交通大学工作。1948年年初，回昆山县党部工作，同年底，调往上海交通大学，落户上海。

张文俊
（2019年，张文俊子女提供）

张文俊 （1917—1957）1917年5月28日出生于西支家庄（现五联村第5组）。曾先后就读昆山一中、黄渡高中。1937年，被保送至广州黄埔军校，成为该校第十四期军校生。1940年毕业后，张文俊与同学们集体加入国民党，并由校方组织集体入伍，奔赴抗日战争前线。在战场上，与日军展开激烈的拼杀。抗战胜利后，张文俊获得抗战胜利纪念章，并被调往国民政府国防部任职。工作期间，曾经有家乡的农民朋友请他帮忙寻找被抓壮丁的家人。张文俊利用自己的关系，从前线找到这名被抓的青年农民，并派人送其回昆山。1957年，张文俊在大兴安岭农场劳动期间因患伤寒医治无效去世。

李鹏云 （1918—1962）东支家庄（现五联村第6组）人。拜昆山亭林路名中医袁震震（昆山县玉山医院老中医）为师，出师后在支家庄开设中医内科门诊。1962年病逝。

李鹏图 （1923—1962）东支家庄（现五联村第8组）人。高中毕业后拜苏州中医外科专家唐祥霖先生为师，为其关门弟子，学长中有昆山县玉山医院副院长李觉民。20世纪50年代，在巴城、周市一带开设私人诊所，专治痛症、"搭背"等疑难杂症，兼治脑膜炎、肺病、盲肠炎等，在当地颇有名望。1956年，在陆家桥开办联合诊所，任所长，设有中西外科、中医内科、儿科、针灸科。1957年，成为首批由昆山县卫生局选派到上海松江参加血吸虫病防治培训的人员之一，负责昆北地区血吸虫病防治工作。1960年6月病逝。

孙福根（1924—2011）江苏宜兴人。中华人民共和国成立前来到巴城杨家村落户。1950年参军，加入苏州军分区太湖剿匪小分队。剿匪工作告一段落后，被编入昆山巴城区中队，复员后被安排到丁泾大队第7生产队（现五联村第22组）落户。2011年4月8日去世，享年87岁。

朱伯安（1928—2006）包家桥（现五联村第2组）人。1951年加入中国共产党，同年参加中国人民志愿军赴朝作战。服役期间，荣立三等功。1953年，作为伤残退伍军人（三级一等）复员回家，曾任城北运输大队大队长职务。后任五联大队党支部书记。1971年，五联大队创建村办企业，聘用朱伯安为筹备负责人之一。1972年，朱伯安创办算盘珠厂，并与苏州红木雕刻厂联营。后为筹建五联电晕丝厂（五联电除尘设备厂），往返于上海、苏州、福建等地，聘请老师傅与工程师。1978年8月电晕线厂投产。2006年去世，享年78岁。

李志明（1936—2015）北孝仁塘（现五联村第9组）人。国家一级注册建筑师。1957年高中毕业，考入南京工学院（现东南大学）建筑系。1962年大学毕业后被分配到上海华东建筑设计院工作，在上海期间先后参与设计上海第一家五星级宾馆，即上海华亭宾馆，以及上海卫星地面接收站、延安制药厂等。1977年，受上级安排到江苏大丰县围海造田，负责规划设计。1983年被评为大丰县农场局先进个人。1985年加入中国共产党。1987年被调回上海，担任上海城乡建筑设计院院长，先后参与设计了苏州手表厂、昆山电视机厂、昆山国际会展中心、昆山商厦、昆山陆杨影剧院、昆山供销社大楼、太仓市政府大楼等。2015年5月因白血病去世，享年79岁。

陈雪明（1957—1990）丁泾村（现五联村第21组）人。1976年3月入伍，1980年复员，后被安排至陆杨水利站工作。1990年9月因病医治无效去世。

第二节 人物简介

钱祖琪 1935年生于莫家溇（现五联村第33组）。曾就读于上海大学。1994年，任上海市南市区妇幼保健院院长、上海市中西医结合学会妇产科专业委员会副主任委员。主要研究妊娠高血压综合征的防治与预测，采用中西医结合疗法治疗子宫发育不良性不孕症，使病人受孕率达到80%以上，技术水平国内领先。1994年，被上海市政府评为"上海市劳动模范"。

周永兴 1943年出生于西支家庄（现五联村第13组）。1962年，考入南京邮电学院。1972年，进入中华人民共和国邮电部设计院工作，担任高级工程师。

陈玉琴 1946年出生于盛家村（现五联村第24组）。曾就读于昆山中学，高中毕业后考入天津轻工业学院，为丁泾村历史上第一位大学生。大学毕业后进入河北省唐山市建筑集团工作。曾担任高级工程师、厂长，并当选唐山市政协委员。

张仁兴 1947年3月9日出生于孝仁塘（现五联村第26组）。曾就读于昆山县第二中学，后辍学回乡。1969年2月参军，同年入党。历任班长、排长、连长、团政治处干事、师政治部干事等。先后获连嘉奖3次、团嘉奖2次、三等功3次、师通令嘉奖1次、哈尔滨市人民政府嘉奖1次。1985年，转业后回城北工作，历任城北乡党委秘书、城北乡人武部部长、城北乡副乡长、城北乡农工商总经理、城北镇镇长、城北镇人大主席。退休后，参与《昆山市城北镇志》编纂。

钱宝兴 1947年出生于莫家村第5组（现五联村第34组）。1970年入伍，先后获连队嘉奖2次。1973年退伍，后回原籍务农，先后担任生产队队长、大队民兵营长兼治保主任。1982年，调入城北不锈钢厂，两年后转城北乳胶厂任保卫科科长，直至城北乳胶厂关闭。1987年，到城北派出所联防队工作至2000年退休。

第三节 人物名录

一、退伍军人

五联村共有复退役军人80人，无现役军人（至2019年年底）。每一年的征兵工作，都会引起较大反响，村民踊跃报名接受祖国挑选。最早被选中的是丁泾大队的孙福根，入伍时间是1950年2月。1951年参军的朱伯安、陈道生、张惠兴加入了抗美援朝志愿军。同样作为志愿军，1970年入伍的钱宝兴参加了抗美援老战争。村域内受血吸虫病影响，1952年至1968年只有4人参军入伍，直到1969年才趋于正常。1950—2019年五联村域退伍军人情况如表12-3-1所示。

表12-3-1　1950—2019年五联村域退伍军人一览表

序号	姓名	性别	出生年月	组别	入伍时间	退役时间	备注
1	陈正喜	男	1936年5月	1	1955年3月	1958年2月	
2	陈雪龙	男	1952年4月	1	1970年12月	1976年3月	
3	陈超	男	1989年6月	1	2009年12月	2011年12月	
4	朱伯安	男	1928年2月	2	1951年11月	1953年12月	已故
5	陈嘉梁	男	1993年3月	2	2012年12月	2014年12月	
6	陈道生	男	1929年1月	2	1951年11月	1953年12月	已故
7	项东	男	1974年12月	3	1992年12月	1996年12月	
8	项伯林	男	1964年11月	3	1983年7月	1999年1月	
9	顾雪根	男	1953年5月	4	1973年1月	1976年3月	

续表

序号	姓名	性别	出生年月	组别	入伍时间	退役时间	备注
10	顾雪明	男	1954年1月	4	1974年12月	1981年1月	
11	顾承	男	1995年11月	4	2014年9月	2016年9月	
12	钱宝兴	男	1947年8月	5	1970年1月	1973年3月	
13	张巧泉	男	1950年6月	5	1969年4月	1973年2月	
14	张国庆	男	1966年4月	6	1985年10月	1990年3月	
15	钱建明	男	1959年3月	6	1979年1月	1982年1月	已故
16	苏觉明	男	1961年5月	6	1981年1月	1984年1月	
17	陈明	男	1965年1月	7	1983年8月	2005年10月	
18	钱巩轶	男	1994年4月	7	2013年9月	2015年9月	
19	陈志明	男	1963年8月	9	1981年1月	1985年1月	
20	李华峰	男	1983年11月	9	2002年12月	2004年8月	
21	李天辰	男	1994年1月	10	2012年12月	2014年12月	
22	陆春磊	男	1988年2月	11	2006年12月	2008年11月	
23	李龙扣	男	1953年1月	11	1971年1月	1975年3月	
24	李阿小	男	1933年3月	11	1953年11月	1956年2月	已故
25	夏云龙	男	1977年12月	11	1995年12月	1998年12月	
26	陶春明	男	1979年2月	12	1998年12月	2000年12月	
27	邵洁	女	1995年5月	12	2013年9月	2015年9月	
28	过群创	男	1962年9月	13	1981年1月	1984年1月	
29	吴培明	男	1956年10月	13	1976年2月	1978年4月	
30	张惠兴	男	1934年11月	14	1951年11月	1954年2月	已故
31	陆菊强	男	1976年6月	14	1994年12月	1997年12月	
32	李杰	男	1971年4月	14	1990年1月	1992年1月	
33	李小明	男	1964年2月	14	1979年1月	1998年10月	已故
34	宣依富	男	1968年12月	16	1986年11月	1990年12月	
35	袁德玉	男	1961年10月	17	1979年1月	1983年1月	
36	袁德金	男	1954年6月	18	1970年12月	1988年10月	

续表

序号	姓名	性别	出生年月	组别	入伍时间	退役时间	备注
37	朱凤鸣	男	1954年7月	20	1971年1月	1976年3月	
38	朱宝明	男	1962年9月	20	1980年12月	1983年1月	
39	陈雪明	男	1957年2月	21	1976年3月	1980年	
40	郁雪中	男	1972年8月	21	1990年3月	1994年12月	
41	孙福根	男	1924年2月	22	1950年2月	1952年8月	已故
42	郁建华	男	1950年12月	22	1971年1月	1975年2月	
43	朱文忠	男	1968年10月	23	1986年11月	1993年3月	
44	顾福明	男	1950年6月	24	1973年1月	1976年3月	
45	顾志强	男	1977年8月	24	1996年12月	1999年12月	
46	唐建国	男	1977年3月	24	1996年12月	1999年12月	已故
47	唐建明	男	1967年10月	26	1987年11月	1991年11月	
48	唐振强	男	1993年7月	26	2014年9月	2016年9月	
49	张仁兴	男	1947年3月	26	1969年2月	1985年12月	
50	张海平	男	1975年2月	26	1994年12月	1997年12月	
51	张文清	男	1979年4月	26	2000年12月	2002年12月	
52	袁德明	男	1944年8月	27	1962年8月	1968年12月	
53	李强	男	1966年2月	27	1985年11月	1990年3月	
54	赵金宝	男	1958年2月	28	1978年10月	1982年2月	
55	赵巧林	男	1956年8月	28	1976年12月	1981年1月	
56	王仁刚	男	1955年7月	28	1975年11月	1978年11月	
57	朱和平	男	1961年4月	28	1979年12月	1984年11月	
58	王凡	男	1995年9月	28	2015年9月	2017年9月	
59	钱金龙	男	1947年2月	30	1969年2月	1973年3月	
60	唐惠良	男	1949年6月	30	1971年1月	1975年3月	
61	钱建中	男	1968年8月	30	1987年11月	1991年12月	
62	支月芳	男	1963年12月	30	1981年4月	1986年1月	
63	支翔	男	1988年1月	30	2007年12月	2009年11月	

续表

序号	姓名	性别	出生年月	组别	入伍时间	退役时间	备注
64	周炳泉	男	1947年6月	31	1969年2月	1970年12月	
65	徐荣福	男	1952年10月	31	1971年12月	1975年12月	
66	徐建中	男	1961年9月	31	1979年12月	1982年12月	
67	徐凤兴	男	1952年8月	31	1974年12月	1980年1月	
68	徐刚	男	1976年12月	31	1996年12月	1999年12月	
69	徐青	男	1985年8月	31	2004年12月	2006年12月	
70	陆志鹏	男	1949年4月	32	1970年1月	1973年2月	
71	蒋水根	男	1956年6月	32	1976年12月	1980年2月	
72	陆斌华	男	1981年8月	32	2000年12月	2002年12月	
73	陆国华	男	1966年6月	32	1986年12月	1990年12月	
74	钱启业	男	1938年5月	33	1955年3月	1958年2月	已故
75	钱雪林	男	1944年12月	33	1965年1月	1972年2月	已故
76	谢雄	男	1981年9月	33	1999年12月	2001年12月	
77	徐旭中	男	1966年4月	35	1986年12月	1990年3月	
78	陆金明	男	1966年4月	35	1984年10月	1989年3月	
79	钱启元	男	1948年10月	36	1970年1月	1973年2月	
80	徐福兴	男	1953年3月	36	1970年12月	1976年3月	已故

二、医护人员

1949年前，村域历史上有个别从医人员，利用家传医术在家里开设小型私人诊所。20世纪60年代，经过组织培训的赤脚医生，在大队医疗站从事常见病的治疗。改革开放后，村域增加一批在大中专学校经过专业学习的医务工作者。1949—2019年五联村域医护人员情况如表12-3-2所示。医护人员不论工作于何地，只要是五联人，均收录其中。

表12-3-2　1949—2019年五联村域医护人员名单表

序号	姓名	出生年月	工作单位（所在地）	专业	家庭住址	工作时间	备注
1	朱维贤	1960年6月	五联村	全科	五联村第2组	1976—1984年	
2	项烨敏	1986年11月	昆山市第一人民医院	全科	五联村第3组	2010—2019年	
3	邵程红	1988年11月	昆山市第二人民医院	全科	五联村第4组	2010—2019年	
4	顾金根	1945年11月	五联村	全科	五联村第4组	1965—1976年	
5	顾彬	1982年11月	昆山市中医院	内科	五联村第4组	2005—2019年	
6	李海春	1983年1月	昆山市第一人民医院	内科	五联村第5组	2007—2019年	
7	周勤芳	1963年7月	五联村	全科	五联村第5组	1987—2019年	
8	李鹏云	1919年5月	家庭私人诊所	全科	五联村第6组	1949年前后	
9	李叶青	1992年11月	昆山市康复医院	全科	五联村第6组	2018—2019年	
10	李鹏图	1923年6月	昆山市周市联合诊所	针灸	五联村第8组	1949年前后	
11	唐静	1985年9月	昆山市康复医院	针灸	五联村第8组	2008—2019年	
12	张林生	1947年10月	五联村	兽医	五联村第9组	1966—2019年	
13	钱惠琴	1955年3月	昆山市第一人民医院	产科	五联村第9组	1973—2014年	
14	闵丽雯	1985年5月	上海长海医院	药品	五联村第11组	2012—2019年	
15	王明君	1982年11月	昆山市中医院	外科	五联村第11组	2010—2019年	
16	闵婷婷	1989年3月	新镇中心医院	内科	五联村第11组	2015—2019年	
17	余婧	1983年2月	昆山市第三人民医院	外科	五联村第10组	2005—2019年	
18	周静	1987年7月	昆山市第三人民医院	内科	五联村第13组	2013—2019年	
19	张惠芬	1950年4月	五联村	产科	五联村第14组	1966—1984年	

续表

序号	姓名	出生年月	工作单位（所在地）	专业	家庭住址	工作时间	备注
20	管学明	1945年8月	五联村	全科	五联村第14组	1965—1984年	
21	李彩英	1945年9月	五联村	全科	五联村第15组	1974—1986年	
22	李仲青	1902年5月	玉山医院	中医	五联村第18组	1927—1962年	已故
23	李敏勤	1945年6月	丁泾村	全科	五联村第18组	1966—1970年	
24	俞凤娟	1963年4月	丁泾村	全科	五联村第18组	1980—1998年	
25	张志琴	1986年7月	昆山市第一人民医院	护士	五联村第21组	2009年至今	
26	郁舟元	1996年8月	苏州第一人民医院	造影	五联村第21组	2019年至今	
27	徐光明	1944年8月	丁泾村	全科	五联村第22组	1965—1980年	已故
28	顾巍	1988年6月	昆山市第二人民医院	内科	五联村第23组	2008年至今	
29	郁金珍	1954年1月	丁泾村	全科	五联村第26组	1971—2010年	
30	马莉	1974年3月	昆山市第三人民医院	妇科	五联村第26组	1997年至今	
31	吴纯燕	1987年4月	昆山市第三人民医院	全科	五联村第28组	2011年至今	
32	朱文鑫	1999年11月	昆山市第三人民医院	全科	五联村第28组	2015年至今	
33	钱水妹	1939年6月	莫家村	全科	五联村第30组	1970—1995年	
34	柯伟	1980年1月	昆山市第二人民医院	造影	五联村第30组	2013年至今	
35	钱裕康	1945年6月	莫家村	全科	五联村第32组	1965—2004年	
36	郁英	1967年5月	泾河村	全科	五联村第32组	1989—2019年	
37	陆怡彬	1989年8月	昆山市中医院	中医	五联村第32组	2013年至今	
38	浦晓洁	1989年1月	昆山市中医院	中医	五联村第32组	2012年至今	

三、教职工

五联村域的教职工有71人，大多数在师范学校学习过或者经短期专门培训过。1949—2019年五联村域教职工相关情况如表12-3-3所示。进入21世纪，村域没有公办学校，所以教职工名单上的绝大多数人员都在村域外从事教育工作。

表12-3-3　1949—2019年五联村域教职工一览表

序号	姓名	性别	出生年月	任教单位	组别	备注
1	顾茵芝	女	1995年3月	昆山高新区阳澄湖科技园幼儿园	2	
2	王莉萍	女	1968年10月	昆山第一中心小学	4	
3	龚玲	女	1964年3月	昆山市城北中心小学	4	
4	张寅	女	1986年5月	昆山市娄江实验学校	5	
5	张哲星	男	1995年7月	昆山高新区珍珠湖小学	5	
6	薛仁杰	男	1996年7月	昆山高新区吴淞江学校	6	
7	陆婷	女	1988年2月	昆山市玉山镇振华实验小学	7	
8	钱刚	男	1978年10月	昆山市教育局	7	
9	顾雪娟	女	1968年11月	昆山高新区振华实验幼儿园	8	
10	管志华	男	1970年10月	昆山市周市中学	9	
11	贾玉琴	女	1970年10月	昆山市周市中学	9	
12	李霞	女	1986年12月	昆山市裕元实验学校	9	
13	张梅芳	女	1974年1月	昆山市城北中心小学	9	
14	顾培菊	女	1992年5月	昆山高新区水秀幼儿园	9	
15	陈艳萍	女	1986年7月	昆山高新区鹿城幼儿园	9	
16	赵青	女	1989年10月	昆山市周市镇永平小学	10	
17	王丽萍	女	1963年2月	昆山市高科园小学	10	
18	王小芬	女	1967年1月	昆山市城北中学	11	
19	王之芸	女	1997年7月	昆山市张浦初级中学	11	
20	赵海明	男	1985年1月	昆山市葛江中学	12	
21	高敏洁	女	1988年5月	昆山市三之三幼儿园	12	
22	苏觉清	男	1966年3月	昆山市城北中学	12	

续表

序号	姓名	性别	出生年月	任教单位	组别	备注
23	钱静阳	女	1991年3月	昆山高新区同心幼儿园	12	
24	陈丽莎	女	1993年5月	昆山高新区同心幼儿园	12	
25	季萍	女	1987年9月	昆山市玉山镇振华实验小学	13	
26	吴玉娟	女	1982年11月	昆山市城北中心小学	13	
27	张惠兴	男	1934年11月	昆山市城北中心小学	14	已故
28	张惠元	男	1956年2月	昆山市高科园小学	14	
29	薛敏娟	女	1973年11月	昆山市城北中学	14	
30	王留憎	女	1997年2月	昆山市新镇中心幼儿园	15	
31	王文怡	又	1996年12月	昆山高新区同心小学	15	
32	李燕婷	女	1994年5月	昆山市周市中心小学	18	
33	李晓明	男	1931年3月	昆山市城北中心小学	18	退休
34	马丹	女	1997年4月	昆山开发区蝶湖湾幼儿园	19	
35	马音喆	女	1996年1月	昆山市正仪中心校	19	
36	朱佳琪	女	1991年6月	昆山高新区同心小学	20	
37	钱逸	女	1993年9月	昆山高新区美陆幼儿园	20	
38	朱叙英	女	1968年10月	昆山市城北福娃幼儿园	20	
39	陆璐燕	女	1991年11月	昆山市兵希中学	20	
40	郁菊珍	女	1970年6月	昆山市葛江中学	21	
41	郁言廷	男	1993年12月	昆山高新区同心小学	21	
42	陆梅珍	女	1953年1月	昆山市城北中心小学	21	退休
43	郭文刚	男	1973年5月	昆山市城北中学	22	已故
44	陈丽	女	1979年6月	昆山国际学校	25	
45	陈群芳	女	1972年10月	昆山高新区城北幼儿园	25	
46	陈燕琴	女	1987年3月	昆山市城北福娃幼儿园	25	
47	赵斌	男	1978年12月	昆山实验小学	27	
48	张丽	女	1979年3月	昆山市城北高科园中心小学	27	
49	夏永芬	女	1977年3月	昆山高新区振华实验幼儿园	27	

续表

序号	姓名	性别	出生年月	任教单位	组别	备注
50	赵国庆	男	1969年2月	昆山震川高级中学	27	
51	杨恂骅	男	1992年7月	江苏省昆山中学	27	
52	朱雪平	男	1987年4月	昆山市裕元实验学校	29	
53	蔡雅娟	女	1986年12月	昆山市城北中学	29	
54	郁阳	女	1996年3月	昆山市花桥集善中学	29	
55	钱建林	男	1962年1月	昆山市石牌中学	30	
56	钱建良	男	1964年4月	昆山市新镇中学	30	
57	钱艳萍	女	1991年1月	张浦中心幼儿园	30	
58	徐亚明	男	1981年2月	昆山市高科园小学	31	
59	张红玲	女	1983年4月	昆山市城北富士康幼儿园	31	
60	陆国强	男	1955年5月	昆山市城北中心小学	32	退休
61	陆斌	男	1978年6月	昆山高新区小河岸小学	32	已故
62	夏霞	女	1981年5月	昆山市城北中心小学	32	
63	陆国良	男	1963年4月	江苏省昆山中学	32	
64	钱艳华	男	1974年8月	昆山市教育局	33	
65	陈雅	女	1977年1月	昆山市新镇中学	33	
66	沈黛英	女	1966年5月	江苏省昆山中学	33	
67	钱月明	男	1961年8月	昆山市城北中学	34	
68	陆雪娟	女	1980年7月	昆山市第二中学	34	
69	高静	女	1990年11月	昆山高新区城北幼儿园	34	
70	严叶飞	男	1975年9月	昆山震川高级中学	36	
71	钱丽娜	女	1992年11月	昆山市培本实验小学	36	

四、下乡知青

村域曾有下乡知青136人，主要来自苏州，来自昆山的不到四分之一。从1963年第一批知青插队，到1976年最后一批知青插队，再到知青陆陆续续回苏州、昆山，知青们在村里留下了历史的记忆。1963—1976 年五联村域下乡知青情况如表 12-3-4 所示。

表 12-3-4　1963—1976 年五联村域下乡知青一览表

序号	姓名	性别	家庭所在地	当时落户地	插队时间	备注
1	凌敏	女	苏州	五联村第1组	1968年	
2	陆凤仙	女	苏州	五联村第1组	1968年	
3	刘远景	男	苏州	五联村第2组	1968年	
4	蔡春年	男	苏州	五联村第2组	1968年	
5	杨虹	男	苏州	五联村第3组	1968年	
6	袁水忠	男	苏州	五联村第3组	1968年	
7	张家珍	女	苏州	五联村第3组	1968年	
8	唐瑞华	女	苏州	五联村第3组	1968年	
9	华蕴芝	女	苏州	五联村第3组	1968年	
10	孙萌	女	苏州	五联村第3组	1968年	
11	顾秉祖	男	苏州	五联村第4组	1968年	
12	鲍友良	男	苏州	五联村第4组	1968年	
13	章敏	女	苏州	五联村第4组	1968年	
14	许惠芳	女	苏州	五联村第5组	1968年	
15	蔡金如	女	苏州	五联村第5组	1968年	
16	连元菊	女	苏州	五联村第5组	1968年	
17	吴松芹	女	苏州	五联村第5组	1968年	
18	沙国栋	男	苏州	五联村第6组	1968年	
20	周金梁	男	苏州	五联村第6组	1968年	
21	余玉鸣	男	苏州	五联村第6组	1968年	
22	顾平	男	苏州	五联村第6组	1968年	
24	李龙龙	男	苏州	五联村第6组	1968年	
25	陈巧珍	女	大丰农场	五联村第6组	1968年	来自大丰农场，婚迁入村
26	沈慧	女	大丰农场	五联村第6组	1968年	
27	谢蕴芳	女	大丰农场	五联村第7组	1968年	
28	杜文荣	男	苏州	五联村第8组	1969年	
29	沈毅	女	苏州	五联村第8组	1969年	

续表

序号	姓名	性别	家庭所在地	当时落户地	插队时间	备注
30	李林发	男	苏州	五联村第9组	1968年	
31	杨智伟	男	苏州	五联村第9组	1968年	
32	汪金昌	男	苏州	五联村第9组	1968年	
33	巍荣才	男	苏州	五联村第9组	1968年	
34	孟益民	男	苏州	五联村第9组	1968年	
35	范宗琦	男	苏州	五联村第10组	1968年	
36	盛克莲	女	苏州	五联村第10组	1968年	
37	曾甜彩	女	苏州	五联村第10组	1968年	
38	刘正权	男	昆山	五联村第10组	1968年	
39	高明	男	苏州	五联村第10组	1968年	
40	童连英	女	苏州	五联村第10组	1968年	
41	陈锡伟	男	苏州	五联村第10组	1968年	
42	李惠英	女	苏州	五联村第11组	1968年	
43	赵洪生	女	苏州	五联村第11组	1968年	
44	王若晓	男	苏州	五联村第11组	1968年	
45	邹英	女	苏州	五联村第11组	1968年	
46	夏小良	女	苏州	五联村第11组	1968年	
47	顾妹妹	女	苏州	五联村第12组	1968年	
48	陈慧芝	女	苏州	五联村第12组	1968年	
49	朱雪英	女	苏州	五联村第12组	1968年	
50	杨桂英	女	苏州	丁泾村第1组	1968年	
51	华风珍	女	苏州	丁泾村第1组	1968年	
52	袁培华	男	苏州	丁泾村第2组	1968年	
53	张涛	男	苏州	丁泾村第2组	1968年	
54	周建新	男	苏州	丁泾村第2组	1968年	
55	唐惠良	男	苏州	丁泾村第2组	1968年	
56	胡士林	男	苏州	丁泾村第2组	1968年	
57	赵惠官	男	苏州	丁泾村第2组	1968年	

续表

序号	姓名	性别	家庭所在地	当时落户地	插队时间	备注
58	孙自云	男	苏州	丁泾村第4组	1963年	
59	张金根	男	苏州	丁泾村第4组	1963年	
60	周佰生	男	苏州	丁泾村第4组	1963年	
61	李宏官	男	苏州	丁泾村第4组	1963年	
62	李美华	女	苏州	丁泾村第4组	1968年	
63	杨德明	男	苏州	丁泾村第5组	1963年	
64	俞源来	男	苏州	丁泾村第5组	1963年	
65	任育苏	男	苏州	丁泾村第5组	1963年	
66	周水根	男	苏州	丁泾村第5组	1963年	
67	张志文	男	苏州	丁泾村第5组	1968年	
68	金宝良	男	苏州	丁泾村第6组	1968年	
69	金宝莆	男	苏州	丁泾村第6组	1968年	
70	范涉娟	女	苏州	丁泾村第7组	1968年	
71	殷美英	女	苏州	丁泾村第7组	1968年	
72	钱冬贤	男	苏州	丁泾村第7组	1963年	
73	张志发	男	苏州	丁泾村第7组	1963年	
74	宋丽娟	女	苏州	丁泾村第7组	1963年	
75	朱炳元	男	苏州	丁泾村第7组	1968年	
76	杨静	女	苏州	丁泾村第7组	1968年	
77	徐丽宽	女	苏州	丁泾村第7组	1963年	
78	章小龙	男	苏州	丁泾村第9组	1963年	
79	柯帮正	男	苏州	丁泾村第9组	1963年	
80	吴金林	男	苏州	丁泾村第9组	1963年	
81	方永金	男	苏州	丁泾村第9组	1963年	
82	许梅福	男	苏州	莫家村第1组	1968年	
83	沈熙连	男	苏州	莫家村第1组	1968年	
84	周正校	男	苏州	莫家村第1组	1968年	
85	沈炜	女	苏州	莫家村第1组	1968年	

续表

序号	姓名	性别	家庭所在地	当时落户地	插队时间	备注
86	叶可珍	女	苏州	莫家村第1组	1968年	
87	宋兰英	女	苏州	莫家村第1组	1968年	
88	侯献英	女	苏州	莫家村第1组	1968年	
89	周玉峰	男	苏州	莫家村第2组	1968年	
90	史炳海	男	苏州	莫家村第2组	1968年	
91	邵惠明	男	苏州	莫家村第2组	1968年	
92	包琴华	女	苏州	莫家村第2组	1968年	
93	史美英	女	苏州	莫家村第2组	1968年	
94	张颂文	女	苏州	莫家村第2组	1968年	
95	朱文燕	女	苏州	莫家村第2组	1968年	
96	蒋玉玲	女	上海	莫家村第3组	1976年	婚迁入村
97	史城坤	男	苏州	莫家村第4组	1968年	
98	丁年根	男	苏州	莫家村第4组	1968年	
99	杨小明	男	苏州	莫家村第4组	1968年	
100	董清生	男	苏州	莫家村第5组	1968年	
101	朱靖达	男	苏州	莫家村第6组	1968年	
102	朱靖浩	男	苏州	莫家村第6组	1968年	
103	谢幼妹	女	上海	莫家村第7组	1975年	婚迁入村
104	周学伟	男	上海	莫家村第7组	1976年	
105	杨德民	男	昆山	五联村第6组	1976年	昆山粮食系统职工子女，统一住在知青点。其中，刘兰香婚迁入村
106	胡学琴	女	昆山	五联村第7组	1976年	
107	钱桂琴	女	昆山	五联村第8组	1976年	
108	刘兰香	女	昆山	五联村第9组	1976年	
109	刘琴	女	昆山	五联村第10组	1976年	
110	朱金妹	女	昆山	五联村第10组	1976年	
111	马志平	男	昆山	五联村第11组	1976年	
112	平虹	男	昆山	丁泾村第16组	1976年	
113	李丽	女	昆山	丁泾村第16组	1976年	

续表

序号	姓名	性别	家庭所在地	当时落户地	插队时间	备注
114	乔丽	女	昆山	丁泾村第16组	1976年	
115	钱建祥	男	昆山	丁泾村第17组	1976年	
116	陈祥英	女	昆山	丁泾村第17组	1976年	
117	待学仁	男	昆山	丁泾村第18组	1976年	
118	毛惠琴	女	昆山	丁泾村第18组	1976年	
119	郑海民	男	昆山	丁泾村第19组	1976年	
120	杨长江	男	昆山	丁泾村第19组	1976年	
121	肖娴	女	昆山	丁泾村第20组	1976年	
122	吴书强	男	昆山	丁泾村第20组	1976年	
123	王金发	男	昆山	丁泾村第20组	1976年	
124	顾玉红	女	苏州	丁泾村第21组	1976年	
125	吴文英	女	昆山	丁泾村第21组	1976年	
126	肖建荣	男	昆山	丁泾村第21组	1976年	
127	赵秋萍	女	昆山	丁泾村第21组	1976年	
128	张傲其	男	昆山	丁泾村第22组	1976年	
129	翁美娟	女	昆山	丁泾村第22组	1976年	
130	吴建国	男	昆山	丁泾村第23组	1976年	
131	陈金根	男	昆山	丁泾村第23组	1976年	
132	柏家良	男	昆山	丁泾村第24组	1976年	
133	倪文琴	女	昆山	丁泾村第24组	1976年	
134	吴燕	女	昆山	丁泾村第24组	1976年	
135	王兰英	女	昆山	丁泾村第24组	1976年	
136	柳月兰	女	昆山	丁泾村第24组	1976年	

五、安家落户人员

在村域安家落户的共有35户，主要来自苏州，其中6户船户来自泰州。他们与村民融为一体，成为新五联人。部分家庭随着国家有关政策的落实，返回原籍。五联村域安家落户人员情况如表12-3-5所示。

表 12-3-5　五联村域安家落户人员一览表

序号	户主	人数/人	原籍	落户地	落户时间	备注
1	李坤荣	1	苏州	五联村第1组	1963年	
2	李小弟	1	苏州	五联村第1组	1963年	
3	袁成生	5	昆山	五联村第2组	1963年	
5	王恒发	5	苏州	五联村第3组	1963年	
6	赵谷真	5	南京	五联村第4组	1969年	
7	李富民	1	苏州	五联村第6组	1963年	
8	李世民	1	苏州	五联村第6组	1963年	
9	刘福生	1	昆山	五联村第6组	1963年	
10	杨德民	1	昆山	五联村第6组	1963年	
11	余有国	5	苏州	五联村第8组	1963年	
12	王志强	5	苏州	五联村第11组	1963年	
13	仲纪有	1	苏州	丁泾村第1组	1963年	
14	仲月娥	1	苏州	丁泾村第1组	1963年	
15	顾林坤	1	苏州	丁泾村第6组	1963年	
16	顾玉红	1	苏州	丁泾村第6组	1963年	
17	李林喜	5	苏州	丁泾村第8组	1963年	
18	李金喜	5	苏州	丁泾村第8组	1963年	
19	张新妹	1	苏州	丁泾村第8组	1963年	
20	朱相安	1	苏州	莫家村第1组	1963年	
21	陈建华	1	苏州	莫家村第1组	1963年	
22	刘铁	3	昆山	莫家村第1组	1968年	
23	徐瑞明	5	昆山	莫家村第2组	1963年	
24	蒋阿金	5	苏州	莫家村第3组	1963年	
25	汪士湘	1	苏州	莫家村第4组	1963年	
26	周志坤	1	苏州	莫家村第4组	1963年	
27	王根林	1	苏州	莫家村第4组	1963年	

续表

序号	户主	人数/人	原籍	落户地	落户时间	备注
28	朱鸿儒	1	苏州	莫家村第5组	1963年	
29	张世洪	5	泰州	五联村第1组	1960年	船户
30	袁成生	5	昆山	五联村第2组	1963年	船户
31	朱增宏	5	泰州	五联村第12组	1960年	船户
32	王兆祥	7	泰州	丁泾村第2组	1960年	船户
33	浦金一	6	泰州	丁泾村第2组	1960年	船户
34	葛福林	4	泰州	莫家村第2组	1960年	船户
35	韩国林	4	泰州	莫家村第3组	1960年	船户

六、能工巧匠

村域属于农业区，村民绝大多数是农民，种好稻麦（一年两熟）是养家糊口的基本技能。此外，出于实际考虑，学一点诸如泥瓦匠、木匠、裁缝、厨师等的技能，方便自身生活，提升生活质量，是村民普遍的愿望。泥瓦匠对技术要求相对较低，木匠要求稍高，而裁缝、厨师能够解决自身的穿衣、吃饭问题，所以村民中会这四项技艺的相对多一点，其他还有部分村民做理发师、白铁匠等。这些能工巧匠的总数超过160人，占总人口的5%以上。1949—2019年五联村域能工巧匠如表12-3-6所示。

表12-3-6 1949—2019年五联村域能工巧匠一览表

序号	姓名	性别	出生年月	工种	家庭住址	备注
1	陈林元	男	1967年2月	泥瓦匠	五联村第1组	
2	孙惠祖	男	1965年12月	泥瓦匠	五联村第1组	
3	陈小兴	男	1968年9月	泥瓦匠	五联村第1组	
4	包惠英	男	1962年10月	泥瓦匠	五联村第3组	
5	项伯泉	男	1961年9月	泥瓦匠	五联村第3组	
6	项炳泉	男	1966年2月	泥瓦匠	五联村第4组	

续表

序号	姓名	性别	出生年月	工种	家庭住址	备注
7	张伟生	男	1968年1月	泥瓦匠	五联村第5组	
8	顾俊达	男	1947年7月	泥瓦匠	五联村第5组	
9	张康华	男	1968年11月	泥瓦匠	五联村第5组	
10	顾关荣	男	1930年2月	泥瓦匠	五联村第5组	已故
11	朱红兵	男	1967年12月	泥瓦匠	五联村第6组	
12	李建华	男	1965年1月	泥瓦匠	五联村第6组	
13	钱建华	男	1966年4月	泥瓦匠	五联村第7组	
14	薛建龙	男	1964年12月	泥瓦匠	五联村第7组	
15	郁建华	男	1954年7月	泥瓦匠	五联村第8组	
16	金雪芳	男	1963年1月	泥瓦匠	五联村第9组	
17	赵红斌	男	1966年12月	泥瓦匠	五联村第10组	
19	杨苏文	男	1967年6月	泥瓦匠	五联村第11组	
20	朱彩明	男	1966年12月	泥瓦匠	五联村第12组	
21	朱文明	男	1968年10月	泥瓦匠	五联村第12组	
22	朱金龙	男	1965年8月	泥瓦匠	五联村第12组	
23	顾俊生	男	1954年12月	泥瓦匠	五联村第13组	已故
24	张水明	男	1941年7月	泥瓦匠	五联村第14组	
25	张惠国	男	1965年1月	泥瓦匠	五联村第14组	
26	李金龙	男	1966年7月	泥瓦匠	五联村第14组	
27	朱唯良	男	1963年10月	泥瓦匠	五联村第15组	
28	项建康	男	1963年2月	泥瓦匠	五联村第16组	
29	朱建明	男	1963年9月	泥瓦匠	五联村第24组	
30	朱伯金	男	19479年1月	泥瓦匠	五联村第29组	
31	王建国	男	1968年12月	泥瓦匠	五联村第29组	
32	钱根元	男	1950年10月	泥瓦匠	五联村第29组	
33	钱纪明	男	1948年8月	泥瓦匠	五联村第30组	
34	曹志坤	男	1971年11月	泥瓦匠	五联村第30组	
35	徐俊良	男	1940年7月	泥瓦匠	五联村第31组	
36	徐立宏	男	1962年1月	泥瓦匠	五联村第31组	

续表

序号	姓名	性别	出生年月	工种	家庭住址	备注
37	徐志宏	男	1963年12月	泥瓦匠	五联村第31组	
38	徐凤生	男	1967年11月	泥瓦匠	五联村第31组	
39	莫建华	男	1965年8月	泥瓦匠	五联村第31组	
40	陆雪生	男	1966年11月	泥瓦匠	五联村第32组	
41	沈剑中	男	1945年11月	泥瓦匠	五联村第33组	已故
42	沈雪荣	男	1965年12月	泥瓦匠	五联村第33组	
43	沈安生	男	1958年2月	泥瓦匠	五联村第33组	
44	钱杏生	男	1910年3月	泥瓦匠	五联村第34组	已故
45	钱永明	男	1955年2月	泥瓦匠	五联村第34组	
46	徐月亮	男	1964年3月	泥瓦匠	五联村第34组	
47	陆士元	男	1965年1月	泥瓦匠	五联村第34组	
48	陆培生	男	1932年6月	泥瓦匠	五联村第35组	已故
49	陆建华	男	1956年4月	泥瓦匠	五联村第35组	
50	陆建中	男	1960年6月	泥瓦匠	五联村第35组	
51	陆金龙	男	1954年1月	泥瓦匠	五联村第35组	
52	陆金坤	男	1963年1月	泥瓦匠	五联村第35组	
53	陆和生	男	1952年7月	泥瓦匠	五联村第35组	
54	陆志鹏	男	1946年5月	泥瓦匠	五联村第35组	
55	徐小毛	男	1957年9月	泥瓦匠	五联村第35组	
56	徐雪峰	男	1964年12月	泥瓦匠	五联村第35组	
57	钱根林	男	1915年4月	泥瓦匠	五联村第36组	已故
58	钱建元	男	1956年8月	泥瓦匠	五联村第36组	
59	钱裕鹿	男	1923年5月	泥瓦匠	五联村第36组	已故
60	钱为范	男	1923年1月	泥瓦匠	五联村第36组	已故
61	钱永其	男	1946年10月	泥瓦匠	五联村第36组	
62	严惠兴	男	1965年1月	木匠	五联村第1组	
63	朱耀明	男	1950年10月	木匠	五联村第2组	
64	张黎飞	男	1965年3月	木匠	五联村第3组	
65	郁文蔚	男	1942年7月	木匠	五联村第4组	

续表

序号	姓名	性别	出生年月	工种	家庭住址	备注
66	张 彪	男	1963年10月	木匠	五联村第5组	
68	顾关林	男	1946年5月	木匠	五联村第5组	
69	顾进明	男	1966年10月	木匠	五联村第5组	
70	薛虎林	男	1962年7月	木匠	五联村第6组	
71	钱耀兴	男	1963年8月	木匠	五联村第7组	
72	钱小林	男	1970年1月	木匠	五联村第7组	
73	唐小寅	男	1962年11月	木匠	五联村第8组	
74	李培清	男	1964年11月	木匠	五联村第9组	
75	王永良	男	1964年1月	木匠	五联村第10组	
76	陆建华	男	1967年7月	木匠	五联村第11组	
78	管建良	男	1964年11月	木匠	五联村第15组	
79	姚纪明	男	1972年6月	木匠	五联村第16组	
80	李克勤	男	1957年4月	木匠	五联村第18组	
81	朱其华	男	1928年12月	木匠	五联村第20组	
82	朱雪泉	男	1953年2月	木匠	五联村第20组	
83	朱宝元	男	1955年11月	木匠	五联村第20组	
84	朱小弟	男	1945年12月	木匠	五联村第22组	
85	朱雪龙	男	1964年4月	木匠	五联村第23组	
87	李永康	男	1952年4月	木匠	五联村第27组	
89	钱国华	男	1944年2月	木匠	五联村第30组	
90	曹伯华	男	1962年2月	木匠	五联村第30组	
91	邹菊明	男	1964年12月	木匠	五联村第30组	
92	钱凤明	男	1966年9月	木匠	五联村第30组	
93	徐金福	男	1948年12月	木匠	五联村第31组	
94	钱建林	男	1967年9月	木匠	五联村第33组	
95	钱雪华	男	1966年9月	木匠	五联村第33组	
96	陆振明	男	1948年5月	木匠	五联村第34组	
97	徐文彪	男	1972年9月	木匠	五联村第34组	
98	陈正喜	男	1936年5月	理发师	五联村第1组	

续表

序号	姓名	性别	出生年月	工种	家庭住址	备注
99	陆汉东	男	1940年1月	理发师	五联村第1组	
100	包金龙	男	1948年10月	理发师	五联村第2组	
101	胡建清	男	1974年6月	理发师	五联村第5组	
102	钱永昌	男	1969年11月	理发师	五联村第7组	
103	李玉成	男	1950年3月	理发师	五联村第8组	
104	刘志强	男	1973年11月	理发师	五联村第17组	
105	张肖龙	男	1953年1月	理发师	五联村第21组	
106	郁志刚	男	1976年6月	理发师	五联村第21组	
107	项水生	男	1956年9月	理发师	五联村第32组	
109	钱祖环	男	1944年1月	理发师	五联村第33组	已故
110	徐月初	男	1954年9月	理发师	五联村第35组	
111	朱伯安	男	1928年2月	裁缝	五联村第4组	已故
112	胡玉如	男	1932年8月	裁缝	五联村第6组	已故
113	钱学文	男	1936年2月	裁缝	五联村第7组	已故
114	钱仲强	男	1966年5月	裁缝	五联村第7组	
115	薛耀明	男	1928年12月	裁缝	五联村第8组	已故
116	李介明	男	1953年11月	裁缝	五联村第9组	
117	周福生	男	1922年7月	裁缝	五联村第13组	已故
118	郁瑞如	男	1945年9月	裁缝	五联村第20组	
119	徐炳元	男	1944年2月	裁缝	五联村第22组	
121	沈德安	男	1934年11月	裁缝	五联村第33组	已故
122	李耀先	男	1909年8月	裁缝	五联村第33组	已故
123	陆恒如	男	1922年2月	裁缝	五联村第34组	已故
124	陆士明	男	1956年3月	裁缝	五联村第34组	
127	陆梅生	男	1928年2月	裁缝	五联村第35组	已故
130	徐阿毛	男	1939年2月	铁匠	五联村第31组	
131	严健宝	男	1937年4月	铁匠	五联村第36组	已故
132	唐小龙	男	1964年11月	白铁匠	五联村第8组	
133	钱建华	男	1963年2月	白铁匠	五联村第30组	

续表

序号	姓名	性别	出生年月	工种	家庭住址	备注
134	钱建强	男	1969年1月	白铁匠	五联村第30组	
135	徐旭初	男	1962年7月	白铁匠	五联村第35组	
137	顾首林	男	1967年7月	漆匠	五联村第4组	
138	朱建华	男	1968年12月	漆匠	五联村第31组	
139	顾声田	男	1927年5月	厨师	五联村第4组	已故
140	陈小白	男	1940年1月	厨师	五联村第11组	
142	张敬芝	男	1917年11月	厨师	五联村第14组	已故
143	张兴生	男	1948年12月	厨师	五联村第15组	
144	王宝明	男	1945年8月	厨师	五联村第15组	
146	徐建国	男	1969年7月	厨师	五联村第31组	
147	徐荣福	男	1952年10月	厨师	五联村第31组	
148	陆士贤	男	1929年8月	厨师	五联村第32组	已故
149	徐永新	男	1950年11月	厨师	五联村第34组	
150	徐文明	男	1971年2月	厨师	五联村第34组	
151	陆惠元	男	1959年10月	厨师	五联村第34组	
153	陆志毫	男	1935年8月	厨师	五联村第35组	
154	陆胜培	男	1952年10月	厨师	五联村第35组	
155	陆小和	男	1958年1月	厨师	五联村第35组	
156	吴福民	男	1953年12月	箍桶匠	五联村第13组	
157	李起龙	男	1950年4月	箍桶匠	五联村第18组	已故
158	张惠芬	女	1950年1月	接生员	五联村第14组	
159	戴元伦	男	1959年11月	水电工	五联村第8组	
160	张桂生	男	1947年7月	竹匠	五联村第30组	
161	李良	男	1930年11月	裁缝	五联村第27组	已故

七、大学生

中华人民共和国成立以前,村域大学生可谓是凤毛麟角。1949—1980年,村域大学生人数依旧极少,不足总人口的1%。改革开放后,大学生人数不断增

加,尤其进入 21 世纪后,总人数达 600 多人。这些大学生中,进入"211""985"高校学习的不在少数,也有大学生前往美国、澳大利亚、日本留学,还有大学生取得研究生学历。五联村域大学生名单如表 12-3-7 所示。这份名单只收录大学生。

表 12-3-7　五联村域大学生名单表

序号	组别	姓名	性别	出生年月	就读学校
1	1	严文强	男	1986 年 4 月	昆山开放大学
2	1	董彩侠	女	1985 年 9 月	昆山开放大学
3	1	陈露	女	1990 年 7 月	扬州大学
4	1	胡敏峰	男	1990 年 10 月	常熟理工学院
5	1	陈伟	男	1991 年 8 月	苏州市职业大学
6	1	孙迎凤	女	1986 年 5 月	健雄职业技术学院
7	1	陈丽珠	女	1990 年 8 月	苏州大学
8	1	陈昕宇	男	1994 年 3 月	泰州学院
9	1	陈超	男	1989 年 6 月	昆山开放大学
10	1	王琦	女	1991 年 5 月	南京医科大学
11	1	陈静	女	1988 年 1 月	苏州科技学院
12	1	陈强	男	1988 年 2 月	江苏科技大学
13	1	陈峰	男	1978 年 11 月	北京理工大学
14	1	董智春	女	1979 年 10 月	天津城市建设学院
15	1	陈洁	女	1987 年 9 月	常州工学院
16	1	陈林芳	女	1973 年 3 月	苏州大学
17	1	吴鸿业	男	1974 年 1 月	苏州大学
18	1	吴辰禹	男	1999 年 4 月	复旦大学
19	1	顾辰芸	女	2000 年 1 月	无锡卫生高等职业技术学校
20	1	张丽	女	1988 年 11 月	江西师范大学
21	1	陈嘉梁	男	1993 年 3 月	苏州市职业大学
22	1	顾维欢	女	1989 年 10 月	江苏省昆山第一中等专业学校

续表

序号	组别	姓名	性别	出生年月	就读学校
23	2	林学明	男	1970年12月	中央党校函授学院
24	2	顾陵鹰	女	1994年11月	苏州大学
25	2	张天鹏	男	1981年5月	南京航空航天大学
26	2	朱秋敏	女	1981年8月	南京航空航天大学
27	2	顾华兴	男	1979年5月	河海大学
28	2	金艳	女	1981年1月	苏州工艺美术职业技术学院
29	2	顾茵芝	女	1995年3月	昆山开放大学
30	2	包磊	男	1997年4月	常州大学
31	2	朱伟	男	1984年1月	中共江苏省委党校
32	2	顾瑜	女	1997年12月	江苏城市职业学院
33	2	张燕	女	1986年12月	襄樊职业技术学院
34	3	包静	女	1988年11月	苏州卫生职业技术学院
35	3	包雪华	男	1966年11月	中共江苏省委党校
36	3	沈玉英	女	1968年7月	武汉工业大学
37	3	包群翰	男	1990年2月	江南大学北美学院
38	3	杜娟	女	1989年7月	淮安信息职业技术学院
39	3	顾杰	男	1989年7月	淮安信息职业技术学院
40	3	赵剑霞	女	1978年9月	中央广播电视大学
41	3	项星	男	1989年7月	阿肯色中央大学
42	3	包婧怡	女	1995年9月	南京理工大学
43	3	邢家俊	男	1996年9月	南京理工大学
44	3	周华庆	男	1997年10月	江苏联合职业技术学院
45	3	项烨敏	女	1986年11月	苏州大学
46	3	张宗泰	男	1986年10月	盐城工学院
47	3	项伯林	男	1964年11月	炮兵指挥学院
48	3	张一成	男	1988年10月	常熟理工学院
49	3	包启新	男	1998年7月	东南大学成贤学院
50	3	包钧均	男	1987年2月	昆山开放大学

续表

序号	组别	姓名	性别	出生年月	就读学校
51	3	夏燕	女	1999年1月	苏州农业职业技术学院
52	4	王莉萍	女	1968年10月	江苏教育学院
53	4	顾天翼	男	1994年7月	伊利诺伊大学厄巴纳-香槟分校
54	4	顾俊华	男	1971年2月	华中工学院
55	4	顾彬	女	1982年11月	武汉理工大学
56	4	项梁	男	1987年3月	常州轻工职业技术学院
57	4	顾晔	男	1993年2月	徐州工程学院
58	4	顾艳婷	女	1994年2月	江苏开放大学
59	4	顾晗艳	女	1994年4月	南京师范大学泰州学院
60	4	顾李楠	男	2002年1月	常州工业职业技术学院
61	4	顾丽华	女	1976年1月	南京农业大学
62	4	唐竟仪	女	1998年11月	南威尔士大学
63	4	顾宏	男	1971年1月	中共江苏省委党校
64	4	顾玳唯	女	1993年9月	无锡太湖学院
65	4	顾莉	女	1986年10月	扬州大学
66	4	李志守	男	1984年12月	南京邮电大学
67	4	顾杰	男	1989年5月	华中科技大学
68	4	朱双双	女	1988年7月	华中科技大学
69	4	顾承	男	1995年11月	苏州大学
70	4	邵程红	女	1988年11月	北京中医药大学
71	4	邵杨	男	1995年6月	江苏师范大学
72	4	周芹	女	1998年3月	昆山登云科技职业学院
73	4	顾黎明	男	1982年9月	苏州市职业大学
74	5	张寅	女	1986年5月	华东师范大学
75	5	张文栋	男	1997年8月	苏州大学
76	5	张哲星	男	1995年7月	南京师范大学泰州学院
77	5	朱静	女	1980年8月	山东理工大学
78	5	张永明	男	1962年10月	上海行政学院

续表

序号	组别	姓名	性别	出生年月	就读学校
79	5	张烨	女	1985年9月	苏州工业职业技术学院
80	5	李永华	男	1981年6月	南京工业大学
81	5	张怡筠	女	2000年4月	苏州大学
82	5	李梅春	女	1983年1月	苏州工业职业技术学院
83	5	顾良易	女	1991年12月	南京工业职业技术学院
84	5	顾晨超	女	1989年7月	淮海工学院
85	5	徐云	女	1991年11月	江苏农牧科技职业学院
86	5	顾家劲	男	1998年10月	宿迁学院
87	5	张泽琼	女	1975年8月	武汉工业大学
88	5	张一琴	女	1981年3月	苏州市职业大学
89	6	方淼	男	1987年4月	南京工业大学
90	6	朱玉莹	女	1999年2月	南京体育学院
91	6	张丽丽	女	1983年10月	江苏食品职业技术学院
92	6	李星耀	男	1990年6月	宿迁学院
93	6	汝静飞	女	1989年4月	南京晓庄学院
94	6	李婉珍	女	1934年1月	天津师范大学
95	6	薛红霞	女	1990年5月	上海师范大学天华学院
96	6	张鹏	男	1993年6月	苏州科技大学
97	6	李叶青	女	1992年6月	江苏大学
98	6	朱雅娟	女	1981年9月	昆山开放大学
99	6	王银平	男	1981年9月	昆山开放大学
100	6	陆志超	男	1991年9月	常州机电职业技术学院
101	6	李彬	男	1985年11月	南京信息工程大学
102	6	朱思凡	男	1999年12月	常州大学
103	6	胡晶剑	男	1991年2月	南京大学
104	6	薛仁杰	男	1996年7月	长春师范大学
105	7	钱巩轶	男	1994年4月	江南大学
106	7	钱淼	女	1990年2月	江苏开放大学

续表

序号	组别	姓名	性别	出生年月	就读学校
107	7	钱洁	女	1994年8月	南京理工大学
108	7	钱勤	女	1988年11月	无锡工艺职业技术学院
109	7	钱婷	女	1994年11月	南京中医药大学翰林学院
110	7	陈明	男	1965年1月	解放军通信南京工程学院
111	7	陈彦博	男	1996年11月	南京医科大学
112	7	陈庆	男	1987年1月	南京财经大学
113	7	陆婷	女	1988年2月	南京师范大学
114	7	钱蓉	女	1986年10月	无锡商业职业技术学院
115	7	陈冰晖	男	1997年11月	泰州学院
116	7	钱峰	男	1985年6月	北京外国语大学
117	7	徐广福	男	1985年11月	江苏省无锡技师学院
118	7	钱刚	男	1978年10月	江苏省太仓师范学校
119	8	唐静	女	1985年9月	南京中医药大学
120	8	沈利萍	女	1979年4月	昆山市委党校
121	8	范舒婷	女	1998年7月	苏州大学
122	8	李心怡	女	1991年11月	南京晓庄学院
123	8	戴威	男	1992年2月	常州工业学院
124	8	顾雪娟	女	1968年11月	南京市幼儿师范学校
125	8	石薇	女	1992年12月	华中科技大学
126	8	金丽萍	女	1982年3月	南京审计学院
127	9	管志华	男	1970年10月	苏州师范专科学校
128	9	贾玉琴	女	1970年10月	扬州师范学院
129	9	管平元	男	2001年1月	哈尔滨工业大学（威海）
130	9	李平	男	1987年9月	南京工业大学
131	9	李春燕	女	1988年3月	常州轻工职业技术学院
132	9	汪春生	男	1982年1月	中国矿业大学
133	9	李佳慧	女	1995年11月	苏州市职业大学
134	9	李霞	女	1986年12月	盐城师范学院

续表

序号	组别	姓名	性别	出生年月	就读学校
135	9	管程	女	1985年6月	昆山广播电视大学
136	9	李华忠	男	1993年2月	昆山开放大学
137	9	李奕平	男	1994年10月	南京师范大学
138	9	陶建华	男	1963年9月	中共江苏省委党校
139	9	陶琪	男	1986年11月	南京工程学院
140	9	杨红霞	女	1964年7月	中共江苏省委党校
141	9	陆艳萍	女	1986年7月	苏州高等幼儿师范学校
142	9	陶一凡	男	1985年1月	南京理工大学
143	9	钱惠琴	女	1955年3月	无锡卫生学校
144	9	李敏娟	女	1979年6月	昆山广播电视大学
145	9	李魏	男	1981年5月	苏州大学
146	10	管晨雅	女	2000年11月	扬州大学
147	10	管秋萍	女	1987年9月	江苏省昆山第一中等专业学校
148	10	高乐福	男	1986年8月	江苏省常州建设高等职业技术学校
149	10	赵青	女	1989年10月	江苏第二师范学校
150	10	管世清	男	1983年6月	哈尔滨学院
151	10	於雅婷	女	2000年11月	山东大学
152	10	曹正强	男	1968年11月	扬州大学
153	10	管梦秋	女	1995年7月	南京大学
154	10	管雨薇	女	1997年4月	北京师范大学
155	10	李冬	男	1986年10月	江苏广播电视大学
156	10	管晴芝	女	1986年12月	南京财经大学
157	10	管明胜	男	1993年11月	南京理工大学
158	10	余婧	女	1983年2月	黄石理工学院
159	10	王华	男	1979年10月	洛阳工业高等专科学校
160	11	陈月琴	女	1983年7月	南京林业大学
161	11	王明君	男	1989年3月	南京医科大学
162	11	夏云龙	男	1977年12月	西南交通大学

续表

序号	组别	姓名	性别	出生年月	就读学校
163	11	曹夏涛	男	2001年10月	昆山登云科技职业学院
164	11	沈惠	男	1986年8月	江苏大学
165	11	朱丽娟	女	1985年7月	重庆医科大学
166	11	陶艳云	女	1992年12月	苏州市电子信息技工学校
167	11	王洛斌	男	1994年3月	江苏省昆山第一中等专业学校
168	11	卞叶平	男	1992年7月	中南林业科技大学
169	11	周丽琴	女	1991年4月	中南林业科技大学
170	11	闵婷婷	女	1989年3月	徐州医学院
171	11	闵丽琴	女	1995年5月	南京医科大学
172	11	陈华新	男	1989年1月	昆山开放大学
173	11	王之芸	女	1997年7月	湖南师范大学
174	11	李欣羽	男	2001年5月	江苏警官学院
175	11	沈泉宏	男	2000年9月	南京工业职业技术大学
176	11	陆萍萍	女	1990年12月	苏州工业园区职业技术学院
177	12	朱星丞	男	2001年6月	昆山登云科技职业学院
178	12	朱钰勋	男	1963年7月	苏州市职业大学
179	12	赵海明	男	1985年1月	南京师范大学
180	12	朱建婧	女	1987年11月	南京邮电大学
181	12	朱松涛	男	1989年11月	江苏联合职业技术学院
182	12	钱静阳	女	1991年3月	苏州市职业大学
183	12	邵洁	女	1995年5月	昆山开放大学
184	12	仝文俊	男	1994年10月	南京审计大学
185	12	邵钰轩	女	1997年12月	机械工业苏州技工学校
186	12	苏鸣	男	1993年11月	对外经济贸易大学
187	12	陈丽莎	女	1993年4月	苏州市职业大学
188	12	徐军	男	1973年11月	中国矿业大学
189	12	苏峰	男	1983年9月	华中科技大学
190	12	沈冬梅	女	1983年5月	华中科技大学

续表

序号	组别	姓名	性别	出生年月	就读学校
191	12	梁海芹	女	1978年11月	苏州大学
192	12	陶雪妹	女	1984年1月	无锡城市职业技术学院
193	12	徐军	男	1983年5月	镇江市高等专科学校
194	12	朱蓉蓉	女	1983年12月	上海财经大学
194	12	朱燕	女	1986年11月	南京财经大学
195	12	张静	女	1995年10月	苏州大学
196	12	邹晨怡	女	1988年12月	南京人口管理干部学院
197	12	朱清	男	1988年10月	江苏技术师范学院
198	12	高敏洁	女	1988年5月	南京理工大学泰州科技学院
199	13	高云峰	男	1988年1月	南京工业大学
200	13	季萍	女	1987年9月	吉林师范大学
201	13	陆欣瑜	女	1992年11月	江南大学
202	13	周华	男	1985年1月	淮阴工学院
203	13	王敏	女	1987年7月	东北农业大学
204	13	马丽群	女	1985年8月	南京财经大学
205	13	周静	女	1987年10月	徐州医学院
206	13	周玉婷	女	1990年12月	淮阴师范学院
207	13	仲惠	男	1980年1月	苏州大学
208	13	朱雪琴	女	1985年12月	常州轻工职业技术学院
209	13	胡紫薇	女	1994年6月	苏州市职业大学
210	13	周永兴	男	1943年9月	南京邮电学院
211	13	吴静	女	1985年10月	南京工业大学
212	13	吴菲	女	2001年7月	昆山杜克大学
213	14	钱燕华	女	1970年11月	扬州大学
214	14	顾志坚	男	1969年3月	中共中央党校
215	14	顾瀚池	男	1995年11月	罗格斯大学
216	14	张翌	男	1983年12月	江苏大学
217	14	顾樱婷	女	1986年5月	江苏大学

续表

序号	组别	姓名	性别	出生年月	就读学校
218	14	薛怡敏	男	1983年9月	东南大学
219	14	薛丽琴	女	1978年3月	北京物资学院
220	14	薛敏娟	女	1973年11月	常熟理工学院
221	14	薛烨飞	男	1994年11月	长春师范大学
222	14	李家毅	男	1994年10月	苏州大学
223	14	薛嘉雯	女	2000年10月	苏州大学
224	14	李益	男	1981年10月	华东科技大学
225	14	季亚萍	女	1981年8月	武汉工业大学
226	14	张磊	男	1984年6月	淮阴工学院
227	14	张豫琪	女	1998年6月	贵州民族大学
228	14	张静	女	1987年3月	健雄职业技术学院
229	14	王文亮	男	1985年9月	上海理工大学
230	14	张敏	男	1988年12月	南京东方文理研修学院
231	14	王丽玲	女	1988年9月	常州信息职业技术学院
232	14	张玲玲	女	1995年11月	江南影视艺术职业学院
233	15	王寅	女	1986年10月	苏州评弹学校
234	15	管晓东	男	1987年1月	中国矿业大学
235	15	陈洁	女	1986年6月	扬州大学
236	15	王留憎	女	1997年2月	徐州幼儿师范高等专科学校
237	15	王敏春	男	1984年3月	江苏工业学院
238	15	束学铭	女	1982年7月	江苏广播电视大学
239	15	王磊	男	1988年4月	南京铁道职业技术学院
240	15	陈燕	女	1989年10月	苏州市轻工业学校
241	15	曹鑫	男	1990年4月	南京财经大学
242	15	王嘉虹	女	1991年12月	南京财经大学
243	15	顾王浩	男	2001年8月	机械工业苏州技工学校
244	15	王洁	女	1987年6月	徐州工业职业技术学院
245	15	张月清	女	1990年11月	苏州旅游与财经高等职业技术学院

续表

序号	组别	姓名	性别	出生年月	就读学校
246	15	王君	女	1985年5月	江苏联合职业技术学院
247	15	王珏	女	1990年6月	江苏联合职业技术学院
248	15	王凌敏	女	1979年5月	华北工业学校
249	15	王文怡	女	1996年12月	苏州技师学院
250	15	王燕娟	女	1974年4月	西南财经大学
251	15	王嘉伟	男	1993年5月	苏州工业园区职业技术学院
252	16	徐芳宇	女	1994年10月	南京财经大学红山学院
253	16	王阳烂	女	1996年2月	长春工业大学人文信息学院
254	16	斐学群	男	1974年9月	芜湖联合大学
255	16	姚琳	女	1996年11月	南京邮电大学通达学院
256	16	项青	男	1986年10月	九州职业技术学院
257	16	俞炳	男	1986年4月	三江学院
258	16	王薇	女	1991年9月	三江学院
259	17	胡佳盈	女	1998年9月	长春财经学院
260	17	胡泽权	男	1992年12月	江苏师范大学科文学院
261	17	刘小兵	男	1996年12月	南京师范大学泰州学院
262	18	李晓双	女	1991年4月	扬州大学广陵学院
263	18	庄燕燕	女	1981年11月	苏州技师学院
264	18	陆偲佳	女	1995年10月	浙江外国语学院
265	18	徐玲	女	1987年7月	苏州市轻工业学校
266	18	李嘉骏	男	1994年3月	钟山职业技术学院
267	18	单伟	女	1989年4月	江苏广播电视大学
268	18	李佳程	男	1998年10月	苏州建设交通高等职业技术学校
269	18	李伟	男	1988年11月	南京理工大学
270	18	李莉	女	1987年1月	吉林大学
271	18	王晨泛	男	1986年7月	北京理工大学
272	18	周人杰	男	1992年2月	南京理工大学
273	18	唐莉	女	1991年6月	南京林业大学

续表

序号	组别	姓名	性别	出生年月	就读学校
274	18	周子杰	男	1999年1月	扬州大学
275	18	李燕婷	女	1994年5月	盐城师范学院
276	19	平鑫涛	男	1988年12月	南京理工大学
277	19	王浩	男	1990年12月	长春理工大学
278	19	陶文芳	女	1973年1月	苏州大学
279	19	马建华	男	1973年12月	中共中央党校
280	19	马丹	女	1997年4月	徐州幼儿师范高等专科学校
281	19	马亚萍	女	1980年10月	苏州高等职业技术学校
282	19	金永伟	男	1979年10月	苏州高等职业技术学校
283	19	金怡婷	女	2003年4月	苏州高等职业技术学校
284	19	马音喆	女	1996年1月	常熟理工学院
285	19	张倩	女	2000年9月	南京晓庄学院
286	19	张玉萍	女	1996年5月	苏州大学
287	19	张利华	男	1978年10月	昆山登云科技职业学院
288	19	马潇雅	女	1994年4月	东南大学
289	20	陈颖超	女	1999年4月	苏州市职业大学
290	20	陈璐燕	女	1991年11月	合肥师范学院
291	20	朱菊明	男	1964年9月	中央广播电视大学
292	20	朱颖	女	1988年9月	三江学院
293	20	沈丹琪	男	1988年1月	三江学院
294	20	朱佳琪	女	1991年6月	江苏第二师范学院
295	20	王铭赟	男	1989年1月	南京林业大学
296	20	朱小刚	男	1974年2月	北京地质学院
297	20	朱小卫	男	1976年12月	中国人民解放军南京政治学院
298	20	庄惠华	女	1981年4月	苏州大学
299	20	杜娟花	女	1980年7月	江苏广播电视大学
300	20	朱亚琼	女	1987年5月	苏州工业园区职业技术学院
301	20	郁晨	男	1991年5月	哈尔滨工程大学

续表

序号	组别	姓名	性别	出生年月	就读学校
302	20	朱静芝	女	1989年2月	金陵科技学院
303	20	田志超	男	1989年2月	金陵科技学院
304	20	朱莉	女	1988年11月	上海兴韦信息技术职业学院
305	20	曹艳敏	男	1989年5月	上海兴韦信息技术职业学院
306	20	金毅	男	1985年3月	南京信息工程大学
307	20	金伯明	男	1965年6月	武汉工业大学
308	20	金舒玥	女	1991年11月	南京大学
309	20	朱琳	女	1986年3月	炮兵指挥学院
310	20	朱丽萍	女	1992年1月	淮海工学院
311	20	朱静	女	1986年11月	南京财经大学
312	20	朱健	男	1993年1月	盐城师范学院
313	20	郁胜杰	男	1992年11月	苏州工业园区职业技术学院
314	20	钱逸	女	1993年9月	江苏第二师范学院
315	20	朱琳珺	女	1985年9月	淮海工学院
316	20	郝江飞	男	1985年6月	江苏大学
317	21	郁菊珍	女	1970年7月	苏州大学
318	21	陆全宝	男	1971年6月	江苏公安专科学校
319	21	郁航	男	1996年8月	江苏大学
320	21	朱敏成	男	1997年12月	苏州大学
321	21	陈晨	女	1985年7月	江苏大学
322	21	李锋	男	1986年11月	江苏大学
323	21	郁悦	男	1986年10月	昆山登云科技职业学院
324	21	方艳	女	1986年5月	三江学院
325	21	张志琴	女	1986年7月	南通大学
326	21	张慧	女	1986年12月	无锡职业技术学院
327	21	李志明	男	1986年4月	西南大学育才学院
328	21	张斌	男	1989年4月	常州纺织服装职业技术学院
329	21	王吉吉	女	1988年12月	常州纺织服装职业技术学院

续表

序号	组别	姓名	性别	出生年月	就读学校
330	21	郁晓寒	女	1985年1月	三江学院
331	21	郁言廷	男	1993年12月	扬州大学
332	21	郁镇武	男	1997年9月	徐州工业职业技术学院
333	22	徐晨皓	男	1994年9月	常熟理工学院
334	22	邵盛娴	女	1981年1月	南京农业大学
335	22	盛豪	男	1987年11月	苏州建筑工程学校
336	22	孙洁	女	1987年4月	南京卫生学校
337	22	石文勇	男	1986年7月	苏州大学
338	22	朱家振	男	1995年3月	苏州大学
339	22	郁佳伟	男	1990年1月	常州大学
340	22	陈欢	女	1990年5月	常州大学
341	22	朱鸣宏	男	1981年9月	南京农业大学
342	22	刘云	女	1982年7月	南京财经大学
343	22	朱伟	男	1987年5月	苏州大学
344	22	朱燕	女	1987年5月	苏州大学
345	22	李丰	男	1986年12月	南通大学
346	22	吴楚楚	女	1988年10月	苏州大学
347	22	朱雅雯	女	1995年10月	南京医科大学
348	22	李玲玲	女	1983年5月	南京审计学院
349	22	吴纯燕	女	1987年3月	徐州医学院
350	23	朱晨蓉	女	1989年6月	南京农业大学
351	23	顾曦	男	1988年6月	南京中医药大学
352	23	朱青	男	1978年9月	南京师范大学
353	23	王丽芬	女	1978年3月	南京师范大学
354	23	朱旦萍	女	1993年1月	苏州科技大学
355	23	顾旻骏	男	1992年5月	苏州大学
356	23	朱介明	男	1996年10月	昆山开放大学
357	23	朱虹	女	1987年8月	南京晓庄学院

续表

序号	组别	姓名	性别	出生年月	就读学校
358	24	陈雪	女	2000年2月	吉林大学
359	24	陈立	男	1991年5月	苏州大学
360	24	邹伟婕	女	1991年2月	苏州大学
361	24	姜祝清	女	1981年11月	江西大宇职业技术学院
362	24	沈天彦	男	1994年4月	江苏城市职业技术学院
363	24	沈天豪	男	1996年6月	江苏联合职业技术学院
364	24	陈佳涛	男	1999年11月	苏州技师学院
365	24	唐润东	男	1994年10月	天津外国语大学
366	25	陈越	男	1988年6月	西安华中科技技师学院
367	25	杨秋亚	女	1990年5月	江苏大学
368	25	陈丽	女	1979年6月	徐州师范大学
369	25	陆安邦	女	1989年2月	江苏城市职业学院
370	25	顾娟华	女	2000年11月	苏州高等幼儿师范学校
371	25	陈浩	男	1997年4月	南京理工大学
372	25	陈群芳	女	1972年10月	天津轻工业学院
373	25	陈群伟	男	1974年1月	天津科技大学
374	25	王芳	男	1973年5月	天津大学
375	25	陈泽宇	女	2001年4月	苏州大学
376	25	陈燕琴	女	1987年3月	徐州师范大学
377	25	马骏明	男	1986年1月	西安交通大学
378	25	陈雅琴	女	1981年2月	南京审计学院
379	25	邱晓宇	男	1978年3月	上海大学
380	25	陈宝明	男	1979年11月	苏州工业园区职业技术学院
381	25	朱敏	女	1976年10月	苏州科技学院
382	26	唐刘春	男	1983年7月	淮海工学院
383	26	唐富强	男	1996年1月	苏州大学
384	26	孙敏娜	女	1986年9月	南京财经学校
385	26	唐振强	男	1993年7月	苏州旅游与财经高等职业技术学院

续表

序号	组别	姓名	性别	出生年月	就读学校
386	26	欣夏蕊	女	1993年6月	扬州大学
387	26	张仁兴	男	1947年3月	苏州市委党校
388	26	张宏	男	1973年5月	上海大学
389	26	陶建芬	女	1975年4月	中央广播电视大学
390	26	张馨文	女	2001年4月	常州大学
391	26	张坚	男	1976年4月	江苏财经大学
392	26	马莉	女	1974年3月	苏州大学
393	26	张文清	男	1979年4月	武汉理工大学
394	26	张馨怡	女	1999年7月	南京旅游职业学院
395	26	张佳仪	女	2001年2月	宿迁学院
396	26	张水平	男	1976年12月	苏州大学
397	26	张建中	男	1968年6月	中共江苏省委党校
398	26	张晓瑜	女	1992年12月	苏州大学
399	26	黄锋	男	1976年8月	扬州大学
400	26	张燕芳	女	1979年9月	中央广播电视大学
401	26	邹明刚	男	1976年8月	江苏大学
402	26	张燕红	女	1977年11月	南京审计学院
403	26	郁燕萍	女	1982年1月	南京审计学院
404	26	董小华	男	1982年4月	南京审计学院
405	27	赵斌	男	1978年12月	苏州教育学院
406	27	张丽	女	1979年3月	苏州教育学院
407	27	李婷	女	1986年7月	南京财经大学
408	27	宋松	男	1986年5月	徐州建筑职业技术学院
409	27	陈娟	女	1981年11月	苏州大学
410	27	徐艳	女	1982年1月	苏州大学
411	28	朱娅琪	女	1986年12月	苏州大学文正学院
412	28	朱文鑫	男	1991年11月	徐州医学院
413	28	朱雅静	女	2001年7月	宿迁学院

续表

序号	组别	姓名	性别	出生年月	就读学校
414	28	翟淑雯	女	1997年5月	昆山登云科技职业学院
415	28	翟平	男	1985年6月	沈阳建筑大学
416	28	翟鑫洋	男	1994年10月	三江学院
417	28	赵金宝	男	1958年2月	中共江苏省委党校
418	28	赵丽华	女	1982年11月	昆山技术学校
419	28	田选文	男	1980年10月	西安工业学院
420	28	姚依杰	男	2003年2月	苏州建设交通高等职业技术学校
421	29	朱晓松	男	1991年2月	江南影视艺术职业学院
422	29	朱莹叶	女	1993年5月	苏州大学
423	29	朱晨	女	1990年5月	江苏理工学院
424	29	朱雪平	男	1987年4月	江苏大学
425	29	蔡雅娟	女	1986年12月	长春师范学院
426	29	朱子萍	女	1991年7月	扬州大学
427	29	郁阳	女	1996年3月	南京师范大学
428	29	郁之恒	男	1992年7月	南京晓庄学院
429	30	钱秋敏	男	1988年10月	南京医科大学
430	30	张艳君	女	1989年11月	南京医科大学
431	30	钱雅雯	女	1992年12月	江苏大学
432	30	钱秋萍	女	1986年10月	三江学院
433	30	柯伟	男	1980年1月	北京大学
434	30	邹彬	男	1988年1月	江苏广播电视大学昆山学院
435	30	金飞	女	1989年10月	江苏省常州技师学院
436	30	钱旭峰	男	1993年2月	昆山县卫生进修学校
437	30	钱慧妮	女	1994年12月	南京晓庄学院
438	30	钱志红	女	1985年2月	江苏广播电视大学昆山学院
439	30	曹刚	男	1996年2月	伯明翰大学
440	30	曹诗佳	女	1997年2月	徐州工程学院
441	30	钱建良	男	1964年4月	徐州师范学院

续表

序号	组别	姓名	性别	出生年月	就读学校
442	30	钱程	男	1990年2月	南京师范大学
443	30	钱建林	男	1962年1月	苏州大学
444	30	钱英	女	1988年3月	武汉大学
445	30	钱丽琴	女	1989年1月	苏州经贸职业技术学院
446	30	吴尧舜	女	1986年11月	淮海工学院
447	30	钱一峰	男	1985年9月	苏州科技学院
448	30	汪学英	女	1981年3月	苏州工业园区职业技术学院
449	30	钱娇妮	女	1995年6月	苏州工业园区职业技术学院
450	30	钱帆	男	1996年6月	苏州工业园区职业技术学院
451	30	束学稳	男	1985年9月	南京信息工程大学滨江学院
452	30	葛彩琴	女	1985年11月	南京信息工程大学滨江学院
453	31	王园	女	1992年5月	淮南职业技术学院
454	31	徐玲	女	1985年9月	钟山职业技术学院
455	31	徐闻蔚	女	1991年9月	苏州经贸职业技术学院
456	31	徐黎敏	女	1993年7月	苏州工业园区职业技术学院
457	31	徐青	男	1985年8月	江南大学
458	31	徐杰	女	1985年5月	常州工学院
459	31	程起航	男	1979年5月	四川大学
460	31	徐亚明	男	1981年2月	武汉体育学院
461	31	顾萍	女	1986年11月	苏州大学
462	31	徐奕佳	男	1995年3月	清华大学
463	32	陆斌	男	1978年6月	南京师范大学
464	32	夏霞	女	1981年5月	苏州教育学院
465	32	陆芝秀	女	1991年2月	江苏大学
466	32	沈建青	男	1981年4月	洛阳工业高等专科学校
467	32	陆奕程	男	1990年7月	江苏大学
468	32	陆倩	女	1997年7月	上海理工大学
469	32	陆心雨	女	1997年3月	常州艺术高等职业学校

续表

序号	组别	姓名	性别	出生年月	就读学校
470	32	陆小红	女	1986年6月	钟山职业技术学院
471	32	钱雯琳	女	1996年12月	南京理工大学
472	32	陆雯雅	女	1992年11月	泰州学院
473	32	朱伟清	男	1992年2月	昆山登云科技职业学院
474	32	陆国良	男	1963年4月	扬州大学
475	32	陆怡彬	女	1989年8月	南京中医药大学
476	32	浦晓洁	男	1989年1月	南京中医药大学
477	33	沈吉	女	1984年7月	常州机电职业技术学院
478	33	沈彦希	女	1989年5月	苏州大学
479	33	张剑秋	男	1988年9月	上海财经大学
480	33	钱亚芳	女	1990年11月	南京财经大学
481	33	景延欣	男	1990年7月	江苏省昆山第一中等专业学校
482	33	钱经伟	男	1993年12月	苏州市职业大学
483	33	周萍	女	1995年6月	江苏省昆山第一中等专业学校
484	33	钱利民	男	1975年12月	上海大学
485	33	陈维	女	1977年1月	东北师范大学
486	33	钱娅珺	女	1988年10月	郑州大学
487	33	赵刚	男	1988年10月	南京东方文理研修学院
488	33	钱艳华	男	1974年8月	渤海大学
489	33	顾诚贤	女	1976年3月	中共江苏省委党校
490	33	陆键	男	1990年8月	淮阴工学院
491	33	方利平	女	1990年10月	西南科技大学
492	33	郭婷	女	1990年7月	镇江市高等专科学校
493	33	姚天晨	男	1993年1月	常熟理工学院
494	33	朱莉芳	女	1993年3月	常熟理工学院
495	33	钱磊	男	1989年12月	南京工业大学
496	33	陆丽娟	女	1990年3月	昆山广播电视大学
497	33	谢雄	男	1981年9月	电子科技大学

续表

五联村志

序号	组别	姓名	性别	出生年月	就读学校
498	33	沈黛英	女	1966年5月	苏州大学
499	34	陆凌晨	女	1998年10月	南京医科大学
500	34	陆艳芸	女	1990年5月	淮阴工学院
501	34	陆文斌	男	1998年7月	苏州大学
502	34	陆雪娟	女	1980年7月	南京大学
503	34	徐怀瑜	男	1932年2月	南京工学院
504	34	钱刚	男	1979年3月	南京理工大学
505	34	王赟	女	1979年8月	苏州大学
506	34	钱月明	男	1961年6月	苏州大学
507	34	徐乔龙	男	1995年5月	常州工程职业技术学院
508	34	钱金娟	女	1988年3月	中国传媒大学
509	34	冯瑶	女	1991年2月	南京信息工程大学
510	34	赵其龙	男	1988年7月	盐城工学院
511	35	徐含	女	1997年3月	南京医科大学
512	35	张洋	男	2000年3月	冈山理科大学
513	35	钱宏章	男	1986年8月	石家庄铁道大学四方学院
514	35	陆英	女	1985年9月	江南大学
515	35	朱春龙	男	1983年6月	无锡轻工业学院
516	35	陆英	女	1982年1月	南通大学
517	35	陆春明	男	1980年1月	南京工业大学
518	35	唐佳怡	女	1995年1月	金陵科技学院
519	35	陆金华	男	1981年4月	华北工学院
520	35	高秀梅	女	1981年8月	山东大学
521	35	徐昔文	女	1975年8月	江苏广播电视大学昆山学院
522	35	徐文雅	男	1978年2月	西南科技大学
523	35	王珏	女	1978年12月	苏州科技学院
524	35	徐雯婷	女	1997年4月	上海应用技术大学
525	35	徐文芳	女	1982年10月	南京财经大学

续表

序号	组别	姓名	性别	出生年月	就读学校
526	35	李明	男	1983年2月	无锡商业职业技术学院
527	35	陆李霞	女	1979年1月	上海外国语大学
528	36	钱晨	男	1999年5月	江西科技师范大学
529	36	徐恩	男	1978年11月	南京审计学院
530	36	徐国栋	男	1987年5月	西南大学
531	36	徐晨倩	女	1989年9月	徐州工程学院
532	36	徐倩	女	1999年8月	苏州市电子信息技工学校
533	36	滕康圣	男	1971年12月	安徽斯坦迪专修学院
534	36	滕轩	女	2001年6月	连云港中医药高等职业技术学校
535	36	钱俊芳	女	1991年1月	江西大学京江学院
536	36	钱丽娜	女	1992年11月	扬州大学
537	36	钱云英	女	1980年11月	中共江苏省委党校
538	36	韩忠元	男	1977年11月	中国人民武装警察部队学院
539	36	钱琳娟	女	1987年10月	苏州经贸职业技术学院
540	36	陈超	男	1986年2月	苏州建设交通高等职业技术学校
541	36	钱亚明	男	1974年11月	南京大学
542	36	钱佳毓	女	1997年12月	江苏联合职业技术学院
543	36	严叶飞	男	1975年9月	扬州大学
544	36	沈劼	女	1978年1月	南京审计学院
545	36	钱文娟	女	1979年10月	苏州丝绸工学院

第四节 荣 誉

中华人民共和国成立以来，村域村民勤勤恳恳，为村域争得了不少荣誉。据不完全统计，1970—2019年个人受到上级有关部门表彰的有21人次，其中包括国家级的表彰。1983—2019年集体受到上级有关部门表彰共53次。此外，2005—2019年五联村域在文化体育方面还获得了19个奖状或奖杯。

1970—2019年五联村域个人荣誉情况如表12-4-1所示。1983—2019年五联村域集体荣誉（党务行政类）情况如表12-4-2所示。2005—2019年五联村域集体荣誉（文体类）相关情况如表12-4-3所示。

表12-4-1　1970—2019年五联村域个人荣誉一览表

序号	姓名	组别	荣誉名称	颁发单位	获奖年份
1	张惠玉	14	计划生育工作满15年	国家计生委	1991
			优秀共产党员	昆山县委组织部	1989
2	朱仲康	2	省个人先进	江苏省政府	1970
			省个人先进	江苏省革委会	1978
3	张道林	21	省抗洪救灾先进个人	江苏省政府	1991
			抗洪救灾先进个人	苏州市政府	1991
			先进生产者	昆山县政府	1983
			抗洪救灾先进个人	昆山市政府	1991
4	过洪年	13	苏州市体育先进工作者	苏州市体委	1996
5	朱维贤	2	昆山县血防工作先进个人	昆山县爱国卫生运动委员会	1983

续表

序号	姓名	组别	荣誉名称	颁发单位	获奖年份
6	钱裕康	32	昆山县血防工作先进个人	昆山县爱国卫生运动委员会	1984
7	顾喜观	4	优秀共产党员	昆山县委组织部	1988
7	顾喜观	4	优秀共产党员	昆山县委组织部	1989
8	张惠玉	14	优秀共产党员	昆山县委组织部	1989
9	包利华	2	维护社会治安三等奖	昆山市政府	1991
10	钱永明	34	昆山市劳动模范	昆山市政府	1992
11	朱启勤	34	昆山市劳动模范	昆山市政府	1993
12	顾宏	4	民兵预备"四有"民兵	昆山市政府	1999
13	顾忠德	4	昆山市劳动模范	昆山市政府	1996
14	过月娥	13	创造国家卫生城市先进个人	昆山市爱国卫生运动委员会	1996
15	钱永明	34	优秀共产党员	昆山市委组织部	1997
16	张惠平	14	昆山市三等功	昆山市政府	1997
17	郁凤泉	21	昆山市三等功	昆山市政府	1997
18	沈雪荣	33	昆山市劳动模范	昆山市政府	2008
19	顾文琴	4	2009年先进个人	玉山镇政府	2009
20	郁小弟	20	能手网格员	苏州市委、政法委	2018
20	郁小弟	20	季度网格之星	昆山市委、综治办	2019
21	唐振强	26	昆山高新区好青年	昆山高新区团工委	2019

表12-4-2 1983—2019年五联村域集体荣誉（党务行政类）一览表

序号	荣誉名称	颁发单位	获奖年份	获奖村
1	血防工作"双无村"	昆山县政府	1983	丁泾村
2	血防工作"双无村"	昆山县政府	1983	莫家村
3	集体经济先进村	昆山县政府	1988	五联村
4	"六有十无"双文明村	昆山县委、县政府	1989	五联村
5	"六有十无"双文明村	昆山市委、市政府	1990	五联村

续表

序号	荣誉名称	颁发单位	获奖年份	获奖村
6	社会治安综合治理先进单位	昆山市委、市政府	1991	五联村
7	经济工作先进村	昆山市政府	1991	五联村
8	五联村总厂先进集体	城北镇政府	1991	五联村
9	"六有十无"双文明村	昆山市委、市政府	1992	五联村
10	农业双文明建设先进村	昆山市委、市政府	1992	五联村
11	农业双文明建设先进村	昆山市委、市政府	1993	五联村
12	昆山市计划生育表彰单位	昆山市政府	1993	丁泾村
13	昆山市计划生育表彰单位	昆山市政府	1993	五联村
14	"五有六统一"农业规模服务一级合格村	昆山市政府	1994	五联村
15	"六有十无"双文明村	昆山市委、市政府	1994	五联村
16	一九九五年度财务管理先进村	中共昆山市委农工部	1996	五联村
17	昆山市经济发展先进村	昆山市政府	1996	五联村
18	昆山市经济发展先进村	昆山市政府	1996	丁泾村
19	"六有十无"双文明村	昆山市委、市政府	1996	莫家村
20	二〇〇一年度双文明建设先进村	昆山市委、市政府	2001	五联村
21	2004年度社会治安安全村	玉山镇党委、镇政府	2004	五联村
22	人口与计划生育工作先进集体	玉山镇政府	2004	五联村
23	2004—2005年度老龄工作先进集体	昆山市人社局老龄委	2005	五联村
24	社会治安综合治理先进集体	玉山镇党委、镇政府	2005	五联村
25	司法矫正先进集体	玉山镇政府	2006	五联村
26	党建工作先进村	玉山镇党委	2006	五联村
27	2005年度社会治安综合治理（创安）工作先进集体	玉山镇委员会政法委员会	2006	五联村
28	昆山市农村精神文明建设先进村	昆山市精神文明建设委员会	2006	五联村
29	玉山镇矫正安帮工作先进集体	中共玉山镇委员会政法委员会	2007	五联村

续表

序号	荣誉名称	颁发单位	获奖年份	获奖村
30	2003—2006年度人口与计划生育工作先进集体	玉山镇政府	2007	五联村
31	"实践三个代表 实现两个率先"先锋村	昆山市委	2007	五联村
32	2005—2006年度老龄工作先进集体	昆山市人社局	2007	五联村
33	关心下一代工作"五有五好"先进单位	昆山市关心下一代工作委员会	2007	五联村
34	二〇〇七年度社会治安综合治理（平安建设）先进单位	中共玉山镇委员会政法委员会	2008	五联村
35	昆山市民主法治示范村	昆山市依法治市领导小组	2008	五联村
36	二〇〇八年度外来人口管理工作先进单位	中共玉山镇委员会政法委员会	2009	五联村
37	实践科学发展 推进"两个率先"先锋村	苏州市委	2009	五联村
38	2008—2010年度昆山市零犯罪社区（村）	昆山市社会治安综合治理委员会办公室、昆山市综治委预防青少年违法犯罪工作领导小组办公室、昆山市关心下一代工作委员会	2010	五联村
39	苏州市公共文化服务示范村	苏州市文化广电新闻出版局	2010	五联村
40	消费维权工作先进集体	昆山市政府	2010	五联村
41	苏州市公共文化服务示范村	苏州市文化广电新闻出版局	2011	五联村
42	2010年度信访工作先进单位	中共玉山镇委员会政法委员会	2011	五联村
43	苏州市村级经济发展百强村	苏州市委、市政府	2011	五联村
44	人口普查先进集体	玉山镇政府	2011	五联村
45	2008—2010年度人口计生工作单项先进集体优质服务	玉山镇政府	2011	五联村

续表

序号	荣誉名称	颁发单位	获奖年份	获奖村
46	2008—2010年度先进基层党组织	玉山镇党委	2011	五联村
47	江苏省社会主义新农村建设先进村	中共江苏省委农村工作领导小组	2012	五联村
48	昆山市文明村	昆山市委、市政府	2012	五联村
49	昆山高新区2012年度先进集体	昆山高新区党工委、昆山高新区管委会	2013	五联村
50	昆山市级学习型社区	昆山市社区教育办公室	2013	五联村
51	高新区二〇一三年度学习型党组织	昆山高新区党群工作部、昆山高新区党政办公室	2014	五联村
52	先进基层党组织	昆山市委	2016	五联村
53	"五彩联心"行动支部	高新区党工委	2019	五联村

注："六有十无"双文明村,"六有"为:有一个团结协作、作风正、政绩突出的领导班子;有一两个工副业骨干企业;有"六统一"农业规模服务设施,完成年度粮食购销合同;有一个长期发展的村建设规划和年度安排意见并能完成本年度建设任务;有一个美化、整洁的村环境;有一个文化娱乐宣传教育阵地。"十无"为:无责任田抛荒;无计划外生育;无擅自扩大宅基地;无赌博及违法犯罪活动;无封建迷信活动;无应征对象逃避服兵役;无因虐待老人、民事纠纷等造成非正常死亡;无包办婚姻及婚姻问题上的不道德行为;无中小学流生;无脏乱差现象。

表12-4-3　2005—2019年五联村域集体荣誉(文体类)一览表

序号	荣誉名称	颁发单位	获奖年份
1	夕阳风采展示贡献奖	昆山市老年人体协	2005
2	欢庆元宵木兰系列表演赛三等奖	昆山市拳操舞协会	2005
3	昆山市第二届"横漕杯"门球联谊赛季军	昆山市村级门球联谊会	2005
4	2006年度玉山镇特色文艺社区(村)	玉山镇党委	2006
5	昆山市农村"一村一品"健身舞比赛优胜奖	昆山市老年人体协	2006
6	昆山市庆祝三八妇女节女子门球赛优秀奖	昆山市妇联会、门球协会	2006

续表

序号	荣誉名称	颁发单位	获奖年份
7	2007年度优秀文艺队伍	玉山镇党委、镇政府	2007
8	昆山市泾河村健身操比赛优胜奖	昆山市体协、泾河村委会	2007
9	玉山分会农村腰鼓比赛优胜奖	昆山市老年人体协	2007
10	2007年度群众文艺先进村	玉山镇党委、镇政府	2007
11	玉山分会五联村健身球操优胜奖	昆山市体协	2008
12	昆山市"闹元宵"老年人健身表演荷花奖	昆山市老年人体协	2008
13	2008—2009年老年体育先进集体称号	昆山市体育局、老年人体协	2010
14	蒙古舞《美丽的草原我的家》优秀奖	玉山镇政府、文体站	2010
15	大唐杯最佳服饰奖	大唐杯赛组委会	2009
16	玉山镇"一村一品"最佳团队奖	玉山镇政府、文体站	2019
17	2019年昆山高新区优秀文体团队展示暨村（社区）趣味运动会第一名	昆山高新区党群工作部、昆山高新区社会事业局	2019
18	文艺汇演添活力 乡村振兴聚民心 2019年昆山高新区群众文艺汇演——村（社区）专场表演奖	昆山高新区党群工作部、昆山高新区社会事业局	2019
19	2019年高新区退役军人三人篮球赛第三名	昆山高新区双拥办	2019

第十三章　往事留存

　　五联村域有着诸多接地气、村民喜欢的家长里短类的故事,且大多数留存于老年人的记忆中。这些故事尽管极其普通,却能在村民的口口相传中保存下来。采访实录中具有代表性的故事,从一个个侧面反映出村域在20世纪留下的特殊印记。这些特殊年代的故事,或者有关轮船、渡船,或者有关下地、上市……与水有着千丝万缕的联系,留在村民记忆中,从一个侧面印证那些年代的风云变幻。

第一节 往事追忆

一、张文俊获赠宝剑

2015年,台湾当局领导人马英九为张文俊家属颁发抗战胜利纪念章证明书,证明书上的文字为:"张文俊先生曾参与对日抗战,牺牲奉献,功在国家,特颁发抗战胜利纪念章壹座,以昭尊崇。"据说,张文俊从黄埔军校毕业时,获得了一把宝剑。但后来宝剑下落不明。

张氏家族留有家谱。家谱上显示,张家人数最多的是第14代,为张梦吉一支的子孙。

张文俊生前留下诗歌一首,名为《黄埔军魂》,内容如下:

敌侵我中华,百姓在遭殃,男儿当报国,立志平国难。

日军来侵犯,国破山河在,唯有从军路,不畏强敌犯。

我等正少年,奋勇驱顽寇,只有国太平,虽死无遗憾。

戎马从军路,救国当为先,军校铸将帅,报国为民安。

二、昆沙班改道

1946年10月13日,青墩乡第三、第五、第八保保长王顺兴、朱旭亮、陈肇洲三人联名写报告给青墩乡乡长陈德英:"恳准予将昆沙班汽船禁止在皇仓泾内行驶以保圩岸。"报告称:昆沙班汽船,即昆山到太仓沙溪镇的航班船,每日上午9时许从周墅镇沿新塘河驶来,在东新塘河桥转入皇仓泾前往昆山。下午2时又从昆山回转,仍走皇仓泾,转入新塘河东去。汽船速度快,掀起水浪,冲击两岸岸基,造成极大危害。又因为该岸基为本乡灾工队不久前修筑的,完成不满两月，所以很不牢固。而原先的昆沙班走的是汉浦塘。乡长陈德英派人调查后准予上报，并最终获批。

昆山市档案馆有一份1946年的《昆山县鹿城区青墩乡公所报告》。该报告主要反映的是"昆沙班""机汽脚划船"从汉浦塘改道皇仓泾，其涌起的水浪冲击沿塘圩岸堰基，"恐有被冲塌之虞"。为了保护围堰，希望"县府准予将昆沙班汽船禁止在皇仓泾内行驶"。解读这条并不起眼的信息可见，1936年之前，皇仓泾还没有用于交通的汽船，汽船走的是汉浦塘。同时，这也反映了当年皇仓泾的圩岸不是很牢固。这段史料，还反映出昆山北部因为地势较低，洪涝灾害比较严重，以及本地老百姓对于水灾、决堤情况的警惕和重视。

三、钱宝兴援老抗美

钱宝兴是莫家村第5组村民，1970年入伍。在那个年代，因为血吸虫病的影响，昆山征兵工作严重受挫，入伍的年轻人比较少。当时正值美军侵略老挝，中国于1971年派部队支援老挝，钱宝兴所属的炮兵团奉命援老抗美、保家卫国。钱宝兴随高炮部队出国参战至1972年11月28日回国，第二年3月退伍回原籍务农。在家乡，钱宝兴先后担任生产队队长、大队民兵营长兼治保主任、城北乳胶厂保卫科科长，1987年进城北派出所联防队工作。2014年，为纪念援老抗美战争，钱宝兴把珍藏几十年的《我们的师旅》《共同的记忆》两本回忆录捐献给了中国人民革命军事博物馆资料室，受到了馆方的充分肯定，并授予他捐赠证书。2018年由国防部落实出国志愿兵待遇，现享受昆山市人武部特殊津贴。

四、供应店最"闹猛"

村民们习惯称食品供应店为"供应店"。村域第一家供应店大约在1958年开业，位置在五联大队第6生产队东支家庄，所用的店面是被没收的财主家房子。后来，丁泾大队也办了食品供应店，位置在大队加工厂旁边，属于新造的房子。每家每户生活都离不开油盐酱醋，供应点自然成为联结家家户户的纽带，每天劳动间隙，尤其是吃过晚饭后，这里成为人员集中点。村民到供应点，一方面是为了采买一些日常用品，另一方面也是来聊聊家常。每天发生的故事，都是从这里传开，供应店也成为当地最热闹的场所。

五联村志

五、打翻油瓶

20世纪60年代至80年代,食用油是凭票供应,按人头发放,每人每年2~3斤。

据说有一次,一个村民在路上捡到半斤食用油票,就去大队供应店里打了半斤油。把油拎在手里,一晃一晃往回走,好不得意。哪知一个趔趄,把半斤油打翻在地,得而复失。这件事成为一个笑话被传开。

昆山县购粮券
(2019年,李介平提供,张银龙摄)

六、杀猪被邻村买去

四五十年前,农民养猪好处多,对集体来说,可以积肥,而且都是上好的有机肥;对个人来说,可以卖猪窠得工分,参与年终分红。猪长到100多斤,可以出售给镇里收购站,卖掉以后,政府根据猪的价格,提供计划饲料给养猪家庭。一般一头肉猪养10个月可以卖掉,养8个月卖掉的属于养猪能手。实在不行,养满一年,还是不够标准,就可以"杀见"——根据出肉率补贴计划饲料,猪肉就由本家处理,也就是卖给村民。五联大队遇到"杀见",猪肉大多被隔壁的莫家大队买去。

七、西瓜浮在水面上

1972年,莫家大队第4生产队开船去昆山东门取油。在回来的路上,因为漏水,船到工农兵桥附近被一阵大风吹得沉了下去。当时,一起去的社员回来时总习惯性地给家里的孩子买一点"囡食"。大多数人买的是糖果、桃子,有一个年轻人买了一个西瓜。当其他人买的东西与船一起沉入水中时,只有西瓜浮在水面上。

八、莫家村民爱听说书

莫家大队的村民，历来喜欢听说书，并有不少人会说书。以前有一个姓杨的长工，看上去没有多少文化，却会说《杨家将》，说起来有声有色，头头是道，大家一直记得他。

农业合作化运动时期，村民用水车浇灌秧田。四人一组，两人踩踏，两人休息，轮流替换。其中有一个老沈，很会说书，于是四人商量，决定其余三人互相替换车水，把老沈的农活"包掉"。这样下来，书能听到，农活照样不误，可谓两全其美。

村里的妇女也喜欢听说书。有一次，村民沈剑英、张凤娥、沈妹娟、马英芬4人挑河泥。那个时候流行包工，4个妇女挑一个泥塘的泥。挑河泥时，大家特别卖力，居然提前了小半天挑完。完工后，他们去昆山城里的大书场里听说书。当时没有公交车可坐，也无轮船可乘，他们步行1小时多去听书。

有一次，下大雪，村民没法下地干活，干脆请来苏州评弹艺人来说书。请到的说书艺人叫吴得才，他带了一个搭档，两个人配合，说的是《描金凤》中钱笃笤求雨的情节。因为要说好多回，说书艺人就临时住在村民钱祖环家，说书的地方在小学校。后来，吴得才的搭档先回苏州，他就一个人说书，同样获得大家喜爱，影响很大。大家往往是从白天听到黑夜，谁也不肯离去。

九、露天电影

20世纪60年代，城北乡开始巡回放映露天电影。乡电影放映队上门服务，每次来了新的影片，放映队就去乡下轮换着放。看露天电影成为村民主要的文化娱乐活动，每场电影的观众达上千人。费用为每场16元，由各大队支付，在个别时间还可以包场。改革开放后，经典老电影、新拍的武打片最受欢迎，放映时盛况空前。五联大队放电影的公场在五联大队第8生产队，丁泾大队放电影的公场在丁泾大队第5生产队，莫家大队放电影的地点在莫家大队第4生产队。

1972年，听说城北人民公社电影放映队在放映《百岁挂帅》，原计划不安排在莫家大队放映。村民沈剑英打电话给放映员马镇衍，要求他到莫家大队来放映。马镇衍问:"《百岁挂帅》是历史片,你们看得懂吗?"沈剑英告诉他:"我们村里的人,经常听说书,说书人说的都是历史故事,杨家将、岳飞什么的,大家都是熟悉的,怎么会看不懂?"后来电影队还是满足了莫家大队村民的要求,安排了一场《百岁挂帅》放映,村民们看得津津有味。

搬迁以后,锦隆佳园也放过露天电影,年纪大一点的村民还是喜欢大家热热闹闹地在一起看电影。

十、吃杠醵

"杠"者,众人承担责任;"醵"则指大家凑钱。众人出钱聚餐,就是民间所说的"吃杠醵",类似于现在的 AA 制聚餐。

吃杠醵(2019 年,陆振球提供,张银龙摄)

吃杠醵有两种方法:一种是大家凑钱,然后购买食物,一起加工、烹饪,共同分享。另一种是凑食物。当人们在一起聊天时,谈兴正浓,有人提议吃杠醵,大家就会积极响应。因为物资匮乏,人们为了热闹、快乐,各自从家中拿出一样食物,聚集到一家,然后围坐在一起边吃边聊。

进入 21 世纪后,五联村第 30 组的村民陆陆续续迁到了锦隆佳园。该组村民邹菊明提议吃杠醵。从 2018 年开始,村民人人参与吃杠醵。每家出 500 元,餐费不足部分由几位企业家承担,其中有两人各出了 8 000 元,三人各出了 5 000 元。2019 年 1 月 13 日也有过一次吃杠醵。

另有第 10 组、第 15 组的村民,也组织过几次规模大小不等的吃杠醵活动,不过每户只有一人代表家庭参与。

第二节 口述历史

一、苦中有乐的基层工作

1959年我初中毕业，按道理，我应该报考读高中，但是我家经济本来就不宽裕，加上兄弟姐妹多，而读高中需要很多钱，我又是长子，需要帮助父母承担一定的责任，于是我在填报志愿时，放弃了报考高中而报考了发放一定生活补助的师范学校和卫校。谁知道，最终还是被录取到江苏省昆山中学读高中。

1962年，我高中毕业时，三年困难时期刚刚结束。许多大专院校停办。在我毕业前几年，高中毕业生凡有资格报考的，绝大部分能够被录取。可是，我毕业时，大学录取率急剧下降，只有10%左右的毕业生能跨进大学校门，因此，我只能回乡种田。当时我们村正在读初中的学生较多，他们看到我这个高中毕业生也回队种田，感觉读书无用，有些人辍学回到农村。

我回到生产队后，大队干部对我很重视，首先让我担任莫家大队第5生产队会计。1962年10月，又让我兼任莫家大队团支部书记。1968年1月，莫家大队革委会成立，我担任副主任。一直到1971年，莫家大队书记上调，城北人民公社任命我担任莫家大队党支部书记，直到1977年年底。这段时间，我主要在基层工作，吃到了苦，也尝到了甜。

我在莫家大队担任团支部

莫家村村委会旧址（2019年，张银龙摄）

书记一年多。1965年，全国农村开展社会主义路线教育运动，工作队进驻各生产队，开展清政治、清经济、清组织、清思想的思想路线教育工作。在这期间，我还兼任生产队的会计职务。农村经济工作有许多特殊性，难以用统一的标准来衡量。我参与了经济工作，因此被工作队列为"四不清干部"停职接受清查，甚至不准随意外出。此时五联小学正好缺老师，他们想叫我去代课。但是对我的清查工作还未结束，我不能脱身离去。直至运动结束，清查下来，我在经济方面没有什么问题，工作队还我清白，解放军工作队进驻后，还培养我加入中国共产党。当时正值学雷锋运动开展，要发动团员青年争做好人好事，我带头学雷锋。

四清运动结束不久，"文化大革命"就开始，我们莫家大队没有搞什么派别斗争。后来莫家大队成立革委会，我又被推上莫家大队革委会副主任岗位。当时全国掀起农业学大寨、工业学大庆、全国学习解放军的学习高潮。

1968年担任莫家大队革委会副主任时，我主要负责农业生产工作，当时正掀起学先进热潮，省里号召我们学习华西大队，苏州要求我们学习龙桥大队，昆山提出学习同心、共青大队，每一层级都有学习的榜样。我的主要工作是抓革命、促生产，全面推行平坟地、填潭浜运动，扩大种植面积，推广三熟制，扩种双季稻。莫家大队由于地势低洼，水涝灾害十分严重，全年粮食产量一直处于落后状态，年终平均分配处于中下游水平。在种植双季稻面积问题上，前几年只种早茬田（花草田），达不到上级要求，后来扩种大元麦田和油菜田。莫家大队田多劳力少，在抢收抢种时，无法按时完成，造成错过季节。后季稻受冷空气影响，两季不如一季的产量，而成本又增加了，有点得不偿失。

"文化大革命"时期，我还重点抓了两件事，一是成立莫家大队篮球队，利用学校停课的机会，聘请多名体育老师加入，并邀请有篮球基础的插队知青加入，协助我们进行篮球技术训练，队员的篮球水平有了较大提高。我们参加了城北人民公社组织的篮球比赛，获得了很好的名次，名声传了出去。邻近的陆桥公社、巴城公社的不少大队篮球队，纷纷邀请我们去比赛，其中有陆桥公社的新生大队、换新大队、小泾大队和巴城公社的杨家大队。二是组织成立毛泽东思想文艺宣传队，不仅在本大队演出，还参加公社组织的演出，演出节目有传统舞蹈表演等，此外还重点排练了一台革命样板戏。当时文化活动少，放露天电影很难得，样板戏演出当然很受老百姓的喜欢。

1978年年初，我调到城北人民公社任职，先后就职于副业办公室、经营管理办公室、社办厂、农业总公司等，直至1994年内退。

退休以后，我先后邀请了三四位同事帮助昆山市城北派出所、昆山市玉山镇财政局、昆山市开发区财政分局和有关的村与学校整理文书、会计档案等材料。2019年，应聘《五联村志》编纂组，参与村志编写。

口述者：陆振球

二、一本珍贵的笔记本

我的父亲李纪安，出生于1927年10月24日，出生地在北孝仁塘，即现在的五联村第9组。他于1950年参加工作，1953年加入中国共产党。

父亲担任城北信用社主任时，全国正在开展四清运动，也就是社会主义教育运动，后来"文化大革命"开始，多次受到不同程度的冲击。但他仍然坚持努力做好自己的工作。父亲负责城北乡153个生产队夏熟秋熟两季分配方案的审批，把控各生产队的资金收入和支出情况，审查是否符合当时的财经政策。对于不符合财经政策的支出项目，坚决拒绝支付，确保广大社员的利益。集体经济得到发展后，各生产队为发展经济，建造仓库，铺设打谷场，购买猪仔、耕牛，购置农机具等。当时，集体经济非常薄弱，有不少生产队资金短缺，急需贷款，因此提交了申请报告。父亲在拿到申请报告后，第一时间到生产队实地了解情况，审查预算方案，最后根据实际需求制订贷款计划。为了减少审批环节，加快审批速度，父亲往往是一次性发放到位，解了集体生产的燃眉之急。

父亲工作的年代，经济条件很差，缺乏交通工具和通信设备。父亲的办公地点在昆山城区东门，工作的对象主要是在乡下。他到生产队走访调查基层的经济工作时，全靠步行，哪怕地方偏僻，如大渔大队、丁泾大队、友谊大队及莫家大队等，他也会去，一个来回要走二三十里路。有时一天就跑一个大队，但是因为路途遥远，等回到单位，已经是掌灯时分。

父亲经常帮助有困难的生产队解决资金难题，帮助村民们购置农船、化肥、农药，确保农业生产顺利进行。父亲在任期间，全乡没有一个生产队因为缺乏资金而耽误生产发展，耽误社员的年终分配。

父亲工作时，全年有很大一部分时间在乡下蹲点走访。他在工作中始终能够坚持按照有关组织纪律办事。有时在社员家中就餐，他也坚持每餐支付饭钱、粮票。尽管主人非常客气，但是他从来不白吃，也从来不拿社员一样东西。

发放贷款，是父亲的一大职责。如果生产队需要贷款，他必须通过实地调查，了解生产队困难的程度，了解群众的需求，把握经济工作这个杠杆，把有限的钱用到最需要的地方。如果是个人贷款，一般情况下只有3~5元，特殊情况也就十几元，最多几十元，不管多少，他都坚持按照标准给予贷款。哪怕是熟人、朋友来打招呼，他也坚持按规定办事，坚持一视同仁。同时，他坚持原则，不滥用职权，不越权越级审批，不发放不符合规定的个人贷款。

我是1976年考取的驾驶证。原本一直为大队开拖拉机，农忙时为村民翻地，农闲时参加县运输队搞运输。1979年，整顿运输业，拖拉机运输宣告结束，我向父亲提出能否分批分期分量向总社贷款数万元，用于购买一辆汽车，继续跑运输。毕竟搞第三产业，能够增加家庭收入。当时购买一辆3吨的卡车，需要2万多元。我本人的存款连同向亲戚家借的钱，能够凑到四五千元，余下1万多元计划用贷款来凑齐。如果用汽车跑运输，两年下来就可以还清。但父亲却严厉拒绝了我。根据贷款发放政策，他认为，我买车跑运输不符合条件，即使我是他的儿子，这个绿灯也不能开。

我手头有一本父亲留下的工作笔记，已经发黄的纸上清清楚楚地写着当年的经济工作情况，从全乡各个生产队的会计，到每个生产队的粮食产量、油菜产量等，最繁复的是有关生产队的分配方案，如收入多少，支出多少，结余多少，工分多少，折合一个工分可以分多少钱……满满一本子。我们经历过那个年代的人，都看得一头雾水，年轻人看了更是像天书。这不起眼的笔记本在过去很长一段时间里是我们农村经济工作的依据和实绩。昆山市档案馆的工作人员知道有这样一本笔记本后，希望我们能捐献出去，作为那段历史不可多得的珍贵资料。

口述者：李介平

三、"我"把青春献给这片土地

我父亲是村里小有名气的裁缝，但是在那个年代，我家包括父亲，在农忙时节一样要下地干活。

1975年，我高中毕业回乡务农。在当时的丁泾大队，我算是知识分子，所以在田里默默地干了一年农活后，我就开始了在农村的闯荡。

先是为生产队开拖拉机，那时还是手扶拖拉机，主要是耕地、做稻田。拖拉机需要"手扶"，所以开拖拉机是个力气活，尤其在拐弯时全靠操作的人手拉肩扛。有时拖拉机不小心陷入沟渠，把我折腾得筋疲力尽。一个农忙季节，连续一个多月在水田里奔波，我的脚都烂了。

1976年7月，我被调到丁泾大队粮食加工厂工作。全厂总共只有5个人，厂长负责全面工作，还有一个会计、两个操作师傅外加一个后勤服务。在加工高峰时段，分为日班、夜班，工厂几乎24小时运行。最忙的时候，几个生产队同时来加工，我安排好先后顺序，自己一个人一边负责过磅，一边照看碾米，同时还要关注"龙车"升降车。进谷要过磅，出米也要过磅，这样入账时好计算出米率。不久，我还兼任加工厂会计，一个人要管的项目比较多，必须做好统筹协调工作。平时稍稍有空，就做农忙时的准备工作——该购买的东西，事先采购好；该修理的机器，关照拖拉机手提前购买零件修理好。因为我好学，年纪轻，文化水平高，记性好，工作认真，对待村民热情诚恳，所以受到大家的好评。

1979年年底，丁泾大队委提拔我担任大队团支部书记。在团支部书记任上，我被安排蹲点第5生产队，和社员同吃同劳动。第二年汛期，丁泾大队遭遇洪水。在此期间，我和大队民兵营长带领年轻人日夜巡查洪水灾情，发现大堤低洼、险情后，马上组织民兵挖泥挑担，加高加固大堤。白天干活，夜间分两班不断巡逻。丁泾大队负责的大堤有6千米左右，我们严密排查，确保了汛期大堤的安全。那时候，我似乎有使不完的力气。由于我的工作富有成效，不久我被推选为城北乡人民代表，并兼任昆山县人民法院陪审员。

1981年9月，我担任丁泾大队农技员，被安排到正义农场培训学习三个月。学习期满，赶上分田到户。当年，昆山县在陆杨乡换新大队进行了首批试点工作，取得了一定的经验。丁泾大队是全县第二批分田到户的推行单位之一。刚开始分田到户时，绝大多数农户不懂种田技术。此前，生产队长负责全方面工作，副队长负责安排劳动，稻麦、油菜的生长、施肥及病虫害防治等农业技术方面的工作一律由农技员负责，普通社员除了出工出力，可以什么都不管。要分田到户时，没有掌握农业技术成为农户最担心的问题。考虑到农户的实际困难,大队就安排我这个经过国营农场专门培训的农技员对农户进行技术培训。我就早晚两次,通过广播对农户进行培训。农忙之前,我召开社员大会对农户进行技术讲解。关键时期,我经常下地对农户进行面对面技术指导。全体人员努力工作,丁泾大队分田到户后的第一年获得丰收,彻底消除了广大农户此前的顾虑。

1983年,经过党组织的培训,我对中国共产党有了一定的认识。于是,我认真写了入党申请书,并郑重地交给了丁泾村党支部。这一年,我被提拔为丁泾村经济合作社社长。在担任社长期间,我积极为农户服务,尤其是在粮食收购问题上,考虑到农户普遍人力紧张,无法及时运送粮食到粮管所,我主动向上级领导提出申请,希望粮管所下乡收购粮食,及时帮助农民把粮食卖给国家,解决农户后顾之忧。我的提议得到了上级部门的积极回应,上级部门决定组织专门的财力、物力、人力深入基层收购粮食,并且把全乡第一个粮食收购点设在丁泾村,减轻了农户负担,受到欢迎。

1984年,是我终生难忘的一年。这一年,我正式加入中国共产党,并兼任大队主任。我处处以身作则,严格要求自己。当时大队工作繁忙,外出比较多,我常常要冲锋在前,深入基层,和老百姓打成一片。遇到问题,我现场解决;遇到矛盾,我现场调解。

1986年,我担任丁泾村党支部书记,这也是我最辛苦的一年。刚刚上任,我就遇到一个难题:老百姓排队到砖窑厂提货,砖窑厂来不及生产。砖窑厂平时接收柴草后就马上开票,老百姓凭票随时可以提货。以前需求不旺,没有多少矛盾。后来,老百姓加快建房速度,对砖瓦的需求开始增加,矛盾逐步显现。于是,不少农户因为提不到货,来找我解决问题。我根据群众需求情况,安排提货,基本满足了他们的一时之需。为了彻底解决这个问题,我请求上级政府对集体

1990年砖窑(2019年,李明提供)

企业的管理制度进行改革,对落伍企业进行关、停、转、并的改革,并且开办了新的企业,如涂料厂、电缆盘厂,原先的砖窑厂关停后立刻进行承包。一系列的措施,促进了生产,催生了集体企业,促进了农村经济的发展。

1991年,我调任乡镇监察助理,从此离开丁泾村。尽管我后来没有继续从政,但是这一段历史,尤其是入党前后的经历,至今想来记忆犹新,为我的人生奠定了发展的基础。我把自己的青春献给了这片土地,这也成为我最宝贵的精神财富。

口述者:李 明

 ## 第三节 轶事留存

一、皇仓泾放杠网

皇仓泾是昆山地区的主要航道,是昆北人去昆山必经之航路,在汛期也是鱼虾必经的河道,许多村民在此捕鱼捉蟹,必有收获。

有一年汛期,本地渔家在皇仓泾老乌声桥边放置了一道杠网和鱼箪,收获颇丰。但是这样做也造成来往船只的不便,不过一般人家也就顶多嘀咕几句,把不满往肚子里咽。有一户人家却不肯就此罢了,那就是陆家桥丁家角的丁家。丁家三百年前在这里落户并迅速发展壮大,能人辈出,第五代出了个文武兼备的丁益山,尤其擅长帮人写状纸打官司,在当地相当有名气。

那时的城南部,地痞流氓当道,地主们因为收不到租,急于出卖土地。丁益山抓住机会买进土地,赚了很多钱。

有一次,雨过天晴,丁家人去城南打理田地,经过老乌声桥时,只见航道上张着几道渔网。一般船家路过,要放慢船速,打个招呼。渔家听见招呼,就拉起渔网让船从网下驶过。丁家人嫌渔网滴水,就倚仗着船体大、速度快,不打招呼直接冲了过去，结果可想而知。渔家拖住丁家人要赔网赔鱼，丁家坚决不肯，并说本来就是破网，而渔家说是被船撞破的。双方拉拉扯扯，在老乌声桥下争论不休，最终扭打起来，闹到了县衙。县官一听，觉得事情并不复杂，但正当要发落丁家赔偿之时，丁益山手捧状纸快步上前："官河大塘，好网不张，独张破网；大鱼小鱼都不张，独张来往客商……"县官接过状纸，转眼一想，皇仓泾是属于昆山的水道，来来往往的客商的确不少，如果简单判罚过往船只赔偿，势必影响昆山的名声。出于长远考虑，县官当庭宣判丁家无错，只需修补渔网即可了结。

二、积肥

人民公社化运动时期，江南广大农村很流行积肥，人人都要参加。

当时的积肥是有指标的，即每人必须积满一定斤数，会有人专门进行称重，也有人用容器衡量。根据积肥量记工分。为了多得工分，村民会想方设法多积肥，目的就是通过多施肥来"广积粮"。

积肥的方式多种多样，最主要的有"捉鸡屎、狗屎"和斫草，还有就是饲养猪获得猪窠灰。

"捉鸡屎、狗屎"是一项比较常见的积肥活，老少适宜。秋冬时节，经常会看到有人在场头野外"捉鸡屎、狗屎"。"捉鸡屎、狗屎"的工具很简单，就是一个竹篾做的土笪（簸箕状），以及一根一头装有小铁耙的竹竿。人们走到场头和田野，到处找寻鸡屎、狗屎。

摇船外出斫草（2019年，钱笠绘制）

发现有鸡屎、狗屎，就把它耙到土笪里，积累到一定的量后，带回家，倒入自家的粪坑里，用来浇菜肥田。这个活不是重活，一般十来岁的农家子弟就能胜任。

斫草也是积肥的方式，可以用杂草，也可以用秸秆，用来"搅草塘泥"。

有时村民摇船出去寻找，路

遇某工厂，发现里边杂草丛生，高过人头，便喜出望外。于是，不管三七二十一，船一靠岸就开始收割。一般厂家不会干涉农民进厂割草，有门卫会过来关照注意事项，有的甚至送茶送水。不要多少时间就能装得满满一船，满载而归。

"搅草塘泥"是一种常见的沤肥方式，即将杂草或者是稻草（秸秆）扔到草泥塘（一个挖在河边的潭）中，然后浇上从河底罱出来的河泥，经过一段时间的沤发后，形成带有腐烂臭味的草塘泥。

为了获得更多的"搅草塘泥"的原材料，村民还常常"削草皮泥"，即将长着草根的泥一起削下来，人称"三面光"。

还有一个与日常生活分不开的积肥手段，那就是用剩菜剩饭喂猪，把场地的垃圾倒入猪圈，或者定期向猪圈投放一些稻草。猪窠灰是在喂猪的同时产出的"副产品"，当猪窠灰达到一定的量后，村民会给猪圈"出猪灰"，把积累下来的猪粪连同稻草，先挑到船里，然后再挑到田里，给油菜田、水稻田施"有机肥"。

用于"搅草塘泥"的原料需求不能完全靠斫草来满足，更多的是靠种植和养殖"绿肥"。"绿肥"大体分为水生和陆生两大类。水生绿肥主要有绿萍、水浮莲、水葫芦、水花生。

绿萍是一种浮在水面上的水生植物，叶子直接贴在水面上，其特点是繁殖能力很强，特别是在夏天，其繁殖的速度相当惊人，只要有足够的水面，它都能很快地"铺满"。

水芙蓉，又名水荷莲，长在水上，犹如一朵朵莲花，繁殖速度同样很快。有药用价值，入药可外敷无名肿毒；煮水可洗汗斑、血热作痒，消跌打肿痛；煎水内服可通经，治水肿、小便不利、汗皮疹等。因其易培植，产量高，质地柔软，营养价值高，适口性好，曾经被选作猪饲料。

水葫芦，学名为凤眼莲，原产于巴西，开蓝紫色的花，漂浮在水上，非常美丽。1901年作为一种观赏植物被引入中国，20世纪五六十年代被当作一种猪饲料推广。其根与叶之间会长出一个像葫芦的大气泡，又称水葫芦，而且其根须发达，具有富集水中锌、铅、汞、镍、镉等重金属和去除水体悬浮物的功能，是净化生活污水和工业废水的良好植物。

水花生，学名为空心莲子草，别名喜旱莲子草、革命草、空心苋、水蕹菜，吴江人称之为"湖养草"。原产于巴西，1930年传入中国，是一种水陆均能生长的速生草类。其嫩茎叶可作蔬菜食用，可凉拌或炒食，也可做牛、兔、猪的饲料。

这四种水生绿肥的共同特点就是速生，而且既可以做肥料，也可以做猪、牛的"青饲料"，很受农民朋友的欢迎，被广泛养殖于河里。这些水生植物的茎叶可以被打成浆，作为猪和牛的食物，根部仍然可以做"搅草塘泥"的原料。

如今，随着城市化进程的加快和机械化的推广，集体养猪、养牛已经成为历史，"青饲料"一说也随之成为"过去时"，"搅草塘泥"作为有机肥已经成为远去的集体记忆，存在于上一代农民的回忆里。曾被村民视为"至宝"的水葫芦、水花生等，现在成为环境治理的"牛皮癣"，因为其存活的能力太强，生长太快，难以根治。

除了水生绿肥外，还有一种陆生绿肥被广为种植，那就是紫云英。紫云英别称翘摇、草子、蒺藜子、草蒺藜，俗称红花草或花草。尚未开花的嫩的紫云英，也可食用，其茎叶略类似金花菜，但较之要粗壮些，也要嫩一点。除食用价值外，紫云英还有药用价值，可用于治疗喉痛咳嗽、疱疹出血等，具有清热解毒、利尿消肿、活血明目等功效。

紫云英具有很强的固氮能力，因而被选为绿肥，其种植季节与油菜相同，用来种植紫云英的耕地，其实就是轮作、休耕之田。紫云英的花季与油菜花几乎同时，在清明前后，与一片片金黄色的油菜花相映成趣的是紫粉色的紫云英花。那个时节是"养蜂人"的最爱，可以获得兼具油菜花香和紫云英花香的蜂蜜。紫云英部分被用作饲料，部分被用作"搅草塘泥"的原料，根茎部分翻耕后被埋在田里直接用作改良土壤的墒情。

编后记

《五联村志》编纂工作在昆山高新区党工委、管委会的直接领导下，在昆山市地方志编纂委员会办公室、昆山高新区（玉山镇）村志系列丛书编纂办公室的精心指导下，于2019年启动，历时3年多，在编纂人员的努力下，数易其稿，终于即将出版。

五联村党总支、村委会对编纂工作高度重视，成立了《五联村志》编纂领导小组。村党总支书记马建华亲自挂帅，副书记朱云负责全面协调，五联村"两委会"在财力上给予充分的支持和保障。

面对这项五联村重要的文化工程，我们深感任务的艰巨和光荣。一方面，五联村是由五联村、丁泾村、莫家村3村合并而成的，编写时既要整合各村的资料，又不能简单地罗列、重复；另一方面，五联村三面环河，地势低洼，有着独特的稻作文化，在编写的过程中要突出这一特色。

我们成立资料组，深入各家各户，获取第一手资料。同时，我们派人到昆山市图书馆，查阅《昆山县志》《昆山市城北镇志》等地方志，以及《昆山县水利志》《昆山市农业志》等专业志；又到昆山市档案馆，查阅一些专门的档案资料；还去了昆山高新区经管委统计办，根据"统计资料"查找相关经济数据。

获取第一手资料后，经分析、研究，我们发现，即使是权威部门的统计资料、数据，也需要根据本村的实际情况进行核对。比如，"五联村社区股份合作社情况一览表"中，原本的"入社户数"居然远远超过了本村的户数，咨询相关人士后得知，"入社户数"应改为"入社股数"。又如，统计1964年农业生产机具数量时，生产队拥有的农船数竟出现了"0.5艘"这样看似无厘头的数据。询问了一些老同志后才知道，中华人民共和国成立之初，生产队资产有限，只

能两个生产队合买 1 艘船。这些不显眼的数据反映了一定历史阶段的社会发展和物质生活水平，因此在收集资料时要认真对待每一个数据。

在图片方面，因为年代久远加上留存的资料较少，所以很难找到合适的图片。虽然征集到了一些，但因为缺少确切的拍摄年代，又出现了新的难题。于是我们找了专业人员，根据"命题"进行绘制，再现古村落的传统文化。

在文化方面，能找到的关于五联村的正规档案几乎为零，只能寻访当地民众，通过其回忆按图索骥，并细心收编整理。而已经收集的资料，尽量不让其在我们手里散失。功夫不负有心人，经过 3 年多的努力，我们收集并整理了大量关于五联村的档案资料，这是村党支部、村民委员会和全村人共同努力的成果。

一个以种植、养殖为主的乡村，由于地理、政治、经济、文化和历史等诸多因素，虽然没有惊天动地的人和事，但我们在编志的过程中仍力图反映其地方特色、民俗风情等，并在某些方面做了突破性尝试，如增加了"轶事留存"一节，为村民搭建一个表达的平台。

《五联村志》的编纂出版，得到了苏州市、昆山市、昆山高新区等各级地方志办公室的关心和支持，更有不少专家学者为《五联村志》伏案作修改，孜孜矻矻，为提高本志的质量付出了辛勤的劳动。其情其意，我们在此一并表示衷心的感谢。限于学历、见闻和水平，疏漏、错误之处必然有之，真诚希望五联村广大村民，以及诸位专家学者和读者给予批评指正。

《五联村志》编纂组
2022 年 10 月